CW01667134

DE SCHILDERS VAN DE PLOEG

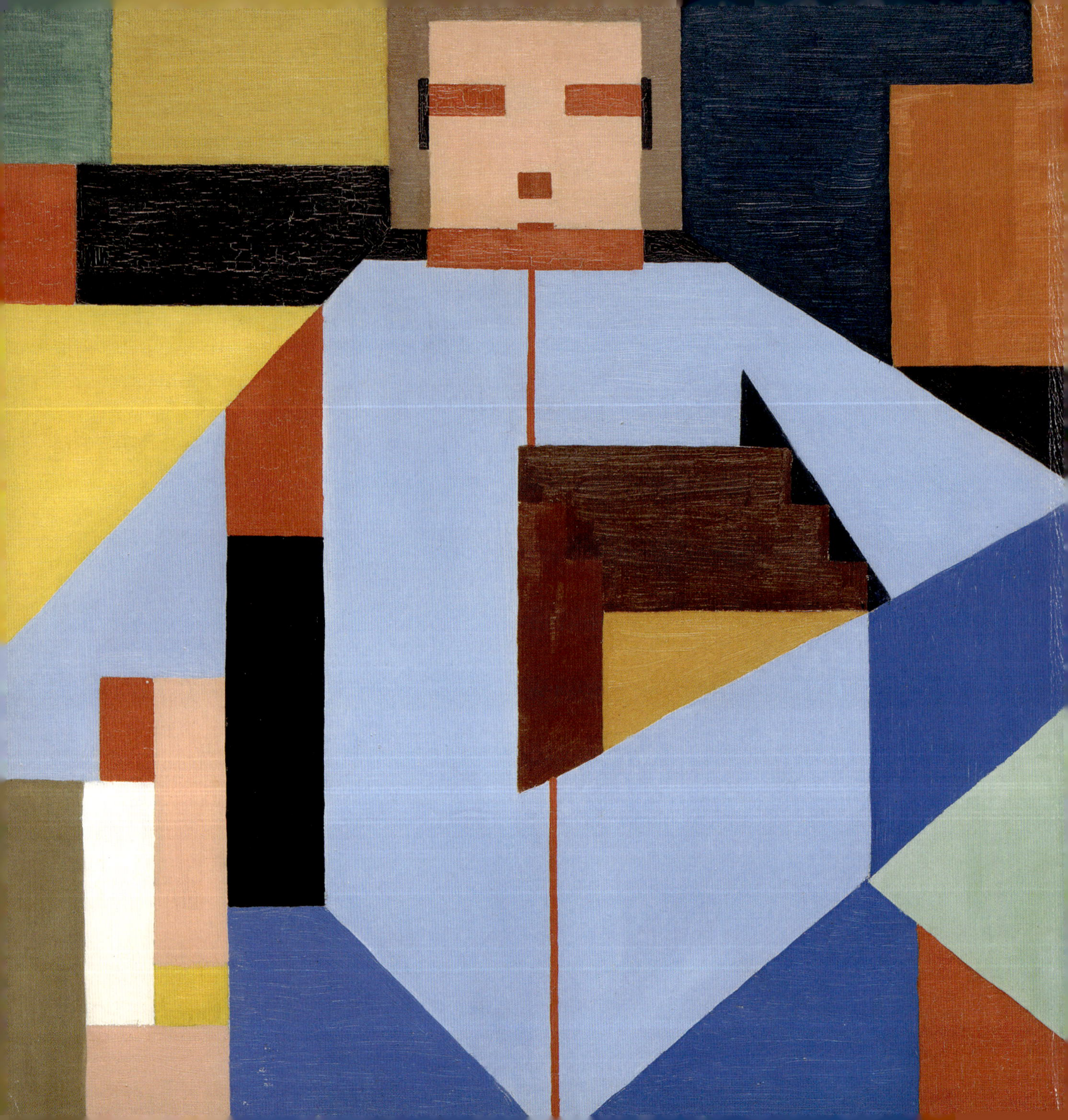

de schilders van De Ploeg

Jikke van der Spek

W BOOKS

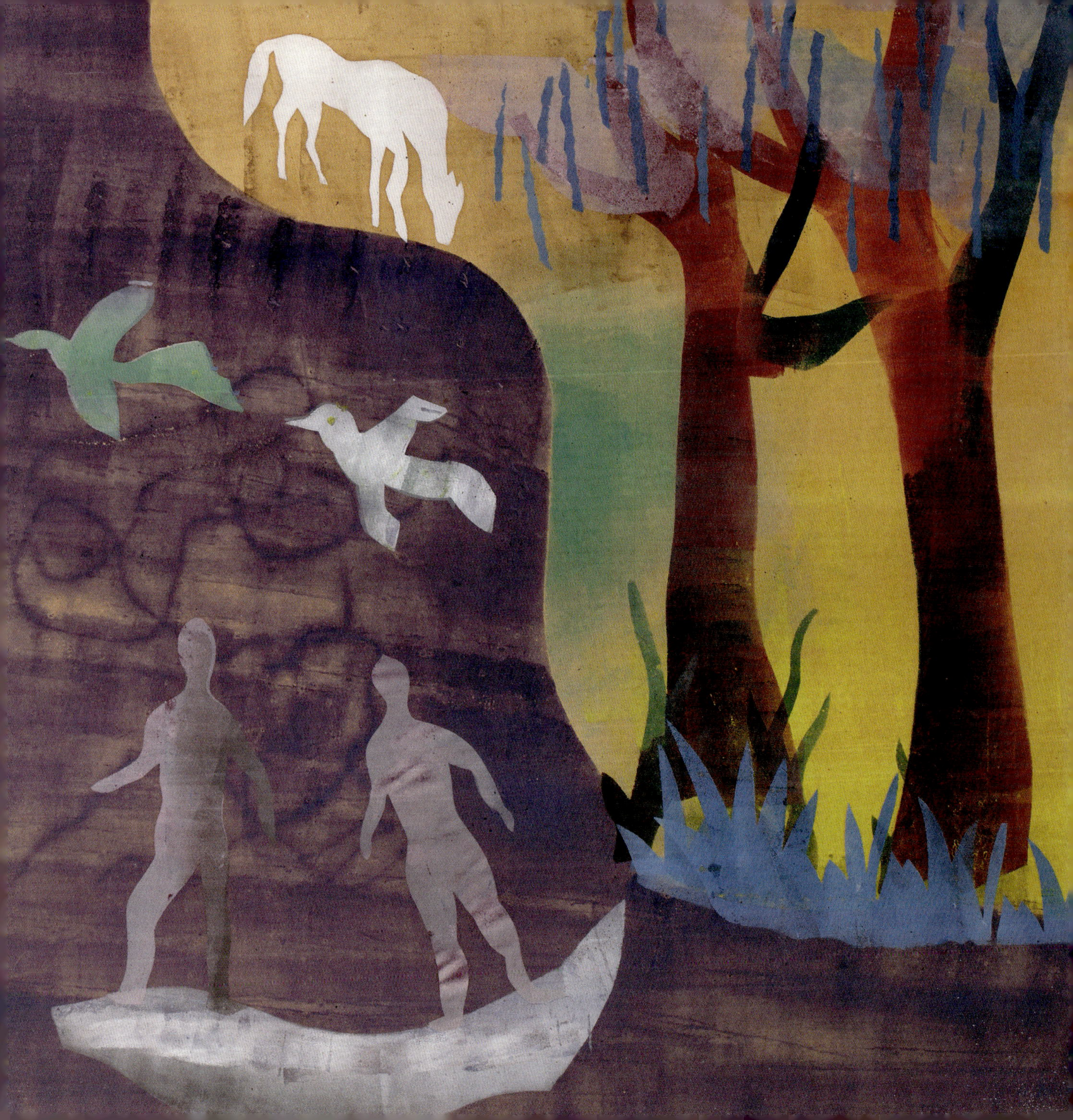

detail afb. 045, p. 2 detail afb. 139

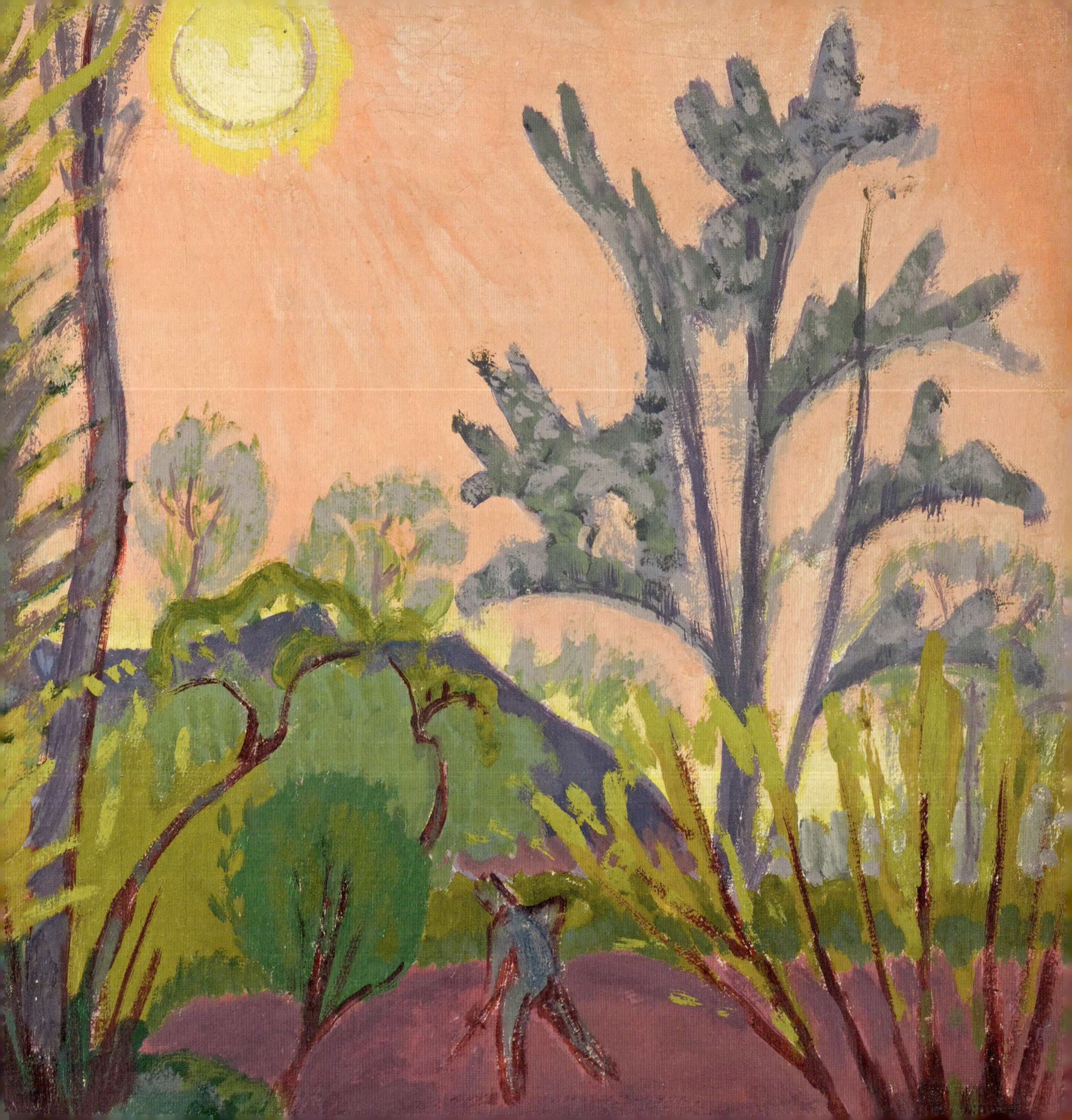

voor-
woord

DE SCHILDERS VAN DE PLOEG

Wie aan Groningen denkt, denkt onwillekeurig ook aan de schilders van De Ploeg. De naam van dit kunstenaarsgezelschap is inmiddels wijd en zijd bekend. Al in de jaren twintig van de vorige eeuw bleek het ruige Groninger land voor een aantal onder hen het vertrekpunt voor het ontstaan van prachtige karakteristieke schilderijen, met hoge horizonten en in de verte verdwijnende wegen, vastgelegd met felle kleuren en een gepassioneerde schildertoets. Daar was niet alleen moed voor nodig maar, om met de dichter Hendrik de Vries te spreken, ook 'roekelooze drift'. En dan met name om die 'zoogenaamd nuchtere kleilanden aan te durven in hun werkelijke grootschheid, om hun "proza" te vertolken in een openluchtkunst waar de zeewind geweldig doorwaait, met een levenshonger die uitspat in orgiën van verf heftig en ruw.' Vandaag de dag komen bezoekers van heinde en ver naar het Groninger Museum om zich juist hier te laven aan deze bijzonder kleurrijke expressionistische kunst. Het werk van Ploegkunstenaars van het eerste uur, zoals Jan Wiegers, Jan Altink, George Martens, Hendrik Nicolaas Werkman en vele anderen, wordt in het Groninger Museum sinds jaar en dag verzameld en tentoongesteld. Binnen *De Collectie*, de permanente opstelling met *highlights* uit de verzameling van het Groninger Museum, is De Ploeg letterlijk het stralende en kleurrijke middelpunt.

De uitgave *De schilders van De Ploeg* sluit hier naadloos op aan. In korte, heldere teksten wordt u meegevoerd in de rijke geschiedenis van deze kunstenaarsgroep. Behalve het landschap vormden ook het stadsleven en het portret belangrijke schilderkunstige motieven binnen De Ploeg. Met de portretten die de leden van elkaar maakten, bracht men de vriendschapsbanden binnen de kunstenaarskring artistiek tot uitdrukking. Daarnaast kende de kunstkring een constructivistische richting, met Wobbe Alkema, Jan van der Zee en Hendrik Nicolaas Werkman als belangrijke vertegenwoordigers. Op levendige wijze komen werken uit de collectie van het Groninger Museum, de Stichting De Ploeg en de Stichting Johan Dijkstra ter sprake. Andere meesterwerken van De Ploeg uit collecties van het Stedelijk Museum in Amsterdam, Museum Belvédère in Heerenveen, het Singer Laren, het Drents Museum in Assen, het Dordrechts Museum, Museum De Fundatie in Zwolle en het Kirchner Museum in Davos ontbreken evenmin. Ik dank eenieder die aan deze uitgave heeft meegewerkt en noem hier speciaal auteur Jikke van der Spek. Zij werd vanuit het Groninger Museum met raad en daad ondersteund door Mariëtta Jansen, conservator De Ploeg en kunst van de 20ste eeuw.
Ook bijna 100 jaar na de oprichting van De Ploeg, verheugt deze kunst zich nog steeds in een groeiende belangstelling. De huidige uitgave *De schilders van De Ploeg* voorziet daarmee in een behoefte die tot vreugde stemt.

Andreas Blühm
Algemeen directeur Groninger Museum

detail afb. 004

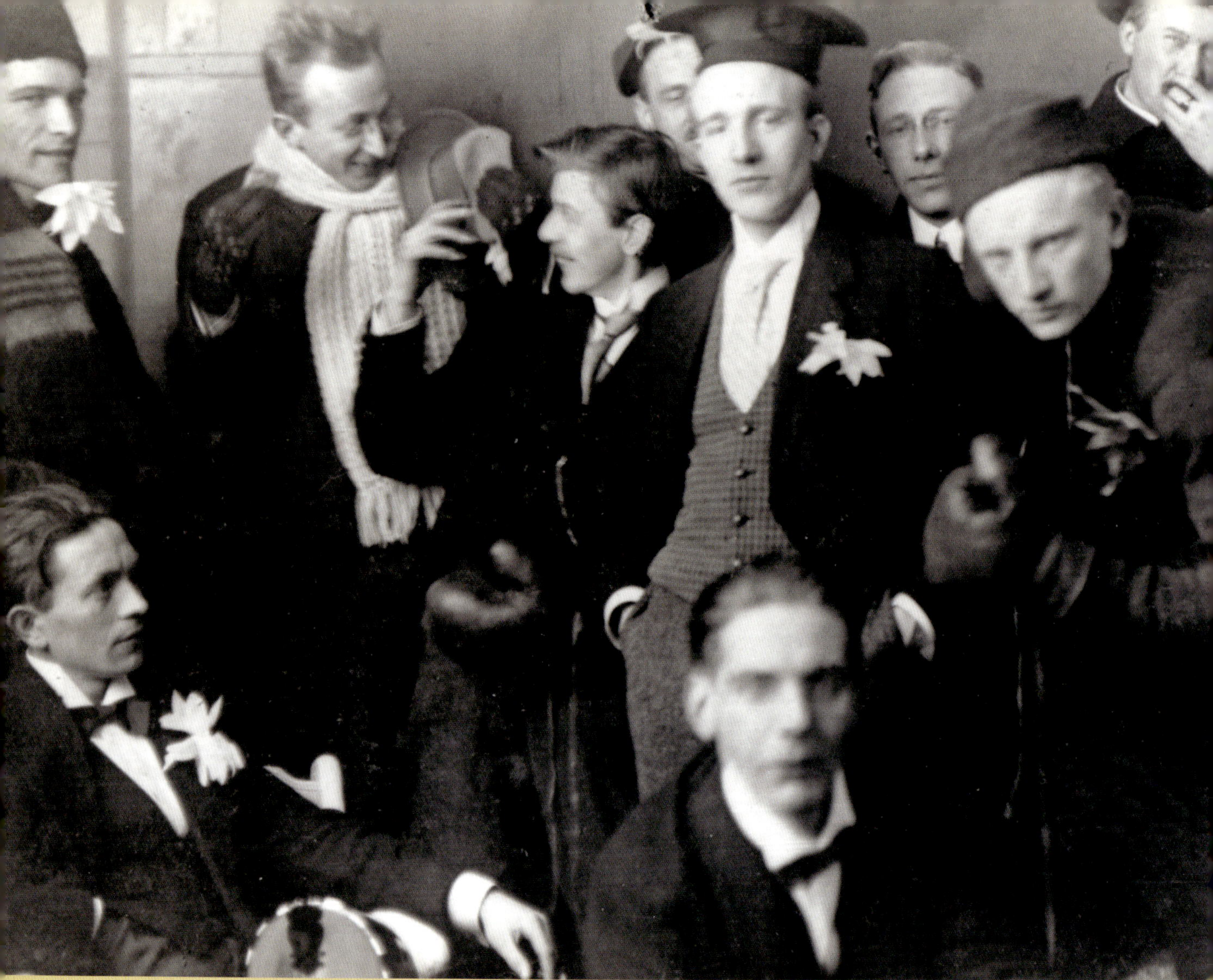

Siemon Steenmeijer, leden van *De Ploeg, na opening van de allereerste Ploegexpositie, 2 februari 1919,*
foto Groninger Museum, archief Cees Hofsteenge

Staand v.l.n.r. Jan Jordens, Johan Dijkstra, Tiete Geursen, Jan Altink, Jan Wiegers, Geert Streurman, Toon Benes. Vooraan v.l.n.r. Kroeze (geen Ploeglid), Siemon Steenmeijer, George Martens (met bokshandschoen).

inleiding

GRONINGER KUNSTKRING DE PLOEG

Eén doel bindt allen samen: het zoeken van nieuwe wegen. De olievliezen, die er over de schilderkunst lagen, worden weggevaagd, de paletten gezuiverd. Er worden kleurige matte schilderijen gemaakt, die je van alle kanten kunt bekijken. De academische studies worden omgedraaid en op den achterkant nieuwe ideeën geschilderd in een nieuwe taal. Schilderijen met handschrift, in primaire kleuren.

(Johan Dijkstra, 1938)

Op 5 juni 1918 vond in Groningen een, achteraf gezien, historische vergadering plaats. De initiatiefnemers, de kunstenaars Jan Altink, Toon Benes, Johan Dijkstra, Willem Reinders en Jan Wiegers, wilden tot een samenwerking tussen Groninger artiesten komen. Op een expositie eerder dat jaar, georganiseerd door het Kunstlievend Genootschap Pictura, was de aanstormende jonge garde naar hun smaak veel te weinig aan bod gekomen. De opkomst bleek niet overweldigend, zeven genodigden gaven gehoor aan de uitnodiging, maar het enthousiasme was groot en zo werd nog diezelfde avond de Groninger Kunstkring De Ploeg opgericht. De door Altink voorgestelde naam De Ploeg werd verkozen; hij had gedacht aan het omploegen en ontginnen van braakliggende Groninger kunstakkers, vertelde hij later. Om de nieuwe club niet te beperken tot een schildersvereniging, werd daar het meeromvattende Kunstkring aan toegevoegd. Opgetogen schreef de kersverse secretaris Dijkstra in de notulen: 'De stemming van de vergadering was zeer geanimeerd, iets wat hoop geeft voor de toekomst.'[1] Een terechte hoop; toen De Ploeg in februari 1919 haar eerste tentoonstelling hield, waren 111 werken te bewonderen van 20 exposanten, waaronder naast de oprichters van de vereniging onder meer Jan Jordens, George Martens en Alida Pott, het eerste 'dameslid' van De Ploeg. Later dat jaar zou ook de drukker-kunstenaar H.N. Werkman zich aansluiten. Twintig jaar na die roemruchte oprichtingsavond blikte Dijkstra in een jubileumartikel terug. En hoewel de drijfveren die hij noemt – het zoeken van nieuwe wegen en het zuiveren van de paletten - een revolutionaire artistieke gedrevenheid suggereren, was de nieuwe kunstkring in aanvang vooral praktisch gericht. Naast het streven naar gezamenlijke exposities, stond een eigen clubruimte hoog op de verlanglijst. Dankzij bemiddeling van Jan Jordens, als tekenleraar verbonden aan de Rijks HBS, kon De Ploeg voor modeltekenavonden al snel beschikken over een tekenlokaal van deze school. Verder werden er die eerste jaren initiatieven ontplooid zoals het organiseren van lezingen over kunst en het oprichten van een commissie voor Toegepaste Kunst.

HANG NAAR HET MODERNE

En natuurlijk werd er geschilderd. Vaak trokken de kunstenaars er op uit om buiten te werken. F.H. Bach, een inspirerende docent aan Academie Minerva, zette

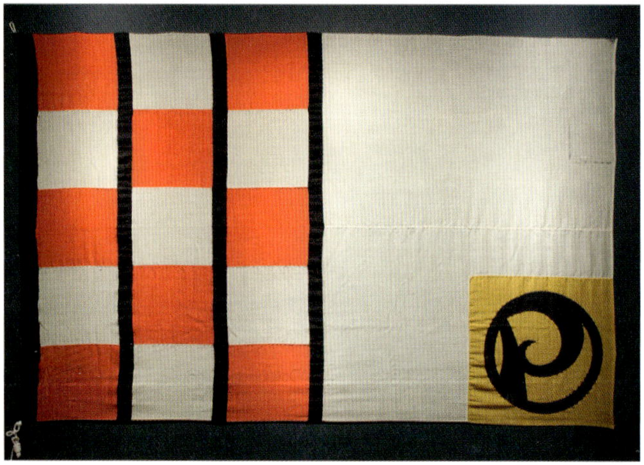

Alida Pott, vlag voor Kunstenaarsvereniging De Ploeg, z.j., linnen, 185 x 308 cm, Collectie Stichting De Ploeg, bruikleen Groninger Museum

In 1919 ontwierp Alida Pott het bekende vignet voor De Ploeg, de omcirkelde P. Later maakte zij ook deze vlag voor de kunstkring, waarop het logo was opgenomen.

hen op dit spoor. Hij nam zijn leerlingen mee naar Blauwborgje, een gehucht ten noorden van de stad. Hij leerde ze om in vlotte toetsen het landschap te vangen. Hierin lag voor veel Ploegers de eerste aanzet tot hun latere expressionistische landschappen. Via tentoonstellingen en lezingen drongen actuele ontwikkelingen in Groningen door. Zo organiseerde Pictura meerdere exposities waarop het expressionisme van de Bergense School getoond werd. En bovenal moet Vincent van Gogh genoemd worden, zijn indringende werk werd zeer hoog aangeslagen door de Groningers.

Het opzienbarende Groninger expressionisme lag nog in het verschiet, maar duidelijk waren moderne invloeden in het werk van de Ploegleden aanwezig. Jan Wiegers kwam tijdens reizen door Europa in aanraking met eigentijdse ontwikkelingen in de kunst, wat zijn weerslag vond in zijn werk. Jan Jordens, geen Groninger van geboorte, was vanaf zijn opleidingstijd in Den Haag en Amsterdam gericht op nieuwe stromingen als de Bergense School. En in een brief uit 1919 schreef Ploegvoorzitter Toon Benes over Alida Pott: 'in de laatste tijd is ze naar het modernisme over zoals trouwens de hele Ploeg onder invloed van vooral Wiegers.'[2] De hang naar het moderne was dus zonder meer aanwezig. Maar iedereen was nog totaal onbewust van de artistieke stroomversnelling waarin De Ploeg binnen afzienbare tijd zou raken. Eerst kreeg de kunstkring in 1920 een grote tegenslag te verwerken. Wiegers bleek aan een ernstige longziekte te lijden, waarvoor een kuur in Davos noodzakelijk was. De Ploeg reageerde met grote solidariteit en zorgde voor financiële steun, zodat hij naar Zwitserland kon vertrekken.

CRUCIALE ONTWIKKELINGEN

In 1921 keerde Wiegers terug. Gezond, én overlopend van inspiratie. Door een gelukkig toeval ontmoette hij in Frauenkirch nabij Davos Ernst Ludwig Kirchner, de belangrijkste vertegenwoordiger van het Duitse expressionisme en voorman van kunstenaarsgroep Brücke. De vriendschap tussen beiden en hun gelijkgerichte artistieke belangstelling leidden tot vele gezamenlijke werkuren. Terug in Groningen introduceerde Wiegers met groot enthousiasme nieuwe schilderkunstige en grafische mogelijkheden en een uitgesproken expressionistische vormentaal. Zijn geestdrift

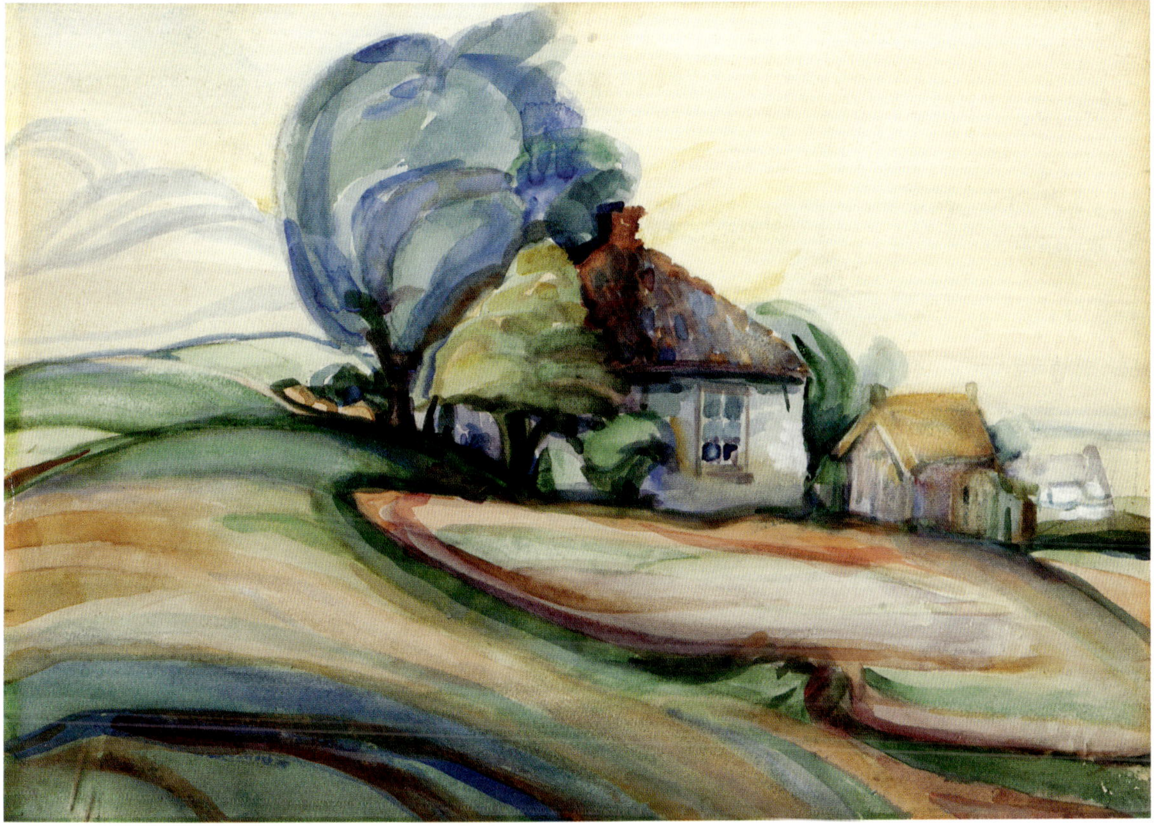

Alida Pott, *Blauwborgje met verwaaide bomen*, 1918, aquarel, 23,5 x 33,8 cm, Collectie Stichting De Ploeg, legaat van Thijs Martens en Annemarie Martens-Bonnema, bruikleen Groninger Museum

'Blauwborgje' was een van de namen die tijdens de oprichtingsvergadering werden voorgesteld. Uiteindelijk koos men voor de naam 'De Ploeg'. Het eerste lustrumfeest werd in 1923 gevierd op Blauwborgje.

sloeg over op zijn Ploegcollega's en zette cruciale ontwikkelingen in gang. In de grafiek openbaarde zich als eerste de artistieke explosie, zoals de houtsneden, litho's en etsen in een krachtige beeldtaal laten zien. Al snel werden ook de eerste expressionistische schilderijen gemaakt. In navolging van Kirchner gingen de Groningers 'wasverf' gebruiken, waarvoor ze de olieverf aanlengden met een bijenwas-benzine oplossing. Deze matte verf droogde sneller dan olieverf, maar leende zich niet om kleuren in elkaar te laten overvloeien. De opvallende kleuren werden in contrastrijke kleurvlakken naast elkaar aangebracht, in vereenvoudigde, hoekige vormen.

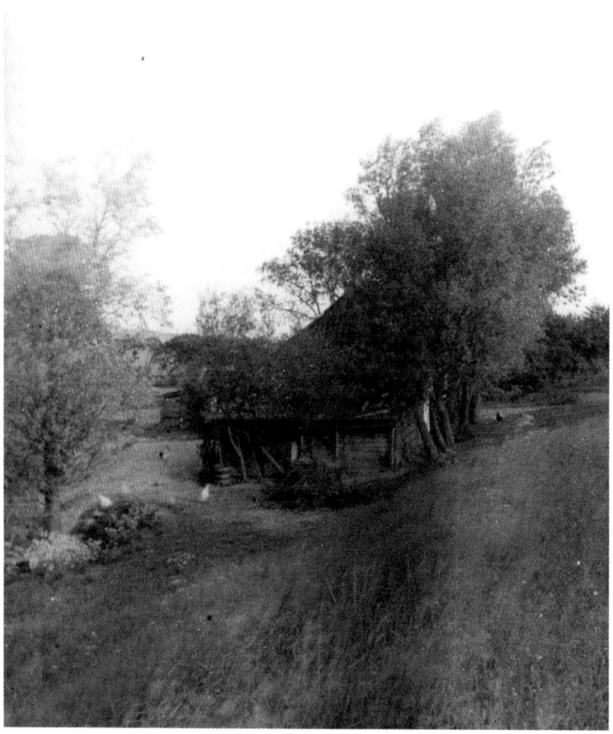

E. Theijssen Czn., Blauwborgje achter de Reitdijk, 17-5-1921, RHC Groninger Archieven (1785-24701)

De inspiratie die Wiegers meenam uit Zwitserland werkte als een stuwende kracht. De Groningers hadden precies dit duwtje in de rug nodig om zich echt los te maken van meer traditionele en academische conventies, en zich in een nieuw avontuur te storten. In de jaren daarna ontstonden schilderijen die men tegenwoordig direct herkent als typische 'Ploegschilderijen': felgekleurde landschappen waarin wegen en sloten verschieten naar verre, hoge horizonten, dynamische stadsgezichten en karakteristieke portretten. De Ploeg streefde als vereniging overigens niet een artistieke stijl of richting na. Binnen De Ploeg bestond ook een abstract-constructivistische richting, met Wobbe Alkema, H.N. Werkman en Jan van der Zee. Sinds 1921 konden architecten lid worden, en vanaf 1922 versterkte de moderne componist Daniël Ruyneman de gelederen, evenals vanaf 1924 de schrijver Herman Poort en in 1929 dichter-kunstenaar Hendrik de Vries. In 1923 werd Job Hansen als architect lid van De Ploeg; na 1927 richtte hij zich op de schilderkunst en ontwikkelde hij met zijn 'benzinerellen' een half abstracte en volstrekt unieke vorm van landschapsschilderkunst. Het was de heersende mentaliteit en de uitdagende vernieuwingsdrang die De Ploeg tot een belangrijke stimulans voor de kunstenaars maakte.

ONDERLINGE DYNAMIEK

Het verenigingsleven kende gedurende de hoogtijdagen een onderlinge dynamiek, waarbij plannenmakerij en feesten werden afgewisseld met twisten en bestuurswisselingen. In de jaren twintig overheerste het avant-gardistische elan en bruiste het bohemienleven, waarop later met weemoed werd teruggekeken. Begin jaren twintig verscheen korte tijd het *Blad voor Kunst* met bijdragen van verschillende Ploegleden, als teken van de ambities. Vervolgens verschenen vijf nummers van *Het Kouter*. Ook dit verenigingsorgaan was een kort leven beschoren. In 1923 kon de wens van een eigen clubonderkomen in vervulling gaan: in hetzelfde pakhuis aan de Lage der A, waar Werkman sinds 1922 zijn drukkerij bestierde, kon een ruimte gehuurd worden. Daarmee begon de periode van de Rode Hel, zoals het 'eigen home' genoemd werd naar de roodgesausde

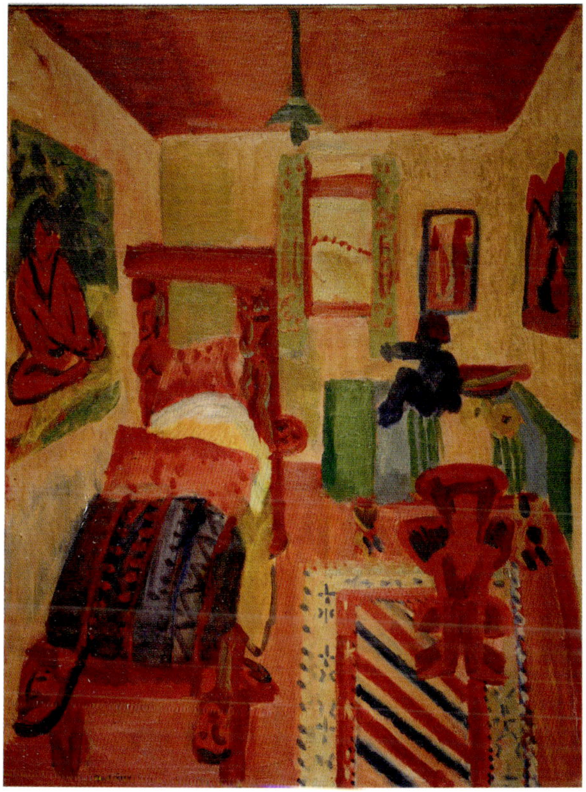

Jan Wiegers, *Slaapkamer van Kirchner*, ca. 1925, was/olieverf op doek, 90 x 70 cm, Collectie Stichting De Ploeg, bruikleen Groninger Museum

Jan Wiegers en E.L. Kirchner bleven ook na 1921 bevriend en Wiegers zou nog geregeld naar Zwitserland afreizen om hem te bezoeken. In 1925 schilderde hij dit intieme interieur van Kirchners huis.

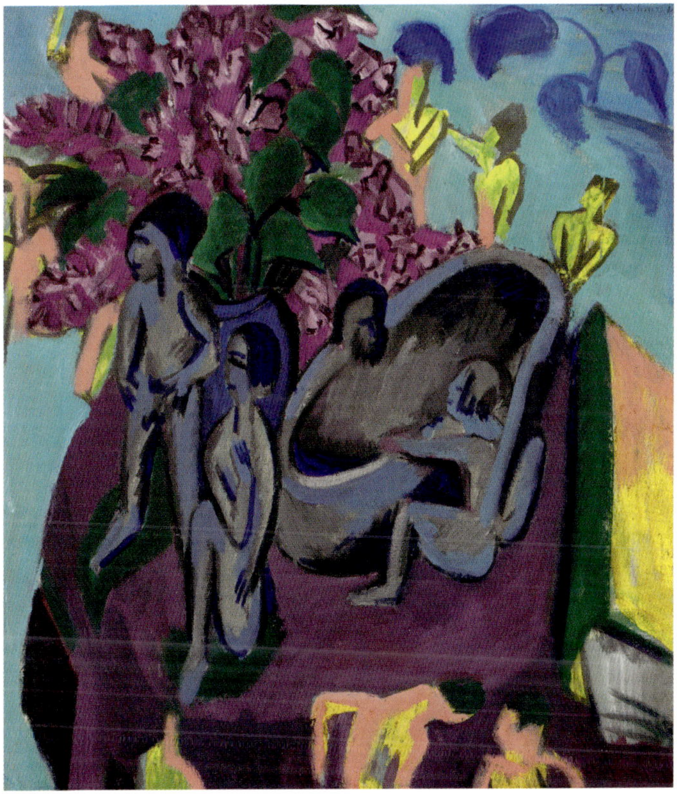

E.L. Kirchner, *Stilleven met plastieken*, 1912, was/olieverf op doek, 90 x 80 cm, Groninger Museum, verworven met steun van het Kammingafonds

In 1956 kocht toenmalig museumdirecteur W. Jos de Gruyter dit werk aan voor het Groninger Museum. De sculpturen op het schilderij sneed Kirchner zelf uit hout. Jan Wiegers wist zich later te herinneren dat Kirchner het doek in zijn aanwezigheid opnieuw onder handen nam: de kleur van de seringen en het blauwgroen van de achtergrond maakte hij intenser.[3]

wanden. Na een klein jaar leidden de financiële last en praktische beheersproblemen tot het weer opzeggen van de huur.
In 1924 vond een geruchtmakende Ploegtentoonstelling bij Pictura plaats. Gezien de grote animo zag de

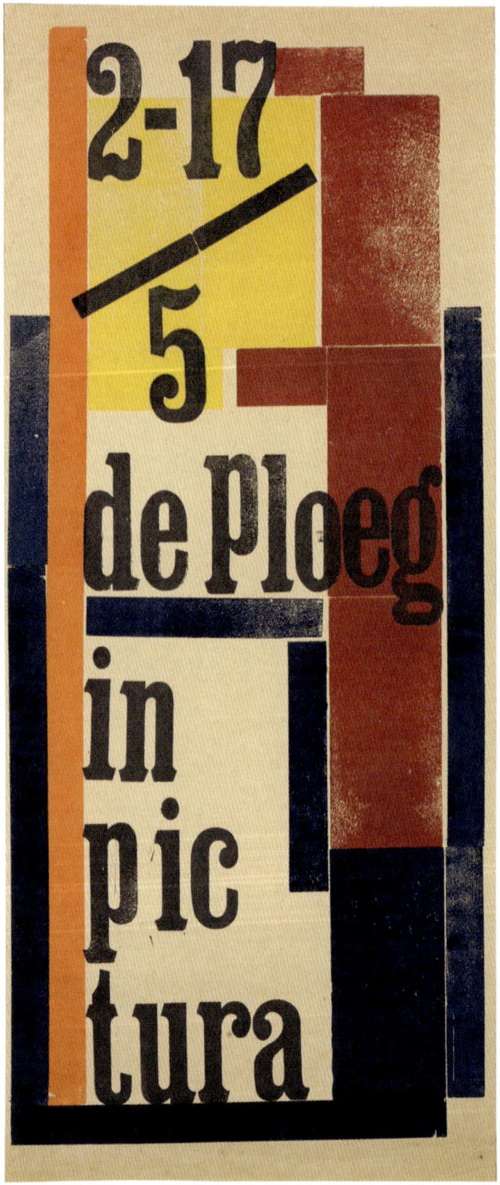

'ophangcommissie', bestaande uit Siemon Steenmeijer en Job Hansen, zich genoodzaakt een selectie te maken. Zij kozen specifiek voor modern georiënteerde werken, waardoor de expositie nadrukkelijk een progressief gezicht van De Ploeg toonde. De meer behoudende Ploegleden werden gepasseerd. Hier tekende zich een kloof af tussen vooruitstrevende en meer conservatieve leden, en de aanvaringen die hieruit voortkwamen zouden een constante vormen in de geschiedenis van De Ploeg. 'Quo vadis? Is het ploegen gedaan?' vroeg Werkman zich in 1925 al af in zijn pamflet *Ars longa, vita brevis*. Hij keerde zich tegen het aannemen van leden van het 'degelijke steunpilaar-achtige slag', zoals hij later memoreerde.[4]
De avant-gardistische jaren van De Ploeg lagen tussen 1922 en 1928. Daarna zou het artistieke voorhoedegevecht luwen en kwam de kunstkring in een rustiger vaarwater. Altink was een van de eersten die na een

H.N. Werkman, *De Ploeg in Pictura*, 1925, handpers op papier, 92,5 x 41 cm, Groninger Museum, verworven met steun van de Vereniging Rembrandt

Met Hendrik Nicolaas Werkman haalde De Ploeg een bijzondere kunstenaar-drukker binnen de gelederen. Werkman zou opvallende affiches, uitnodigingen en publicaties voor de kunstkring verzorgen.

> **Jan Wiegers**, *Interieur Bohémien*, 1925, was/olieverf op doek, 70 x 80 cm, Groninger Museum

Groninger bohème? Een kijkje in het kunstenaarsmilieu van De Ploeg. Vooraan zitten Jan Altink (met pijp) en Jan Wiegers, op de bank daarachter zijn vrouw Gé Wiegers.

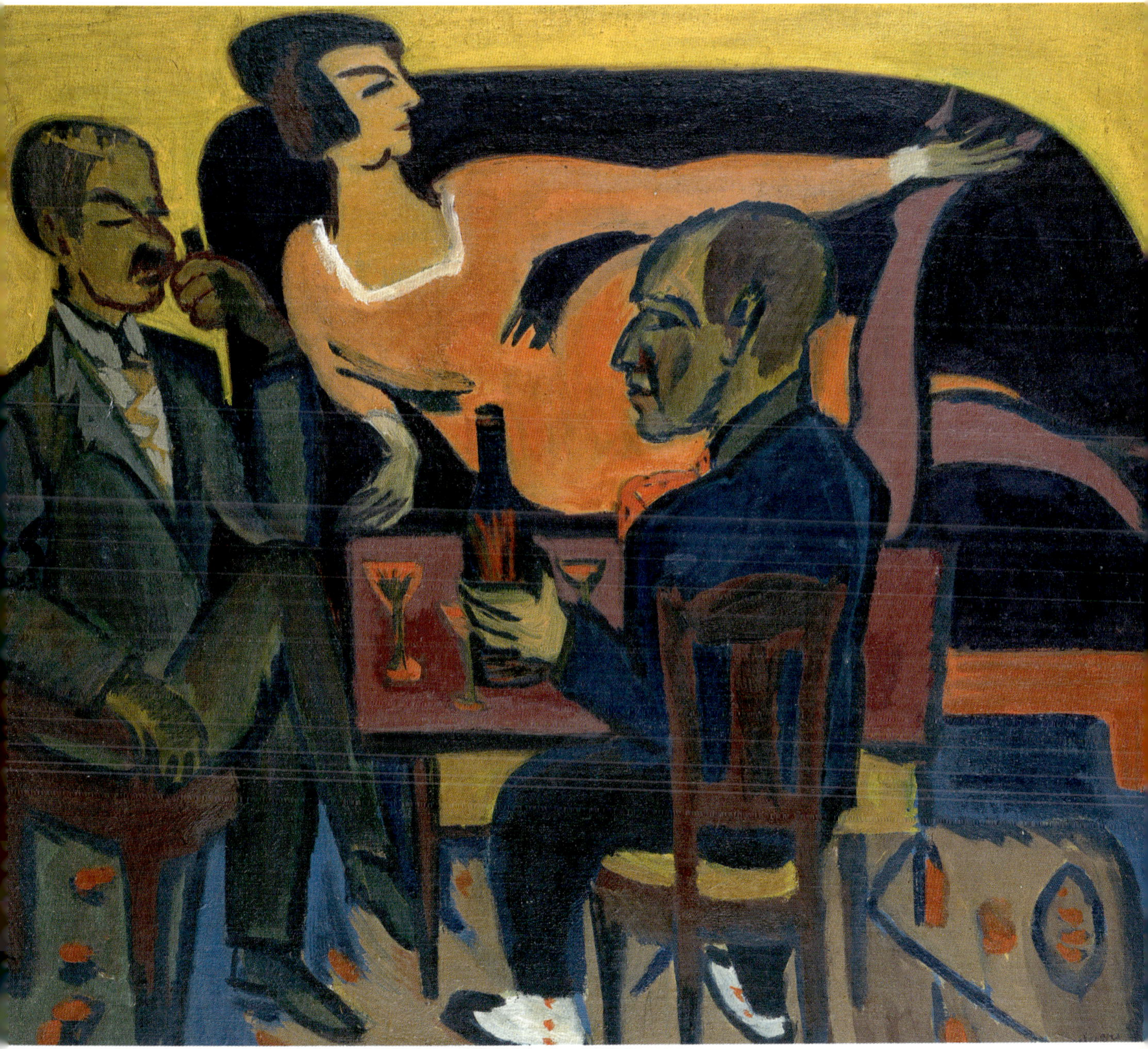

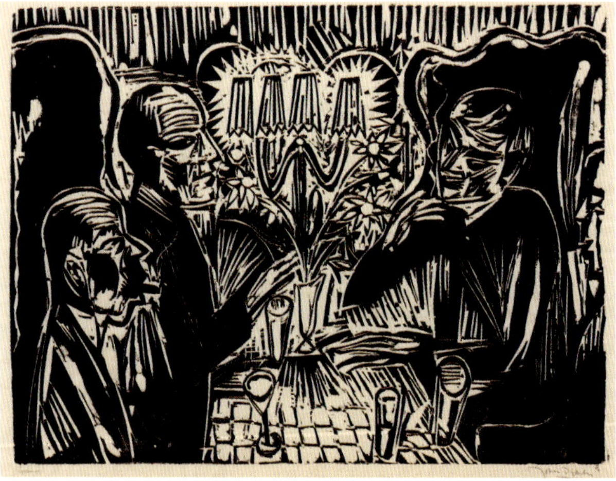

Johan Dijkstra, *Chez Dicque*, 1926, houtsnede, 37,3 x 50 cm, Groninger Museum

Een aantal jaren vormde Bodega Dik aan de Guldenstraat een vast trefpunt voor artistiek Groningen. Aan de stamtafel, bijgenaamd de 'genieëntafel', troffen de kunstenaars elkaar. In 1926 maakte Johan Dijkstra deze houtsnede waarop v.l.n.r. te herkennen zijn Werkman, Wiegers, Martens en mogelijk Jordens.

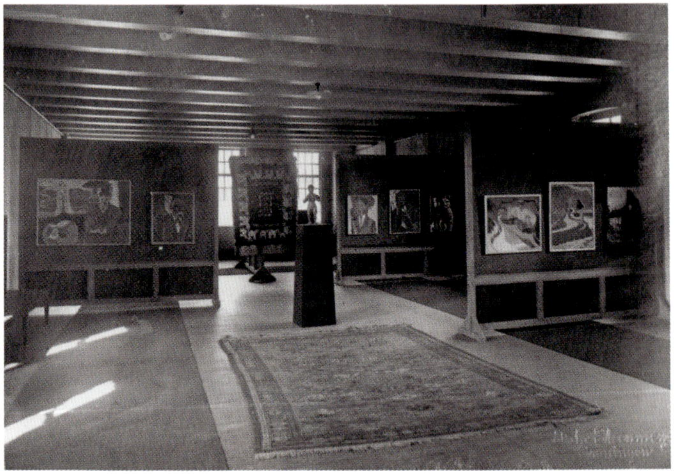

Siemon Steenmeijer, tentoonstelling van De Ploeg in Kunstlievend Genootschap Pictura van 11 tot 15 mei 1924, **foto** Groninger Museum, archief Cees Hofsteenge

'Op een onzalig ogenblik werd aan de ophangcommissie: Job Hansen en Siemon Steenmeijer "plein pouvoir" gegeven de tentoonstelling op eigen houtje te saneren. Ze hebben de meer academisch getinte inzendingen er uit gezet om het geheel een modern aspect te geven.'
Johan Dijkstra in 'Een halve eeuw De Ploeg, in 1968.

uitgesproken expressionistische periode overging tot een lyrisch impressionisme. Slechts een aantal van de Ploegers, met H.N. Werkman voorop, bleven ook in de jaren dertig een modernistische koers varen. Wel hield men vast aan de oorspronkelijke doelstellingen van de kunstkring, in die zin dat er nog steeds geregeld gezamenlijke activiteiten ontplooid werden. Een bijzonder hoogtepunt vormde de jubileumexpositie in 1933, de *Internationale tentoonstelling van Moderne Kunst*. De Ploeg was hier te zien, te midden van internationaal bekende kunstenaars.

CALEIDOSCOOP

'De expressionistische wanhoop of overmoed vergt krachten die gewoonlijk na zekeren leeftijd niet meer aanwezig zijn', schreef Hendrik de Vries in 1938. Daarin ligt een denkbare verklaring voor de relatief korte expressionistische bloeiperiode. Mogelijk ligt een andere oorzaak in het moeizame gevecht om erkenning bij recensenten en publiek dat al die jaren geleverd werd? Pas na de Tweede Wereldoorlog werd de kunsthistorische betekenis van De Ploeg onderkend. W. Jos de Gruyter, van 1955 tot 1963 directeur van het Gronin-

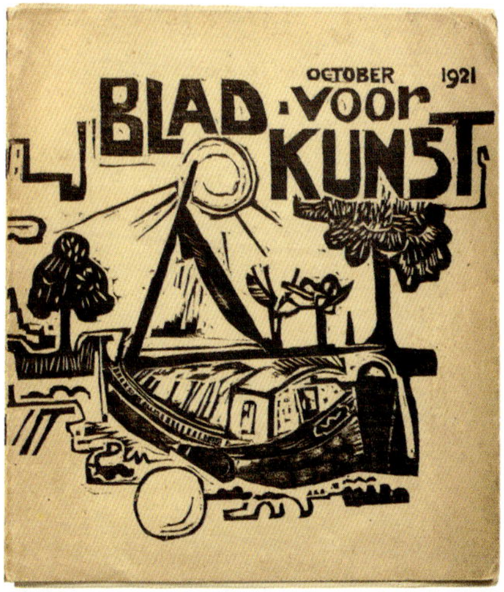

Blad voor Kunst 1, Oktober 1921, drukwerk, houtsnede, 30,5 x 28 cm, Groninger Museum

Het eerste nummer van *Blad voor Kunst* verscheen met op het omslag een houtsnede naar ontwerp van Jan Wiegers. Het blad was vooral van belang door de grafische bijdragen. Het tijdschrift werd (met groot verlies) uitgegeven door H.N. Werkman.

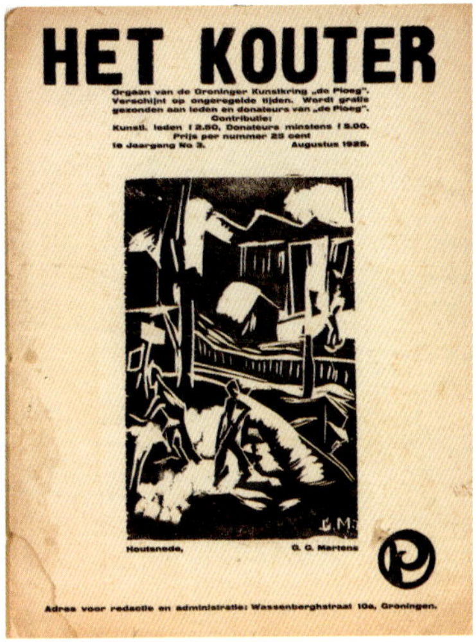

Het Kouter 3, augustus 1925, 32,5 x 24,5 cm, drukwerk, houtsnede, Groninger Museum

Het Kouter vormde een nieuwe poging om een verenigingsorgaan uit te geven. De houtsnede op de omslag van dit derde nummer is van George Martens. Opnieuw was H.N. Werkman de drukker en de uitgever van het blad.

ger Museum, speelde hierbij een prominente rol. In 1956 presenteerde hij de tentoonstelling *35 jaar moderne kunst in Groningen*, waarin het vernieuwende werk van de Ploegers uit de jaren twintig werd getoond. De Gruyter begon ook met de opbouw van een collectie moderne kunst, waarbij het avant-gardistische Ploegwerk zijn uitgangspunt was.
Johan Dijkstra opende dit hoofdstuk met een citaat, afkomstig uit zijn artikel 'Kaleidoscoop van de nieuwe Groninger Kunst', waarin hij terugkeek op de geschiedenis van De Ploeg. De romantisch gekleurde terugblik van Dijkstra richtte zich op de periode van gezamenlijk gevoelde inspiratie en scheppingsdrift. De Ploeg heeft als katalysator hierin een belangrijke stimulerende rol gespeeld. En een caleidoscoop is nog steeds een treffende metafoor om de rijke schakeringen van De Ploeg te beschrijven. De uiteindelijke betekenis ligt in de rijkdom van de oeuvres en de bonte veelkleurigheid van kunstenaars die binnen De Ploeg tot bloei kwamen.

landschap

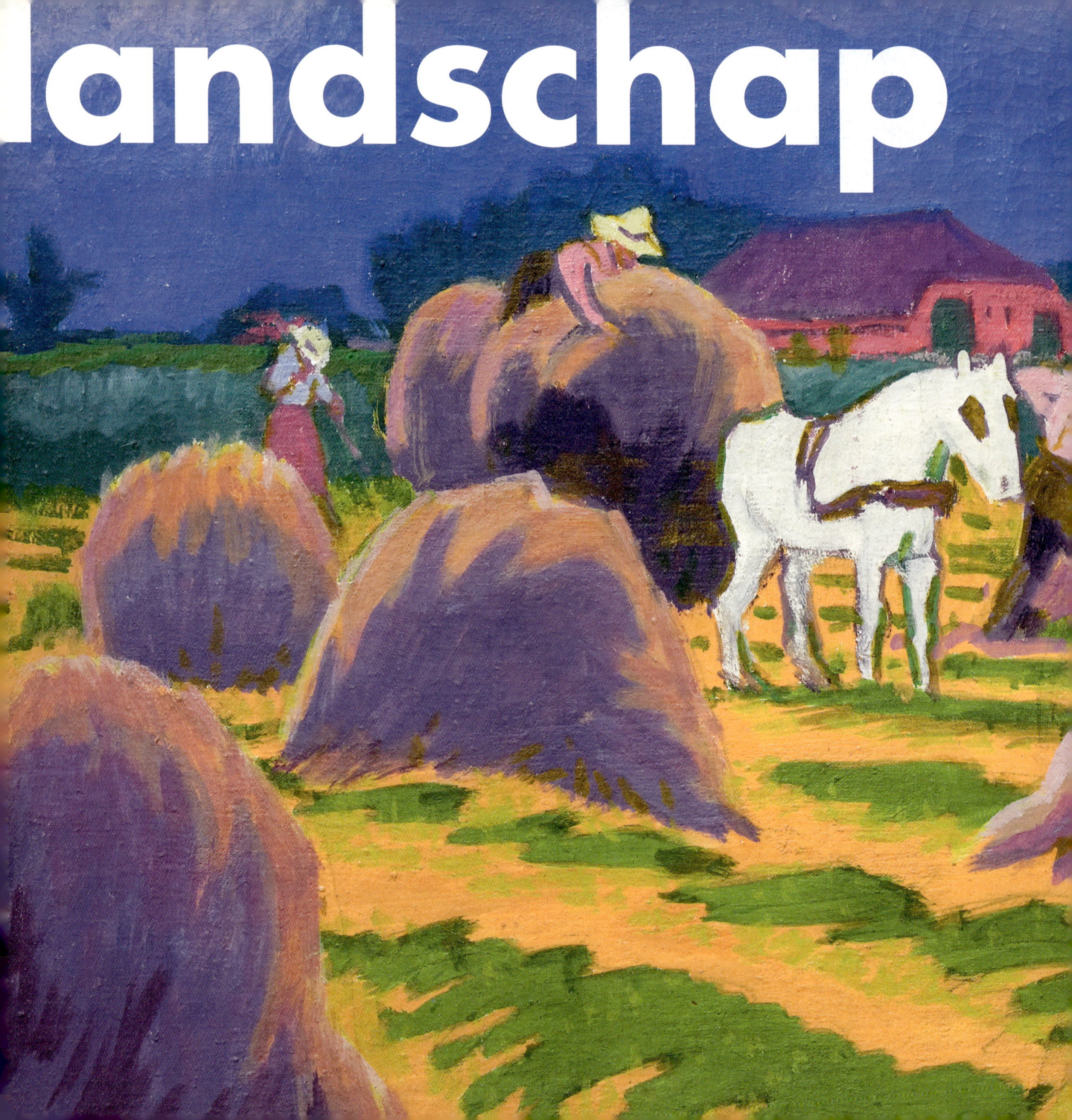

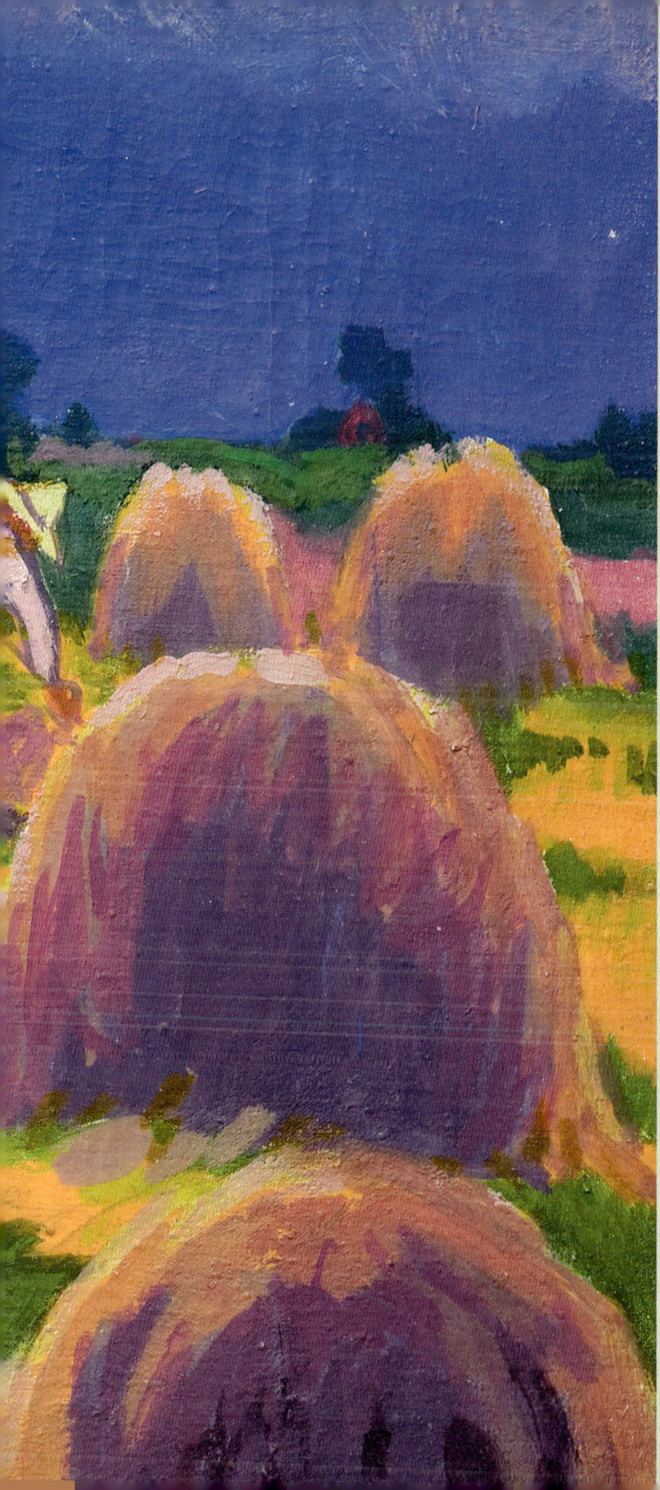

LANDSCHAP

'Alles wat voor de natuur voelde "struunde" daar rond – schilders, dichters. Er stonden aan de Reitdiepsdijk twee boerderijtjes in een schilderachtige omgeving van oude bomen, wild struikgewas en een besloten hof. We kunnen wel zeggen dat daar de jonge Groningse schilderkunst is geboren.'
Johan Dijkstra vatte in 1965 zijn herinneringen samen aan de idyllische en inspirerende tijd waarin de Ploegschilderkunst tot bloei kwam. De locatie waarop hij doelde was Blauwborgje, een gehucht ten noorden van de stad Groningen. Blauwborgje groeide uit tot een bijzondere en inspirerende plek en het open Groningerland kwam nadrukkelijk als schilderkunstig onderwerp onder de aandacht. Hier werd de kiem gelegd voor een unieke landschapsschilderkunst, maar er was nog een impuls nodig. Om nogmaals Johan Dijkstra aan het woord te laten: 'Ik zie Jan Wiegers nog boven op de dijk staan, bezig aan de schilderij met de rode bomen, nu in het Stedelijk. Hij mat met z'n duimstok het midden uit van het doek; het

detail afb. 010

magische midden.'[5] Dijkstra laat ons bij wijze van spreken meekijken bij het ontstaan van *Landschap met rode bomen* (afb. 001) in 1922. Dit schilderij dat in heftige kleuren en in primitieve vormen het Groninger landschap verbeeldt, werd exemplarisch voor de landschapsschilderkunst die binnen De Ploeg ontstond.
Jan Wiegers verwerkte de Duits-expressionistische invloeden die hij in Zwitserland had opgedaan tot een verrassende weergave van het Groningerland. Met *Groninger landschap met kanaal* (afb. 002) voegde hij een jaar later nog een markant werk aan de nieuwe Groninger schilderkunst toe. Hij schilderde dit landschap op een staand formaat doek en paste voor het eerst de hooggeplaatste horizon toe. De omhoogschietende perspectieflijnen van het kanaal, de sloot en de weg bepalen eerder de tweedimensionale compositie, dan dat ze de werkelijke ruimtelijkheid van het land weergeven. De radicale vernieuwingen van Wiegers maakten grote indruk op andere Ploegschilders. Vooral Jan Altink zag direct nieuwe mogelijkheden. In schilderijen als *Koopvrouw op landweg* (afb. 007) en *Na het bezoek* (afb. 008) plaatste hij figuren op de naar de einder verlopende weg.
Door te spelen met het perspectief – op subtiele wijze verwerkte hij voor- en bovenaanzichten binnen het beeld – creëerde hij een bijzondere ruimtelijkheid. Met *De rode boerderij* (afb. 005) schilderde hij een icoon van het Groninger landschap, waarbij de boerderij het middelpunt vormt van een zich naar alle kanten uitstrekkend weids panorama. Johan Dijkstra, samen met Altink binnen De Ploeg de landschapsschilder bij uitstek, schilderde vaak het boerenlandleven. De invloed van Vincent van Gogh en Jean-François Millet speelde begin jaren twintig voor hem nog een belangrijke rol, zoals blijkt uit het grote schilderij *Rustende zichters* (afb. 015). Een paar jaar later schilderde hij *Oogsttafereel* (afb. 020) en *Paarse paarden* (afb. 021). Daarbij is goed te zien dat het expressionisme vanaf 1925 ook bij hem de overhand kreeg.
Landschapsschilderkunst was natuurlijk geen nieuw genre; met hun schilderijen stonden de Ploegers in een lange kunsthistorische traditie. Wél nieuw was de keuze voor het weidse Groningerland. En wat het vervolgens tot een wezenlijke vernieuwing maakte, was de expressieve weergave van dit landschap in felle, onwaarschijnlijke kleuren en vereenvoudigde vormen. Het leverde dermate sterke beelden op, dat sinds die tijd de blik op het Groninger landschap mede gestuurd wordt door deze Ploegschilderijen. En dat terwijl de meeste schilders na 1927 weer overstapten van het heftige expressionisme naar een meer expressief impressionisme, waarin de directe waarneming opnieuw een grotere rol kreeg.
Doordat De Ploeg een vereniging was die uiteenlopende artistieke persoonlijkheden bond, kennen hun landschapsschilderijen ook een grote variëteit. In tegenstelling tot de hiervoor genoemde kunstenaars trok Jan Jordens juist geregeld naar Drenthe. Zijn *Landschap bij Vosbergen* (afb. 021) laat een meer op de Bergense School georiënteerd expressionisme zien.

Alida Pott legde in verfijnde aquarellen en schilderijtjes het landschap bij Blauwborgje vast in bijna abstracte kleurcomposities. En ook de unieke transparante landschappen van Job Hansen balanceren op de grens van figuratie en abstractie. De vereenvoudiging van vormen die Hendrik Werkman gebruikte in zijn schilderkunst, toont verwantschap met de contourlijnen van de sjabloonvormen die hij in zijn druksels toepaste. Werkman baseerde zich wel degelijk op de werkelijkheid om hem heen, maar in zijn kunst kwam hij vaak tot meer gedroomde landschappen. Dat kan zeker ook over Hendrik de Vries gezegd worden, een buitenbeentje binnen De Ploeg, die moeilijk in een categorie te plaatsen valt. Henk Melgers, Ekke Kleima en Jannes de Vries sloten ieder op hun eigen manier juist weer aan bij de uitgesproken expressionistische kleuren. En Jan van der Zee, die een tijdlang abstract werkte, trok er vanaf eind jaren twintig geregeld op uit om buiten landschappen te schilderen.

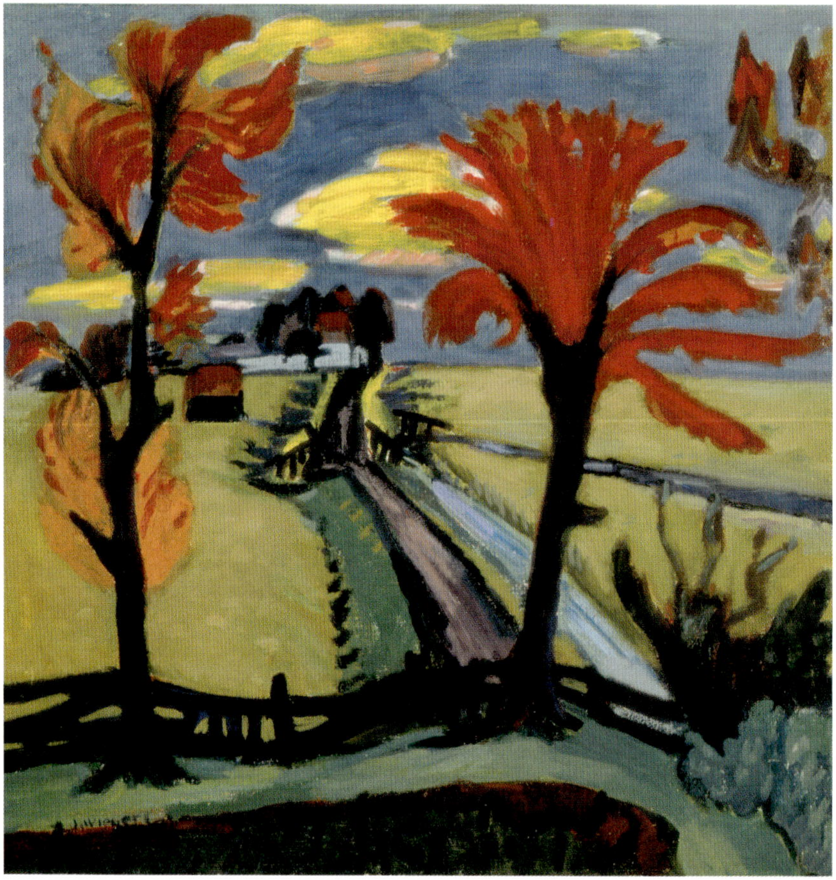

afb. 001 **Jan Wiegers**, *Landschap met rode bomen*, 1922, olieverf op doek, 70 x 70 cm, Stedelijk Museum Amsterdam

In felle kleuren en robuuste vormen gaf Jan Wiegers een persoonlijke en intense interpretatie van het landschap. Zijn verwerking van de invloeden van het Duits expressionisme in typisch Groninger landschappen, vormde een belangrijke impuls voor het ontstaan van het Groninger expressionisme. 'De ceremoniemeester heeft het spel laten beginnen', schreef Job Hansen in 1924 in de Ploeguitgave *Teekeningen* over Jan Wiegers.

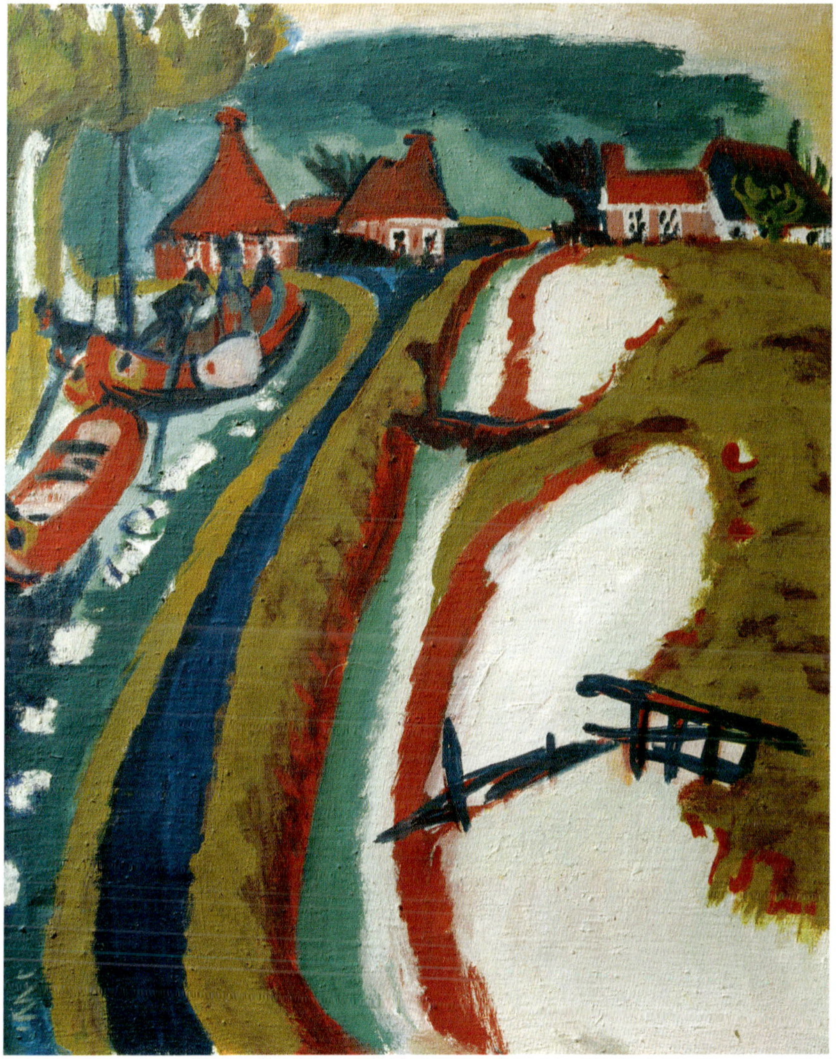

afb. 002 **Jan Wiegers**,
Groninger landschap met kanaal,
1923, was/olieverf op doek,
69,3 x 55,5 cm, Groninger
Museum, verworven met steun
van de Vereniging Rembrandt en
het J.B. Scholtenfonds

Ook *Landschap met kanaal* toont een 'oer' Gronings landschap. De verticale opbouw van het schilderij en de hooggeplaatste horizon benadrukken de uitgestrektheid van het land.

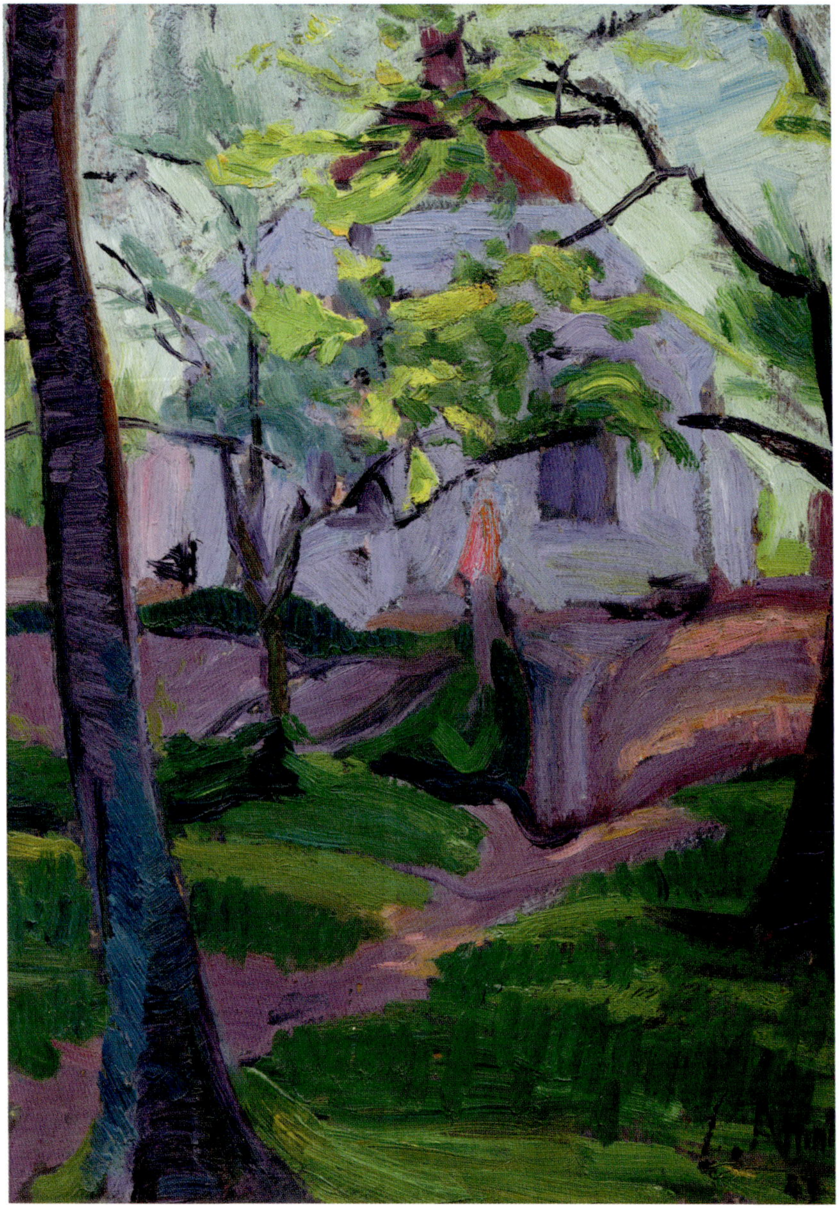

afb. 003 **Jan Altink**, *Blauwborgje*, 1923, was/olieverf op doek, 48,7 x 39 cm, bruikleen Rijksdienst voor het Cultureel Erfgoed, uitgeleend aan het Groninger Museum

In was/olieverf en met stevige penseelstreken schilderde Jan Altink Blauwborgje. De invloed van Jan Wiegers deed zich gelden.

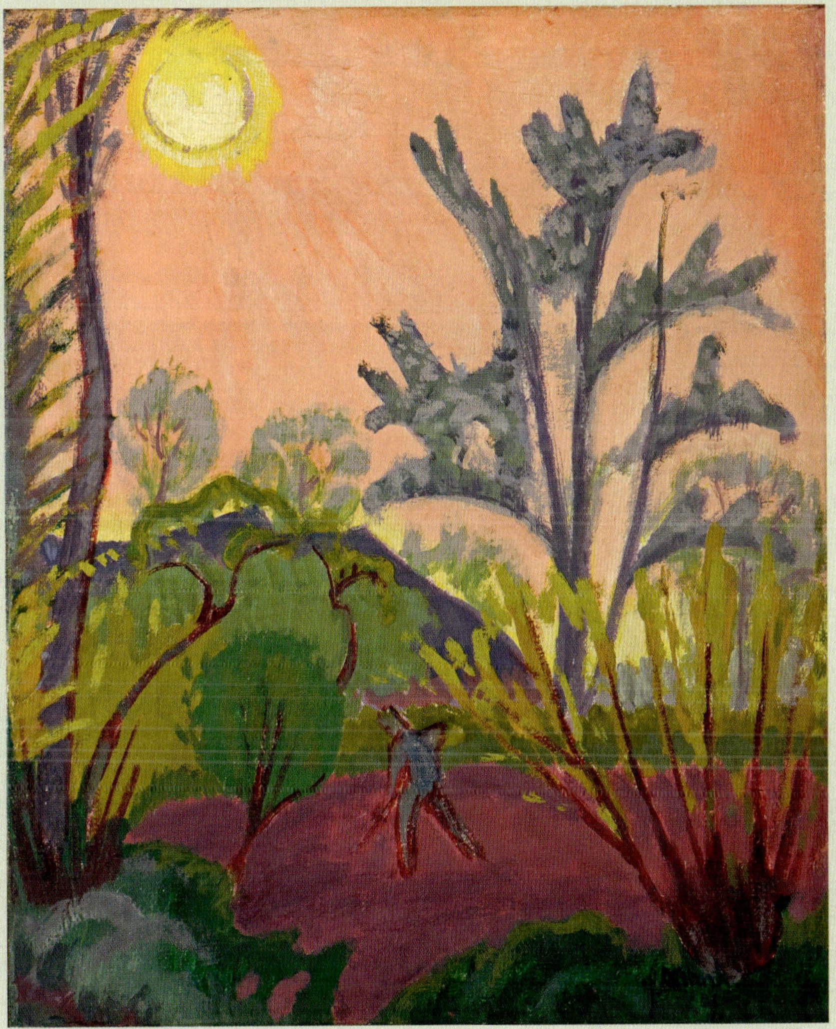

afb. 004 **Jan Altink**, *Bloeiende bomen in Euvelgunne*, 1924, was/olievert op doek, 70,5 x 58,5 cm, Collectie Stichting De Ploeg, bruikleen Groninger Museum

Euvelgunne was een gehucht ten oosten van Groningen. Net als Blauwborgje ten noorden van de stad, is het grotendeels verdwenen onder de uitbreidingen van de stad Groningen.

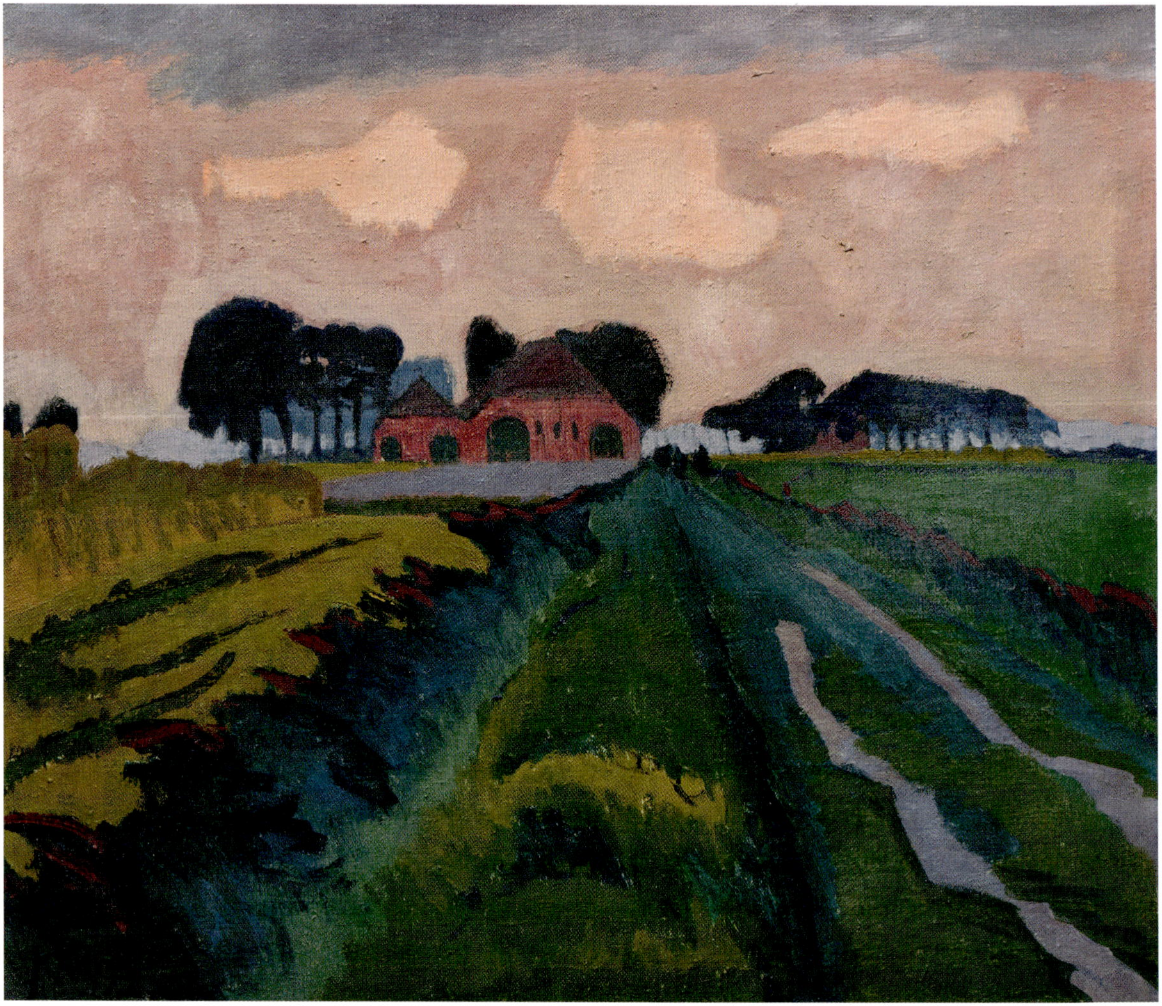

afb. 005 **Jan Altink**, *De rode boerderij*, 1924, was/olieverf op doek, 60,5 x 70,5 cm, Collectie Stichting De Ploeg, bruikleen Groninger Museum

Oud-Groninger museumdirecteur W. Jos de Gruyter schreef in een publicatie in 1978 over dit schilderij dat Jan Altink met deze 'warme weelde van kleur' de titel 'schilder van het (Groninger) paradijs' verdiende. *De rode boerderij* is een belangrijk voorbeeld van expressionistische schilderkunst zoals die zich binnen De Ploeg ontwikkelde.

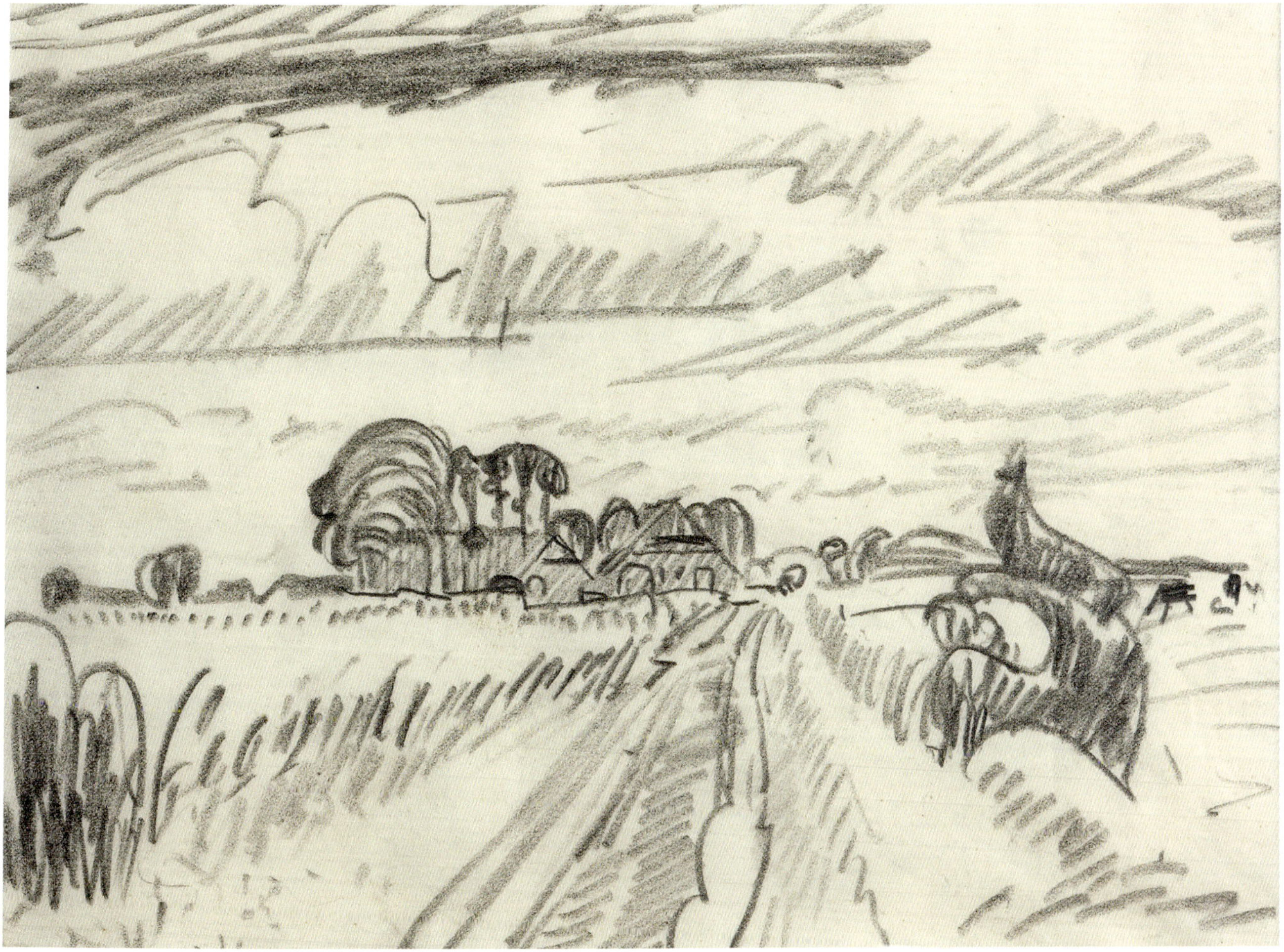

afb. 006 **Jan Altink**, *Schets 'De rode boerderij'*, 1924, potlood, zwart krijt op papier, 18,5 x 24 cm, Groninger Museum

In deze vlotte schets, 'vervaardigd in het veld', zoals een notitie bij de schets vermeldt, zette Altink de compositie voor het schilderij neer. De schets zou er op kunnen duiden dat het schilderij later in het atelier gemaakt is.

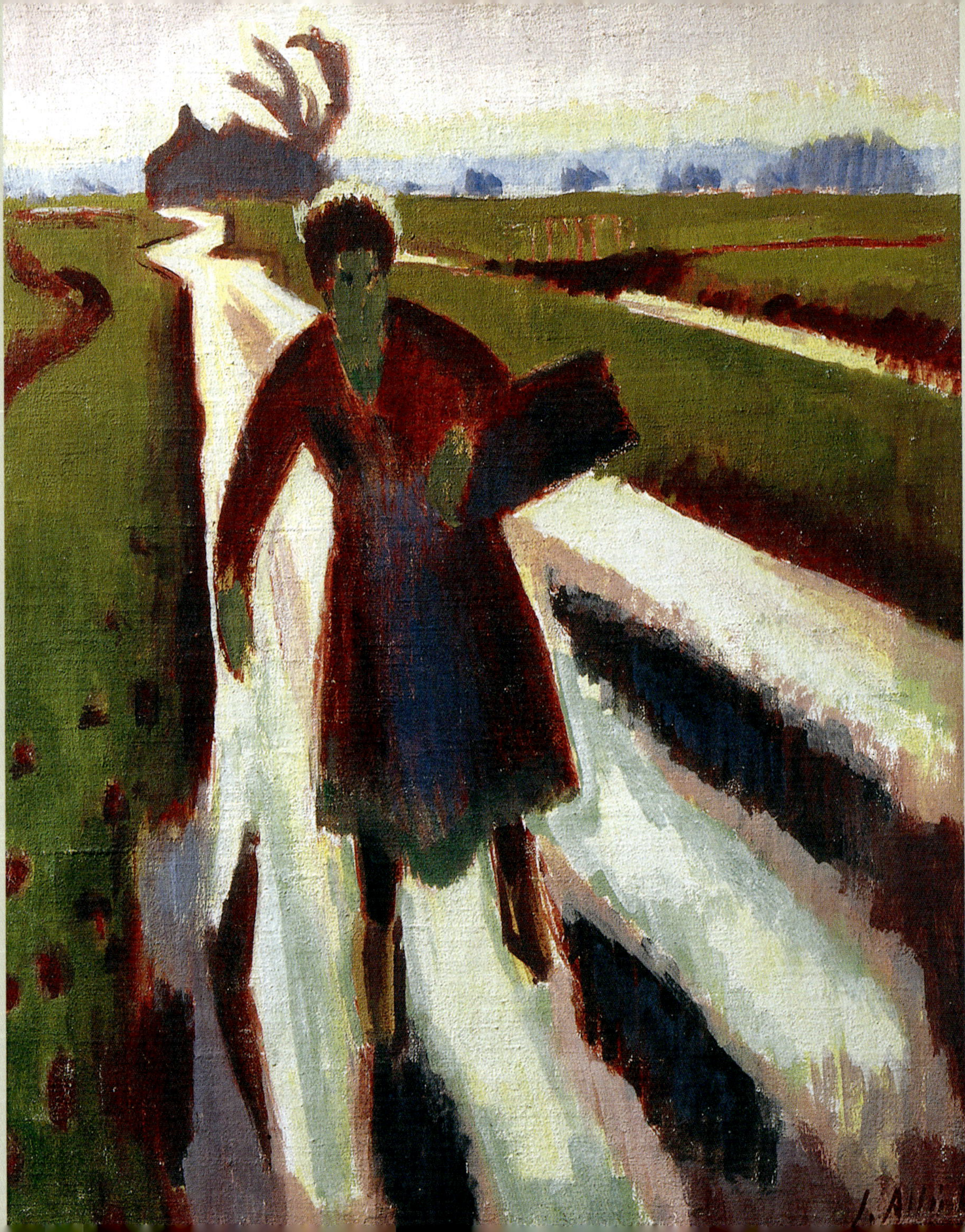

< afb. 007 **Jan Altink**, *Koopvrouw op landweg*, 1925, was/olieverf op doek, 70,5 x 58,5 cm, Groninger Museum, verworven met steun van het Kammingafonds

In tegenlicht toont Altink een vrouw die met haar zware koopwaar naar ons toe sjouwt. De weg is nog nat van de regen. Achter haar loopt het pad in de verte naar een boerderij onder verwaaide bomen.

afb. 008 **Jan Altink**, *Na het bezoek*, 1925, was/olieverf op doek, 76 x 60 cm, Groninger Museum

Op de landweg staan de twee vrouwen het vertrekkende bezoek na te kijken. In de bocht van de weg, net waar de kar wegrijdt, maakt het perspectief een sprong: waar de vrouwen de voorgrond domineren doordat we als het ware van een hoger standpunt op hen neerkijken, daar verdwijnt de kar in de verte, waar we tegen de hoge verre horizon opkijken.

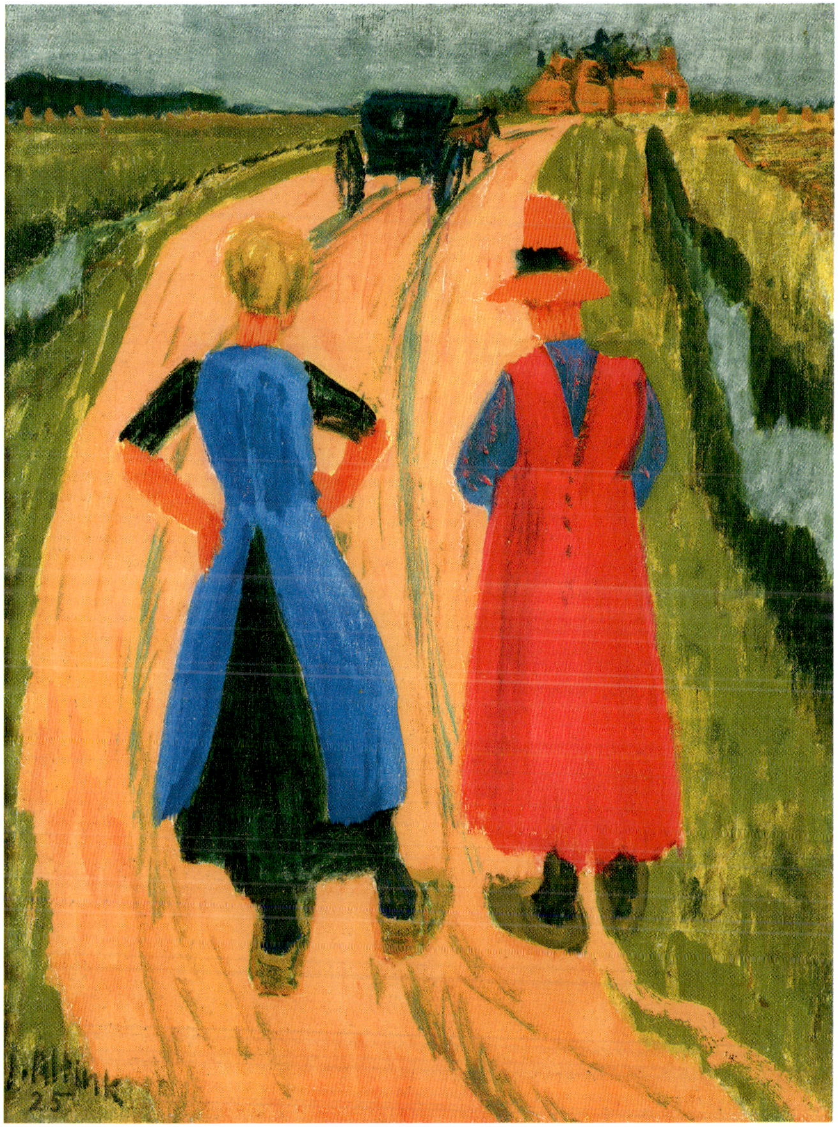

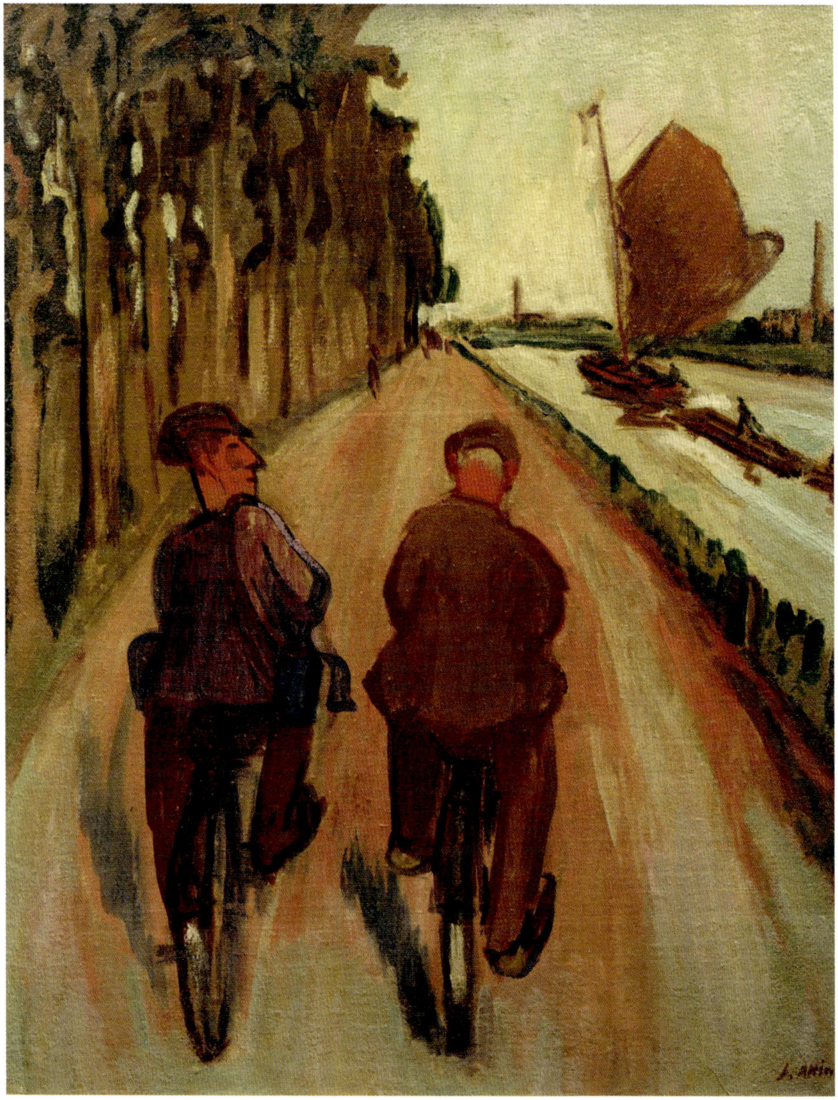

afb. 009 **Jan Altink**, *Fietsers langs het Boterdiep*, 1925, olieverf op doek, 93 x 77 cm, Groninger Museum, schenking Chris Ongering en Agaath Ongering-Perk

'Merkwaardig hoe vaak we op die vroege Ploegschilderijen als thema de landweg tegenkomen, het doek dwars doorkruisend, vooral bij Altink. En de mens over die landweg gaande, het motief van het gaan, het trekken, de actie', zoals W. Jos de Gruyter constateerde in de catalogus bij zijn tentoonstelling *35 jaar moderne kunst in Groningen*.

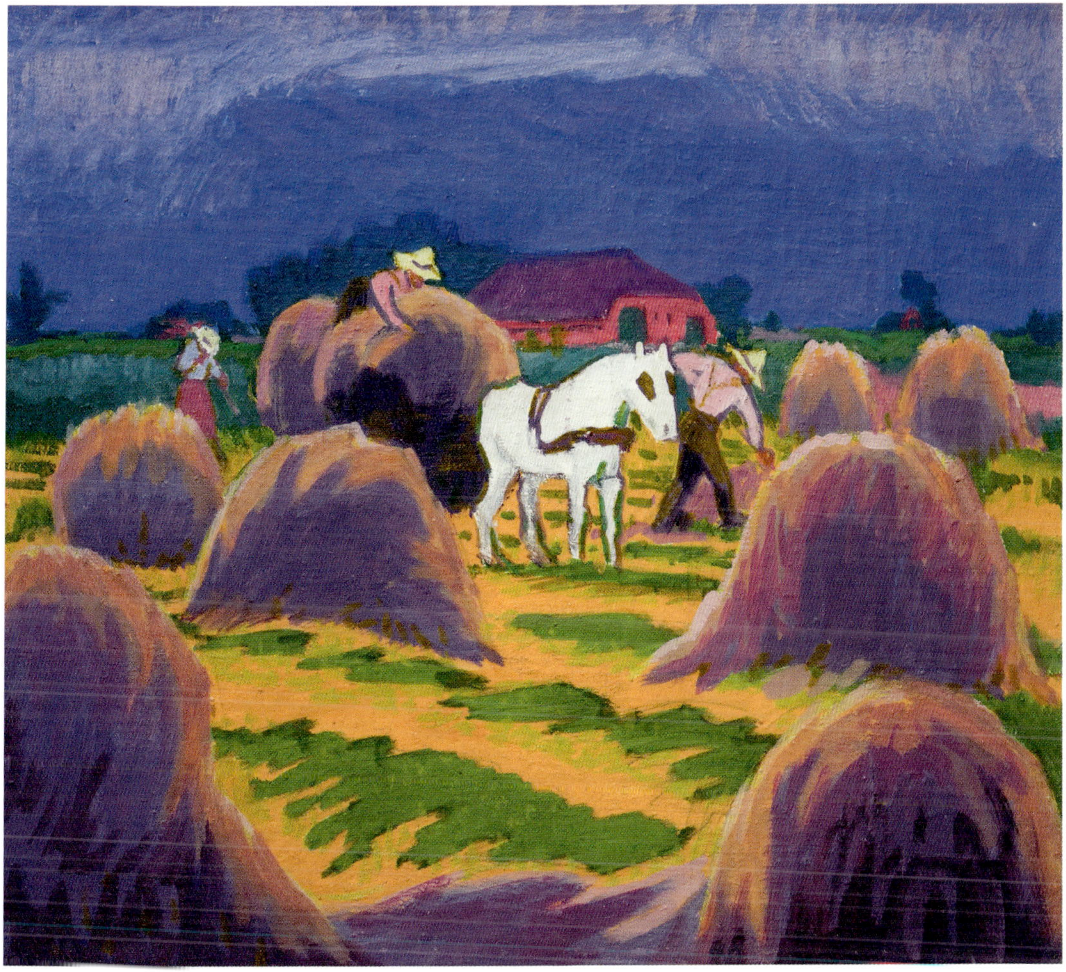

afb. 010 **Jan Altink**, *Het witte paard*, 1925, was/olieverf op doek, 61,5 x 70 cm, Collectie Stichting De Ploeg, bruikleen Groninger Museum

'De dingen hebben geen kleur. Alleen het licht heeft kleur. De dingen of liever de stof, waarvan ze opgebouwd zijn, heeft alleen maar het vermogen om een of meer kleuren tegelijk van het licht terug te kaatsen. (...) Zonder licht hebben ze geen kleur. Verder wordt de kleur toch bepaald door de omgeving en door de gemoedstoestand van de schilder. Nee, het licht is alles. Dat te willen negeren of ontkennen is idioot,' aldus Jan Altink.[6]

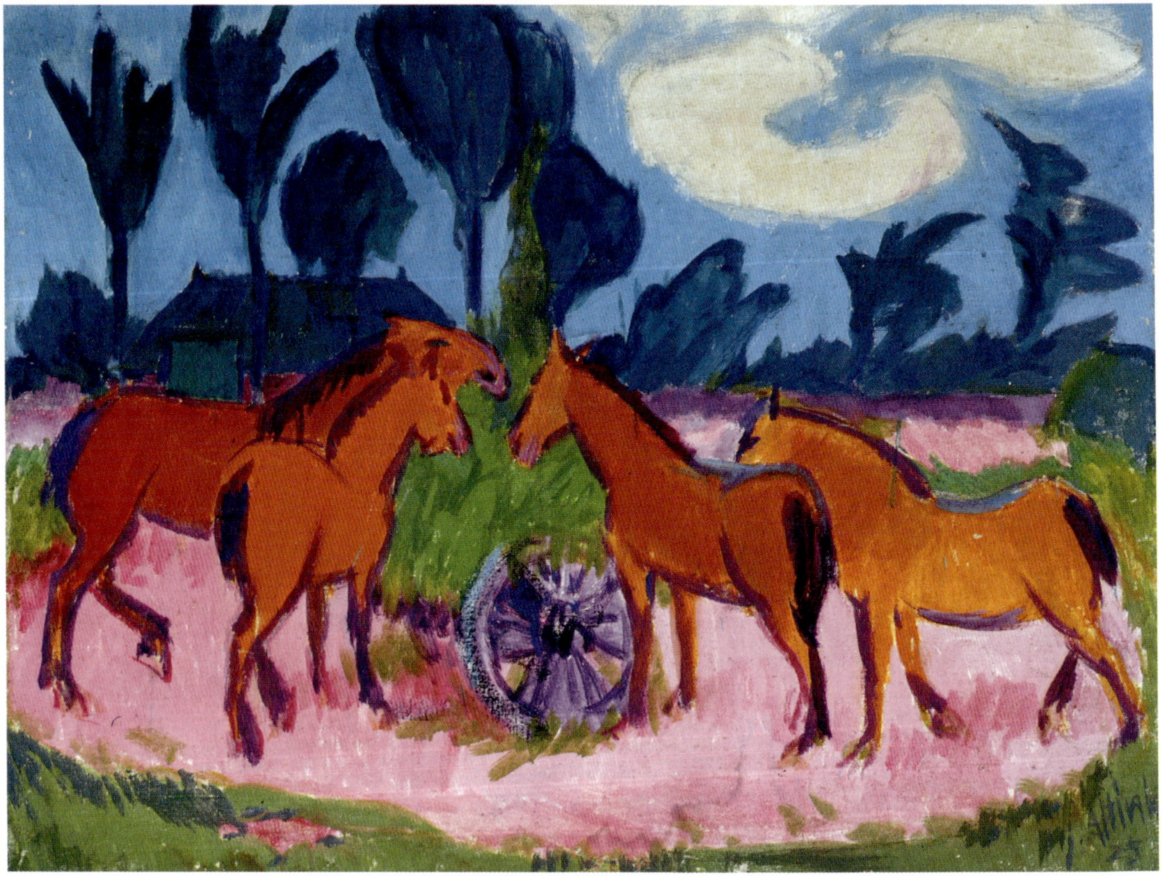

afb. 011 **Jan Altink**, *Vier paarden*, 1925, was/olieverf op doek, 77 x 100 cm, Museum Belvédère

In 1925 gebruikte Jan Altink de meest uitgesproken kleuren. Uit het op pagina 31 aangehaalde citaat blijkt dat voor hem zelfs in zijn meest expressionistische periode de waarneming van groot belang bleef. Altink zag de wereld om hem heen werkelijk in bijzondere kleuren die op elkaar reageren.

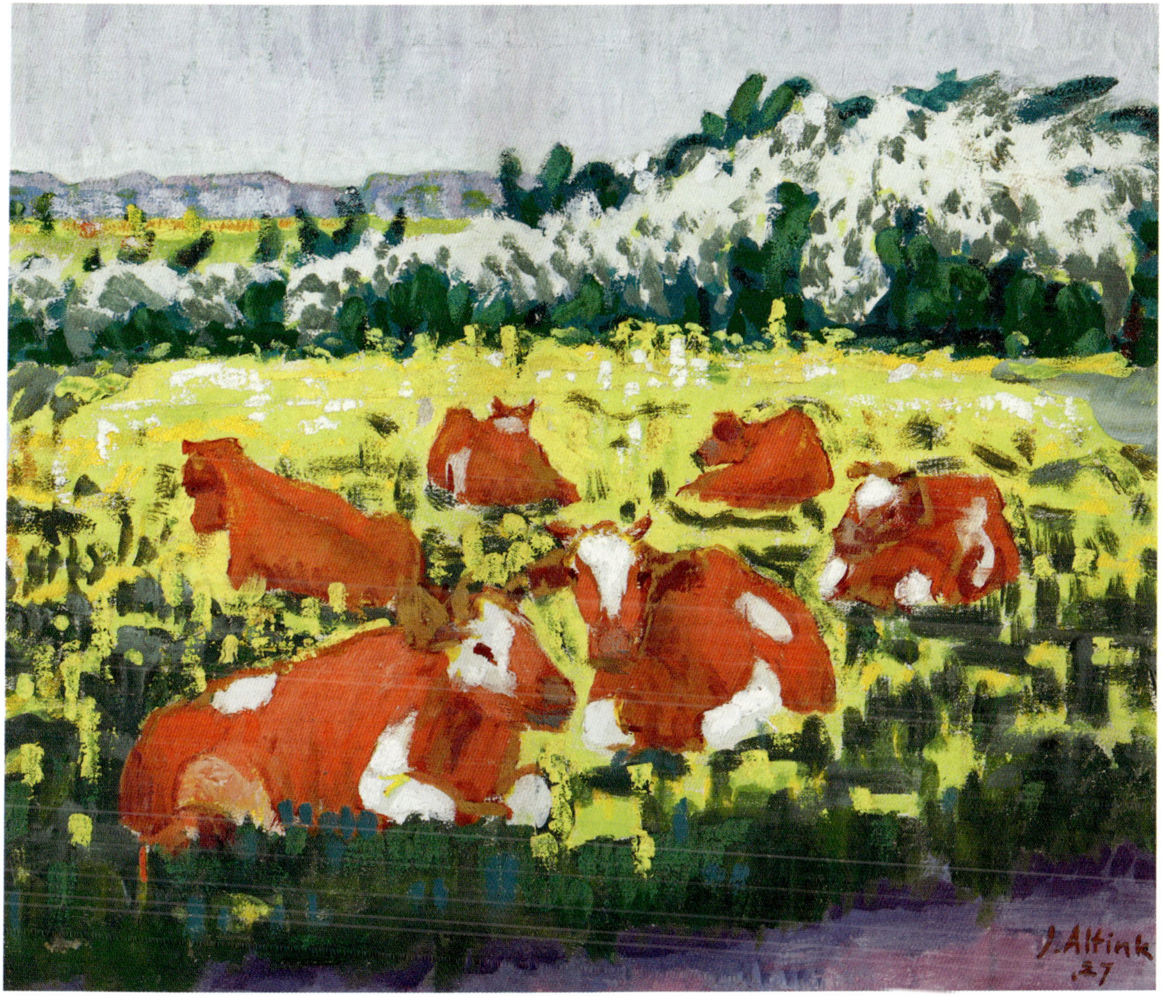

afb. 012 **Jan Altink**, *De rode koetjes*, 1927, was/olieverf op doek, 50,5 x 60 cm, Collectie Stichting De Ploeg, bruikleen Groninger Museum

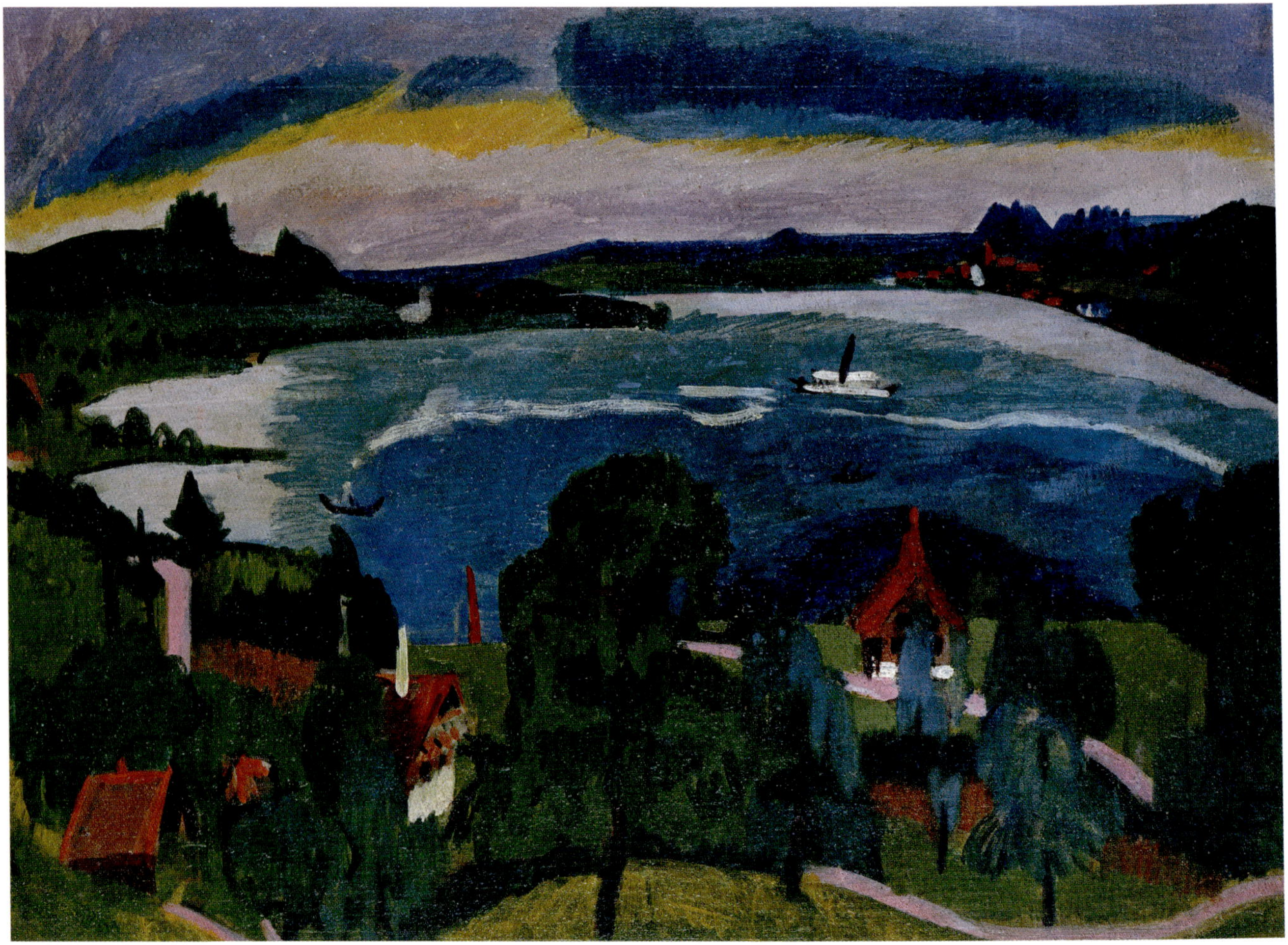

afb. 013 **Jan Wiegers**, *Zugersee*, 1925, was/olieverf op doek, 70 x 97 cm, Groninger Museum

Jan Wiegers schilderde dit gezicht op het Zugermeer in 1925. Hij bracht dat jaar enkele weken in Zwitserland door met de letterkundige Herman Poort, die tevens lid van De Ploeg was. Een jaar later verscheen er ook een boekje van Poort onder de titel: *Aan het Zugermeer, herinneringen aan een vrolijk zomerleven*, dat Wiegers met houtsneden illustreerde.

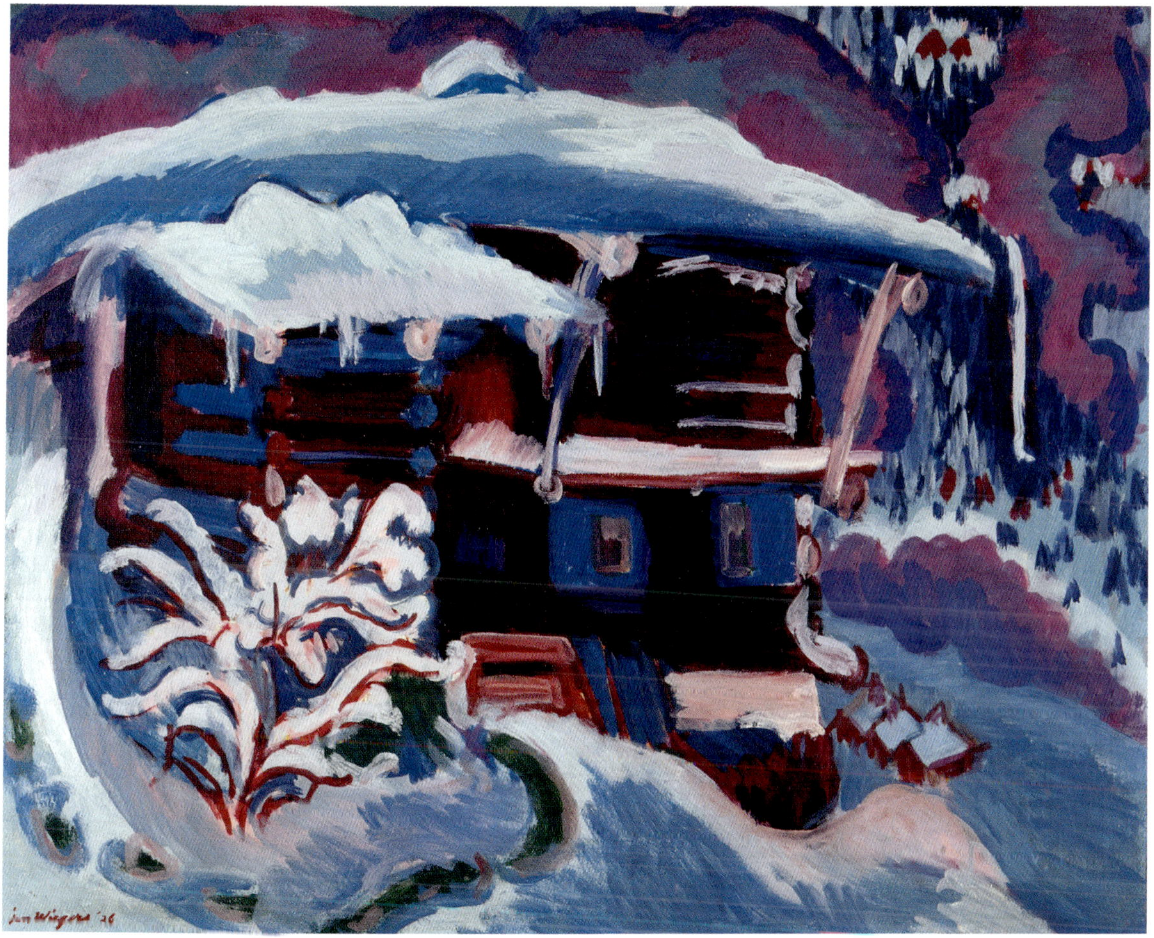

afb. 014 **Jan Wiegers**, *Davos, Frauenkirch*, 1926, olieverf op doek, 78,5 x 100 cm, bruikleen Rijksdienst voor het Cultureel Erfgoed, uitgeleend aan het Groninger Museum

In Frauenkirch vlak bij Davos had Jan Wiegers in 1920 E.L. Kirchner leren kennen, de twee waren daar praktisch buren. Dit houten Zwitserse huis in de sneeuw is een van de vele schilderijen die getuigen van de bezoeken die Wiegers ook na 1921 aan Zwitserland bracht.

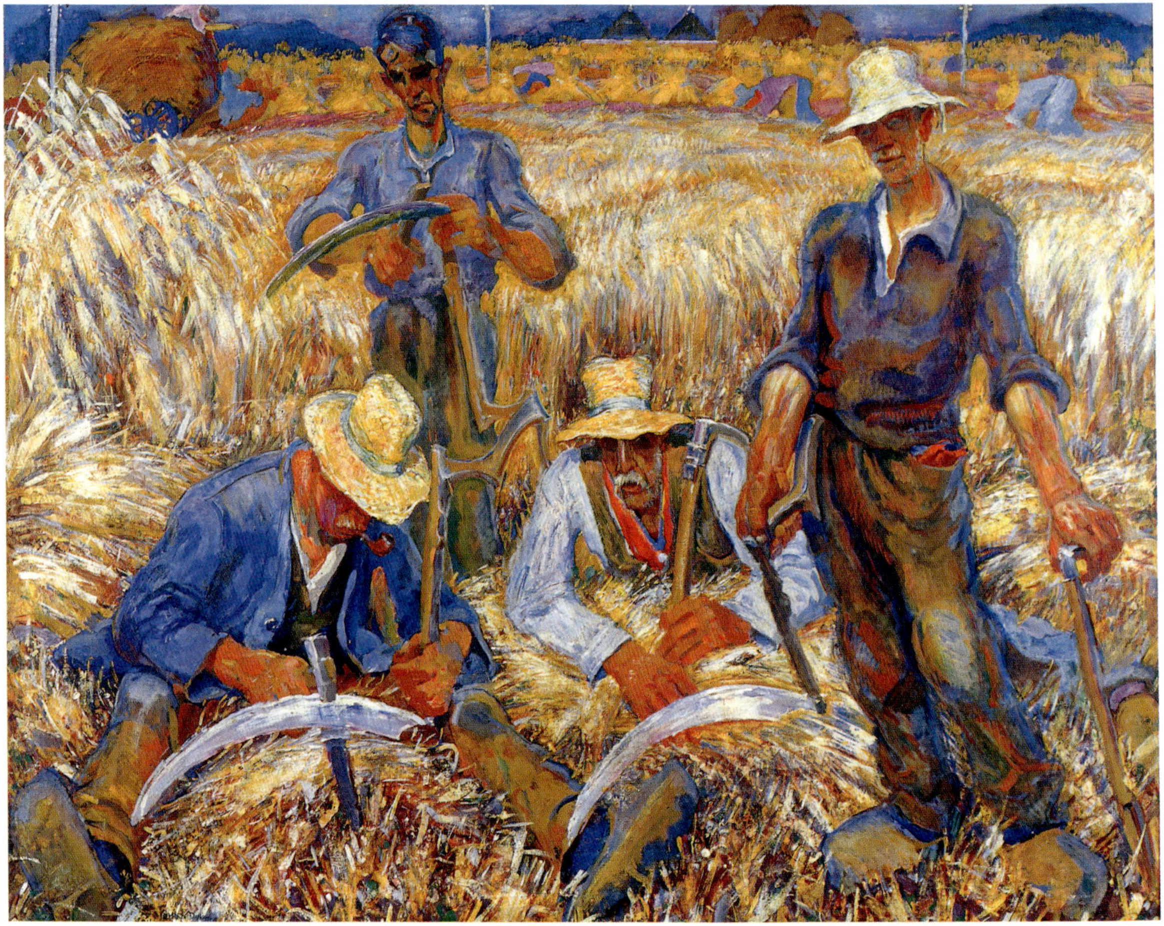

afb. 015 **Johan Dijkstra**, *Rustende zichters*, 1924, olieverf op doek, 156 x 200 cm, Collectie Stichting De Ploeg, bruikleen Groninger Museum

'Nog een keer maakte ik weer een groot schilderij – nu van rustende zichters, een samenvatting van levensgrote studies van zichters – ik had het geluk dat dit schilderij door Arti bekroond werd met de Willink van Collen prijs. Het was of dit laatste schilderij me van mijn *travaux de champs* verloste – 't was of er een laatste hindernis was opgeruimd – en ik gooide me nu eindelijk midden in de moderne beweging.'[7] Johan Dijkstra zag dit werk blijkbaar zelf als de afsluiting van een periode.

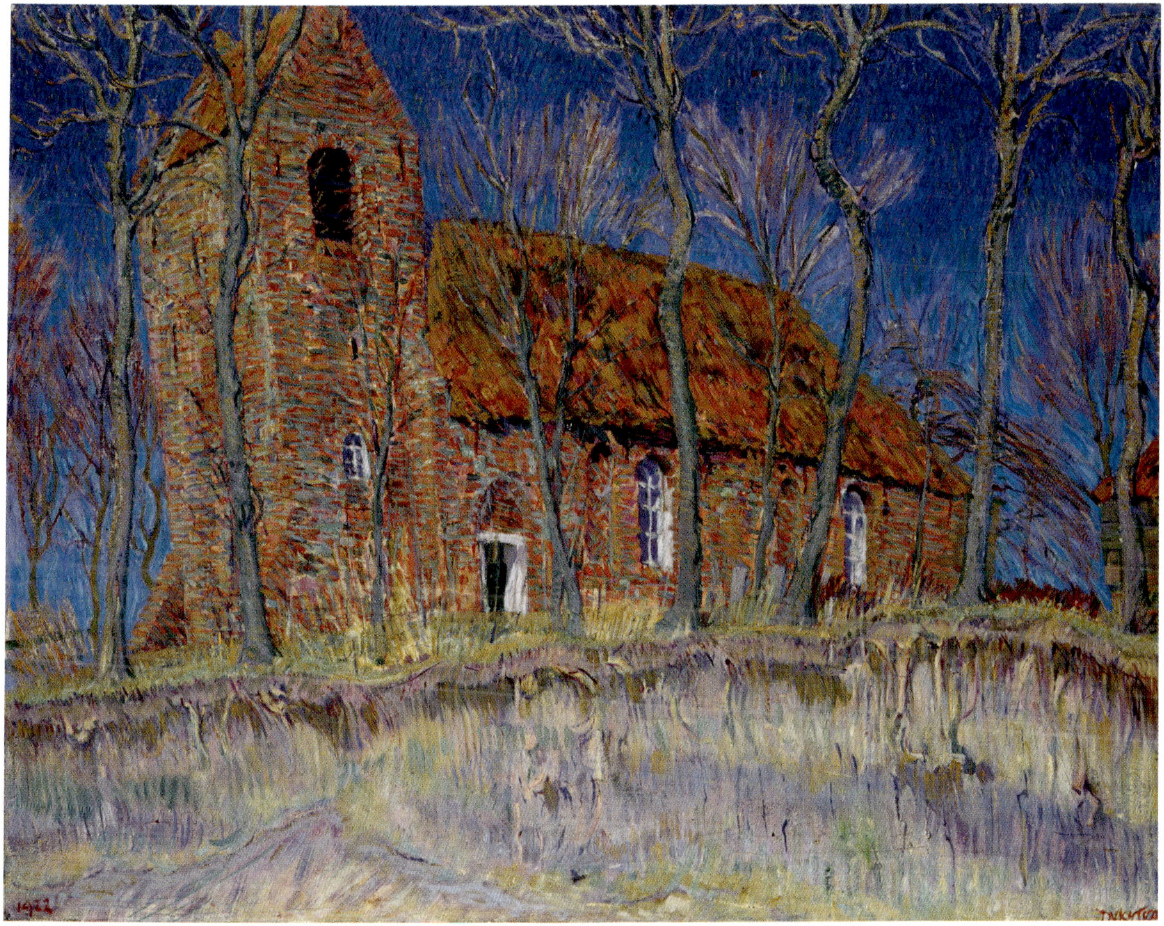

afb. 016 **Johan Dijkstra**, *Kerkje te Oostum*, 1922, olieverf op doek, 70,5 x 90 cm, Collectie Stichting De Ploeg, bruikleen Groninger Museum

'Het landschap van het Groninger land, tot dan toe terra incognita voor de schilderkunst, is totaal anders dan het stemmingsvolle Drenthe, door de rijke landouwen, de bouwstijlen van de dorpen met hun fris-rode baksteen, blauwe pannendaken, helder witte kozijnen en groene deuren. De oude kerken op de wierden, waar de bomen het teken dragen van de wind. 't Was alsof nu eindelijk die dingen riepen om geschilderd te worden.' (Johan Dijkstra in 1968)

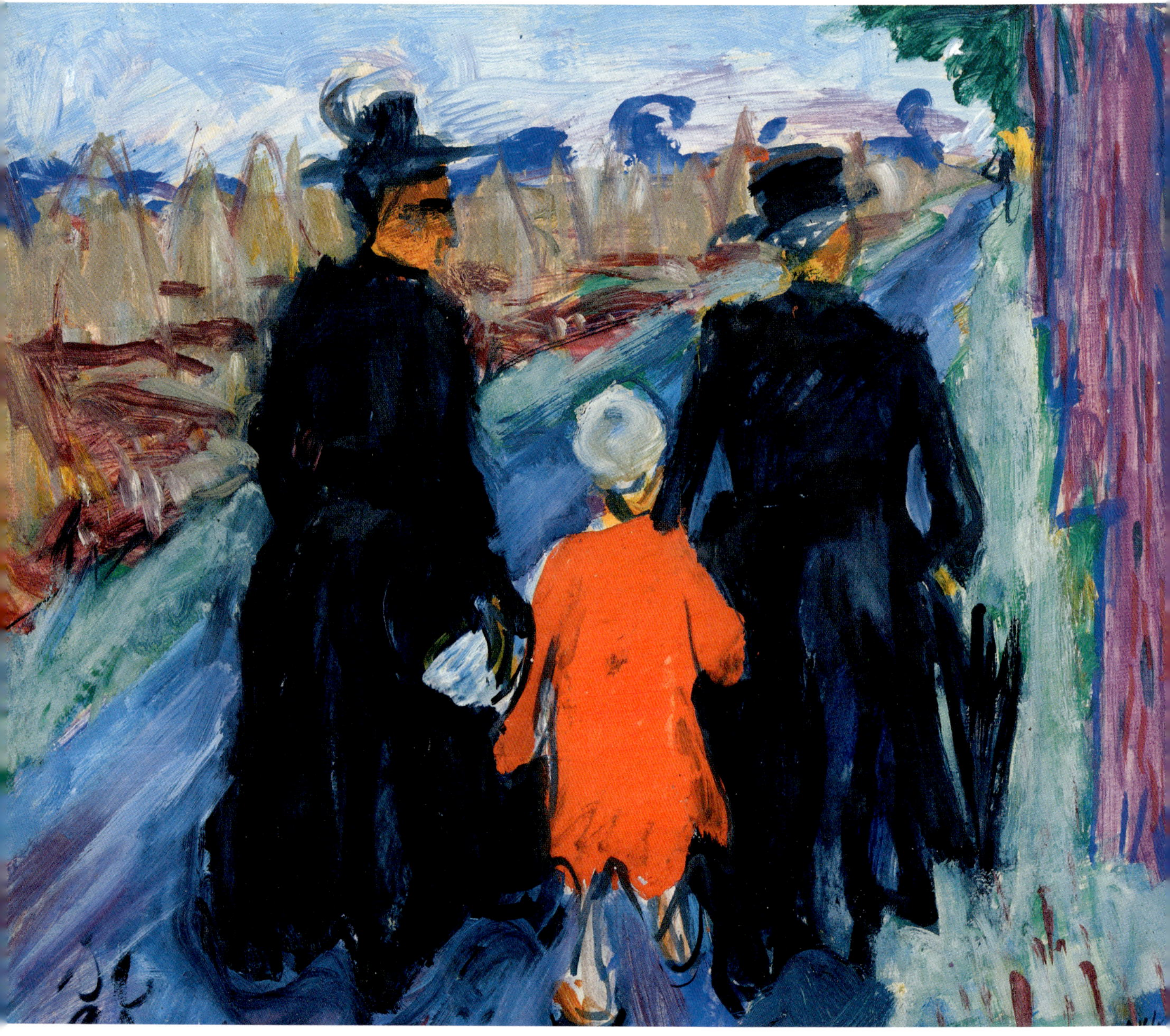

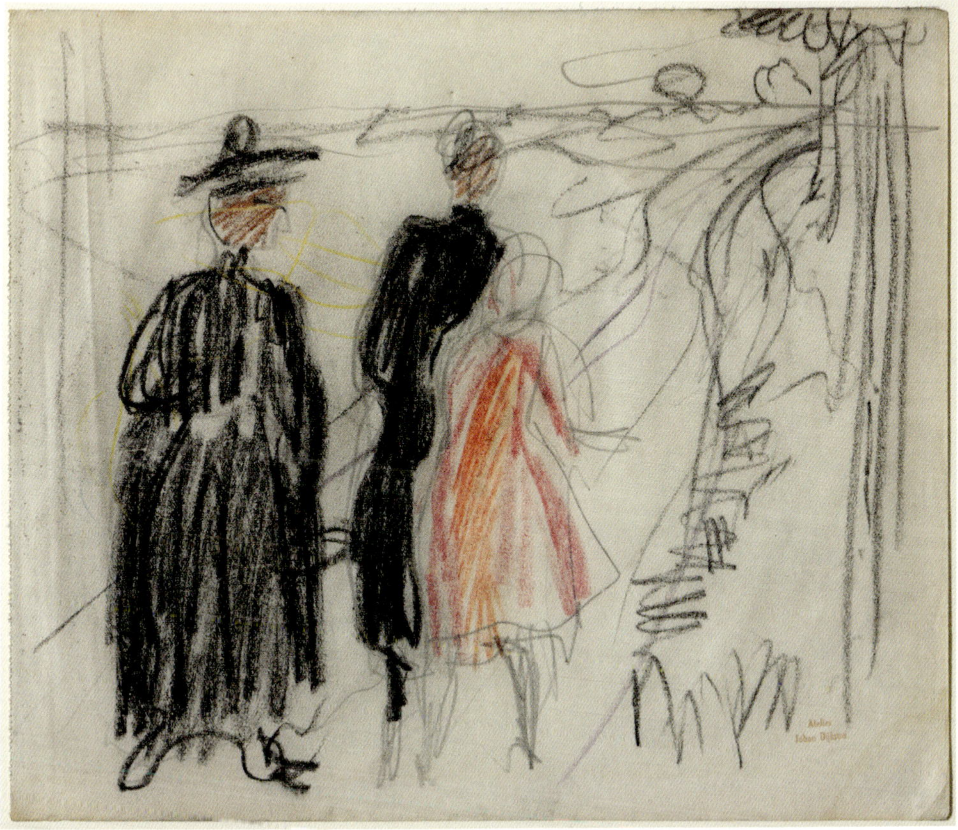

afb. 018 **Johan Dijkstra**, *Voorstudie 'Landschap met figuren'*, 1925, kleurpotlood op papier, 21,9 x 25,9 cm, Groninger Museum

< afb. 017 **Johan Dijkstra**, *Landschap met figuren*, 1925, was/olieverf op doek, 48,5 x 57,5 cm, Groninger Museum

De schetsmatige schilderstijl in *Landschap met figuren* doet vermoeden dat het spontaan tot stand is gekomen, maar niets is minder waar. Op de voorstudie loopt het meisje nog rechts van beide zwartgeklede dames, en is zij een stuk groter dan in het uiteindelijke schilderij.

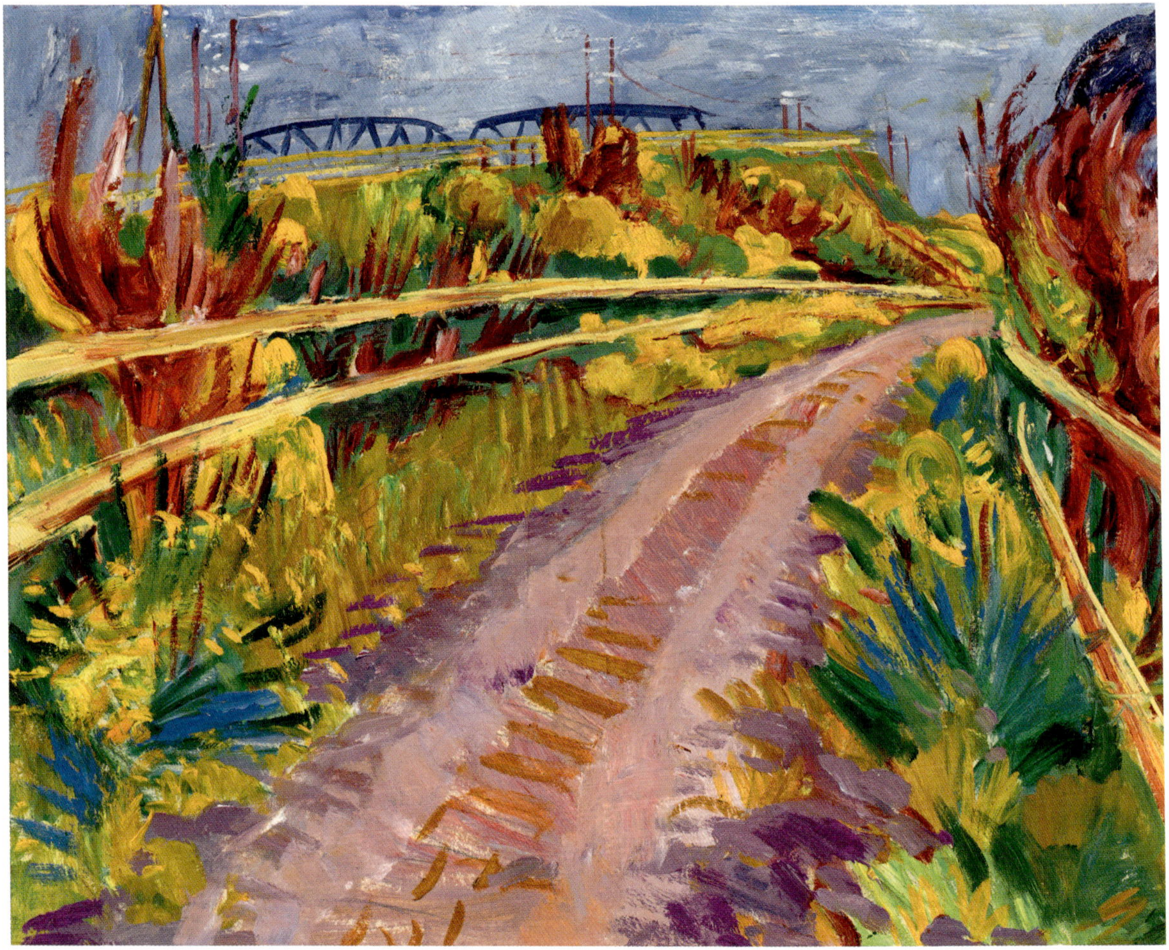

afb. 019 **Johan Dijkstra**, *Spoorwegovergang bij Onnen*, ca. 1930, was/olieverf op papier op panel, 53 x 67 cm Museum Belvédère, schenking dhr. en mevr. Sybrandy

Johan Dijkstra mag in zijn werk vaak het rustieke boerenleven weergeven, ook duikt de moderne tijd op, zoals op deze *Spoorweg-overgang bij Onnen*. En zelfs op een schilderij als *Rustende zichters* (afb. 015) zijn op de achtergrond telegraafpalen te zien.

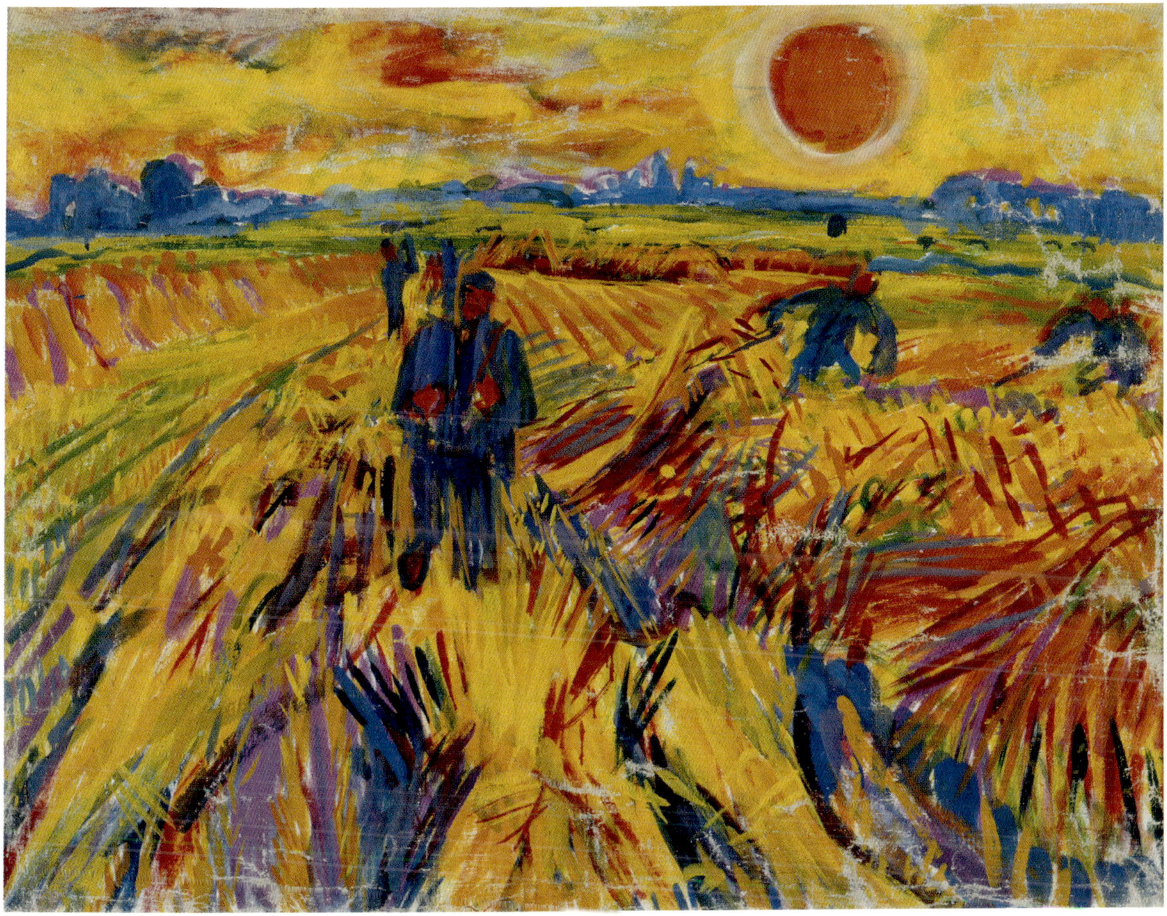

afb. 020 **Johan Dijkstra**, *Oogsttafereel*, 1926-1927, wasverf op doek, 75 x 101,5 cm, Stichting Johan Dijkstra

Als dit *Oogsttafereel* vergeleken wordt met het grote schilderij *Rustende zichters*, (afb. 015) wordt Dijkstra's overgang naar het Groninger expressionisme duidelijk.

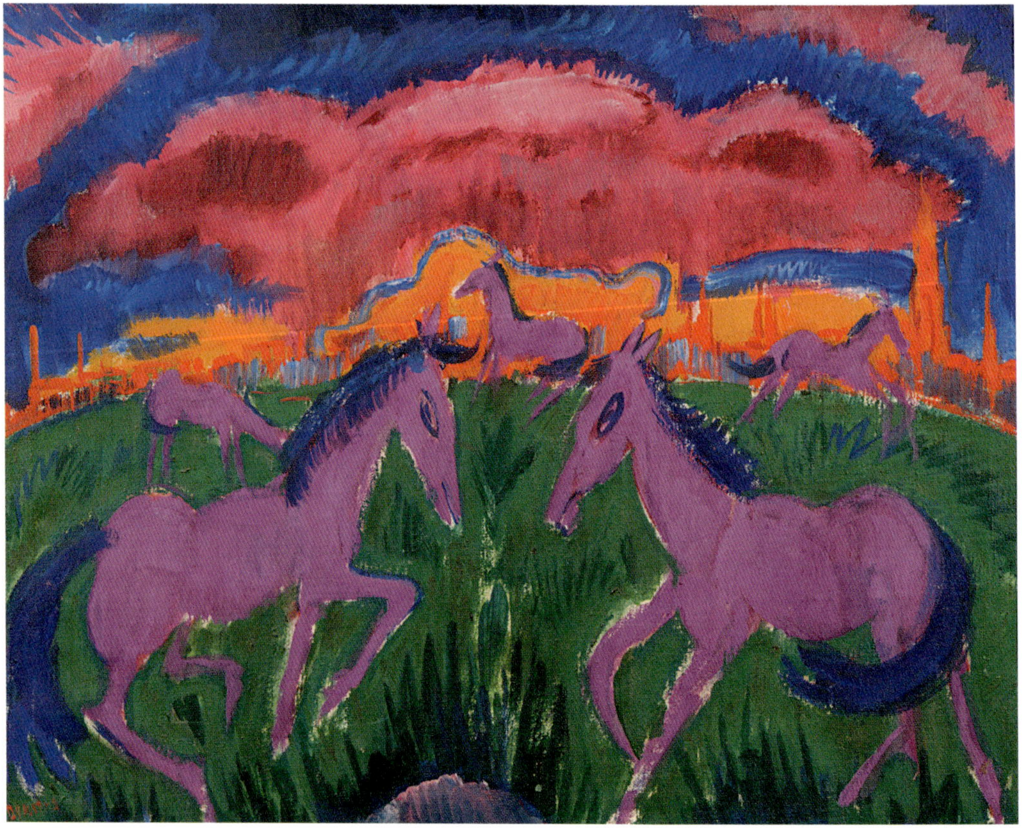

afb. 021 **Johan Dijkstra**, *Paarse paarden*, 1927, wasverf op doek, 70,5 x 90 cm, Stichting Johan Dijkstra

Paarse paarden vormt een van de hoogtepunten van de Groninger expressionistische landschapsschilderkunst.

> afb. 022 **Jan Jordens**, *Landschap bij Vosbergen*, 1926, olieverf op doek, 42 x 41,5 cm, Groninger Museum

Jan Jordens sloot zich snel na de oprichting van De Ploeg in 1918 aan bij de kunstenaarskring. In *Landschap bij Vosbergen* schilderde hij niet het Groninger Hogeland, maar legde hij de meer lommerrijke Drentse omgeving vast. Jordens werd beïnvloed door de Hollandse expressionisten, zoals de kunstenaars van de Bergense School.

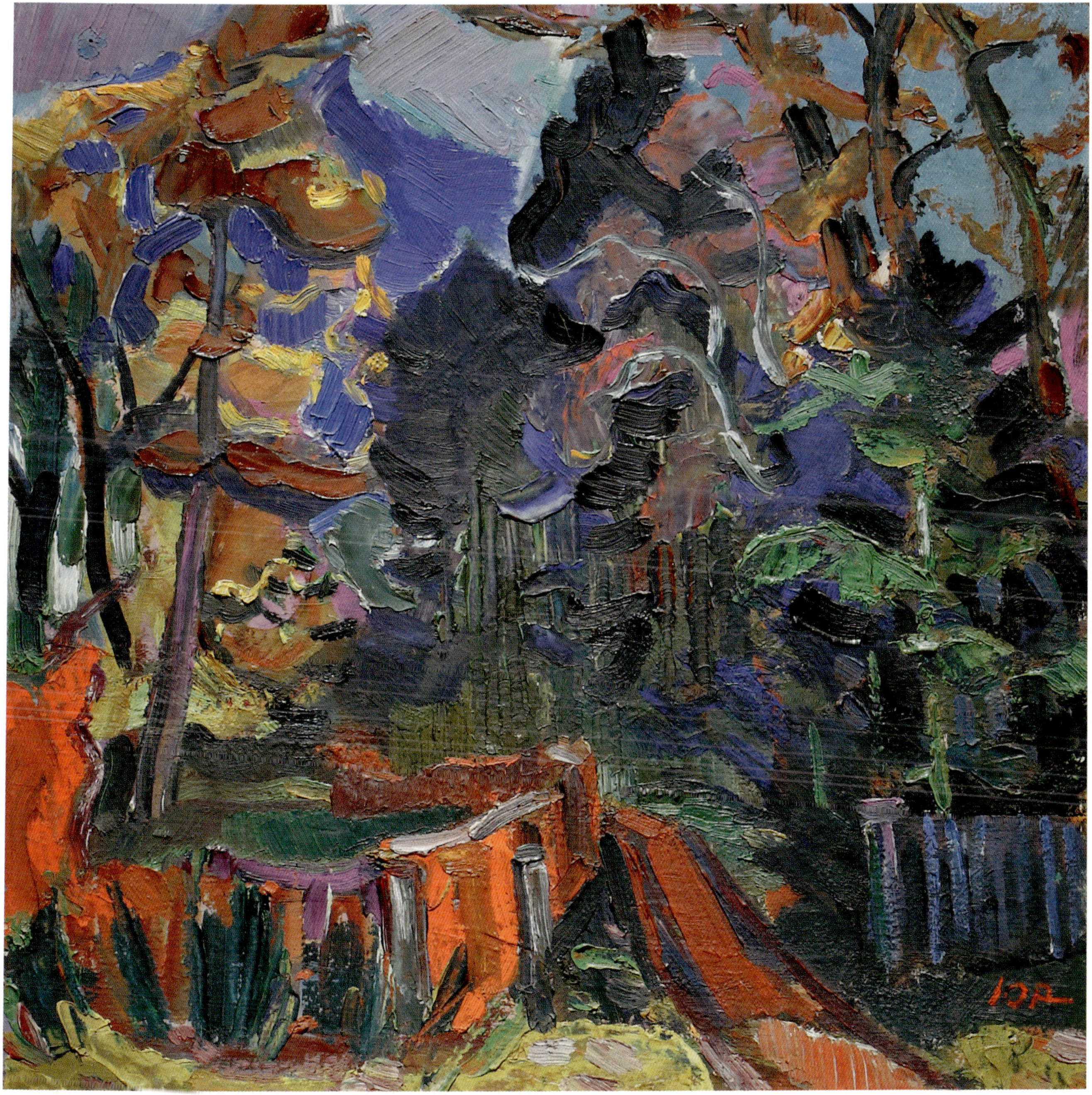

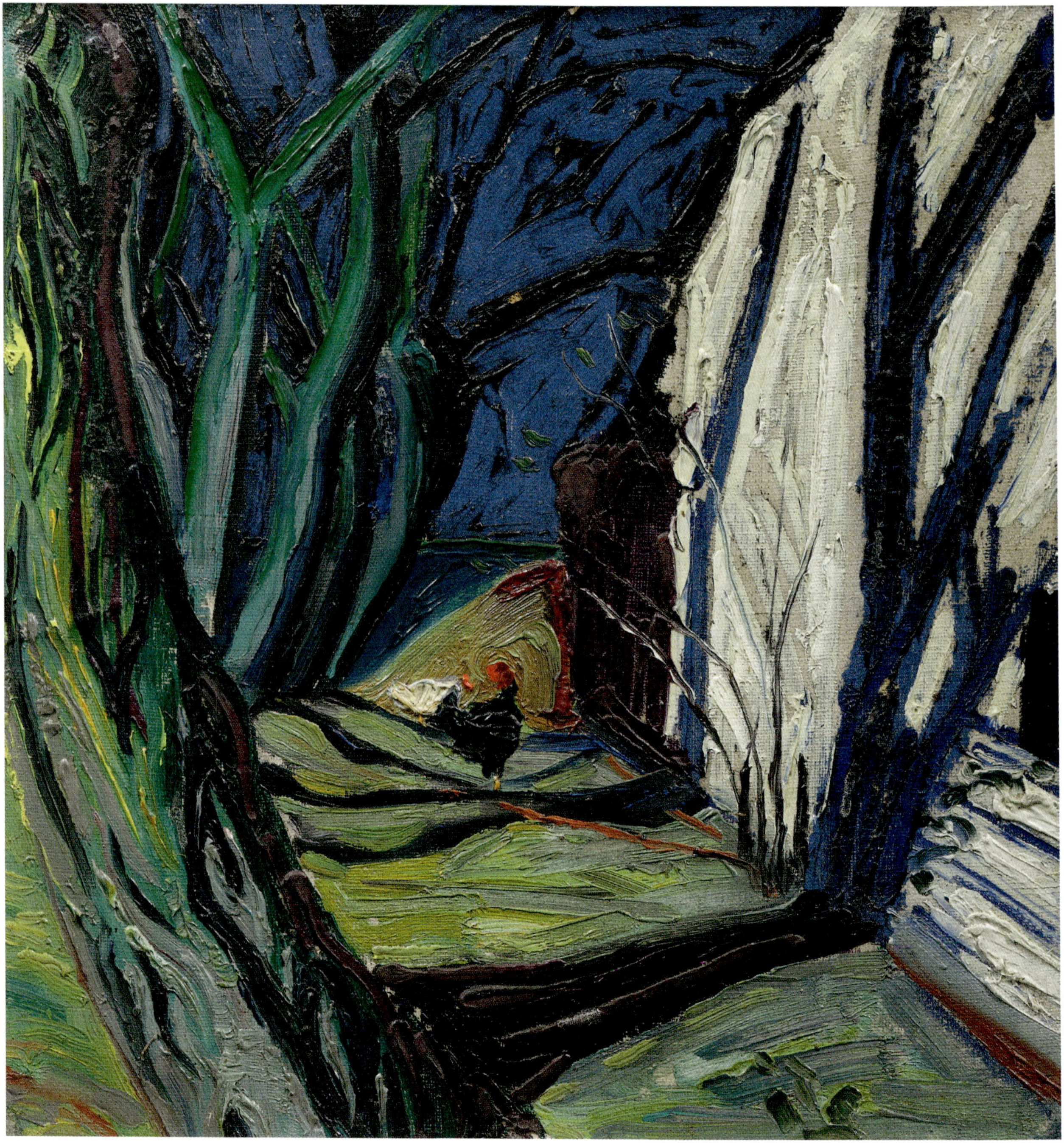

< afb. 023 **Alida Pott**, *Blauwborgje slagschaduw*, ca. 1920, olieverf op hardboard, 29,7 x 28,7 cm, Collectie Stichting De Ploeg, legaat Thijs Martens en Annemarie Martens Bonnema, bruikleen Groninger Museum

Alida Pott trouwde in 1922 met George Martens. De beide kunstenaars kenden elkaar van Academie Minerva en beiden waren vrijwel vanaf het begin betrokken bij De Ploeg. Alida Pott was een van de weinige vrouwelijke leden van De Ploeg.

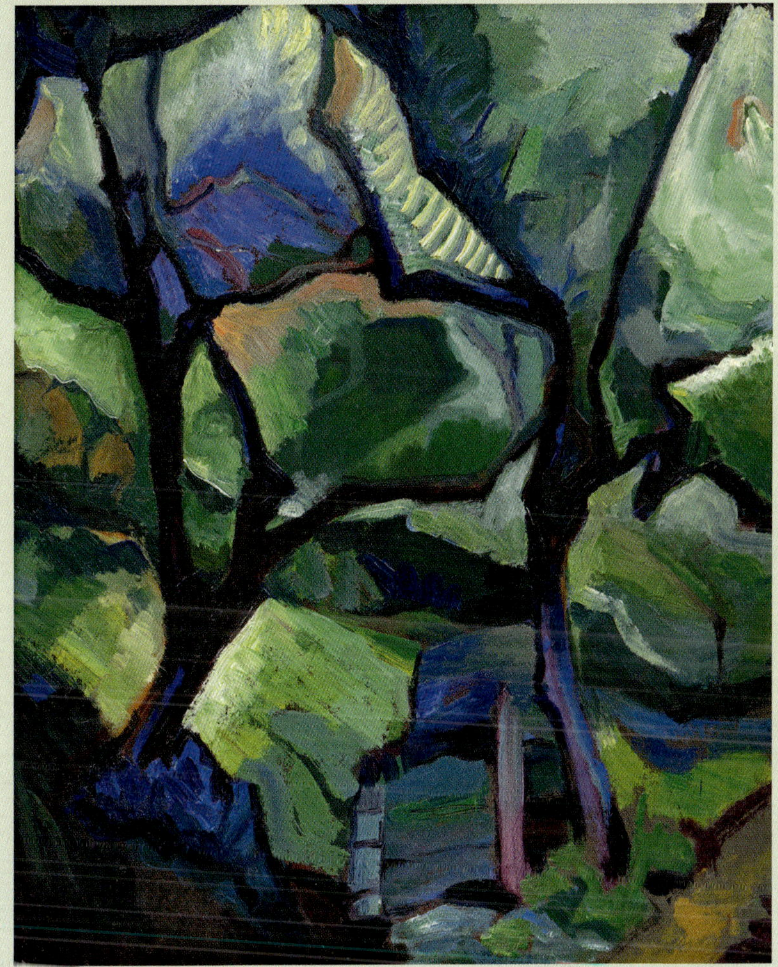

afb. 024 **Alida Pott**, *Boomgaard Blauwborgje*, ca. 1920, olieverf op hardboard, 34,5 x 28,8 cm, Collectie Stichting De Ploeg, legaat Thijs Martens en Annemarie Martens-Bonnema, bruikleen Groninger Museum

Alida Pott heeft geregeld het landschap bij Blauwborgje weergegeven. Vaak in aquarel, maar ook een aantal keer in olieverf. Deze twee olieverfschilderijen laten een gestileerd zicht op het erf en de boomgaard zien in haast abstracte composities. Alida Pott ontwikkelde een sterk persoonlijke stijl, gekenmerkt door een bijzonder subtiel gevoel voor kleur, lijn en vlakverdeling.

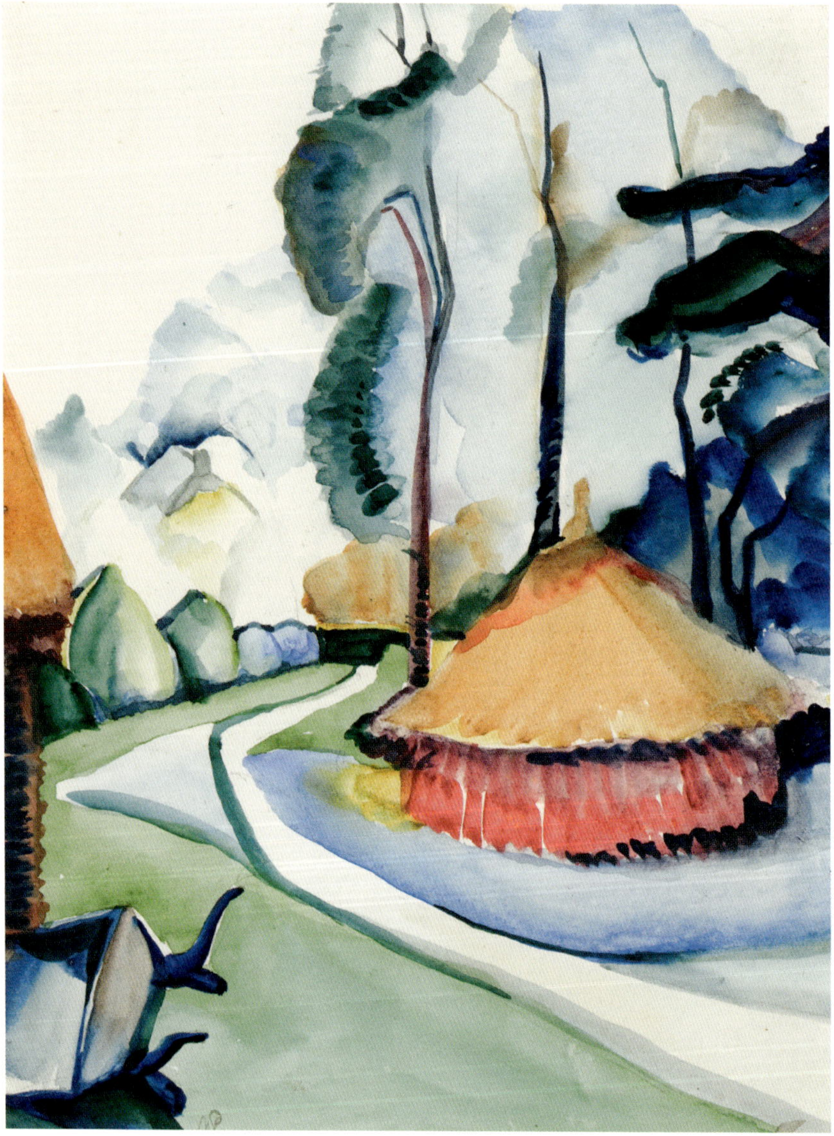

afb. 025 **Alida Pott**, *Landschap*, ca. 1922, aquarelverf op papier, 31,4 x 24,2 cm, Collectie Stichting De Ploeg, legaat Thijs Martens en Annemarie Martens-Bonnema, bruikleen Groninger Museum

Het meest bijzonder binnen het oeuvre van Alida Pott zijn haar verfijnde aquarellen. Het werk is uniek tussen de schilderkunst van de andere Ploegleden.

> afb. 026 **Alida Pott**, z.t. (*'Het Blauwtje'*), ca. 1922-1926, aquarelverf op papier, 17,5 x 13,9 cm, Groninger Museum

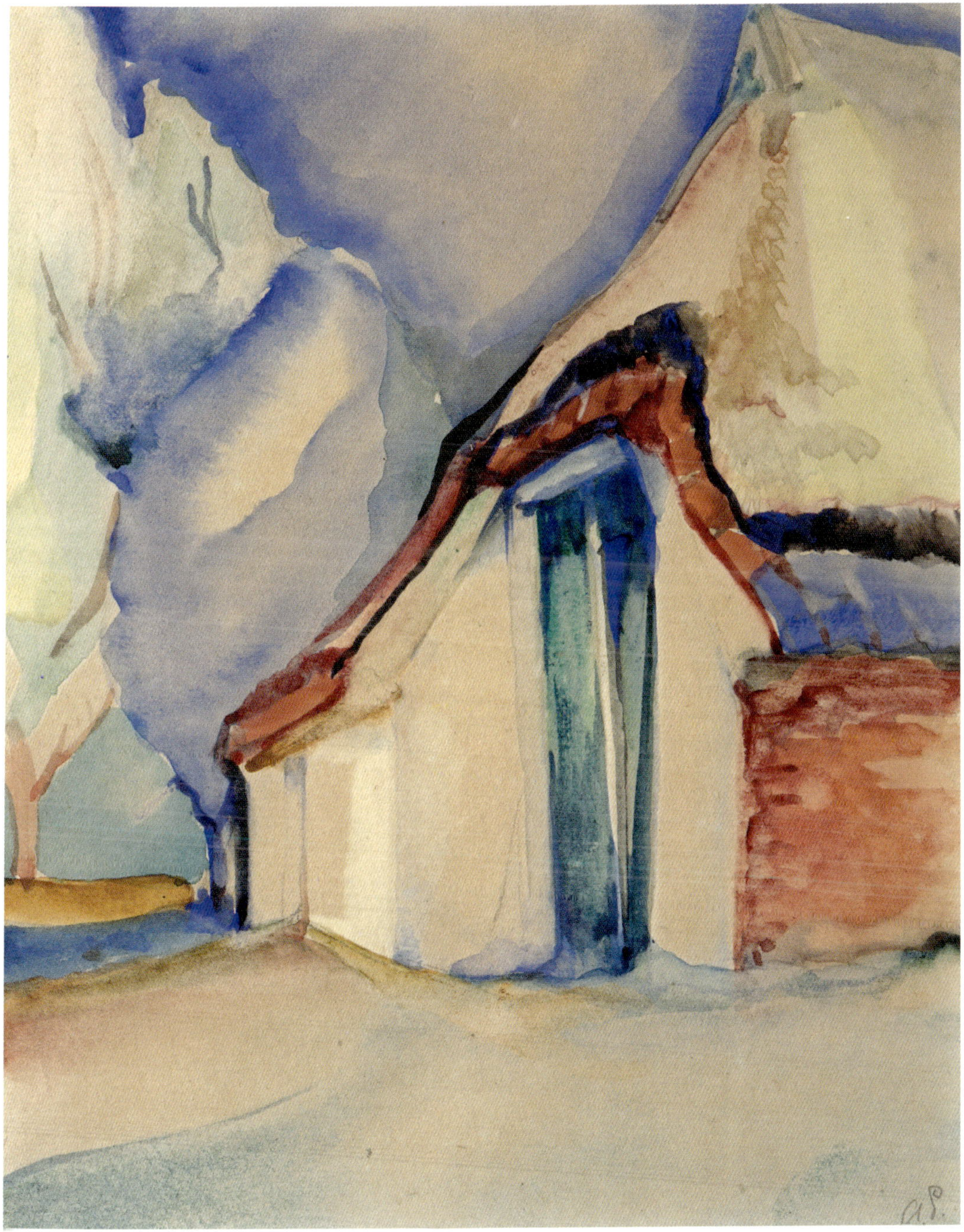

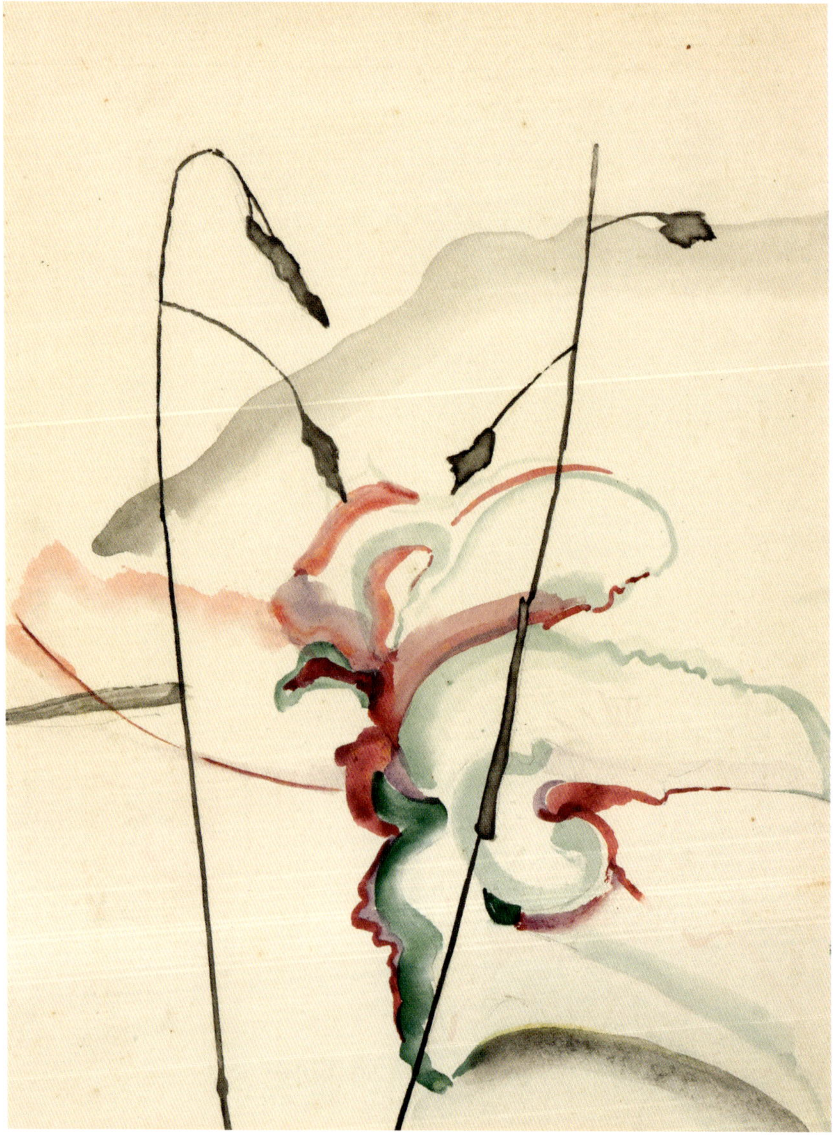

afb. 027 **Alida Pott**, *Gestileerde orchidee en grassen*, z.j., aquarelverf op papier, 31,4 x 24 cm, Collectie Stichting De Ploeg, legaat Thijs Martens en Annemarie Martens-Bonnema, bruikleen Groninger Museum

Alida Pott legde geen heftige emoties in haar werk, maar bereikte eerder het symbolistische en verfijnde van meer decoratieve kunstrichtingen als Jugendstil en Japanse schilderkunst. Dat komt sterk naar voren in dit subtiele *Gestileerde orchidee en grassen*.

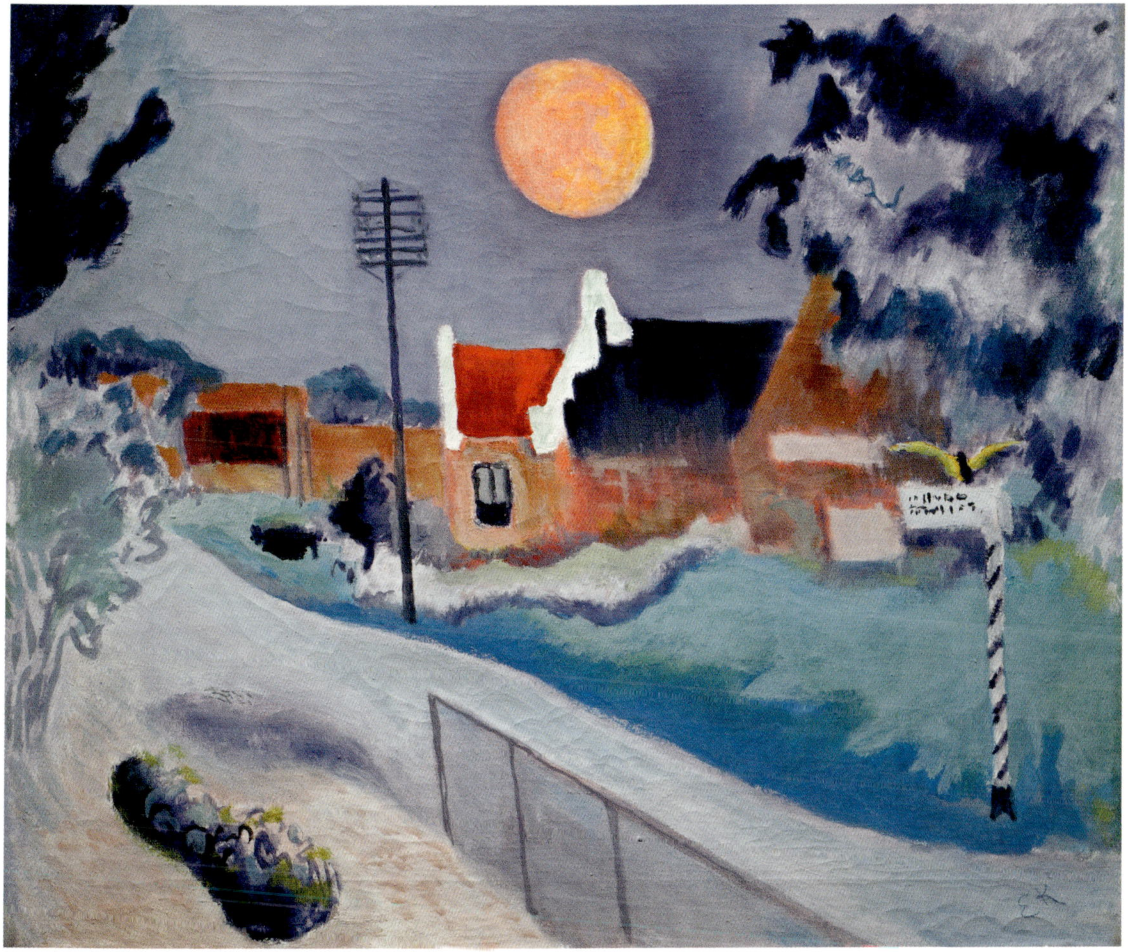

afb. 028 **Ekke Kleima**, *Warffum met rode maan*, 1931, olieverf op doek, 50 x 60 cm, Collectie Stichting De Ploeg, bruikleen Groninger Museum

Ekke Kleima was wis- en natuurkundeleraar in Warffum en woonde daar in een door Job Hansen ontworpen huis. Als kunstenaar was hij autodidact. In 1926 werd hij lid van De Ploeg. Hij was bevriend met Jan Altink en samen trokken ze er geregeld op uit om buiten te schilderen. Mogelijk was de totale maansverduistering die in 1931 op zaterdag 26 september te zien was aanleiding tot het schilderen van *Warffum met rode maan*.

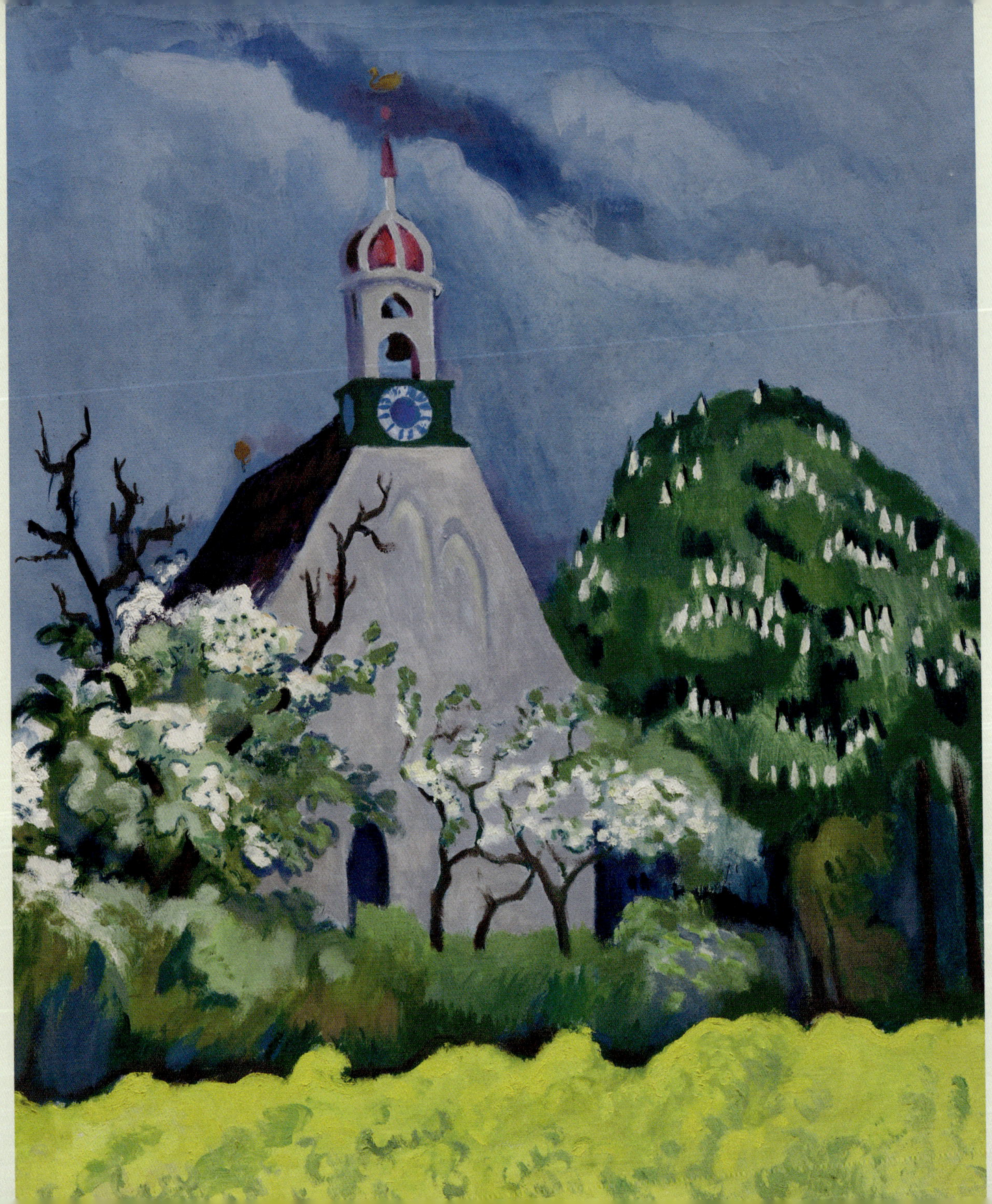

< afb. 029 **Ekke Kleima**, *Kerkje te Breede*, 1939, olieverf op doek, 60 x 50 cm, Collectie Stichting De Ploeg, bruikleen Groninger Museum

In 1943 beoordeelde Ekke Kleima kritisch zijn eigen schilderij: 'Eens heb ik geprobeerd koolzaad in bloei te schilderen maar het is wat bleke cadmium gebleven. Jammer: het witte kerkje van Breede met zijn helrood koepeltje stak er zo glanzend boven. De rode verf is verbleekt en een klokje hangt er niet meer in.' (Brief van Ekke Kleima aan Ate Zuithoff, brief in coll. M. Zuithoff.)

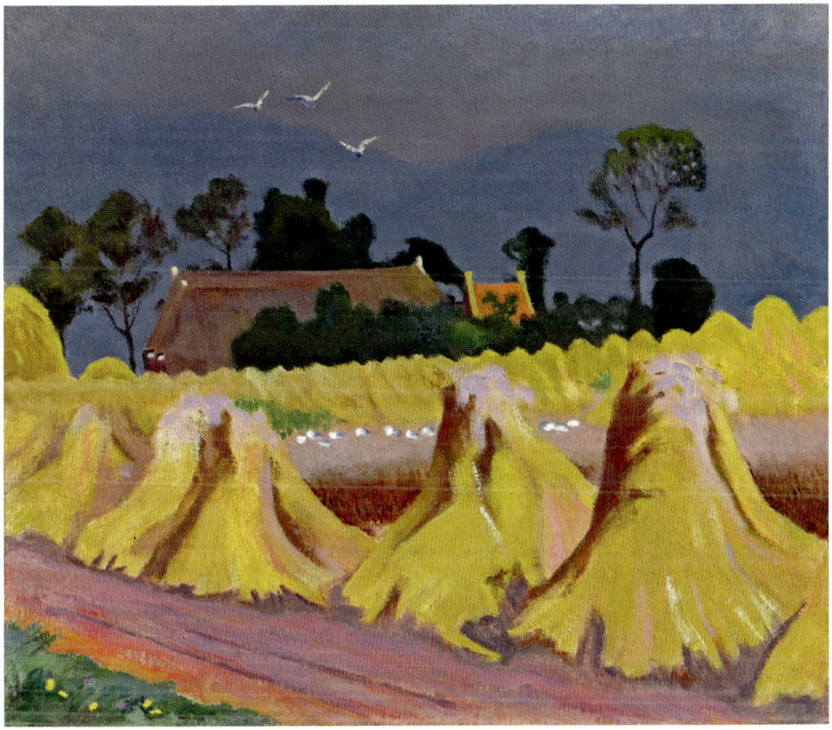

afb. 030 **Ekke Kleima**, *Hoogelandster boerderij*, ca. 1939, olieverf op doek, 50 x 60 cm, Collectie Stichting De Ploeg, bruikleen Groninger Museum

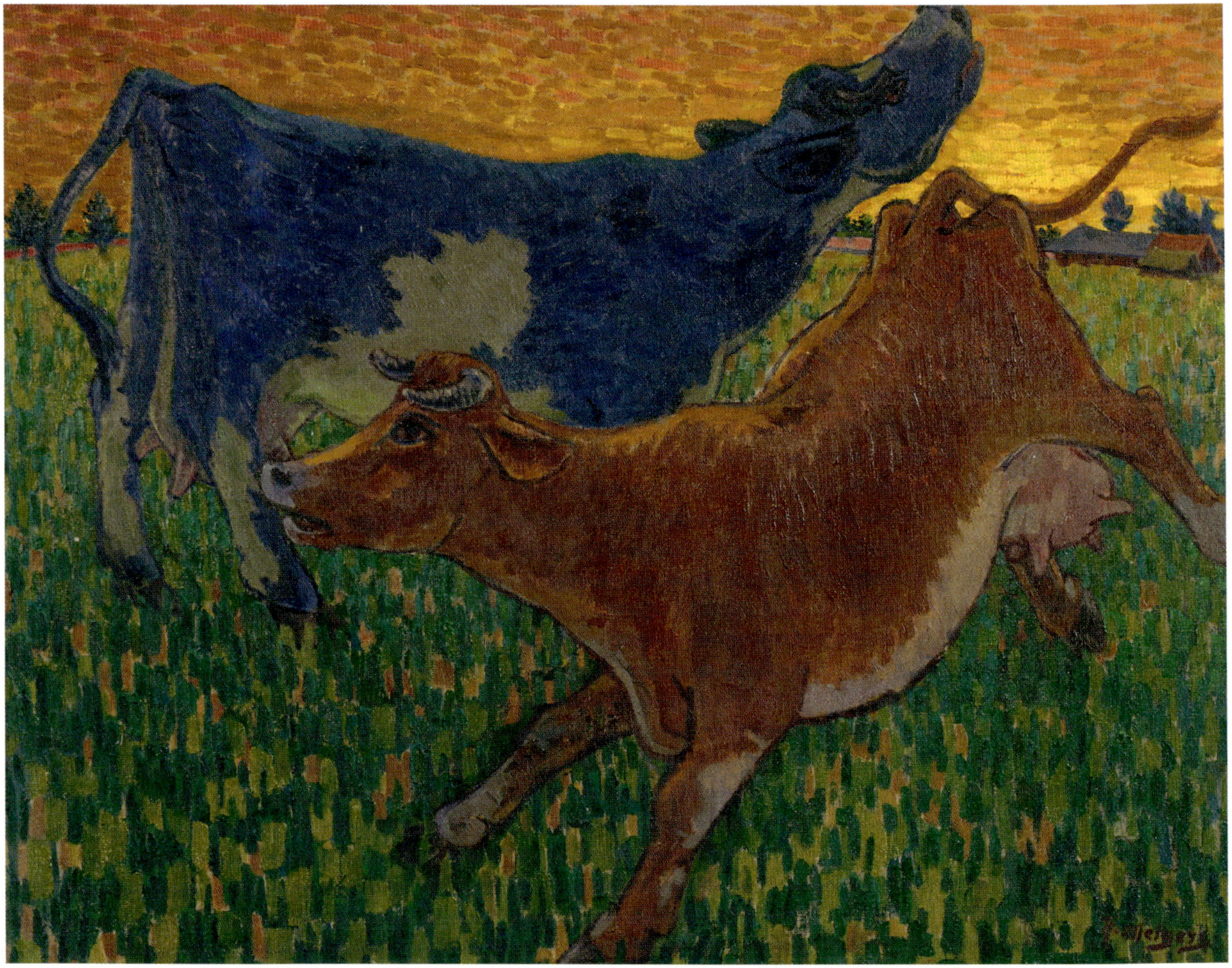

afb. 031 **Henk Melgers**, *Springende koeien*, ca. 1928, olieverf op canvas, 66 x 86 cm, Groninger Museum

Henk Melgers was van 1925 tot eind jaren dertig lid van De Ploeg. Hij werkte in de jaren twintig geregeld samen met Johan Dijkstra en deelde diens bewondering voor Van Gogh en Millet. Naast schilderijen die het boerenlandleven weergeven, schilderde Melgers later ook vaak enigszins naïef aandoende fantasietaferelen. Deze *Springende koeien* lopen daar op vooruit. Het is een motief dat hij in meerdere varianten uitwerkte.

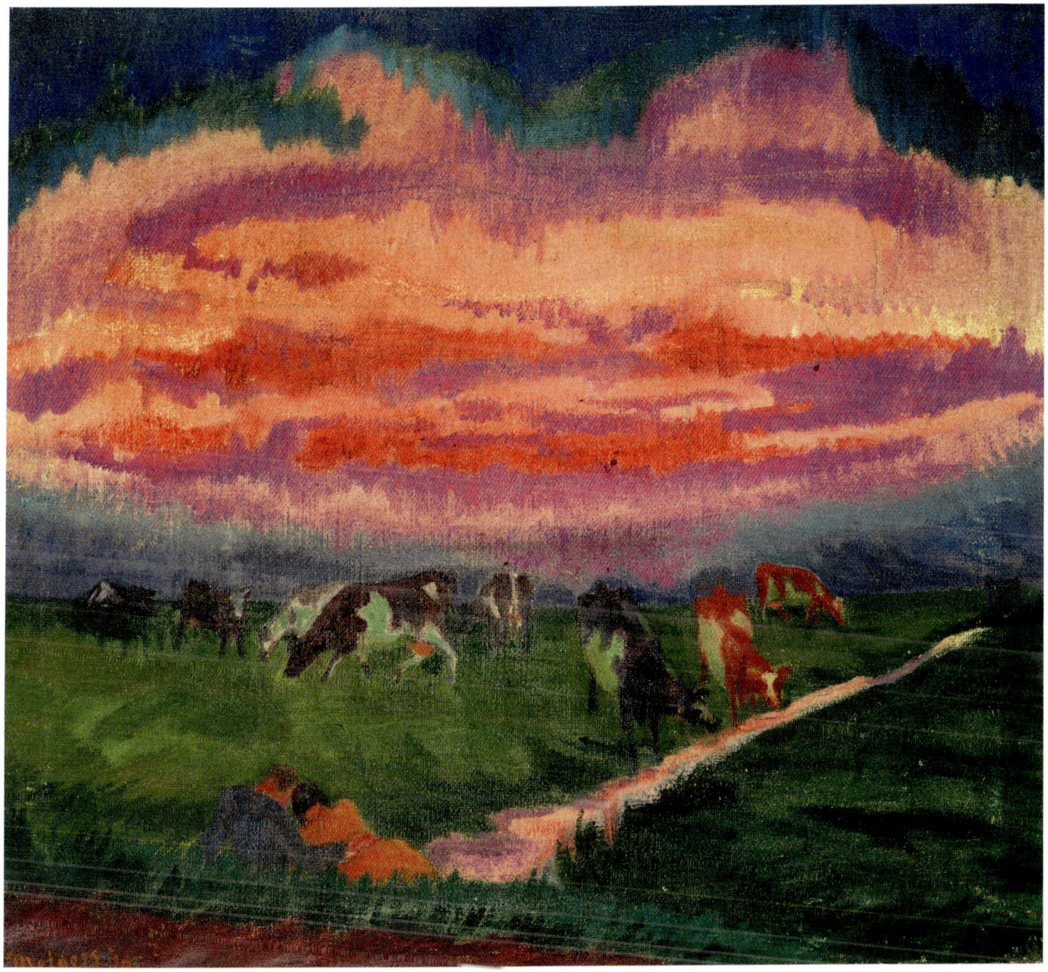

afb. 032 **Henk Melgers**, *Landschap met vrijend paartje*, 1926, was/olieverf op jute, 67 x 76 cm, Singer Laren, schenking Renée Smithuis

De rood- en blauw- en paarsgekleurde avondlucht weerspiegelt in de sloot, de zwart- en roodbonte koeien tekenen zich af tegen het groene gras, en op de voorgrond is een verstrengeld paar aan de slootkant te zien. Dit schilderij hoort bij de werken van Melgers die binnen zijn oeuvre het meest aansluiten bij het Groninger expressionisme van de jaren twintig.

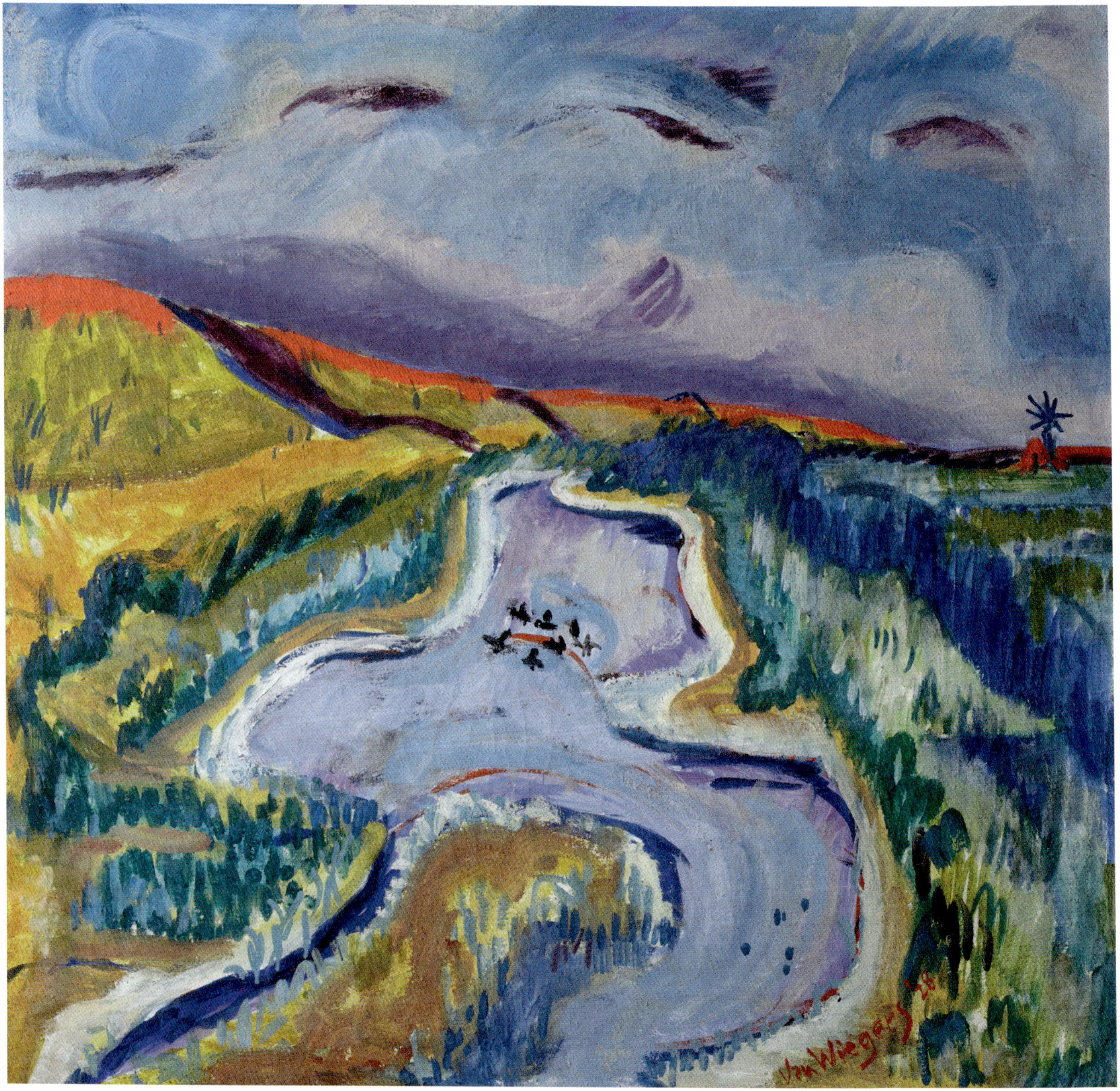
VnWiegers '28

< afb. 033 **Jan Wiegers**, *Poel met eenden achter de Waddendijk, Ameland*, 1928, olieverf op doek, 86 x 90 cm, Collectie Stichting De Ploeg, bruikleen Groninger Museum

In de late jaren twintig liet Jan Wiegers de felle kleurcontrasten en hoekige vormen los en ging over naar een gematigd expressionisme. De golvende bewegingen en de losse verfstreken suggereren een winderig waddenlandschap, waarin de wolken door de lucht jagen.

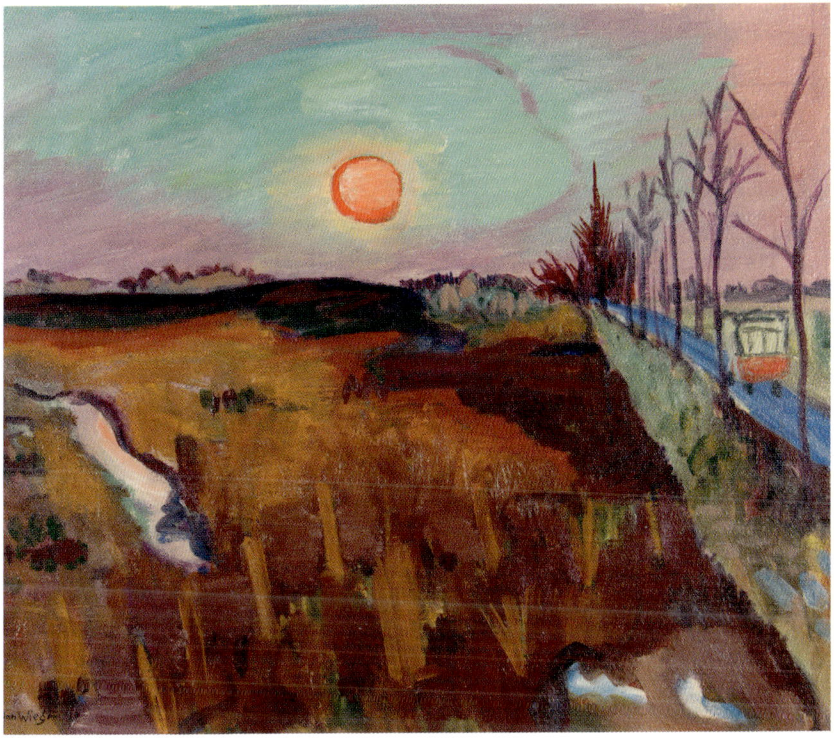

afb. 034 **Jan Wiegers**, *Winterlandschap Drenthe*, 1928, wasverf op doek, 44 x 53 cm, Drents Museum Assen

Naar aanleiding van een expositie van Jan Wiegers in 1928 in Utrecht beschreef een criticus van het Nieuwsblad van het Noorden dit werk zeer lovend: ‘Het prachtig landschapje met ondergaande zon uit 1928. De kleur op zulke doeken is in hooge mate evocatief, niet opdringerig, niet luidruchtig, integendeel, van een brillanten maar zachten luister voor wie zich eenmaal gewend heeft aan de expressionistische opvattingen van dezen kunstenaar. (...) Het zijn doeken vol innigheid en vol phantasie, doeken van ongewone artistieke sensibiliteit.’

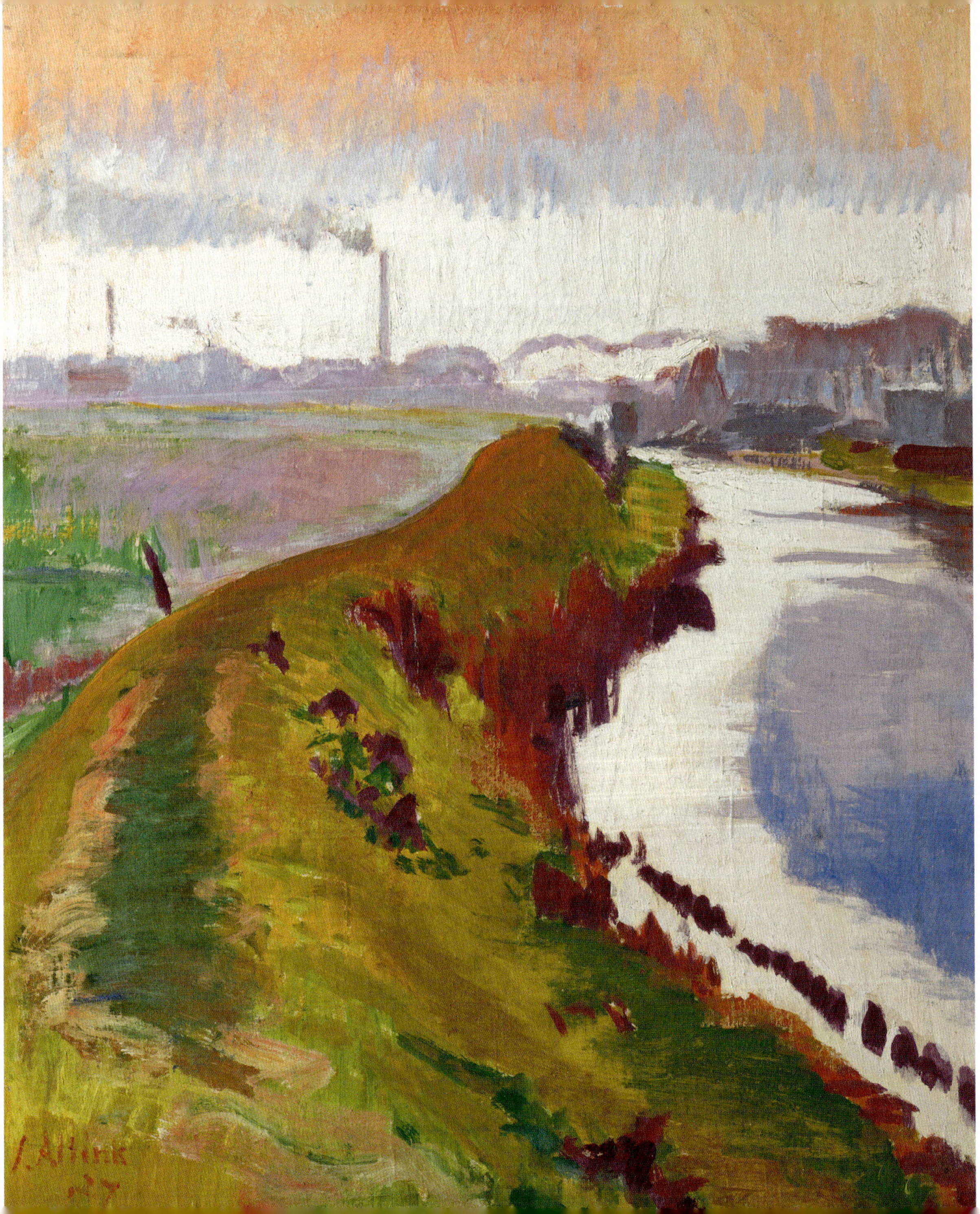

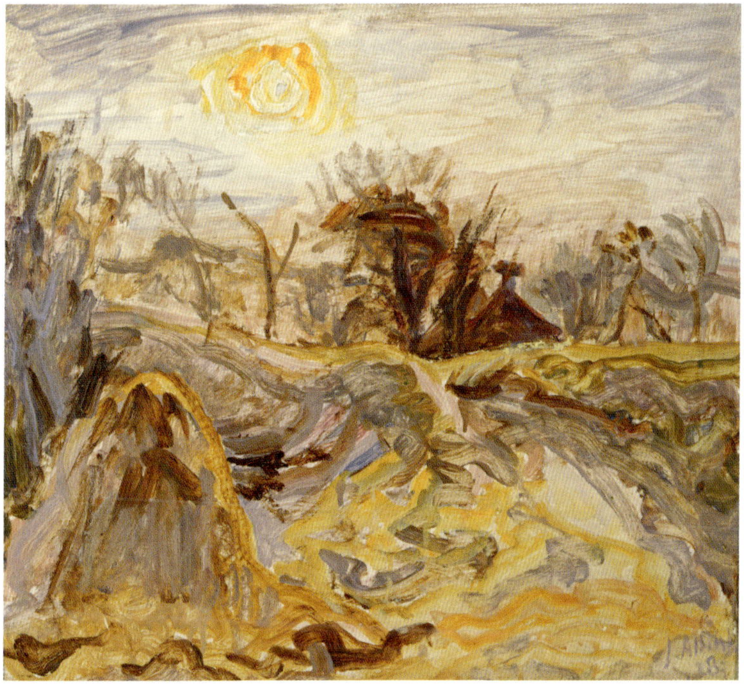

< afb. 035 **Jan Altink**, *Dijk langs het Reitdiep*, 1927, was/olieverf op doek, 68 x 56,5 cm, Groninger Museum

Rond 1927 trad een verandering op in Altinks schilderstijl. Na de heftige expressionistische periode werden zijn kleuren warmer en harmonieuzer. Zijn schilderijen kregen een lyrisch impressionistische verfijning. *Dijk langs het Reitdiep* is een goed voorbeeld van deze koerswijziging.

afb. 036 **Jan Altink**, *Reitdiepsdijk*, 1928, olieverf op karton, 53,8 x 59,8 cm, Groninger Museum, verworven met steun van de Vereniging Rembrandt

De directe waarneming zou voor Jan Altink altijd zijn belangrijkste bron blijven bij het schilderen van landschappen. Met een losse penseelvoering wist hij trefzeker het wisselende licht en het atmosferische karakter van het land te vangen.

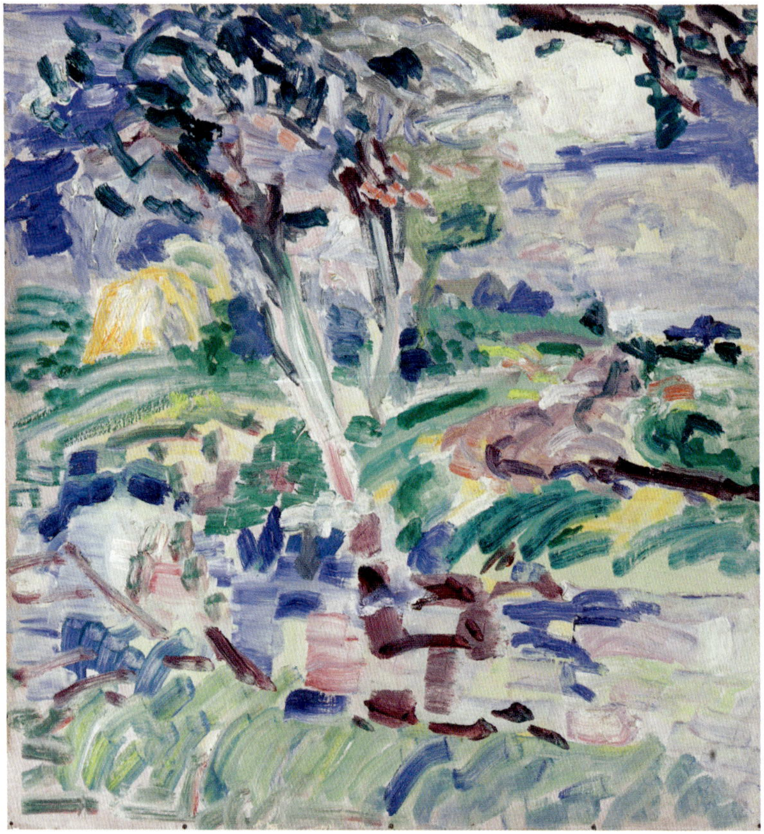

> afb. 038 **Job Hansen**, *Boterdiep*, 1927, olieverf op triplex, 40,5 x 48,5 cm, Groninger Museum

Job Hansen ontwikkelde vanaf het begin een persoonlijke, transparante stijl om de sensaties van het landschap vast te leggen. De witte ondergrond speelt meestal een belangrijke rol, de snelle verfstreken en -vlekken waarmee hij het licht en de beweging vangt, tekenen zich hiertegen af.

afb. 037 **Job Hansen**, *Blauwborgje*, 1927, olieverf op triplex, 51 x 48,5 cm, Collectie Stichting De Ploeg, bruikleen Groninger Museum

Vanaf 1927, het jaar waarin hij zijn baan als bouwkundig tekenaar bij het architectenbureau van Ploeggenoot Evert van Linge verloor, begon Job Hansen met schilderen. Hij trok vaak met Jan Altink en Ekke Kleima naar het Groningerland om buiten te werken. Dit doek ontstond volgens de datering op de achterzijde op 20 augustus 1927. De invloed van de soepele penseelvoering van Altink is in zijn eerste schilderijen duidelijk aanwezig.

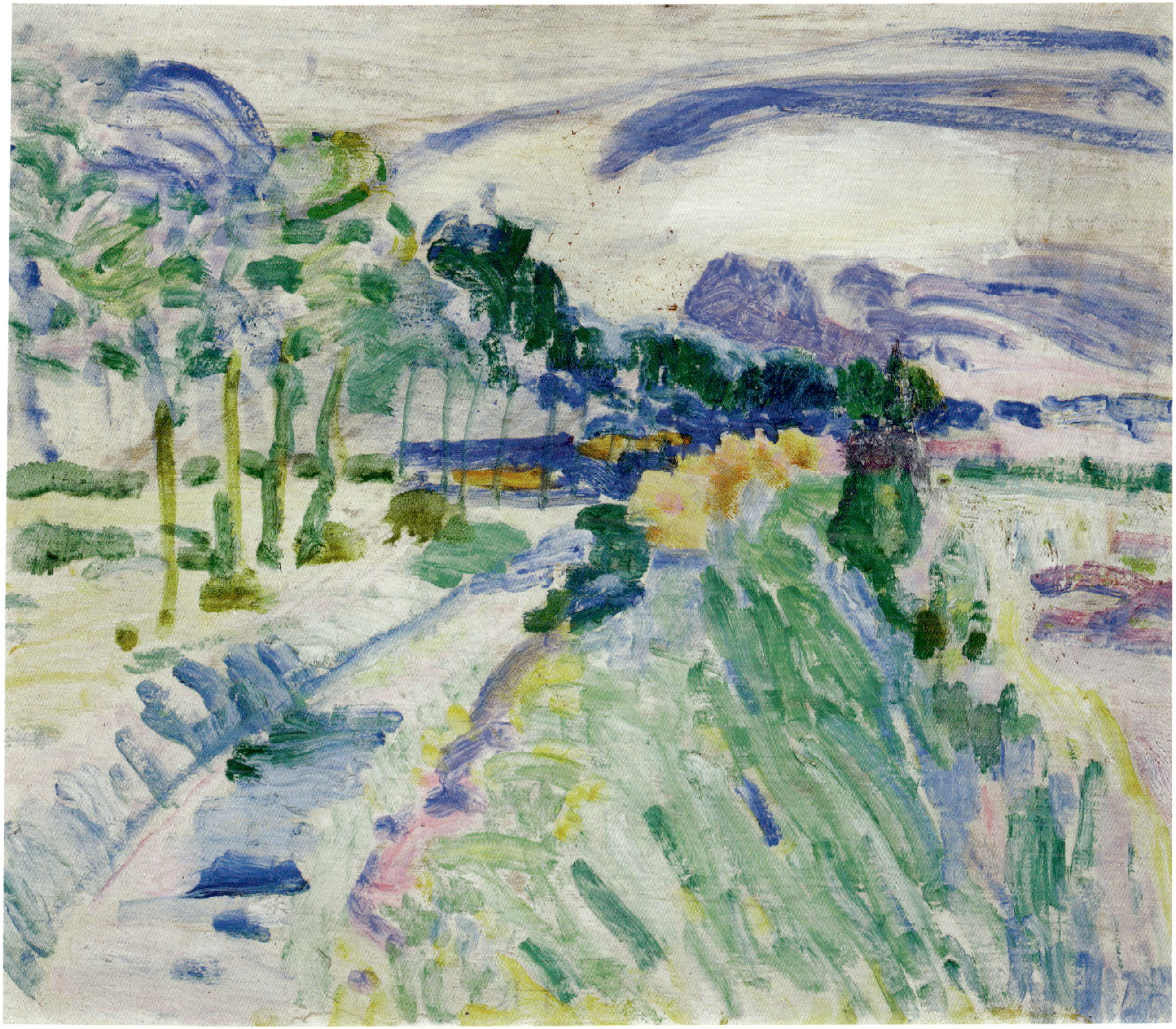

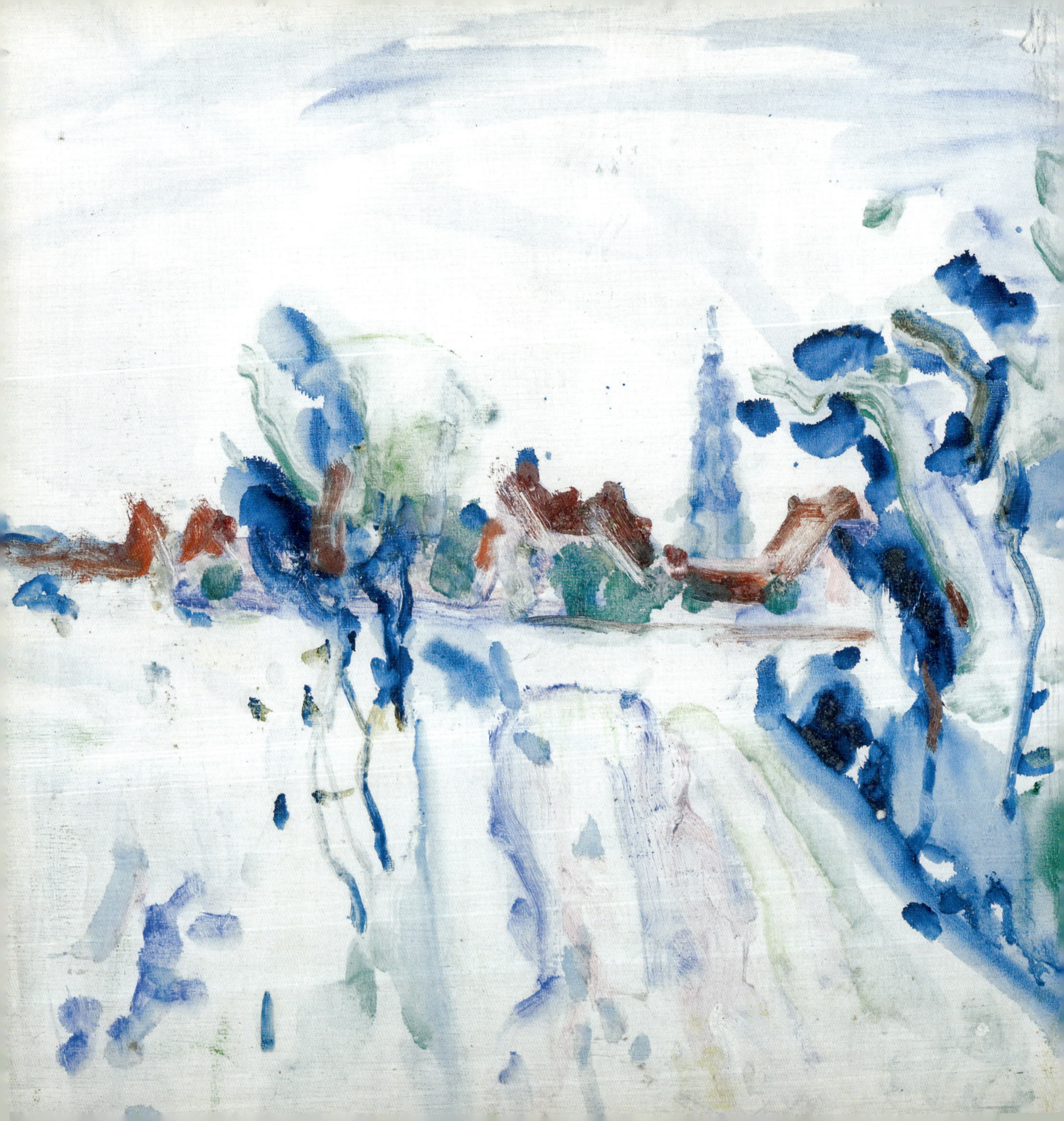

< afb. 039 **Job Hansen**, *Elzenboompjes, huizen en Martinitoren*, 1928, olieverf op triplex, 48,5 x 48,5 cm, bruikleen Rijksdienst voor het Cultureel Erfgoed, uitgeleend aan het Groninger Museum

In zijn techniek was Job Hansen een belangrijke vernieuwer. Hij gebruikte triplexplaten, die hij met zinkwit prepareerde. De olieverf lengde hij ruim aan met benzine, die de verf vloeibaar maakte. De panelen bewerkte hij terwijl ze op de grond lagen, om het te zeer uitvloeien van de kleuren te voorkomen. Het resultaat bestond uit transparante kleurpartijen en vluchtige suggestieve vormen; H.N. Werkman bedacht hiervoor de term 'benzinerellen'.

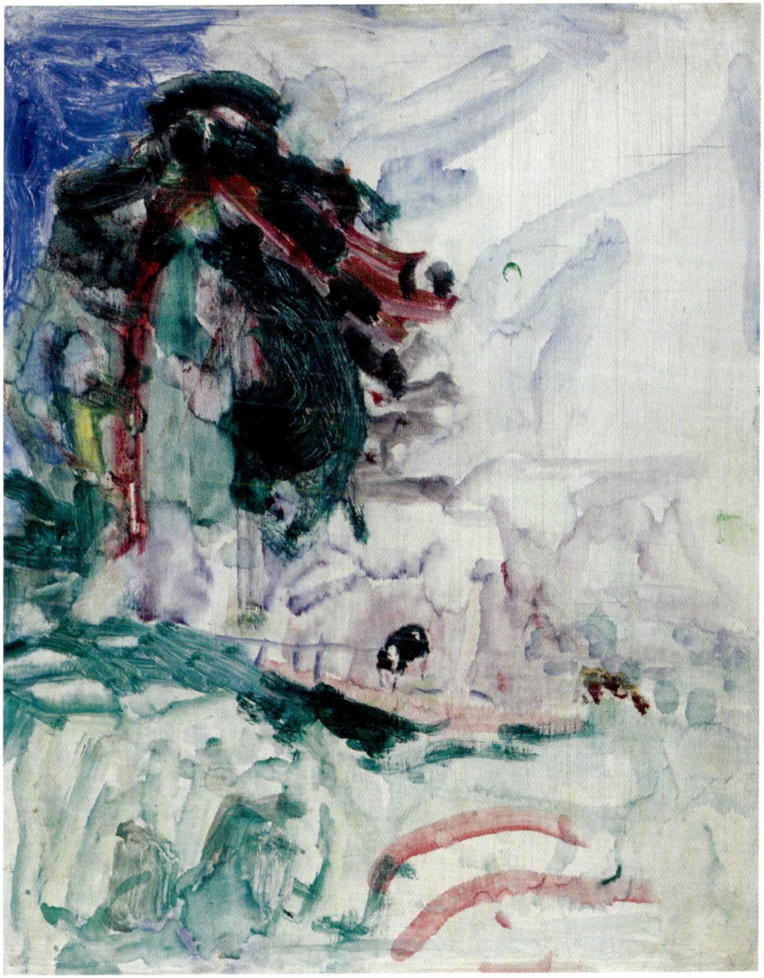

afb. 040 **Job Hansen**, *Bomen met twee koeien na regen*, 1930, olieverf op triplex, 61 x 50,5 cm, bruikleen Rijksdienst voor het Cultureel Erfgoed, uitgeleend aan het Groninger Museum

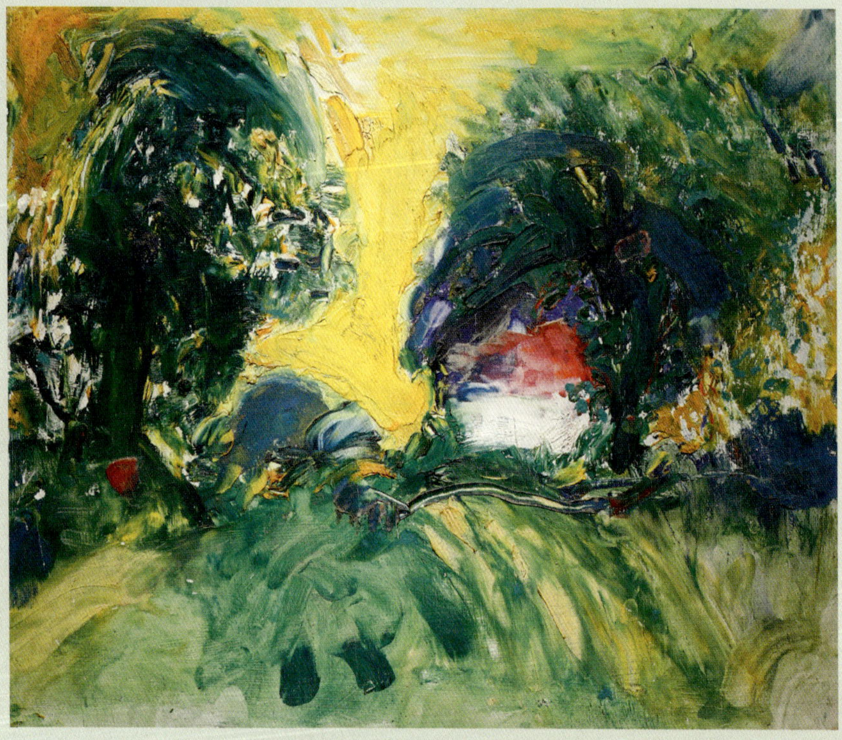

afb. 041 **Job Hansen**, *Blauwborgje*, 1932, olieverf op triplex, 50 x 60 cm, bruikleen Rijksdienst voor het Cultureel Erfgoed, uitgeleend aan het Groninger Museum

Ook Job Hansen liet zich inspireren door de landelijke omgeving bij Blauwborgje, wat bij hem leidde tot deze dwarreling van kleuren, in een wat pasteuzer verfgebruik dan bij de vorige 'benzinerellen'.

> afb. 042 **H.N. Werkman**, *Kerkgang in de sneeuw*, 1919-1920, olieverf op doek, 49,2 x 60,4 cm, Groninger Museum, verworven met steun van de Vereniging Rembrandt

Hendrik Nicolaas Werkman was als kunstenaar autodidact, van beroep was hij drukker. In 1919 werd hij als schilder lid van De Ploeg, pas vanaf 1923 zou hij zijn bijzondere drukkunst gaan ontwikkelen. Werkman had een grote bewondering voor Vincent van Gogh. *Kerkgang in de sneeuw* schilderde hij in pasteuze verfstreken. De robuuste rugfiguren tekenen zich af tegen het sneeuwlandschap.

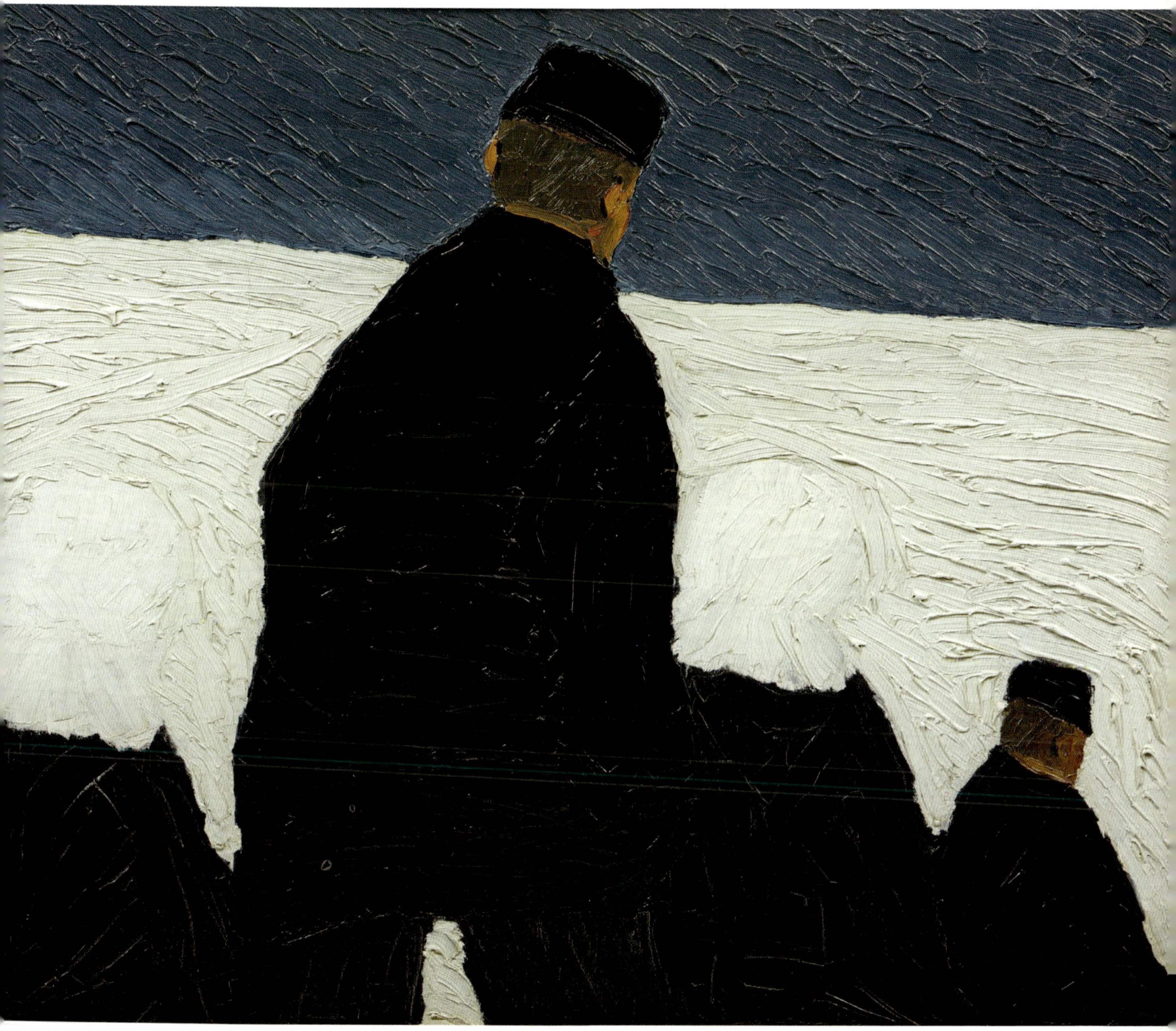

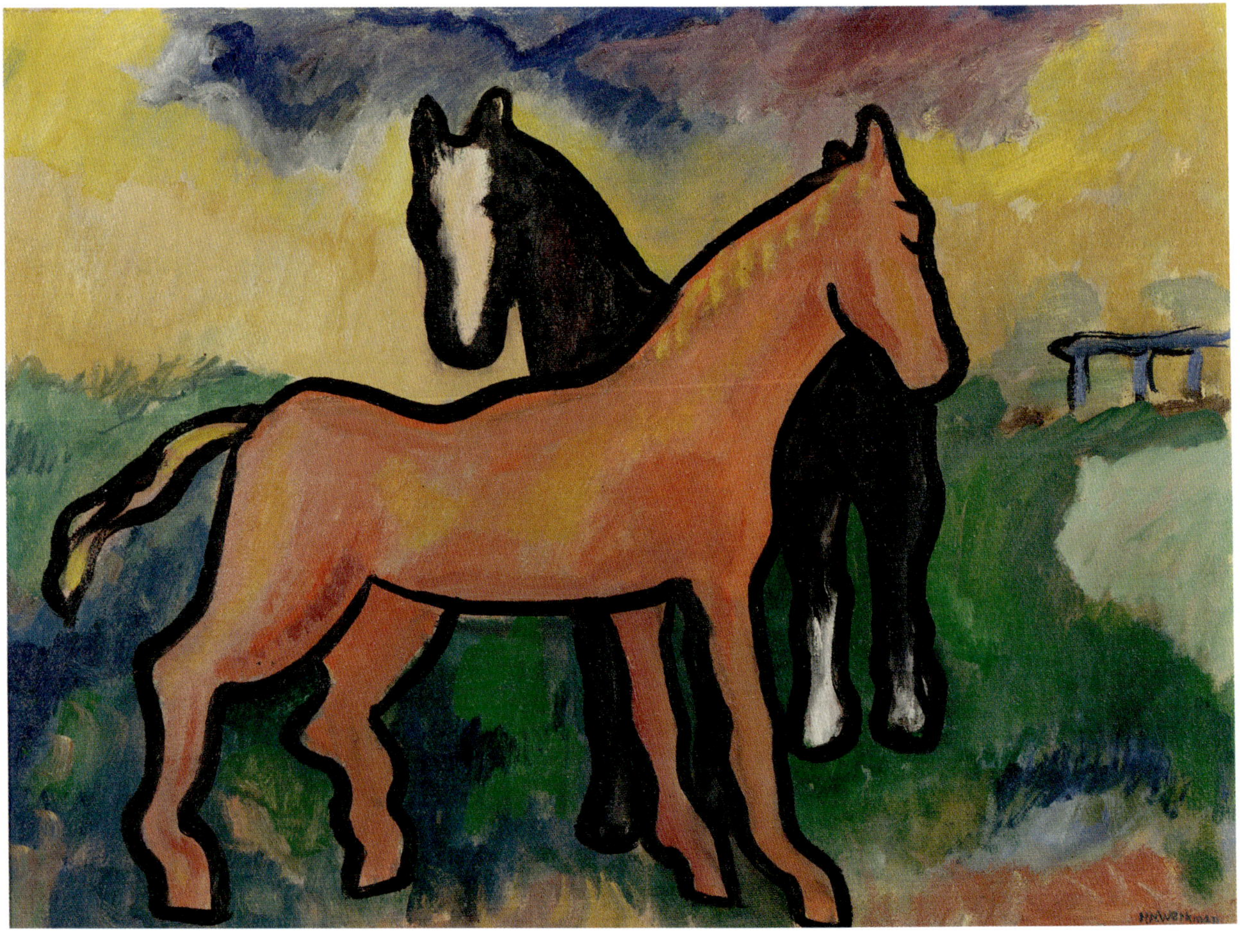

afb. 043 **H.N. Werkman**, *Twee paarden*, 1937, olieverf op doek, 45 x 60,7 cm, bruikleen Rijksdienst voor het Cultureel Erfgoed, uitgeleend aan het Groninger Museum

Dit schilderij was ooit in bezit van Piet en Ida Sanders, belangrijke verzamelaars op het gebied van de moderne kunst. Piet Sanders kocht het werk van Werkman in 1943 als verjaardagscadeau voor zijn vrouw. Op dat moment was hij door de bezetter als gijzelaar geïnterneerd in kamp Sint-Michielsgestel. Werkman stuurde Sanders een aquarel om hem te laten zien welk werk naar zijn vrouw zou gaan. De aquarel dateert zodoende uit 1943 terwijl Werkman het schilderij *Twee paarden* reeds in 1937 vervaardigde.

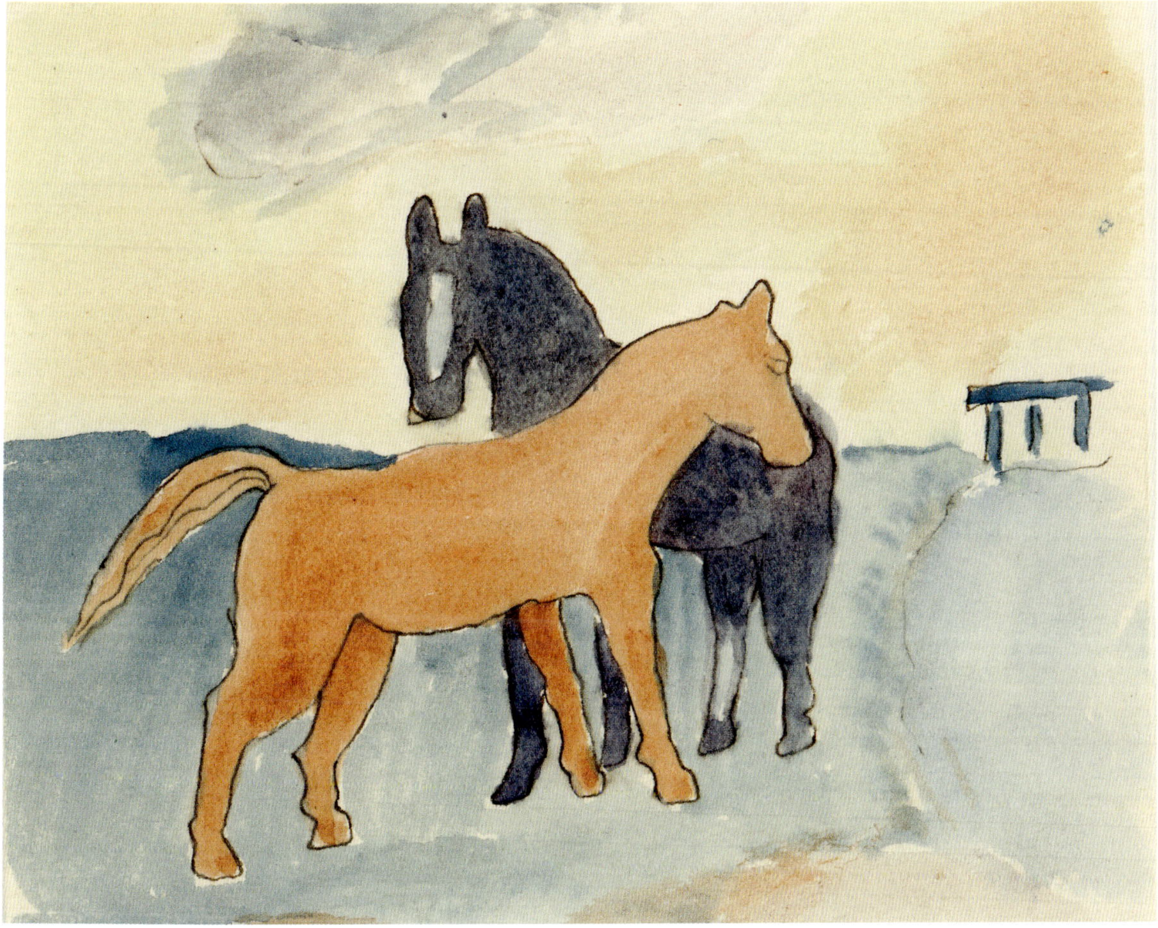

afb. 044 **H.N. Werkman**, Schets van het schilderij *'Twee paarden'*, 1943, aquarelverf op papier, 9,8 x 12 cm, bruikleen Rijksdienst voor het Cultureel Erfgoed, uitgeleend aan het Groninger Museum

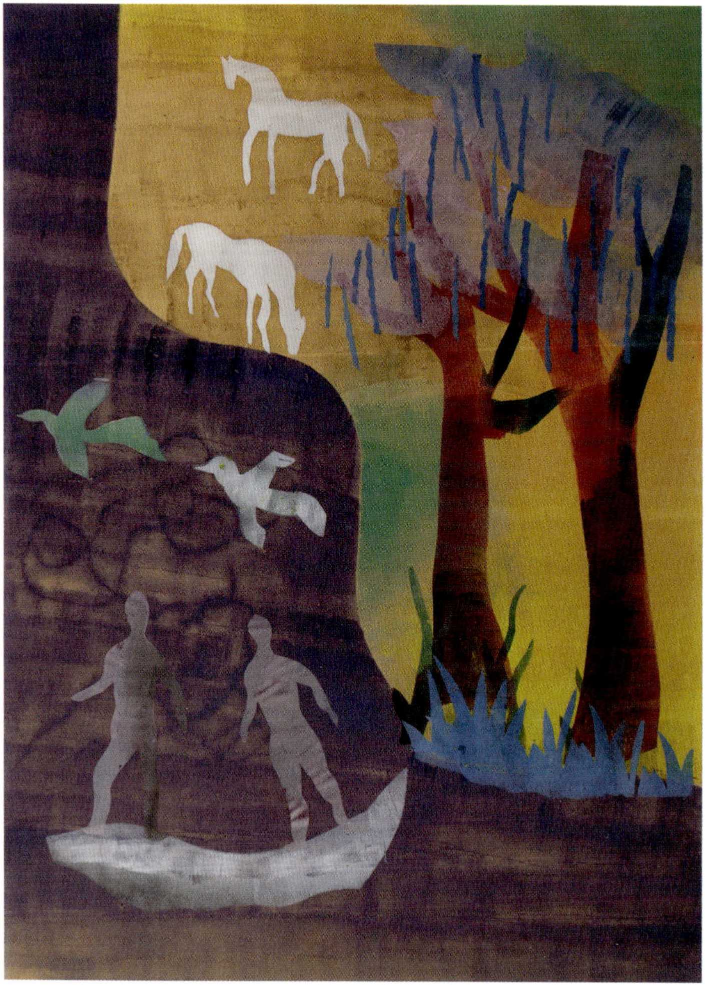

afb. 045 **H.N. Werkman**, *Kust van een warm land*, 1942, sjabloon op papier, 98,5 x 73 cm, Collectie Stichting De Ploeg, bruikleen Groninger Museum

Vanaf 1923 begon Werkman met het typografische materiaal van zijn drukkerij te experimenteren. Zo ontstonden de eerste druksels, zoals hij ze ging noemen. Halverwege de jaren dertig breidde hij zijn mogelijkheden uit door naast het zetmateriaal ook sjablonen te gaan gebruiken. Met *Kust van een warm land* droomde Werkman weg van de rauwe oorlogswerkelijkheid om hem heen, naar een arcadisch landschap.

> afb. 046 **H.N. Werkman**, *Vrouweneiland 9*, 1942, sjabloon, stempel op papier, 64,2 x 50 cm, Groninger Museum

Ook dit druksel uit de serie *Vrouweneiland* is illustratief voor het paradijs dat Werkman vond in zijn kunst. In een brief uit 1942 schreef hij hierover: : "[...] de druksels van het paradijs, niet het bekende paradijs, maar het onbekende, ergens in een werelddeel dat nog door geen mensch uit de cultuurstaten is ontdekt - daarheen ben ik gevlucht omdat het in onze wereld haast niet meer uit te houden is".[8]

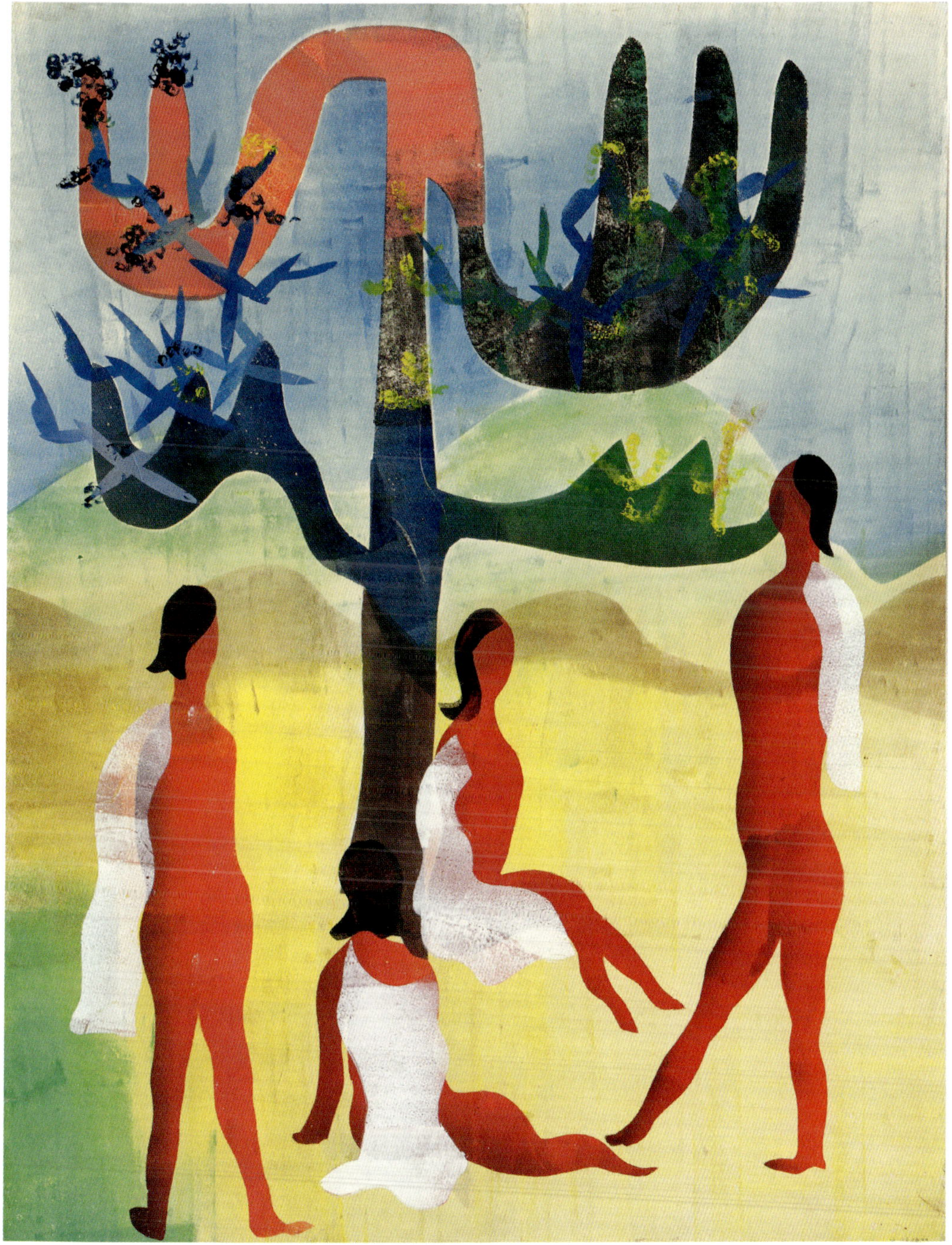

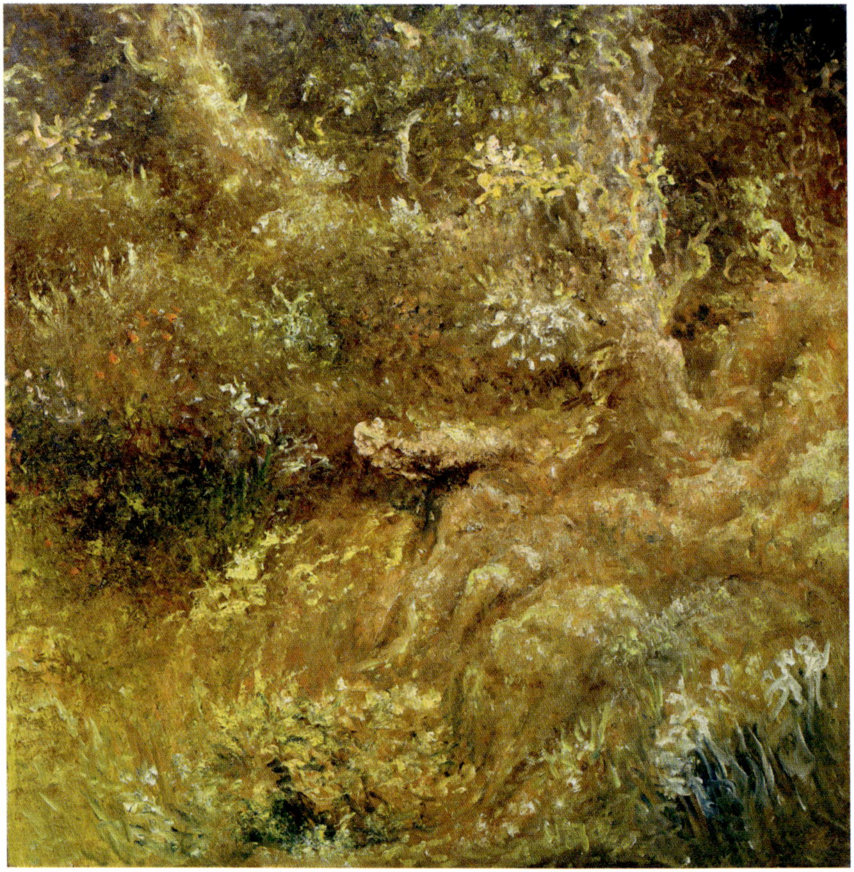

afb. 047 **Hendrik de Vries**, *Open plek in het bos*, z.j., olieverf op doek, 80 x 80 cm, Collectie Stichting De Ploeg, bruikleen Groninger Museum

Hendrik de Vries was een buitenbeentje binnen De Ploeg. Hij genoot al bekendheid als dichter, toen hij begin jaren twintig contact zocht met de vereniging. Op een literaire avond van de kunstkring droeg hij voor uit eigen werk. Pas in 1929 werd hij als schilder lid van De Ploeg. Een aantal keren schreef hij beschouwende bijdragen voor Ploegpublicaties. In tegenstelling tot de meeste Ploegleden werkte hij in zijn beeldende kunst niet naar de realiteit, maar vormde de fantasie zijn uitgangspunt.

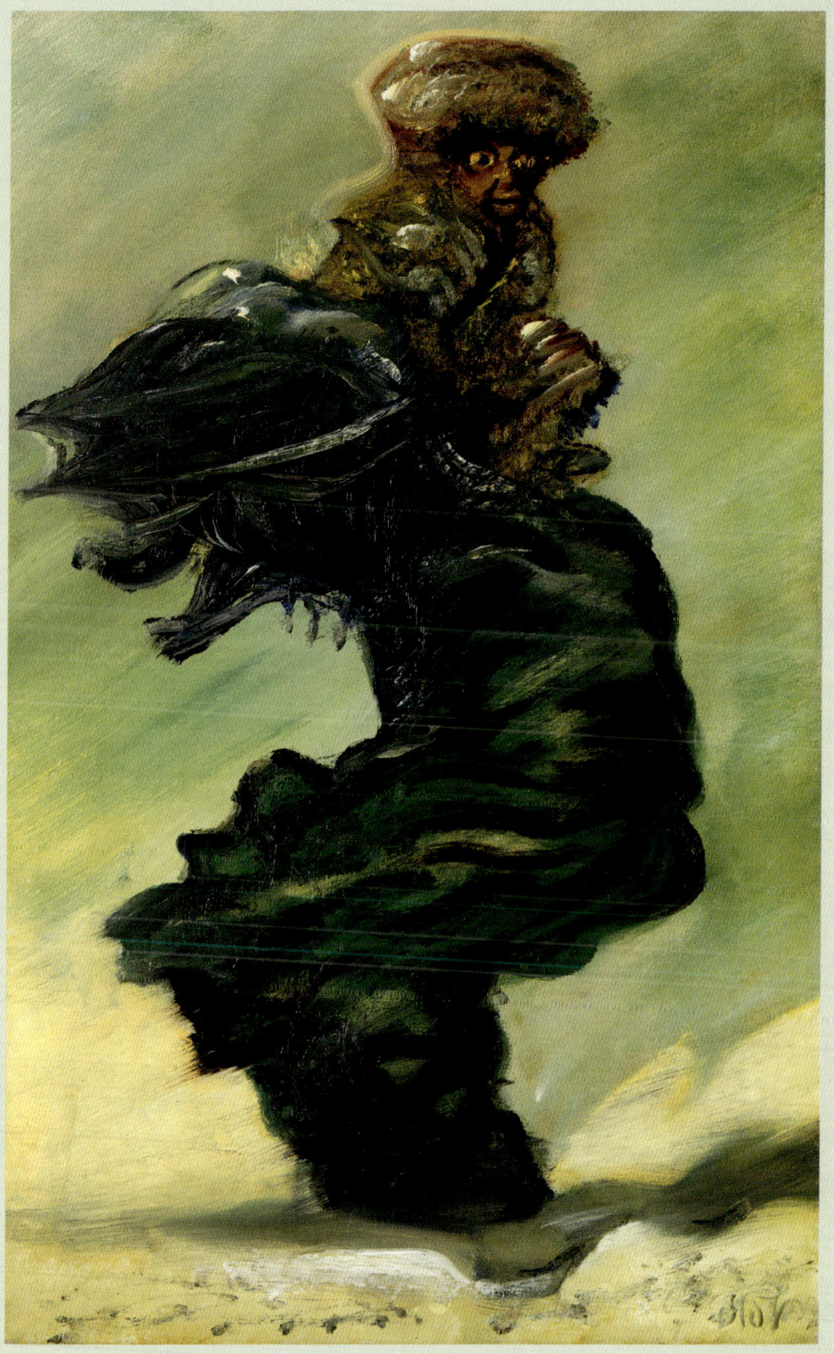

afb. 048 **Hendrik de Vries**, *Gestalte*, z.j., olieverf op doek, 60,5 x 38,5 cm, Collectie Stichting De Ploeg, bruikleen Groninger Museum

In de winter van 1939-1940 werd in het Rijksmuseum een grote expositie gehouden, 'Onze kunst van Heden'. Ruim 750 kunstenaars namen hieraan deel, onder wie een aantal van de Ploegleden. Ook Hendrik de Vries, van wie de droombeelden bij de surrealisten werden ingedeeld.

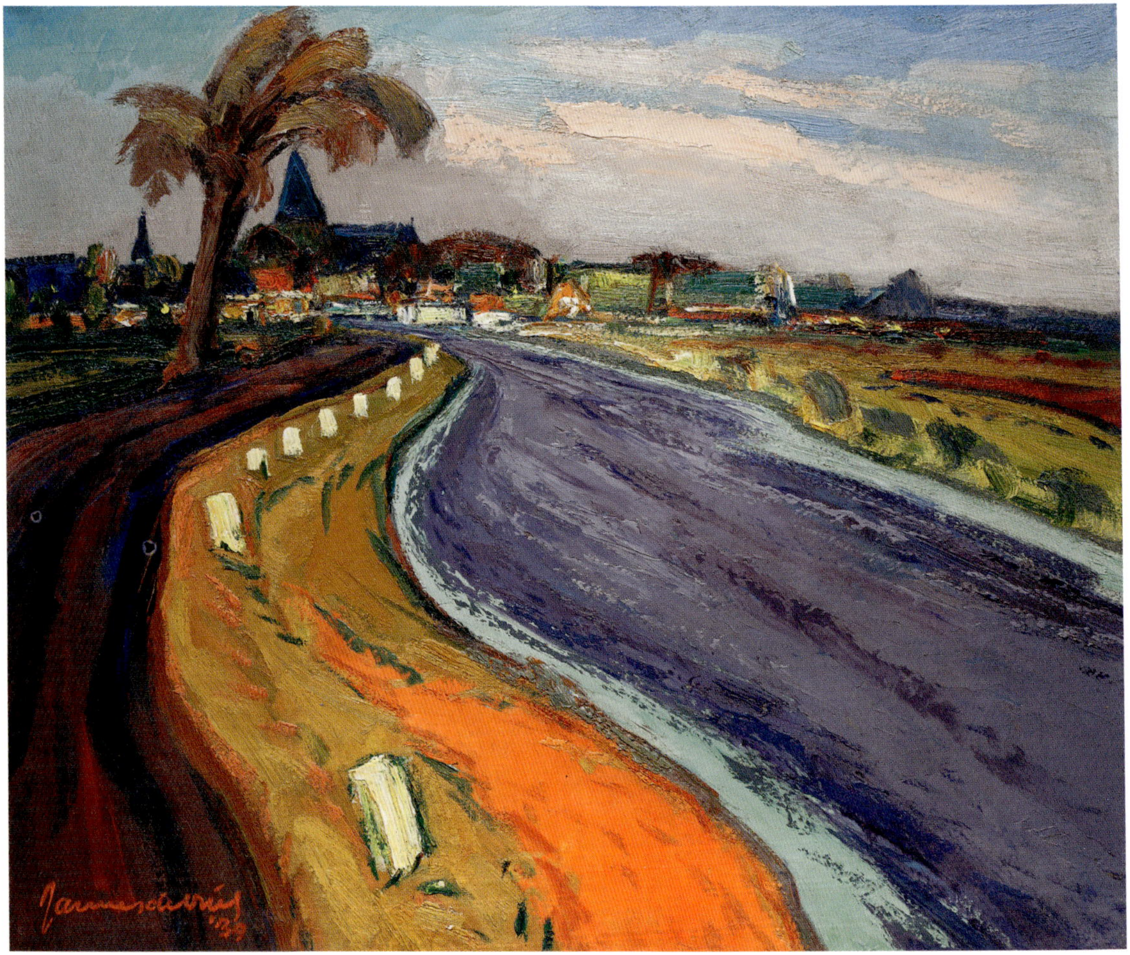

afb. 049 **Jannes de Vries**, *Landschap Zuidwolde*, 1939, olieverf op doek, 50 x 60 cm, Groninger Museum, bruikleen Gemeente Groningen

Jannes de Vries vestigde zich na reizen door onder andere Afrika in 1924 in Groningen. Hij werd leraar tekenen aan het Stedelijk Gymnasium en sloot zich aan bij De Ploeg. Het werk van De Vries liet aanvankelijk een ingetogen expressionisme zien dat invloeden verraadt van bijvoorbeeld Cézanne. Zijn latere Groninger landschappen worden gekenmerkt door een expressieve penseelvoering, vaak hooggelegen horizonten en dreigende luchten.

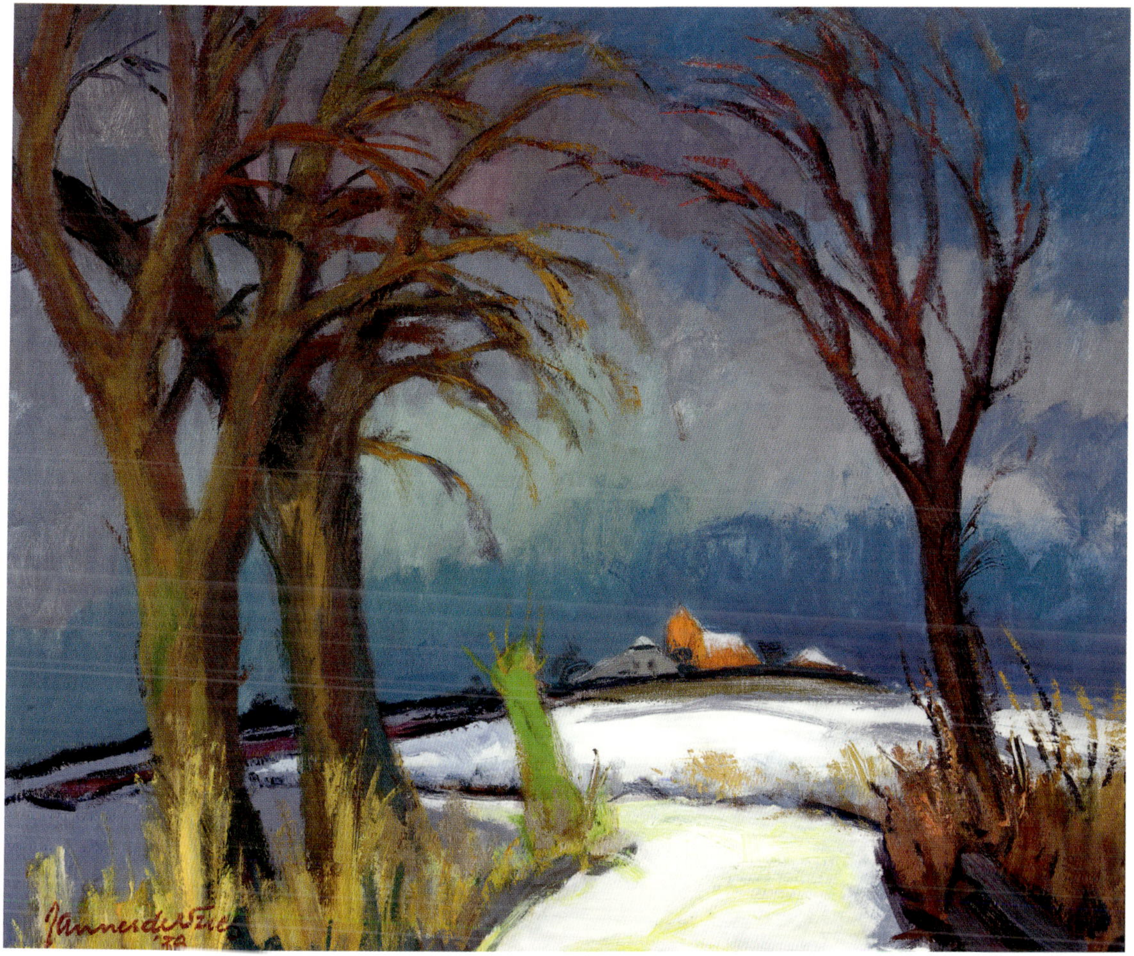

afb. 050 **Jannes de Vries**, *Winterlandschap Oostum*, 1938, olieverf op doek, 50 x 60 cm, Groninger Museum, bruikleen Gemeente Groningen

Het fraaie oude kerkje van Oostum, hooggelegen op een vrijwel afgegraven wierde, werd vaak geschilderd door leden van De Ploeg.

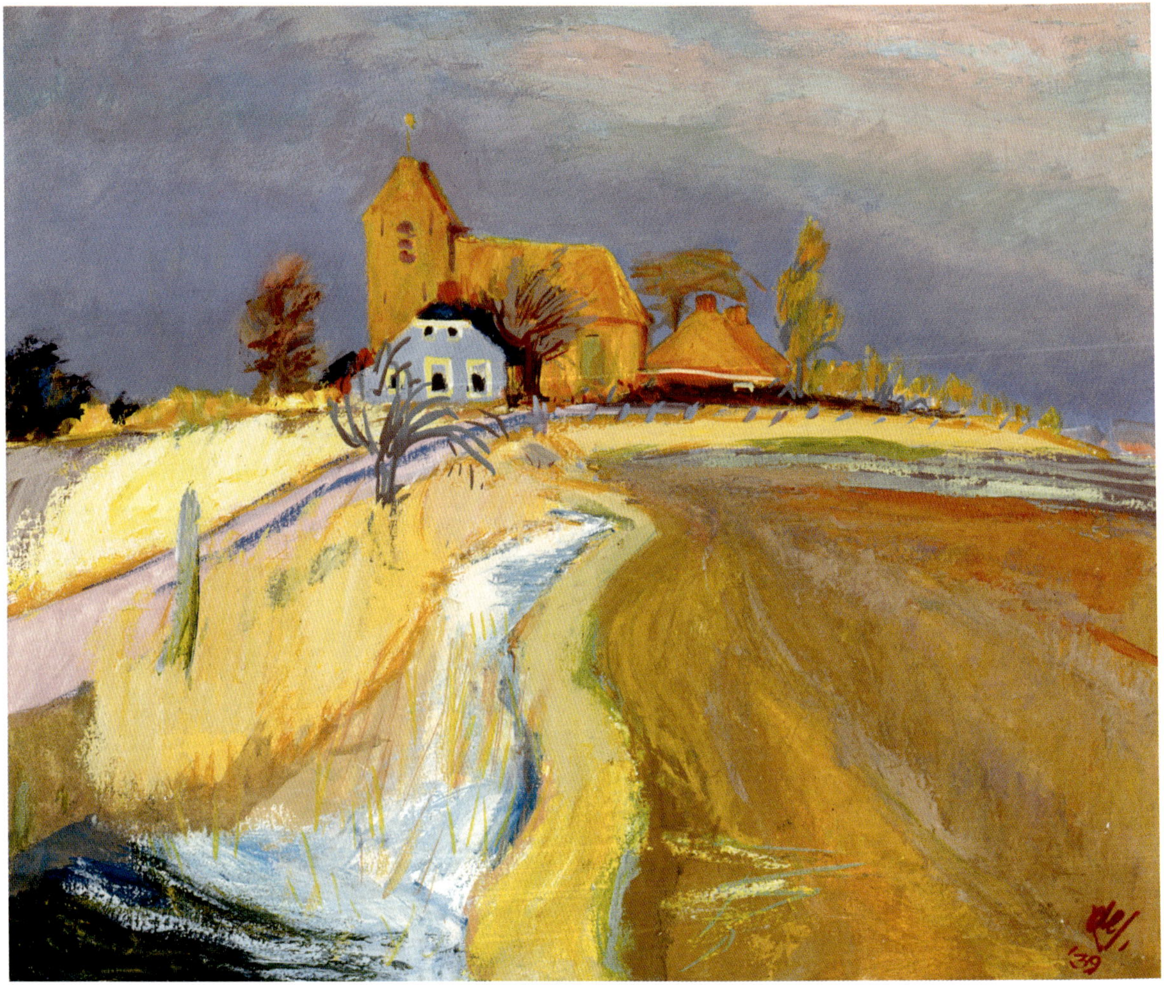

afb. 051 **Jannes de Vries**, *Kerk te Oostum*, 1939, olieverf op doek, 50 x 60,5 cm, Groninger Museum, bruikleen Gemeente Groningen

> afb. 052 **Jan van der Zee**, *Paterswoldse meer*, 1932, olieverf op doek, 37,5 x 43,8 cm, Groninger Museum

Jan van der Zee, die een tijdlang in een geometrisch abstracte stijl werkte, trok er eind jaren twintig steeds vaker op uit om buiten, en plein air, landschappen te schilderen.

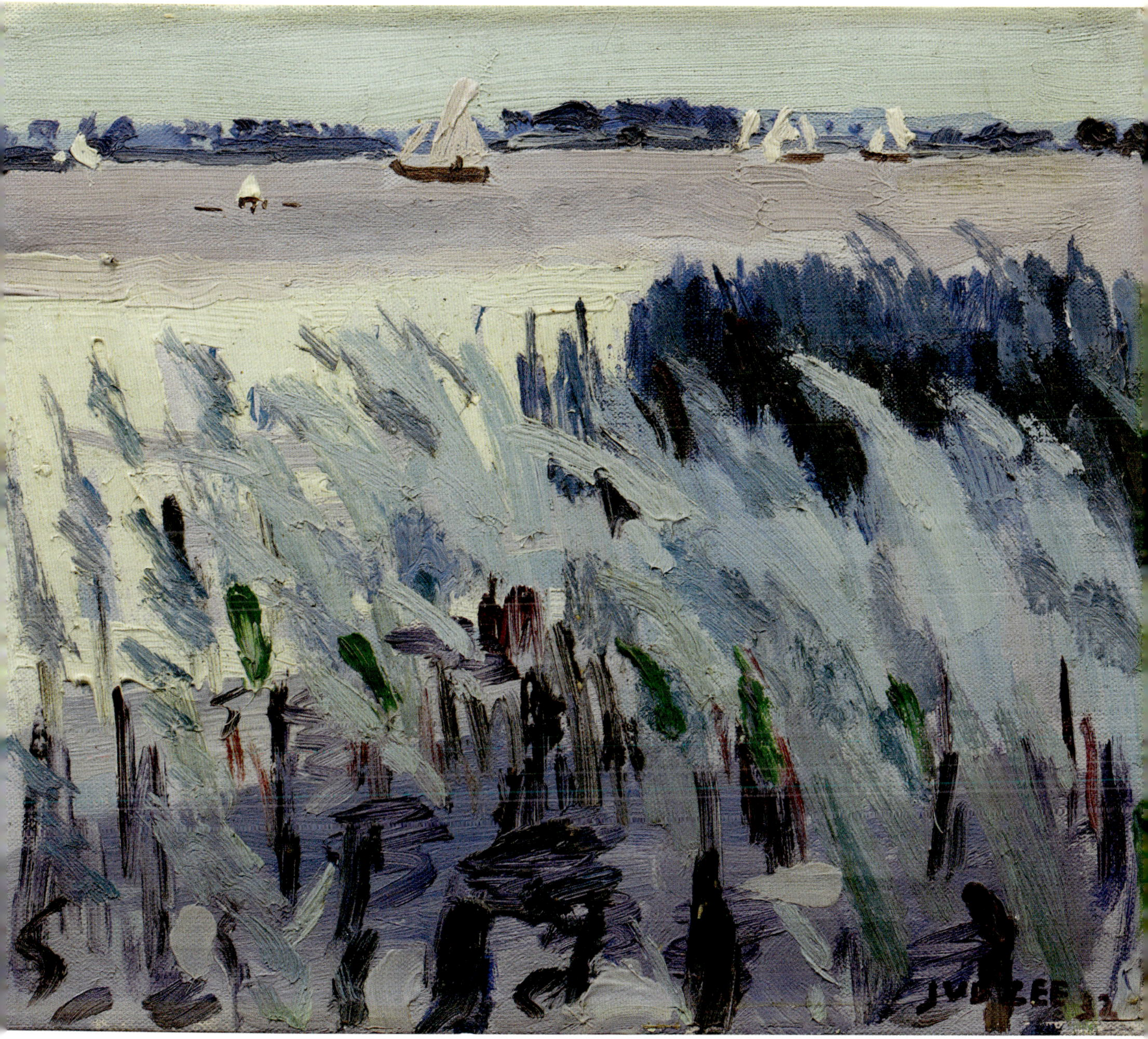

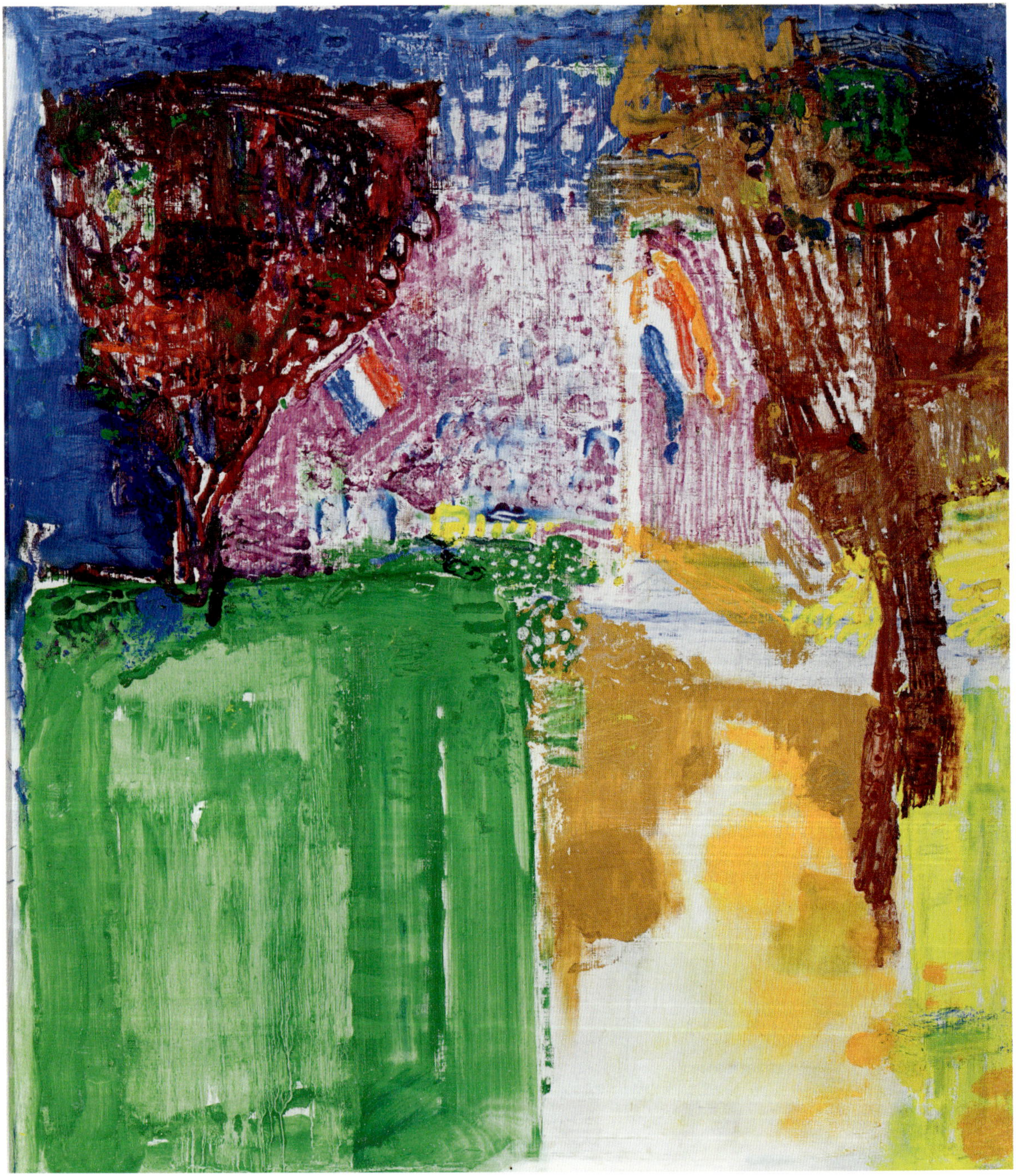

< afb. 053 **Job Hansen**, *Landschap met vlaggen*, 1958, was/olieverf op hardboard, 58 x 60 cm, Groninger Museum, bruikleen Stedelijk Van Abbe Museum

Schilderde Job Hansen in de jaren twintig en dertig vaak en plein air, vanaf de jaren vijftig werkte hij vooral uit de herinnering, in zijn atelier. Inspiratie haalde hij nog steeds uit fietstochten in het Groninger land. Hij experimenteerde met het opbrengen van de, in vergelijking met eerder, veel dikker opgebrachte verf. Hij gebruikte hiervoor niet alleen penselen, maar ook zijn handen, vingers en nagels.

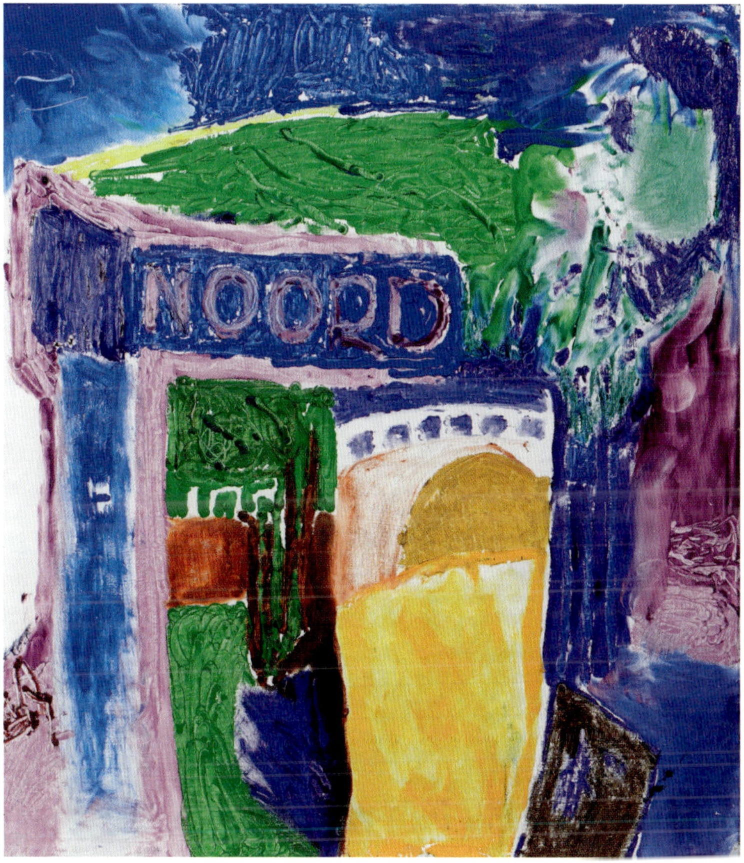

afb. 054 **Job Hansen**, *Noord*, 1958, olieverf op hardboard, 69 x 62 cm, bruikleen Rijksdienst voor het Cultureel Erfgoed, uitgeleend aan het Groninger Museum

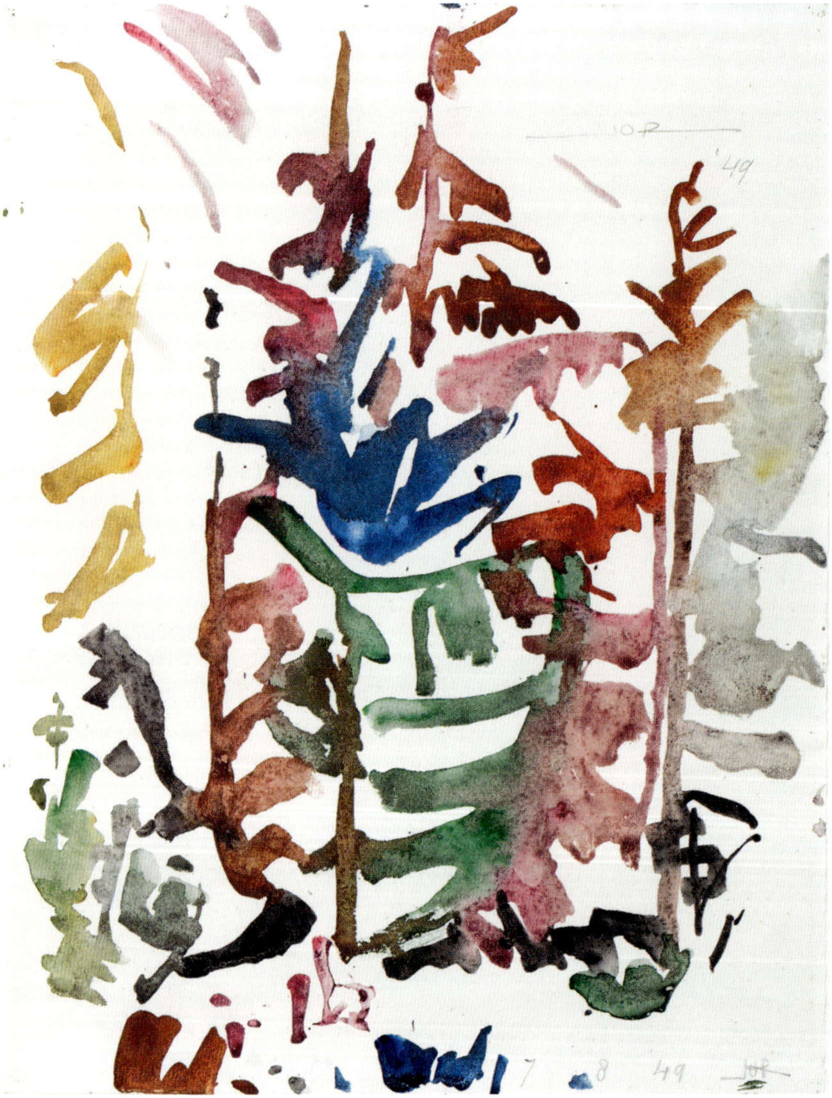

afb. 055 **Jan Jordens**, *Sparren*, 1949, aquarelverf op papier, 44 x 34,5 cm, Groninger Museum

Jan Jordens hoorde in de beginjaren van De Ploeg tot de belangrijke vertegenwoordigers van het Groninger modernisme. In de jaren dertig onderzocht hij een tijd de mogelijkheden van het Franse kubisme. Deze periode zou uitmonden in de volledige abstractie die zijn schilderkunst na 1945 liet zien. De reeks lyrisch abstracte aquarellen van het landschap op Schiermonnikoog behoort tot het hoogtepunt van zijn naoorlogse werk.

> afb. 056 **Jan Jordens**, *Schiermonnikoog*, 1957, Oost-Indische inkt, aquarelverf op papier, 20 x 28,8 cm, Groninger Museum

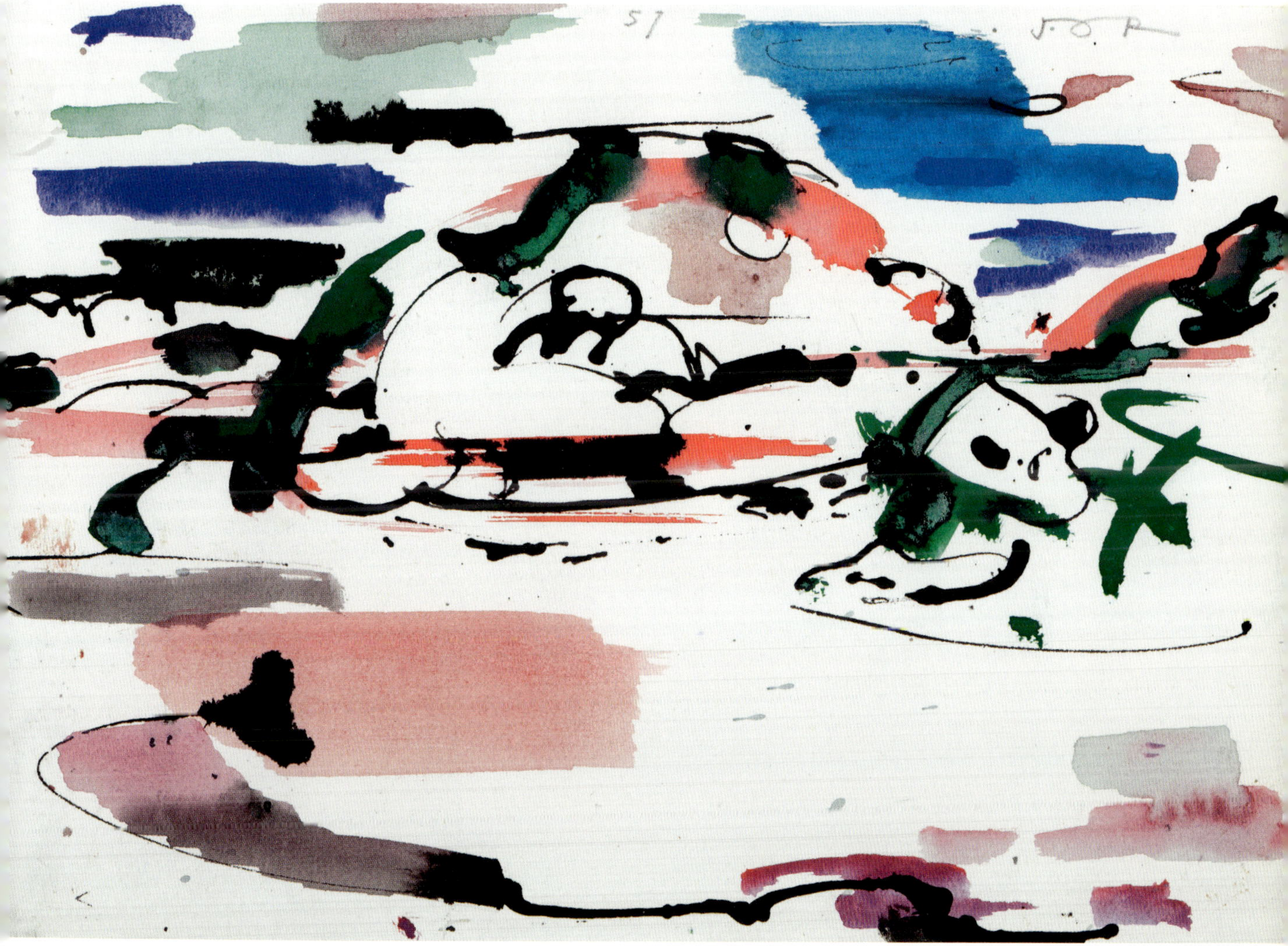

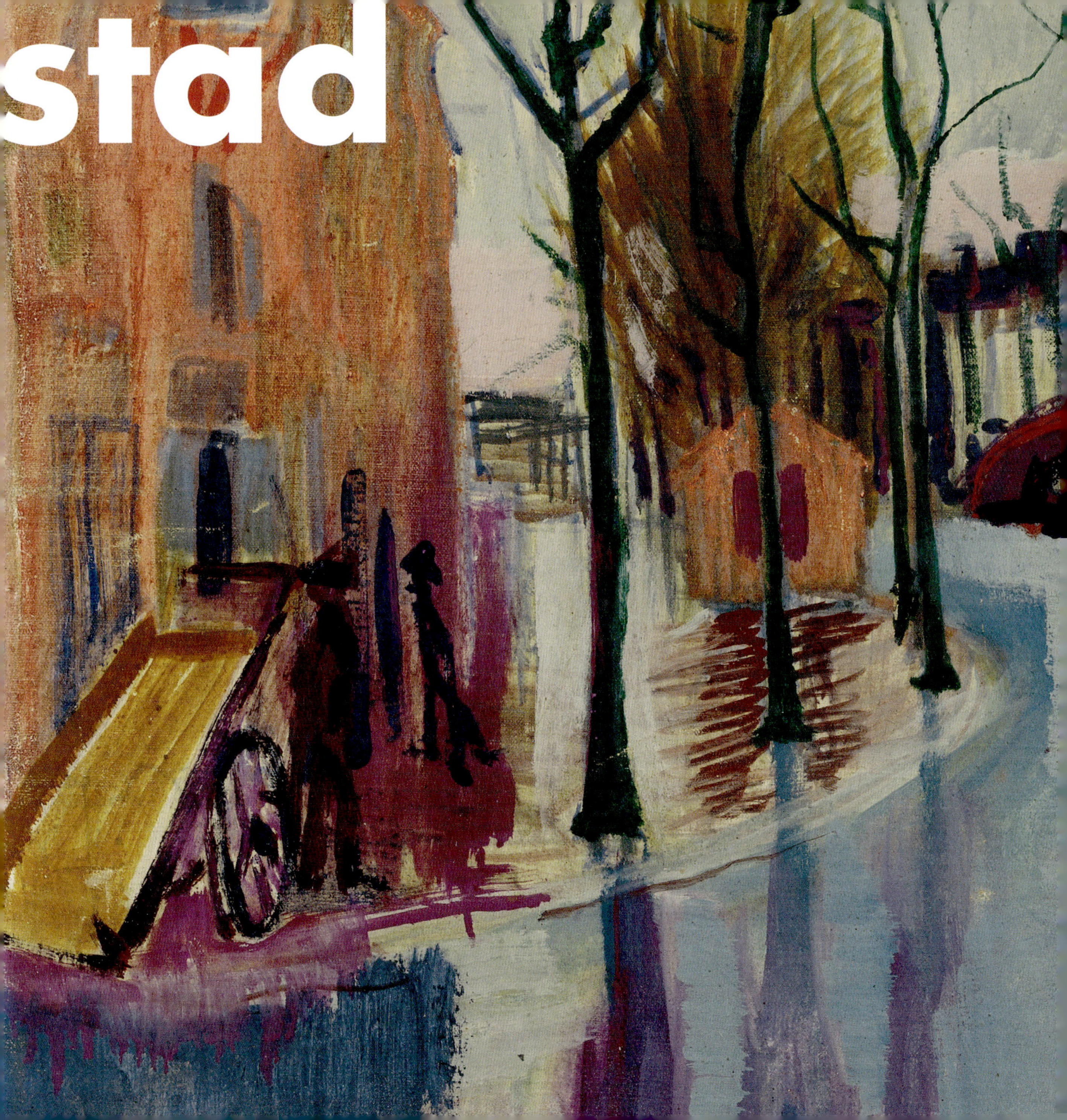
stad

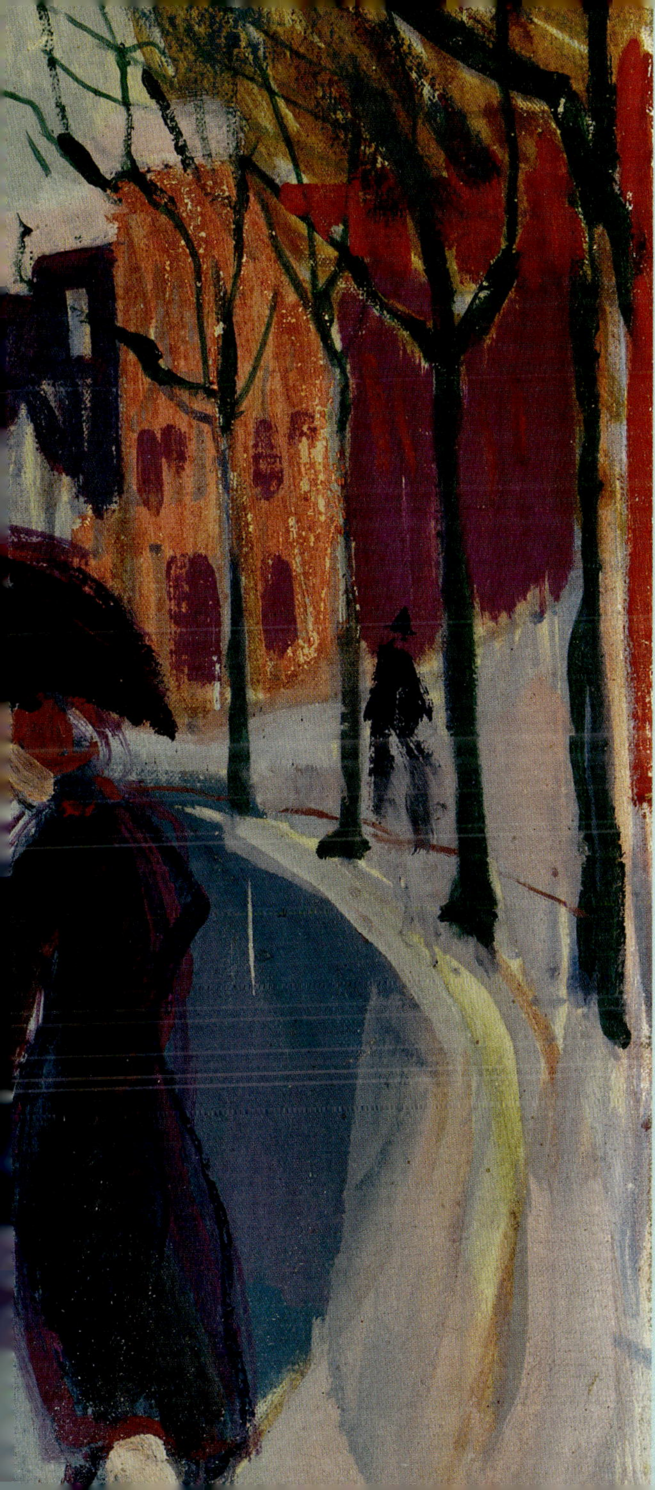

STAD

Lange tijd was het de gewoonte binnen De Ploeg om de jaarvergadering van de vereniging tijdens de traditionele Meikermis in Groningen te houden. 'Kermis 1924 tot Kermis 1925', dateerde secretaris Johan Dijkstra in 1925 dan ook zijn verslag. En in 1922 sloten de notulen van de jaarvergadering met de toevoeging: 'Na sluiting van 't officieele gedeelte werd de vergadering in 't geheim van Landru, *palais de rire* etc. op meer intieme wijze voortgezet.' Op de kermis dus. De Ploegleden van het eerste uur waren allemaal Stadjers. Ze woonden in de stad, grotendeels waren ze er geboren en getogen, en, zoals uit het werk blijkt, ze waren verknocht aan hun woonplaats. Want het Groninger expressionisme mag grote bekendheid ontlenen aan de kleurrijke Noord-Groninger landschappen en de tot de verbeelding sprekende kunstenaarsportretten, ook de stad en het stadsleven vormden een belangrijk artistiek motief. De Ploeg toonde sowieso grote betrokkenheid bij de stad. In 1922 trok men van leer tegen een besluit van B&W van Groningen om toestemming te verlenen aan de Amsterdamsche Bank om

detail afb. 067

aan de Grote Markt een nieuw gebouw in een ouderwetse, sterk historiserende bouwstijl neer te zetten. Met succes! Uiteindelijk zou architect en Ploeglid A.R. Wittop Koning het ontwerp voor de bank tekenen, in een strakke, aan H.P. Berlage verwante stijl.[9] Daartegenover had men zeer positieve belangstelling voor de nieuwbouw van de MTS in Groningen aan de Petrus Driessenstraat. Dit complex werd in 1922-1923 gebouwd door architect-ingenieur J.G. Wiebenga, een pionier van het Nieuwe Bouwen in Nederland. De school vormt een vroeg voorbeeld van dit functionalistische bouwen in gewapend beton, gecombineerd met staal en veel glas. De gerichtheid op moderne stromingen en ontwikkelingen in de cultuur ging bij De Ploeg dus verder dan slechts de beeldende kunst. Niet voor niets sloot Job Hansen zijn avant-gardistische tekst voor de Ploegcatalogus van januari 1923 af met de woorden: 'Schilders van de velden en bouwers aan de nieuwe stad'.

Omdat de kunstkring nooit een hechte groep met een artistiek programma als uitgangspunt gevormd heeft, laten ook de stadsbeelden een gevarieerd beeld zien. De Ploegkunstenaars richtten ieder hun eigen kunstenaarsoog op de dynamiek en de veelkleurigheid van het stadsleven. Jan Wiegers stond met zijn schilderijen van het uitgaansleven het dichtst bij de expressionistische 'Großstadtbilder' van E.L. Kirchner. Kirchner schilderde vanaf 1910 veelvuldig het leven in de grote stad, vooral Berlijn, in scènes waarin hij het mondaine uitgaansleven in bars en variété-gelegenheden en straatscènes toonde. Wiegers' *Music Hall* of *Danspaar* (afb. 057 en afb. 058) zijn hieraan verwant, terwijl hij er met *Twee mannen in de sneeuw, komend uit een café aan het Boterdiep* (afb. 059) en overduidelijk lokaal tintje aan gaf. Ook Werkmans *Ochtendwandeling in de herfst* (afb. 060) met de hoekige langgerekte figuren is beïnvloed door het Duitse expressionisme. In andere stadsbeelden, ook in zijn druksels, liet Werkman zien hoezeer zijn dagelijkse omgeving hem motieven kon opleveren. Binnen De Ploeg gelden George Martens en Johan Dijkstra bij uitstek als schilders van de stad, hoewel ieder van heel verschillende orde. George Martens richtte zich vooral op het stadsgewoel, de mensen in de straat, de *People in the Street* (afb. 063), zoals de titel van een van zijn schilderijen luidt. Het kleurige beeld van een passerend publiek of het samentroepen van een groep mensen wist hij sfeervol te treffen, vaak worden de silhouetten weerspiegeld op het natgeregende plaveisel. Johan Dijkstra werd eerder getroffen door het schilderachtige van de stad zelf. Zijn voorbijgangers fungeren eerder als stoffering van het stadslandschap, of het nou gaat om een eenzame fietser in het park, kletsende vrouwen aan de Paterswoldseweg of schaatsers in het Noorderplantsoen.

Boven het gewemel van het publiek op zijn *Groninger Meikermis* (afb. 074), is trouwens linksachter het moderne bankgebouw op de Grote Markt vereeuwigd, waarvoor De Ploeg zich sterk gemaakt had. Jan Altink, bovenal toch landschapsschilder, liet met *De ijsbrekers* (afb. 069) bijzondere werkzaamheden zien om de winterse gracht bevaarbaar te houden. En tenslotte Job Hansen; zoals hij aan het landschap als motief een totaal eigen draai gaf, zo geldt dat ook voor de stad. Vanaf de jaren dertig van de vorige eeuw bewoonde Hansen met zijn gezin een door hemzelf verbouwd huis aan de Grachtstraat bij het Noorderplantsoen in Groningen. Op de eerste verdieping richtte hij zijn atelier in, een groot raam aan de voorzijde en een kleiner opzij verzekerden hem van een goed uitzicht op zijn omgeving. Over de plaatsing van het raam schreef hij zelfs: 'Het raam is wat scheef geplaatst in de gevel want middenvoor staat een van de grootste boomen van het plantsoen'.[10] En het uitzicht vanuit zijn woning, door het grote raam of vanaf het platdak, heeft hij in de jaren daarna talloze malen geschilderd. De beschrijvende titels en vaak heel specifieke dateringen wijzen er op dat opvallende voorvallen en bijzondere momenten hem inspiratie tot schilderen gaven.

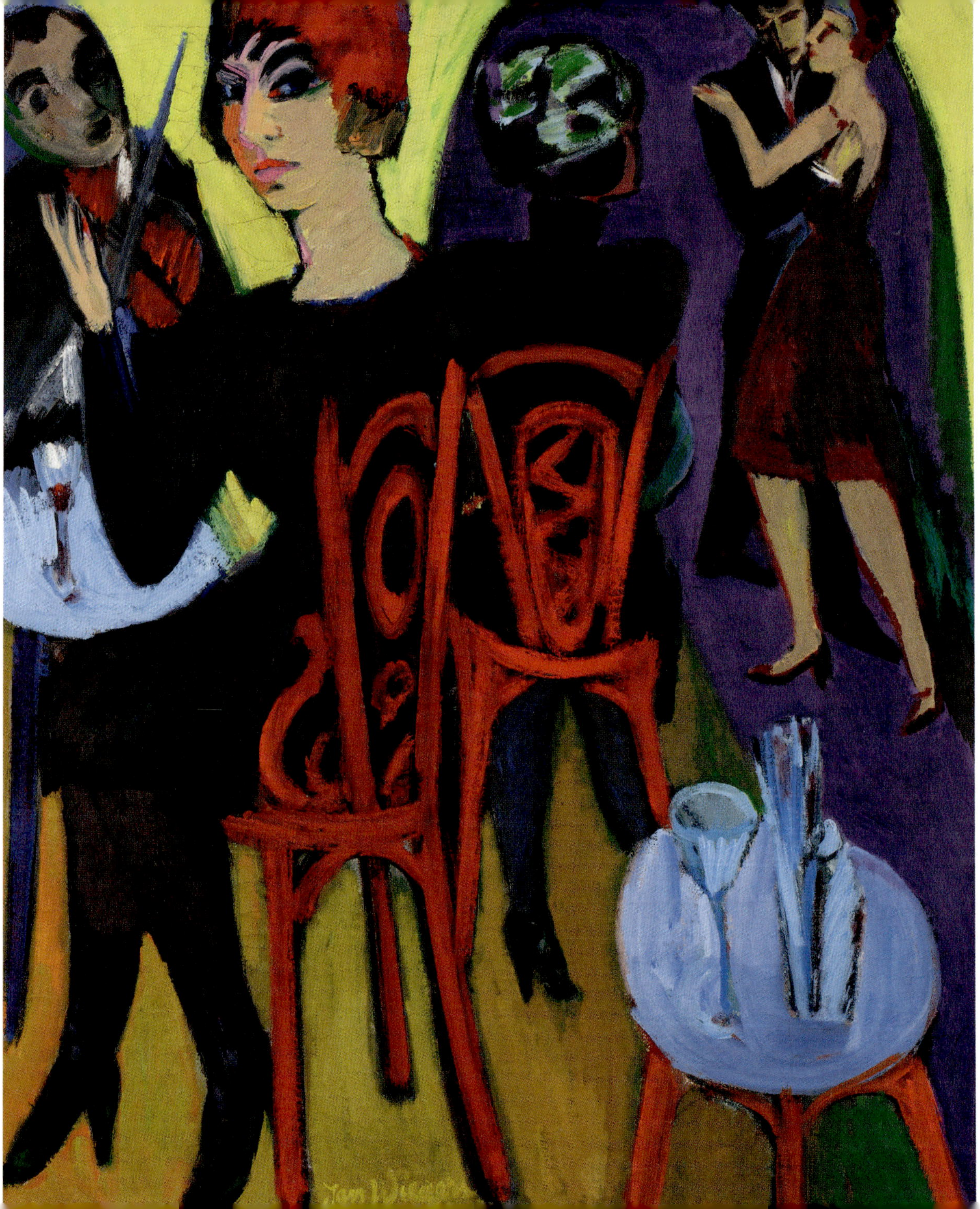

< afb. 057 **Jan Wiegers**, *Music Hall*, 1921 – jaren 50, was/olieverf op doek, 100 x 82,5 cm, Groninger Museum, verworven met steun van de BankGiro Loterij

Met *Music Hall* liet Jan Wiegers zijn blik op de 'roaring twenties' zien. Hoewel? Recent onderzoek heeft aangetoond dat zich onder Music Hall een eerdere versie bevindt, het verloren gewaande *Dancing Room* uit 1921. Dit schilderij was alleen bekend van een zwart-wit foto. In de jaren vijftig schilderde Wiegers het over en gaf het blijkbaar een nieuwe titel. De titel *Music Hall* verwijst mogelijk naar het experimentele gedicht van Paul van Ostaijen uit 1920.

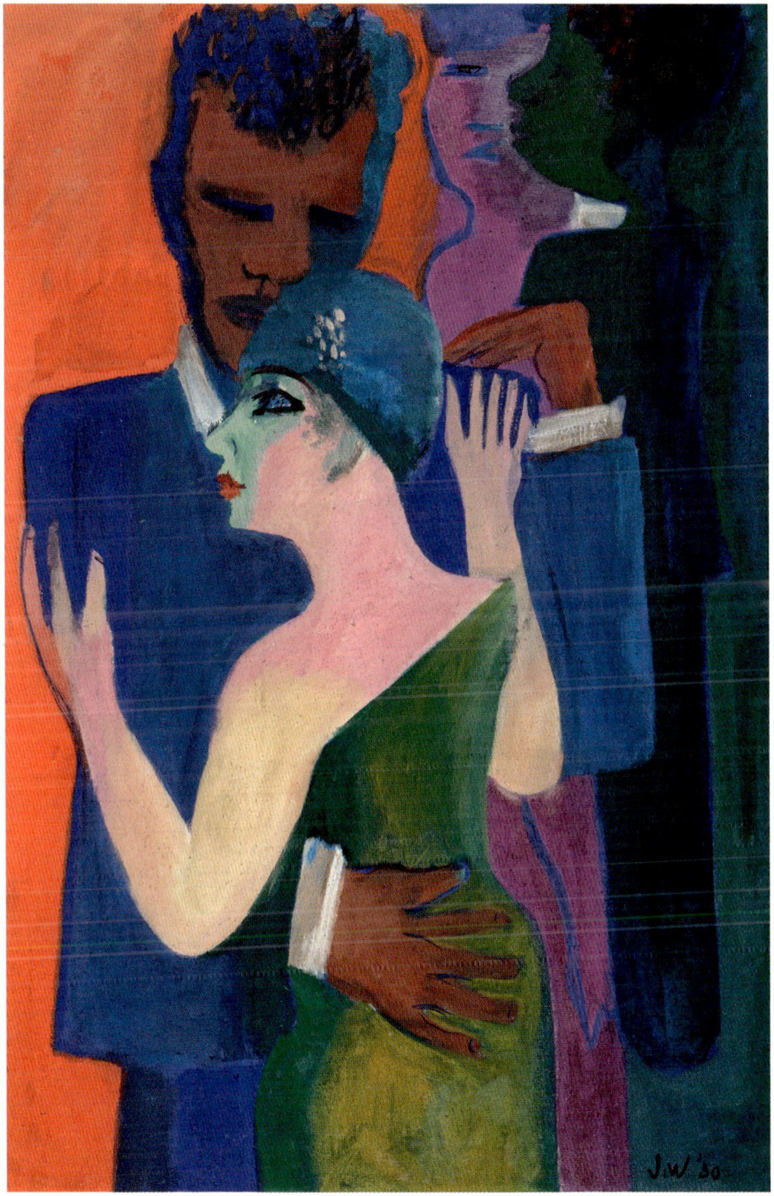

afb. 058 **Jan Wiegers**, *Danspaar*, 1930, was/olieverf op doek, 87 x 60 cm, Collectie Stichting De Ploeg, bruikleen Groninger Museum

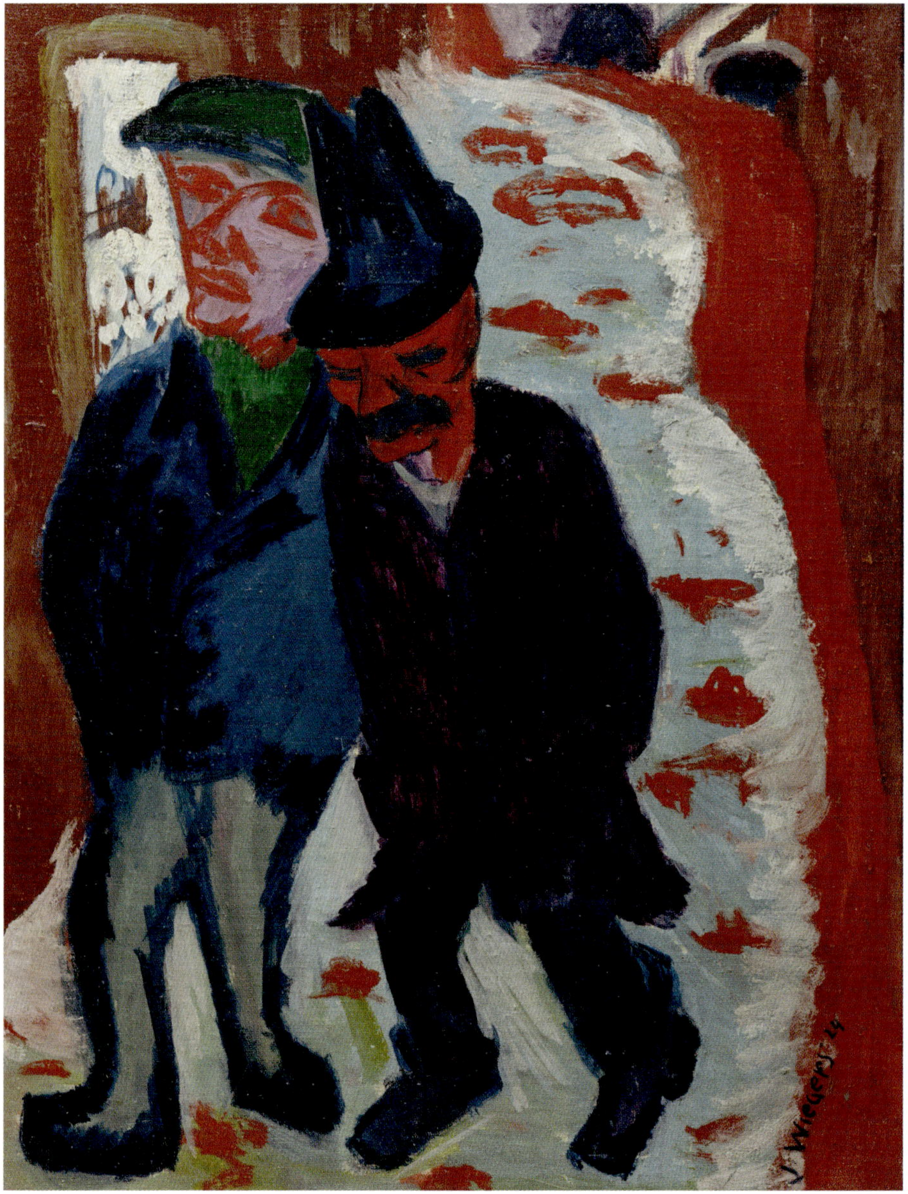
J. Wiegers 24

< afb. 059 **Jan Wiegers**, *Twee mannen in de sneeuw, komend uit een café aan het Boterdiep*, 1924, was/olieverf op doek, Groninger Museum, aangekocht met steun van de Stichting Beringer Hazewinkel

Op humoristische wijze gaf Wiegers hier twee drinkebroers weer, die wat wankel op de benen hun weg zoeken door de sneeuw. Ze houden elkaar in evenwicht.

afb. 060 **H.N. Werkman**, *Ochtendwandeling in de herfst*, ca. 1922, was/olieverf op jute, 64,5 x 54,3 cm, Singer Laren

De vormentaal en kleurkeuze van dit werk laten heel direct de invloed van het Duits expressionisme zien. Misschien is het dan ook niet verwonderlijk dat Jan Wiegers het doek van Werkman verwierf.

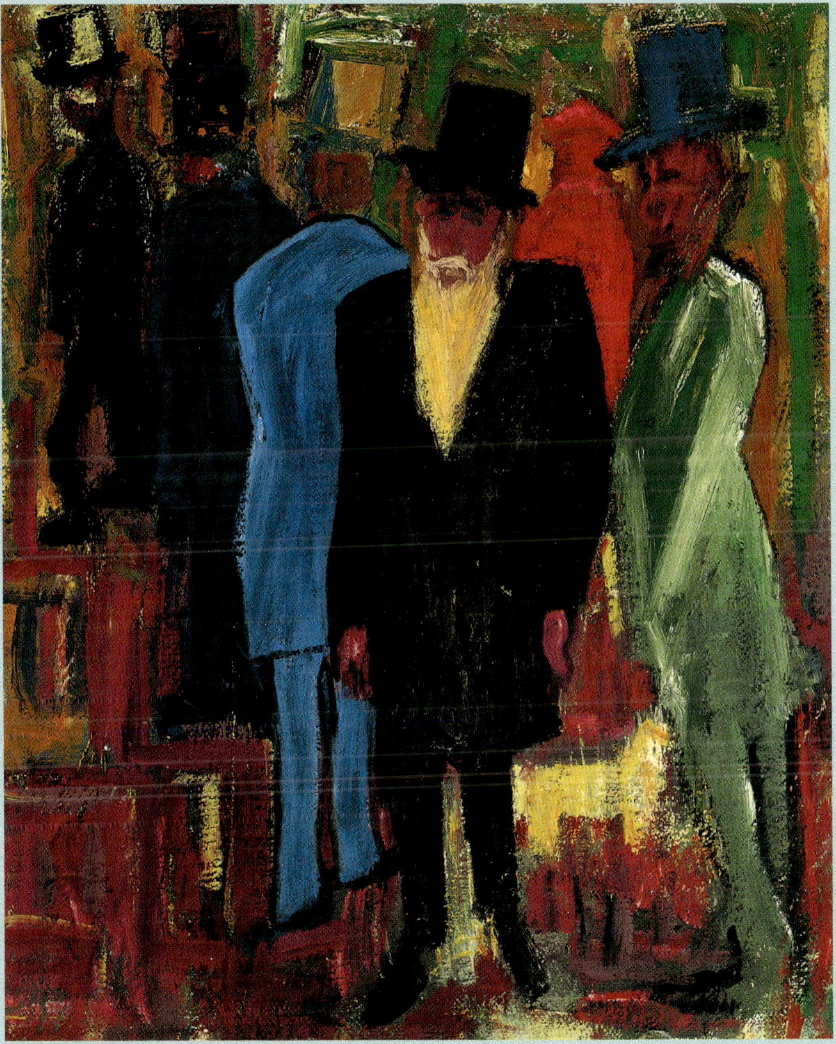

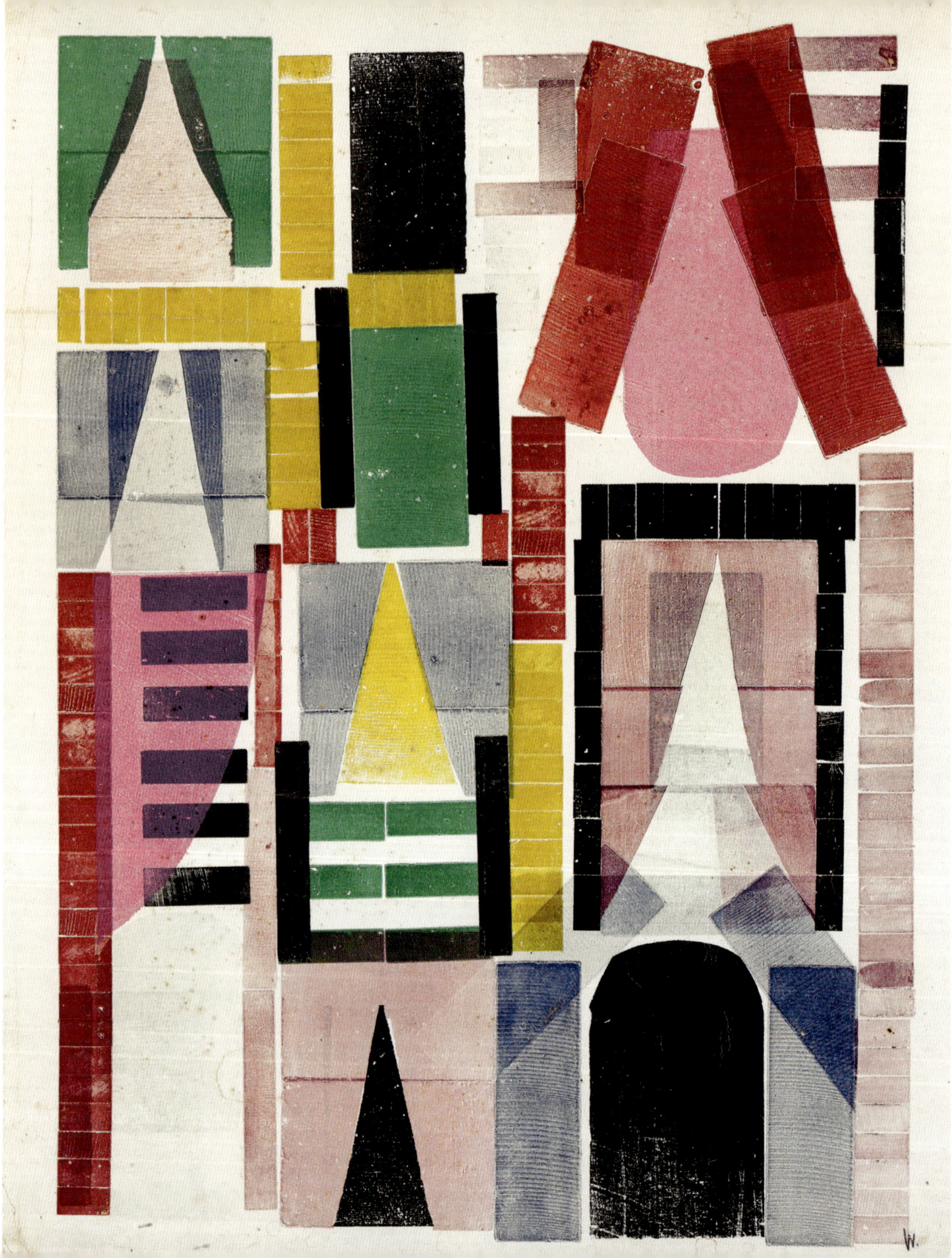
W.

< afb. 061 **H.N. Werkman**, *Gevel*, 1925, drukinkt op papier, 64,5 x 49,9 cm, Groninger Museum verworven met steun van de Stichting Beringer Hazewinkel

Gevel behoort tot de reeks vroege druksels, die Werkman met zetmateriaal geheel op de handpers maakte. Voor de ronde vormen dekte hij het papier gedeeltelijk af, dus eigenlijk paste hij hier een voorloper van zijn latere sjabloontechniek toe.

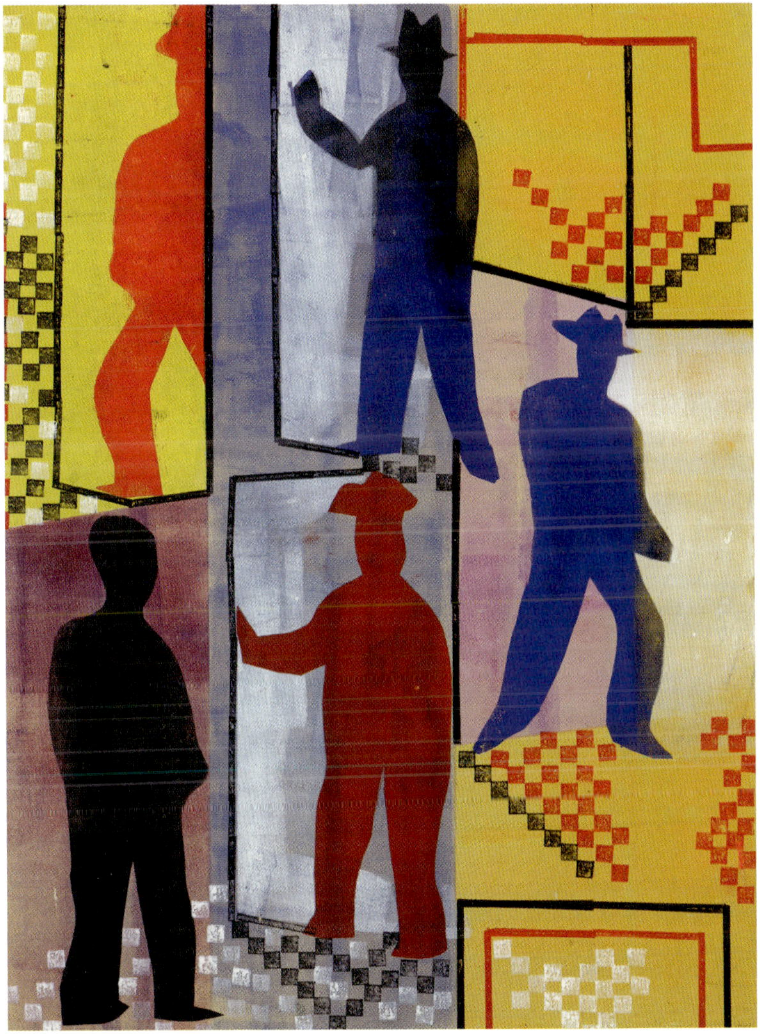

afb. 062 **H.N. Werkman**, *Draaideur van het postkantoor 2*, 1941, sjabloon en stempel op papier, 65,6 x 50 cm, Groninger Museum

'Vanmiddag heb ik nog een druksel afgemaakt dat ik Maandag al begonnen was. We hebben hier in 't postkantoor een draaideur gekregen en dat is zoo'n mooi ding om te gebruiken.' Dit briefcitaat van H.N. Werkman maakt direct duidelijk wat de inspiratiebron vormde voor deze compositie.[11]

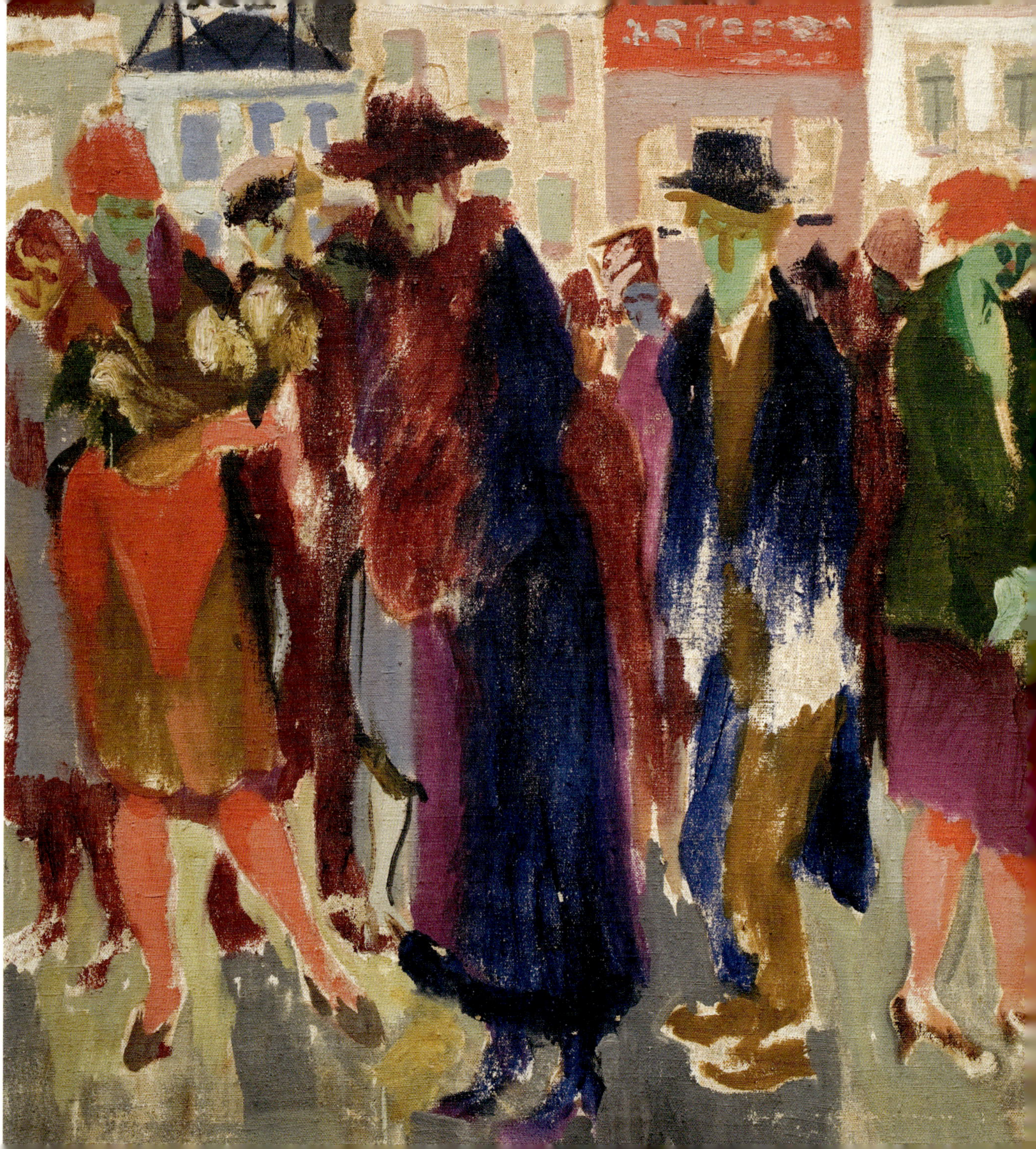

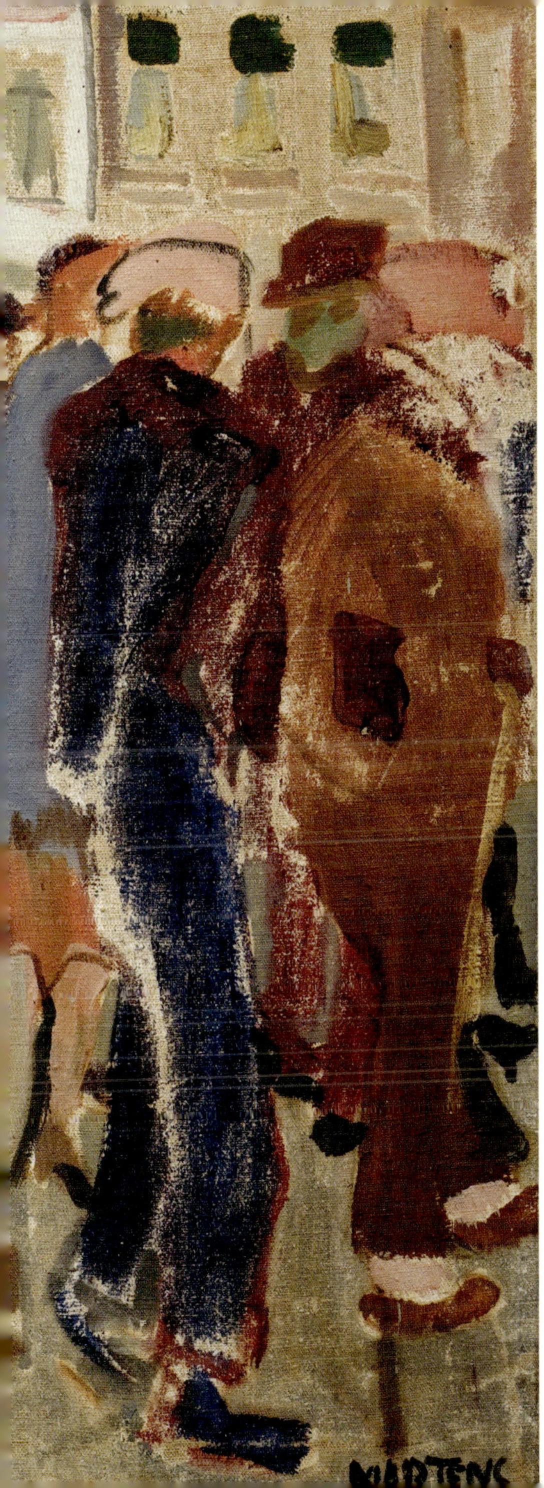

afb. 063 **George Martens**, *People in the Street – Vismarkt*, 1926, was/olieverf op doek, 62,8 x 79,5 cm, Collectie Stichting De Ploeg, legaat Thijs Martens en Annemarie Martens-Bonnema, bruikleen Groninger Museum

Met *People in the Street – Vismarkt* schilderde George Martens een kleurrijk en levendig stadsbeeld. Het laat zien hoe bedreven Martens was in het schilderen van het alledaagse leven in Groningen. Je hoort haast het geroezemoes en de straatgeluiden om je heen.

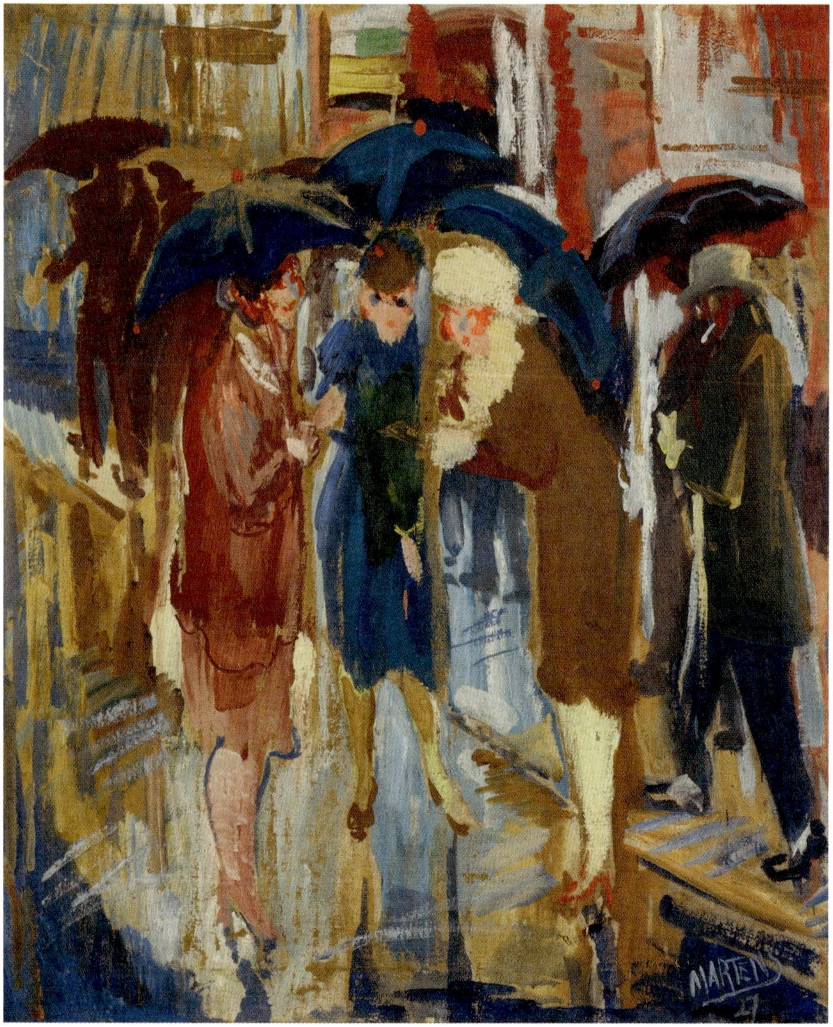

afb. 064 **George Martens**, *Roddel in de regen*, 1927, olieverf op doek, 73 x 63 cm, Collectie Stichting De Ploeg, legaat Thijs Martens en Annemarie Martens-Bonnema, bruikleen Groninger Museum

> afb. 065 **George Martens**, *Toeschouwers op straat*, 1927, grafiet op papier, 16,1 x 20,1 cm, Collectie Stichting De Ploeg, legaat Thijs Martens en Annemarie Martens-Bonnema, bruikleen Groninger Museum

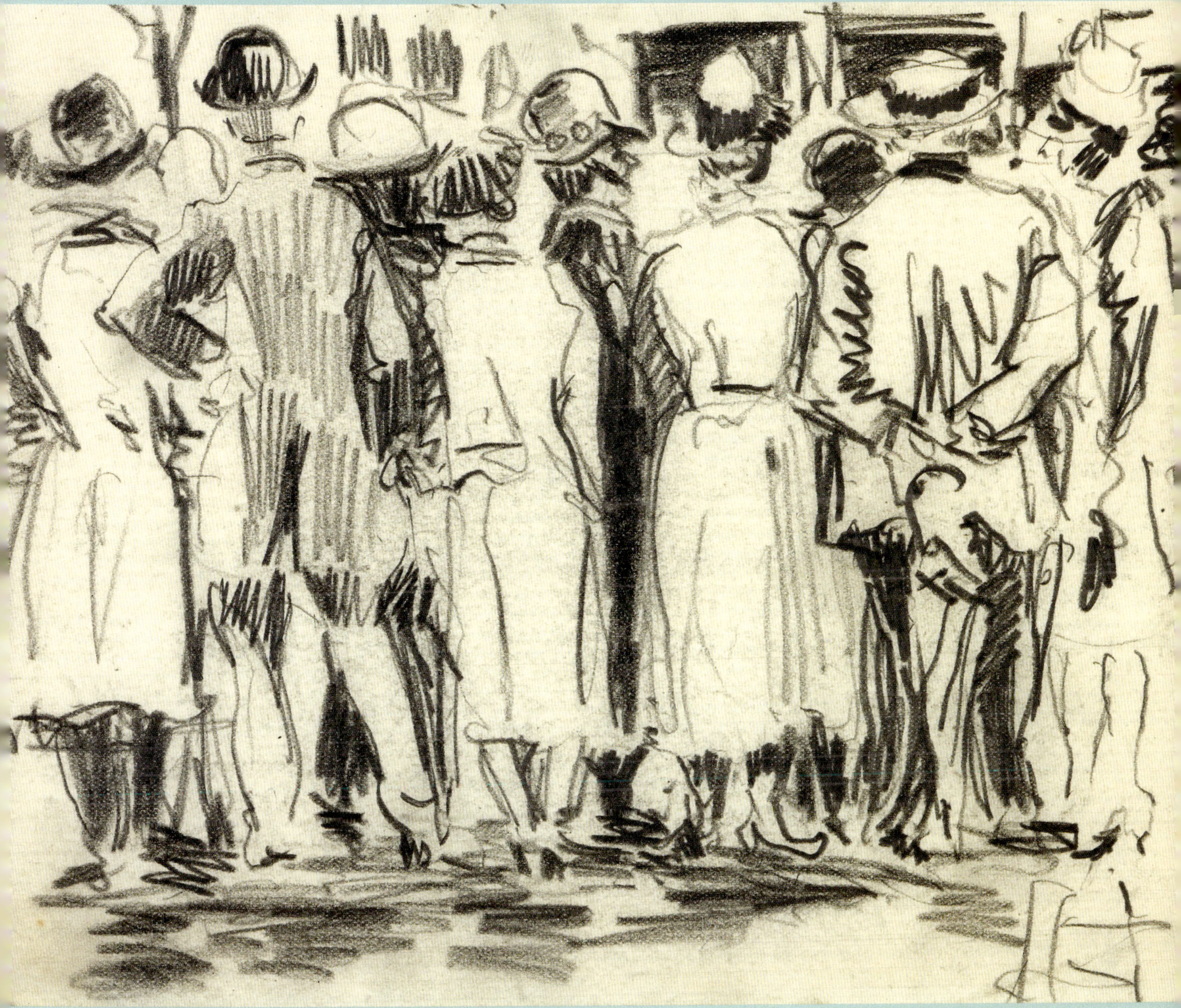

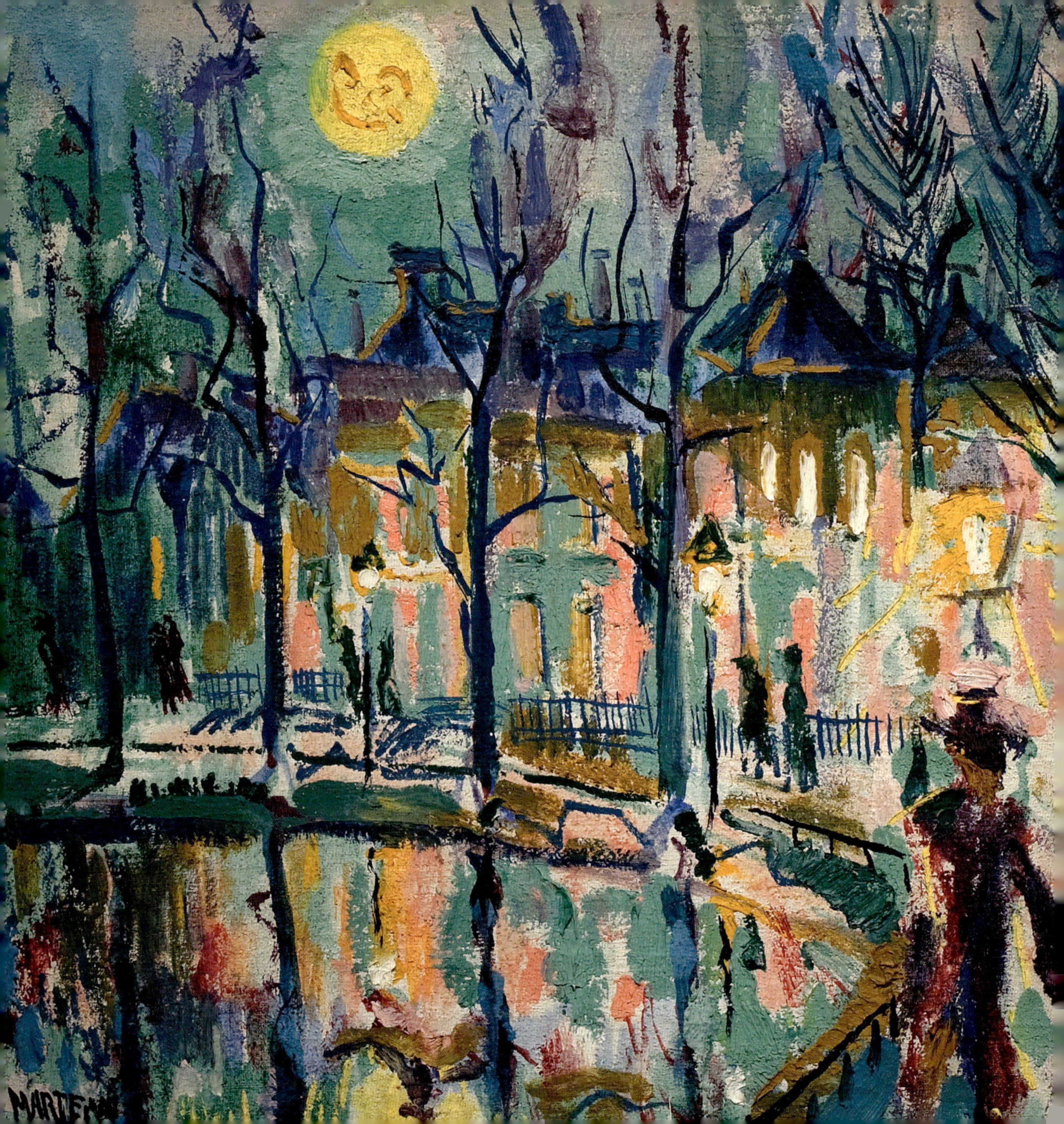

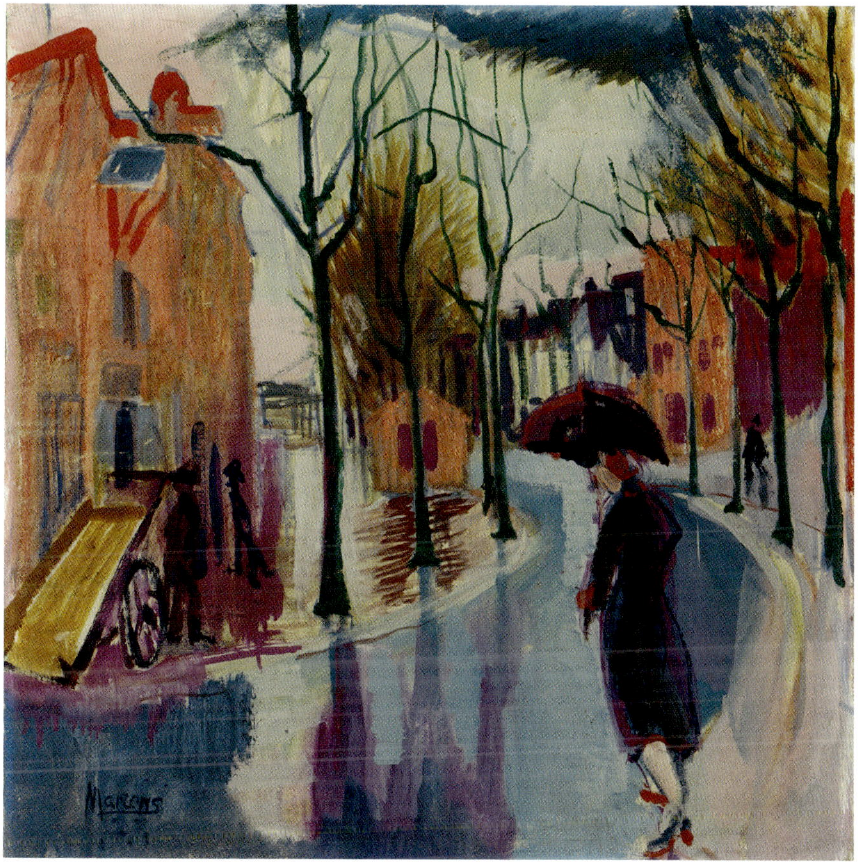

< afb. 066 **George Martens**, *Stadsgezicht bij maanlicht*, 1927, was/olieverf op doek, 48 x 48 cm, Groninger Museum, Bruikleen Gemeente Groningen

afb. 067 **George Martens**, *Kattendiep in de regen*, 1927, was/olieverf op doek, 68 x 68 cm, Collectie Stichting De Ploeg, legaat Thijs Martens en Annemarie Martens-Bonnema, bruikleen Groninger Museum

George Martens en Alida Pott woonden aan het Kattendiep, Martens heeft zijn directe woonomgeving vaak vastgelegd.

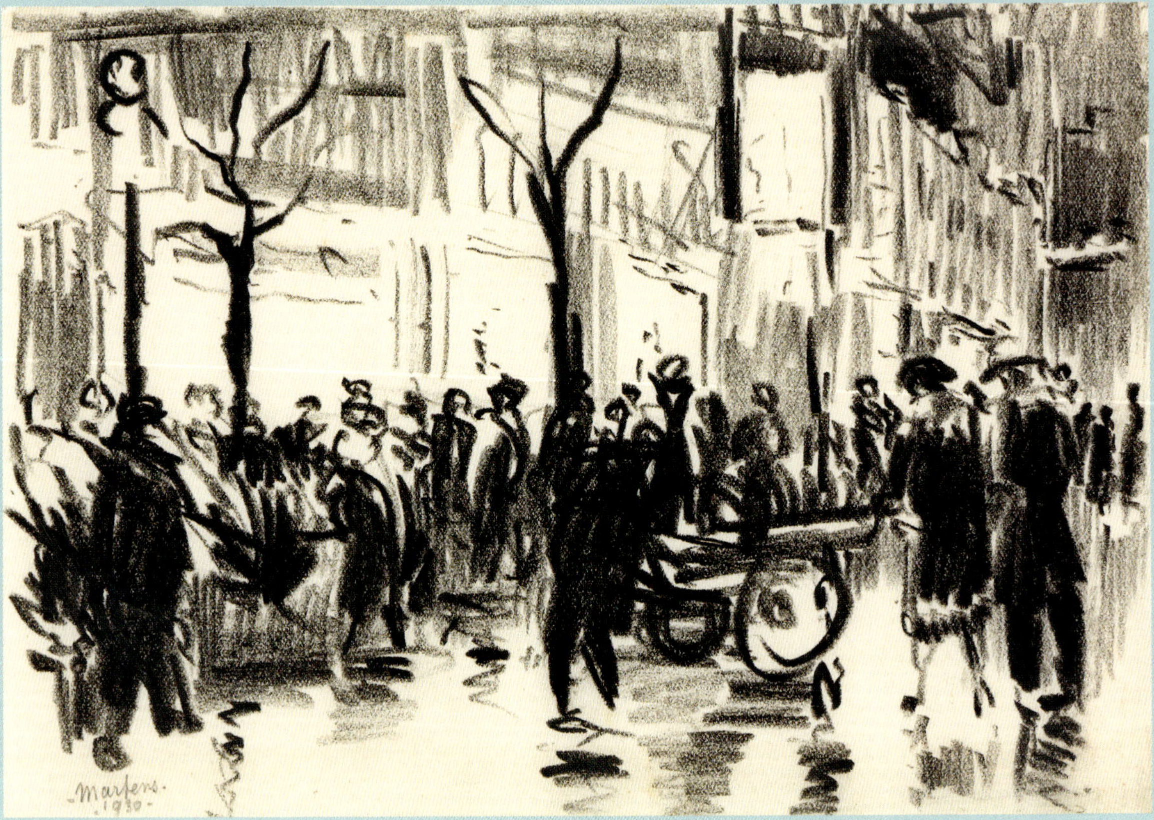

afb. 068 **George Martens**, *Verkoop kerstbomen op de Vismarkt in de regen*, 1930, waskrijt op papier, 17,5 x 23 cm, Collectie Stichting De Ploeg, legaat Thijs Martens en Annemarie Martens-Bonnema, bruikleen Groninger Museum

Een regenachtige decemberdag bij het vallen van de avond, op de Vismarkt worden kerstbomen verkocht.

> afb. 069 **Jan Altink**, *De ijsbrekers*, 1924, was/olieverf op doek, 60,8 x 70,4 cm, Groninger Museum, aankoop met steun van de BankGiro Loterij

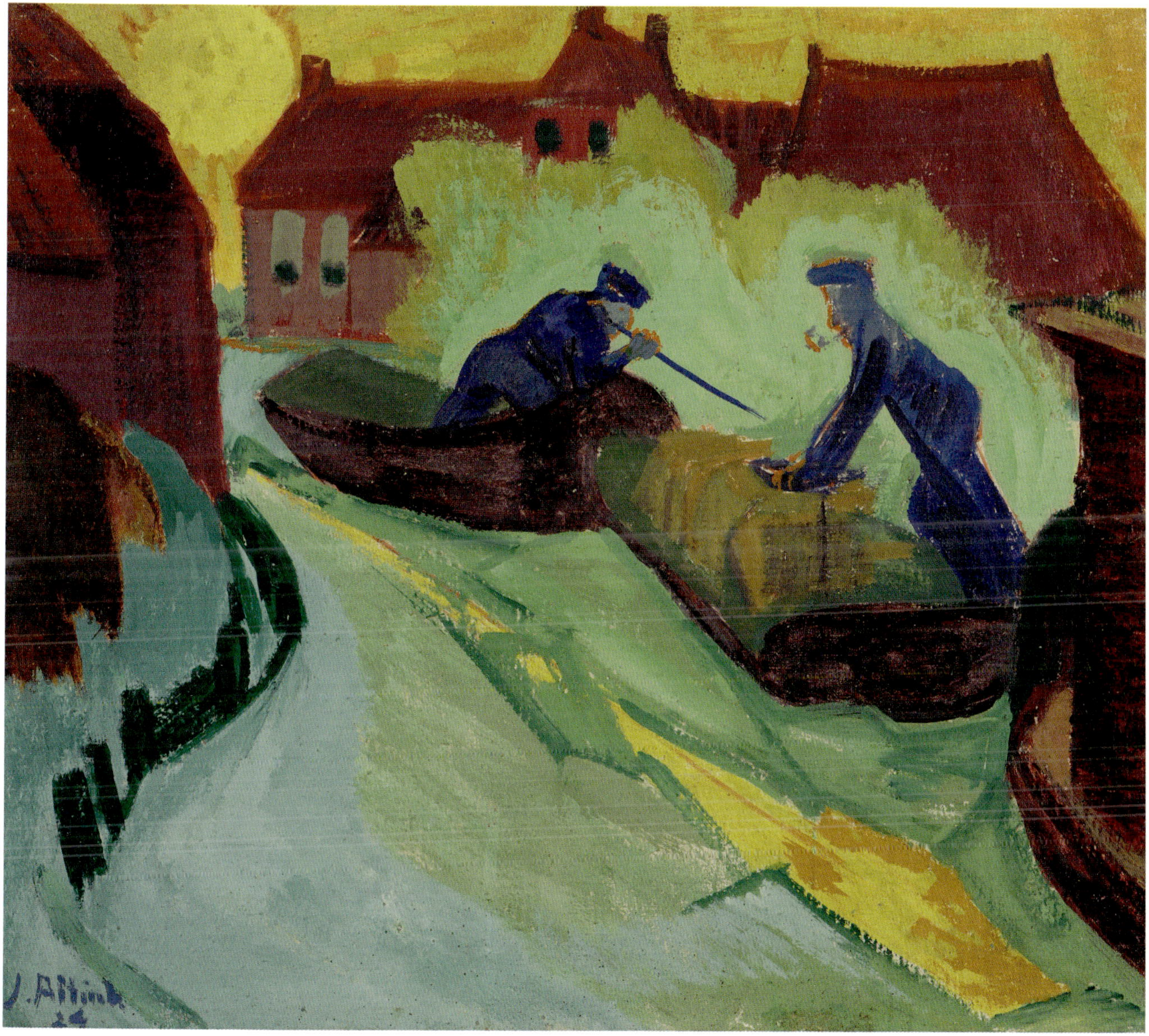
J. Altink
24

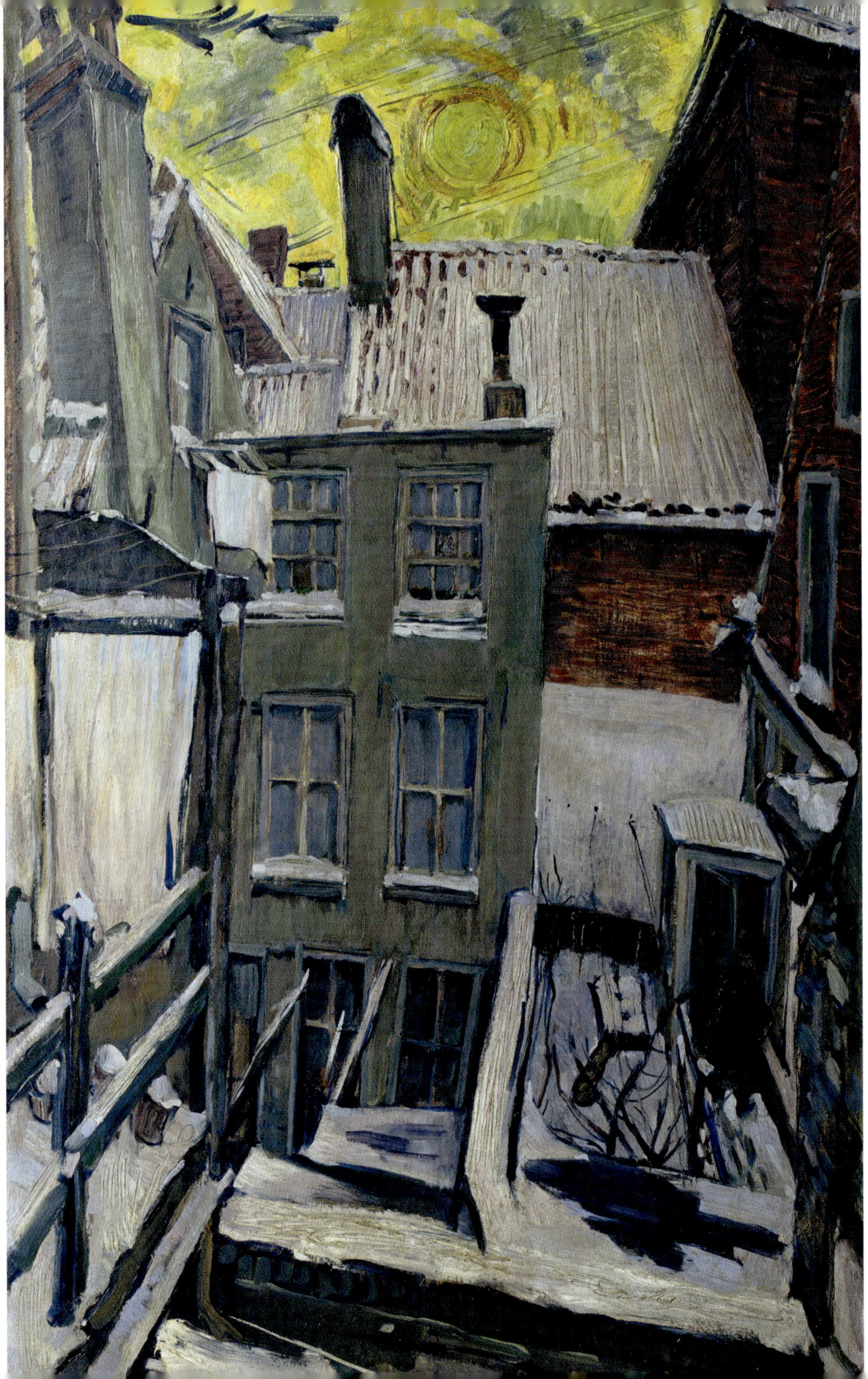

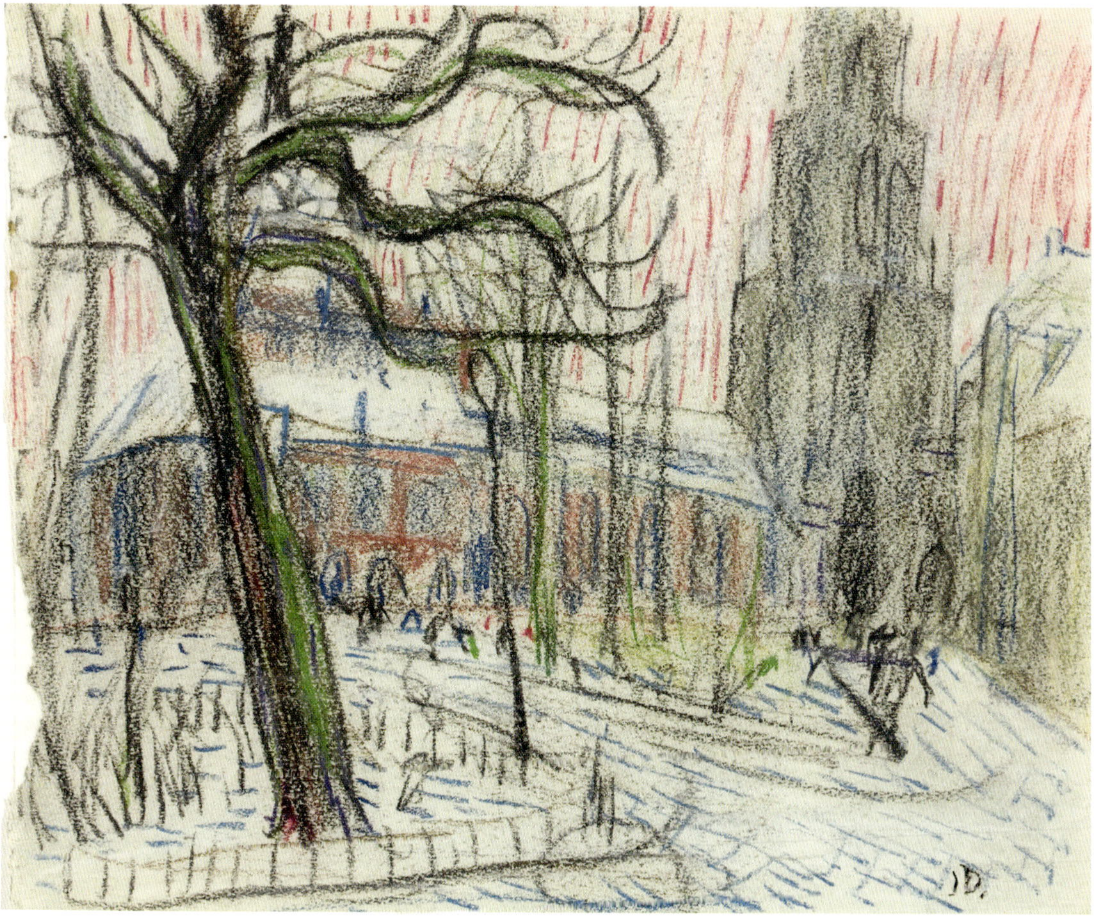

< afb. 070 **Johan Dijkstra**, *Binnenplaats in de winter (Spilsluizen)*, 1923, olieverf op doek, 100 x 64,5 cm, Groninger Museum

Johan Dijkstra woonde met zijn vrouw Marie van Veen op de hoek van de Spilsluizen en de Eerste Drift in Groningen. De zolderverdieping was door architect en Ploeglid Evert van Linge verbouwd tot atelier. Dijkstra heeft het uitzicht op de binnenplaats meerdere keren en in verschillende technieken weergegeven.

afb. 071 **Johan Dijkstra**, *Martinikerkhof*, ca. 1925, potlood en krijt op papier, 22,3 x 27,3 cm, Groninger Museum

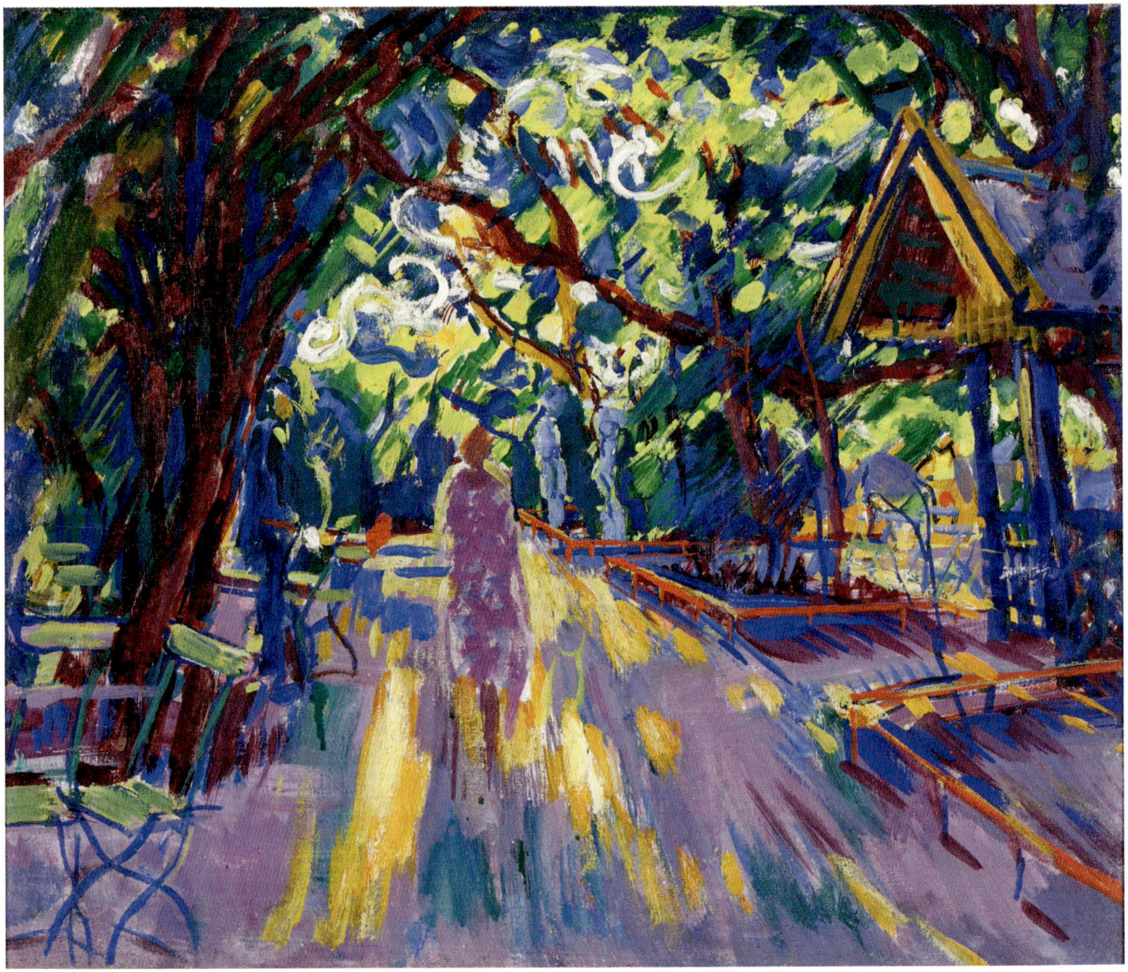

afb. 072 **Johan Dijkstra**, *Fietser in het park*, 1924-1925, was/olieverf op doek, 50 x 59,5 cm, Collectie Stichting De Ploeg, bruikleen Groninger Museum

Johan Dijkstra stapte wat later dan andere Ploegleden over op het expressionisme en uiteindelijk zou hij hier het langst van de Ploegleden aan vasthouden. Tussen 1925 en 1930 werkte hij in een uitgesproken expressionistische stijl.

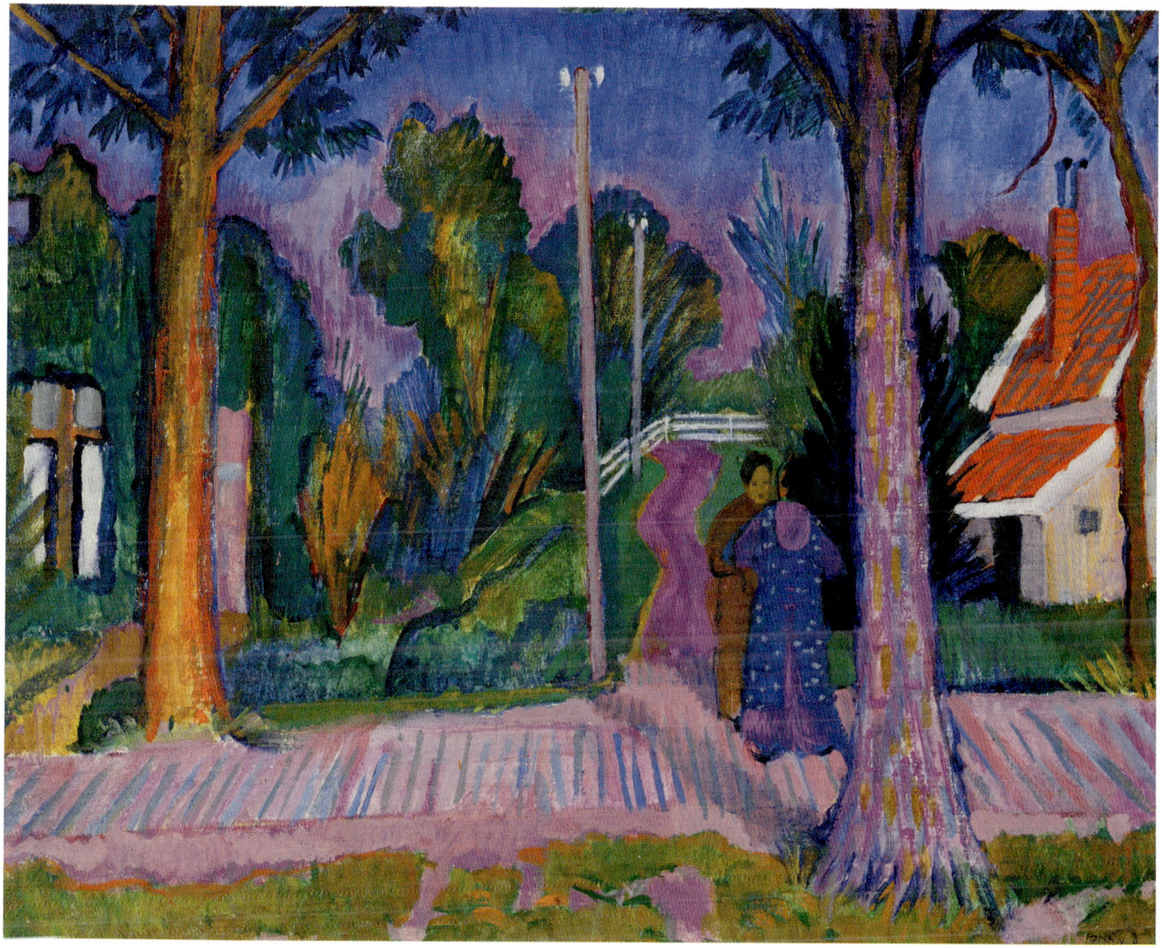

afb. 073 **Johan Dijkstra**, *Paterswoldseweg*, 1928, was/olieverf op doek, 58 x 72,5 cm, Groninger Museum

De Paterswoldseweg, tegenwoordig geheel opgenomen in de stad, liet in 1928 nog een vloeiende overgang tussen stad en platteland zien.

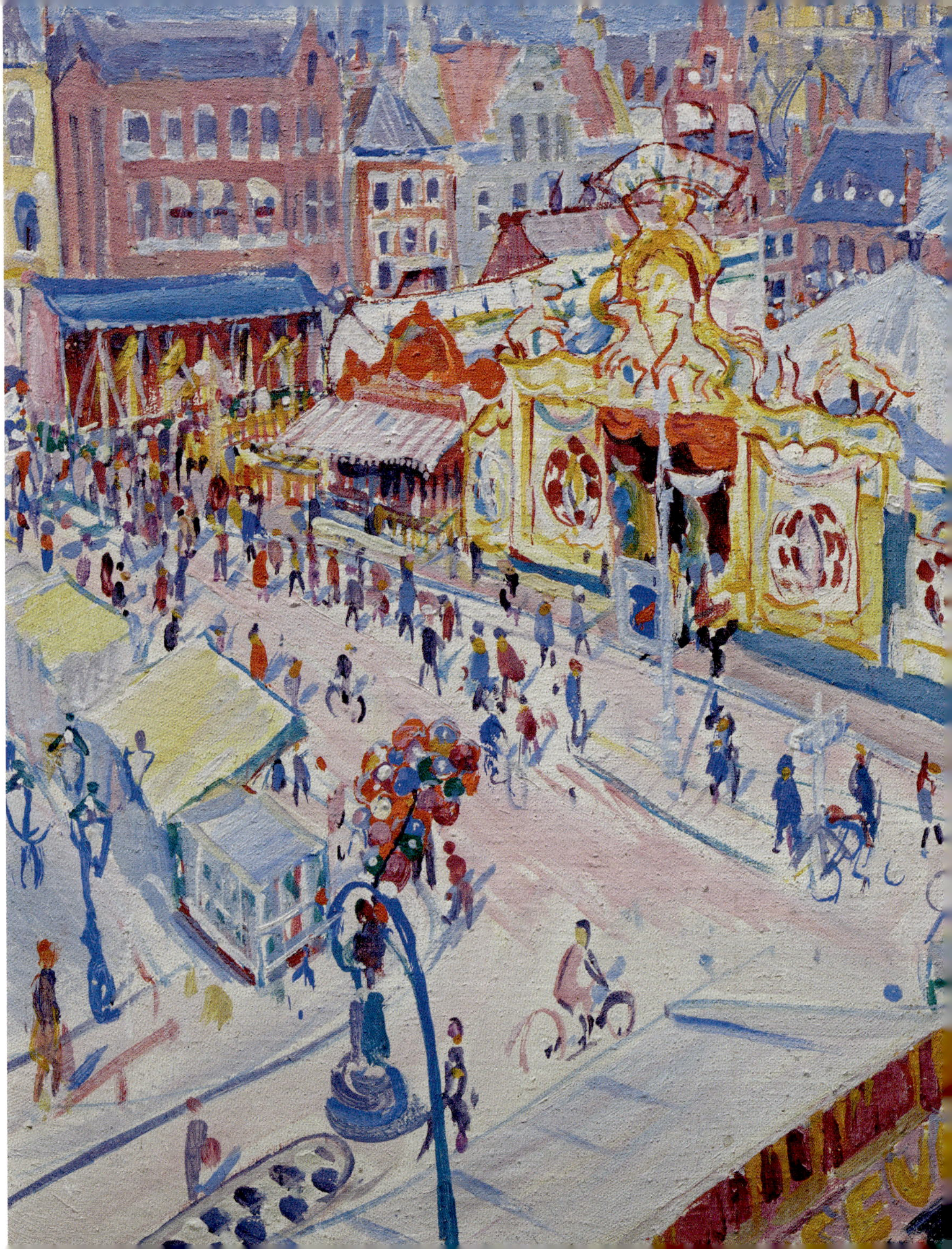

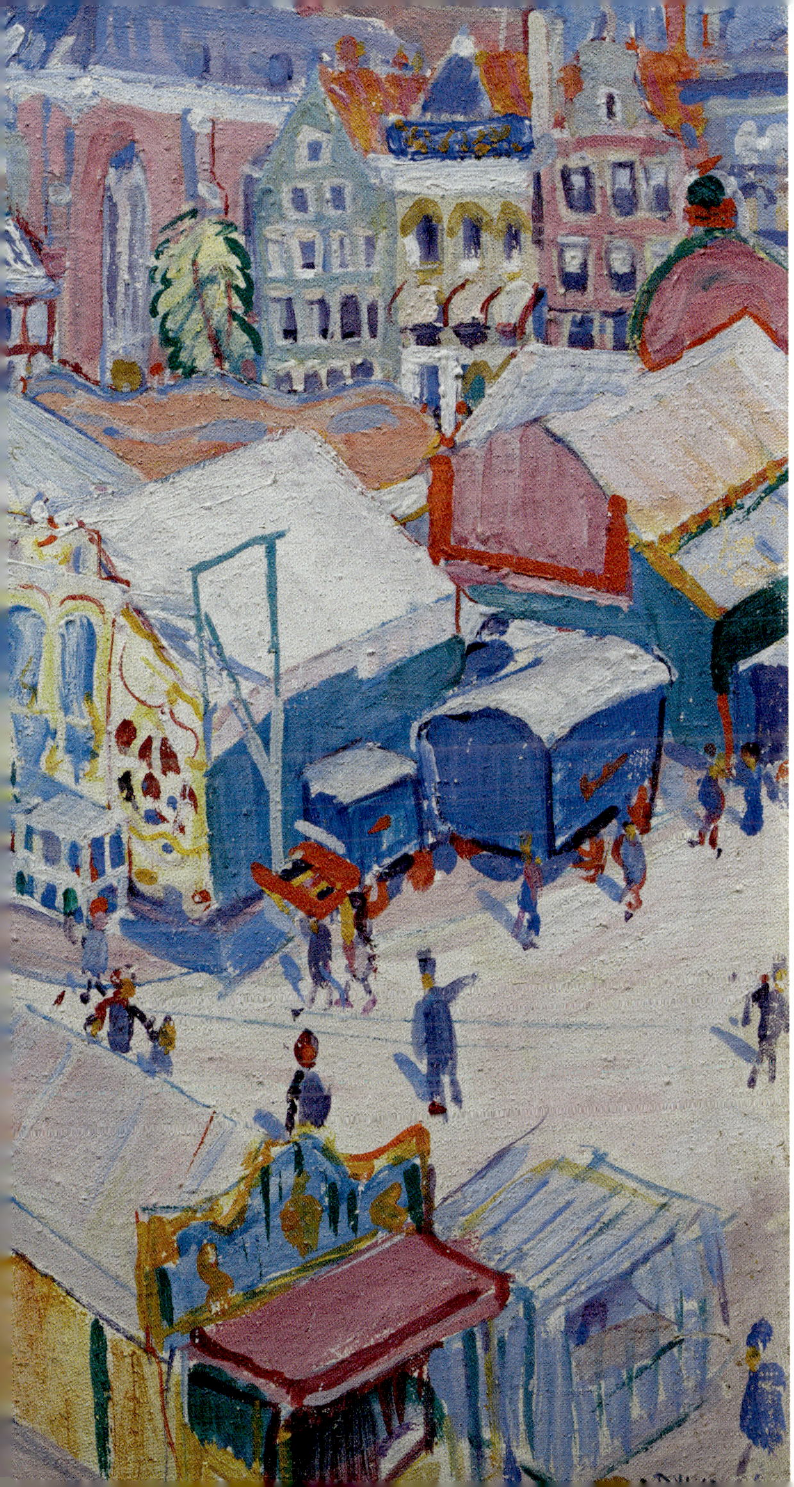

afb. 074 **Johan Dijkstra**, *Groninger Meikermis*, 1928, was/olieverf op doek, 56 x 74 cm, Collectie Stichting De Ploeg, schenking Ruurd Hazewinkel, bruikleen Groninger Museum

Traditiegetrouw wordt in Groningen nog altijd tweemaal per jaar een kermis gehouden, de Meikermis en de kermis rond 28 augustus, wanneer het Gronings Ontzet in 1672, oftewel Bommen Berend, wordt gevierd. Johan Dijkstra heeft de vrolijke dynamiek vaak getekend en geschilderd.

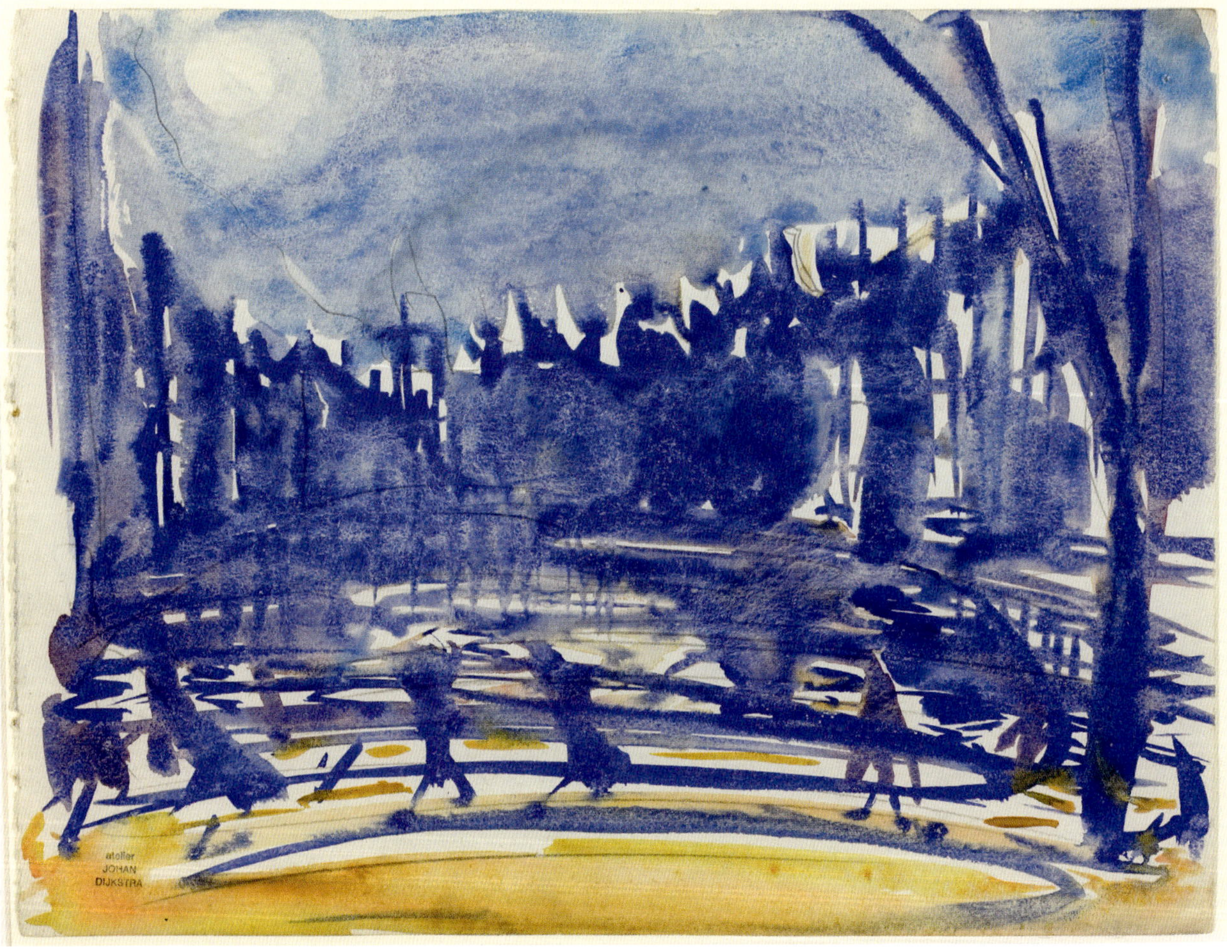

afb. 075 **Johan Dijkstra**, *Schaatsers in het Noorder-plantsoen*, z.j., aquarelverf en potlood op papier, 23,5 x 31,5 cm, Groninger Museum

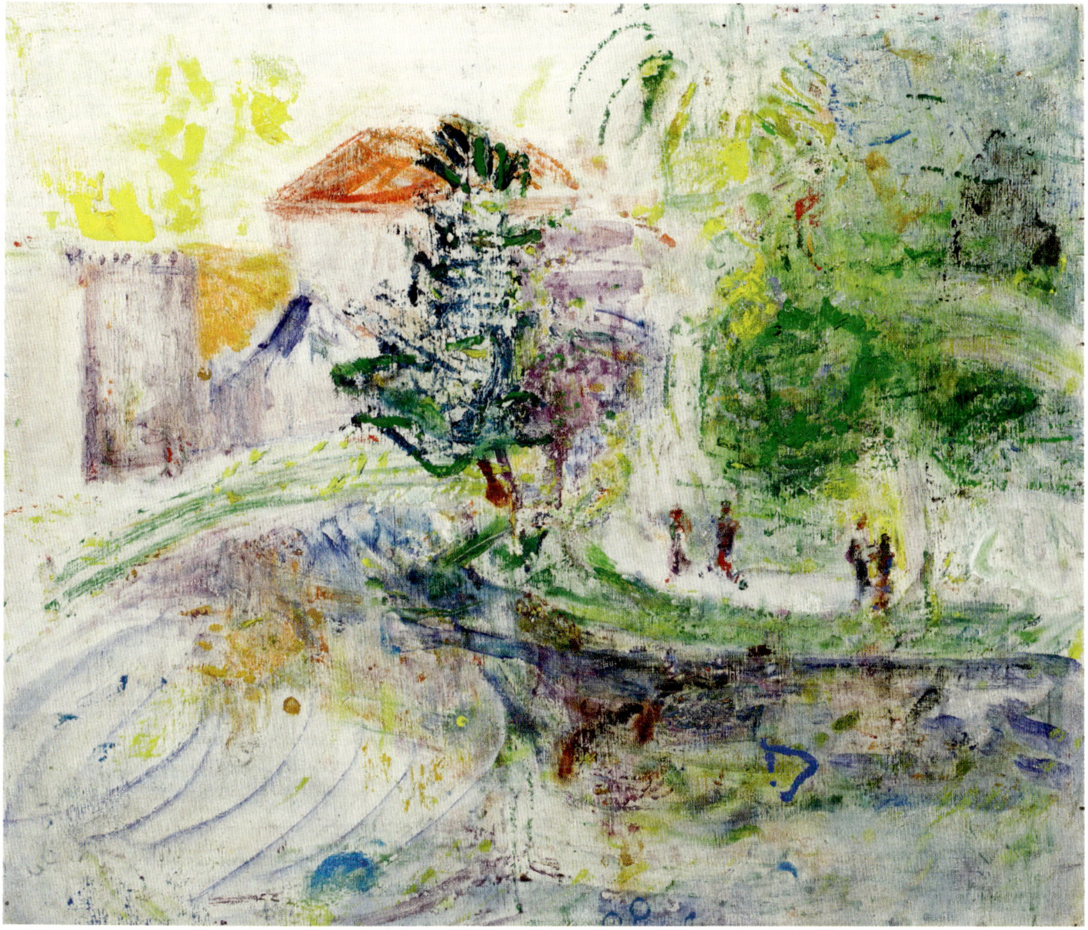

afb. 076 **Job Hansen**, *Gracht met wandelaars*, 1937-1960, olieverf op triplex, 51 x 61 cm, Groninger Museum

Het uitzicht vanuit zijn huis aan de Grachtstraat, aan de rand van het Noorderplantsoen inspireerde Job Hansen steeds opnieuw tot unieke schilderijen.

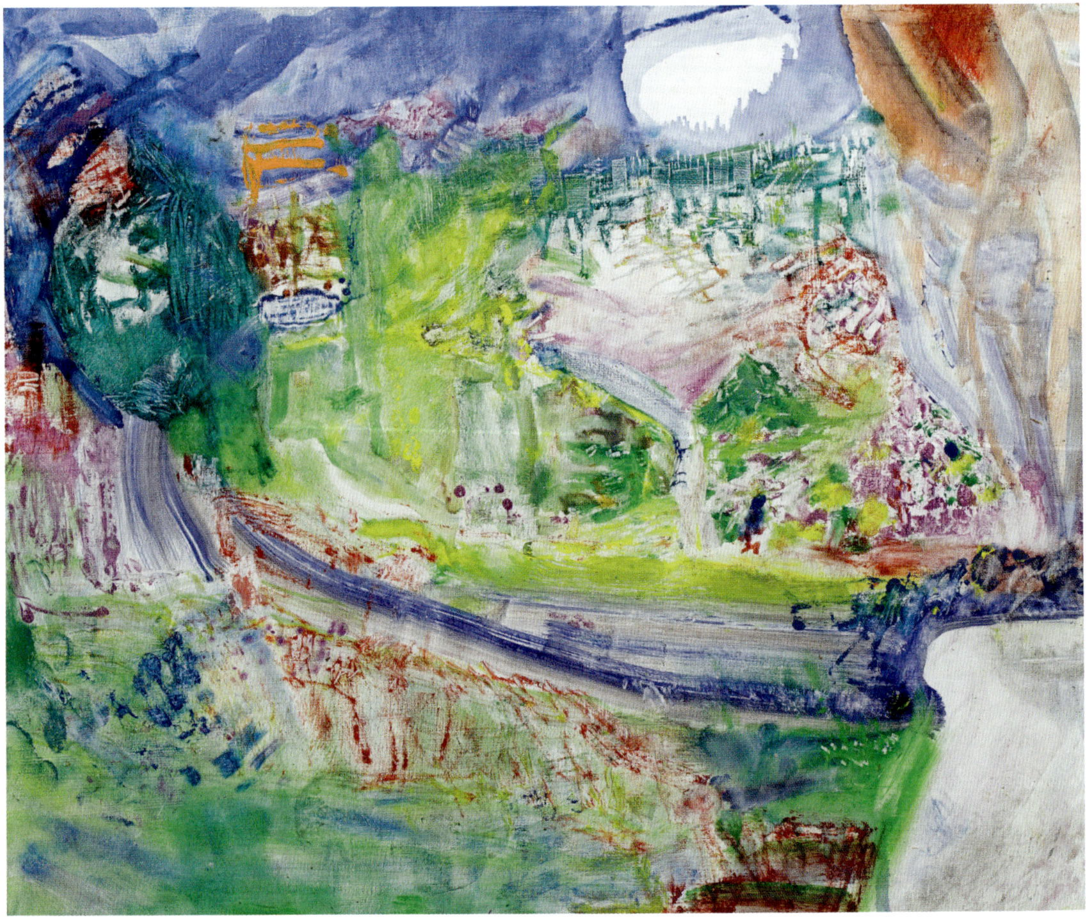

afb. 077 **Job Hansen**, *Plantsoen over de dakrand*, 1949-10-12, 1949-10-13, olieverf op triplex, 50,5 x 61 cm, bruikleen Rijksdienst voor het Cultureel Erfgoed, uitgeleend aan het Groninger Museum

> afb. 078 **Job Hansen**, *Huisschilder op de ladder*, 1952, olieverf op triplex, 65,5 x 51 cm, Groninger Museum, schenking H.W. van Os

'Olieverf op triplex' luidt de omschrijving van de techniek. Nadere beschouwing laat zien dat Hansen uiteenlopende middelen gebruikte om de verf op te brengen: een penseel, maar evengoed de achterkant daarvan om in de verf te krassen, schildersmessen, zijn handen, vingers en nagels.

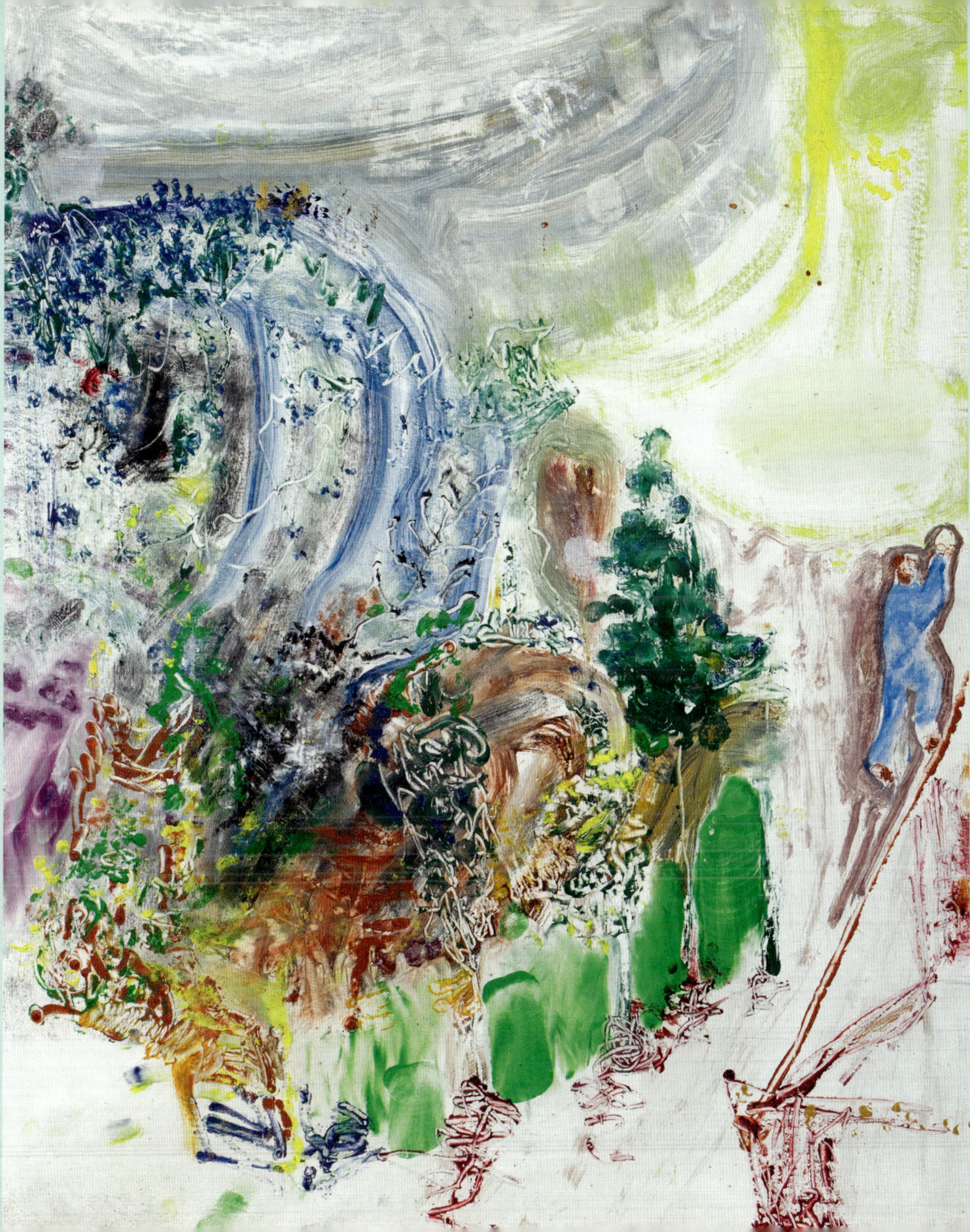

portret

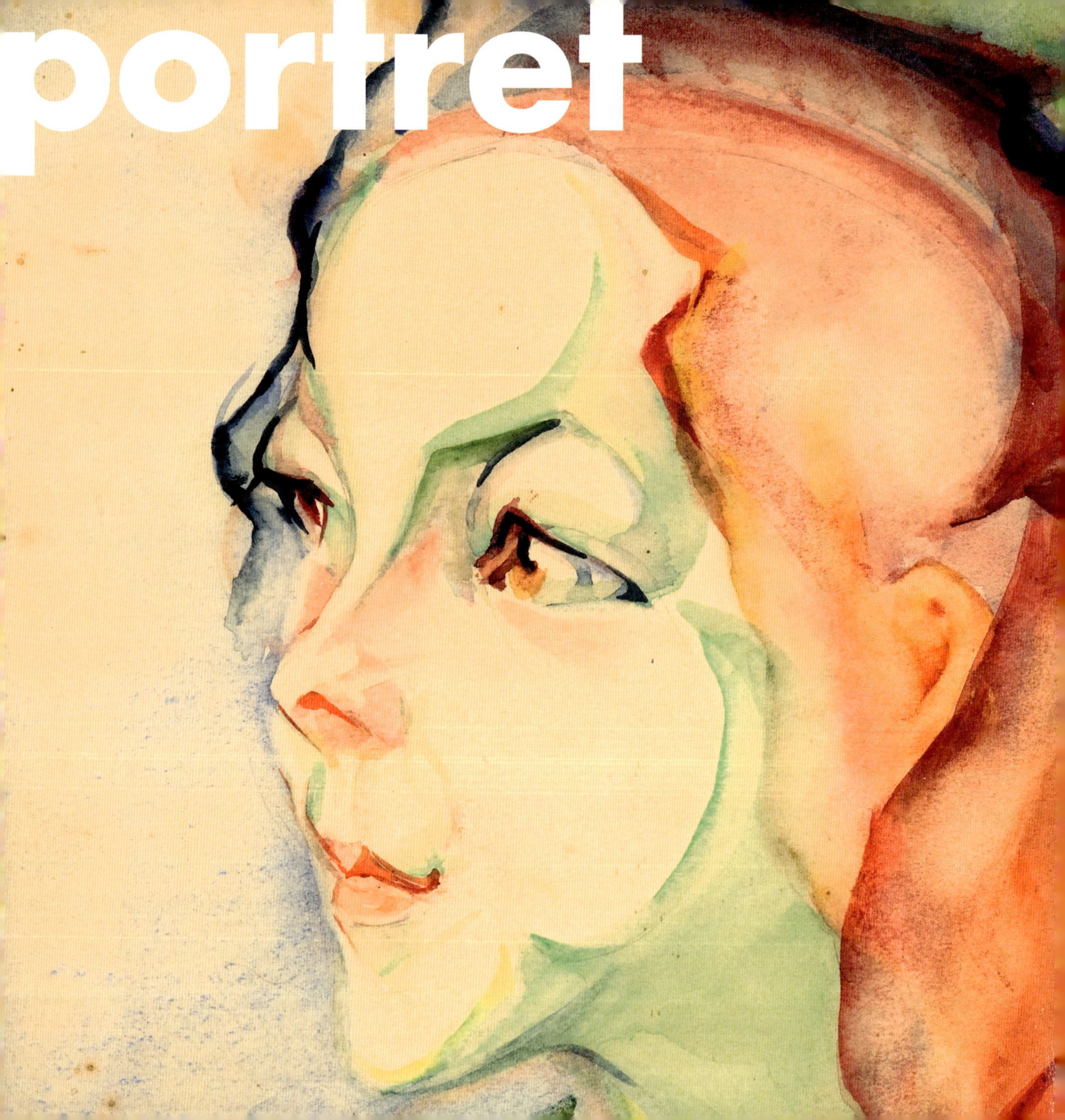

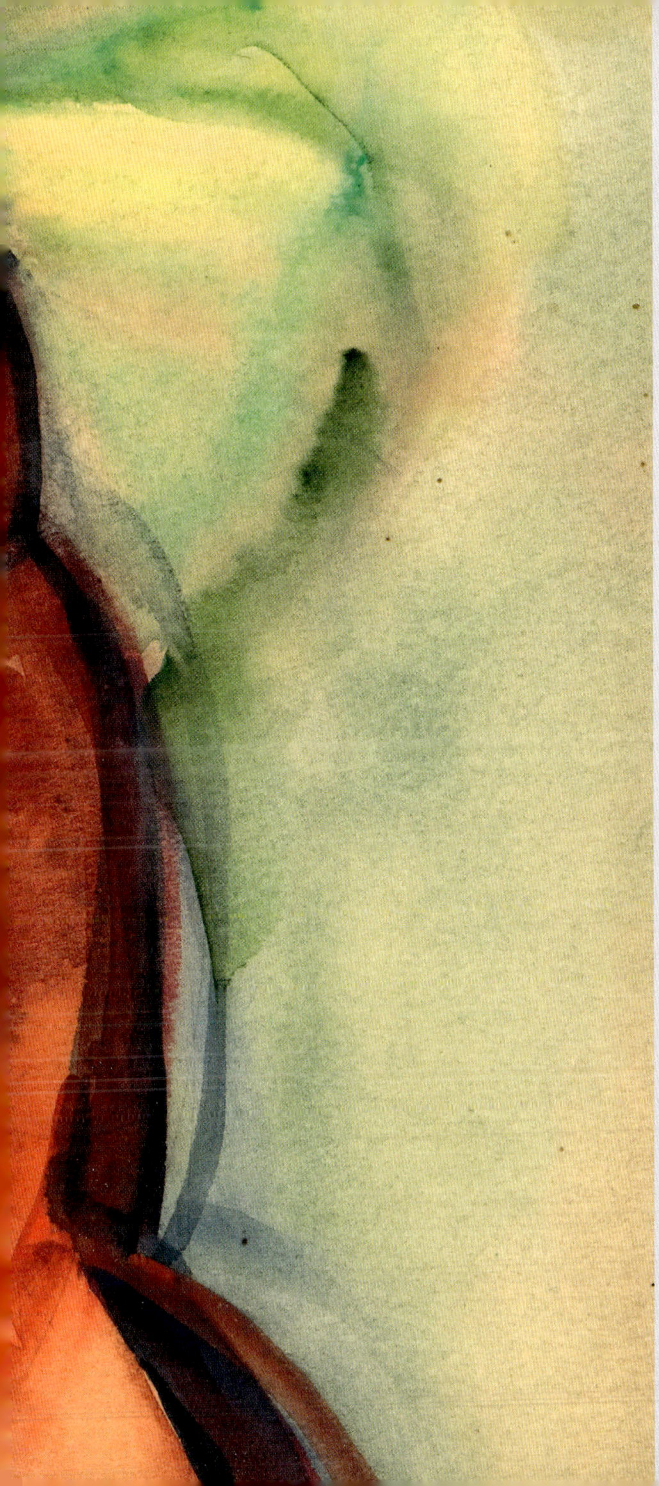

PORTRET

'Dertig jaren geleden – rond 1925 – bloeide in Groningen een kunstleven, dat vrijwel elke Europese provinciestad ons had kunnen benijden', schreef de toenmalige directeur van het Groninger Museum W. Jos de Gruyter in 1956. Met de tentoonstelling *35 jaar moderne kunst in Groningen* plaatste hij De Ploeg voor het eerst op een museaal podium en in de bijbehorende catalogus schetste De Gruyter het kunsthistorische belang van de kunstkring. Hij beschreef de avant-gardesfeer die hen uitdaagde en de artistieke kruisbestuiving tussen de kunstenaars. 'Er kwam stellig moed en ook overmoed aan te pas, maar geen zwaarwichtigheid of opgeblazen pathos. Het is juist het onbekommerd élan van de oude Ploegleden, dat weldadig aandoet. Hun natuurlijke spontaneïteit, hun onbedorven soms roekeloze durf. Zij hadden iets van natuurtalenten, hoe 'onnatuurlijk' zij ook schilderden in het oog van stad- en tijdgenoot. Weinig of geen berekening.' De wederzijdse inspiratie en aanvuringen komen op een heel bijzondere manier tot uitdrukking in de grote groep kunstenaarsportretten die binnen De Ploeg zijn

detail afb. 107

gemaakt. Zelfportretten, en portretten van elkaar, soms gemaakt als op elkaar reagerende 'duelportretten'; het vormt een apart genre binnen de Ploegschilderkunst. Zelfs kan gezegd worden dat deze omvangrijke portrettengalerij van de kunstkring een unicum is binnen de Nederlandse kunstgeschiedenis. Met elkaar leveren deze portretten een fascinerend document op van de onderlinge banden in de Groninger kunstenaarswereld.

Net als bij het landschap speelde ook bij de opbloei van de portretkunst in Groningen Jan Wiegers een cruciale rol. Op de najaarsexpositie van De Ploeg in oktober 1925 toonde hij het portret *Kirchner in atelier* (afb. 079). Hij had dit doek eerder dat jaar in Zwitserland opgezet, terwijl Kirchner tegelijkertijd *Holländischer Maler im Atelier* (afb. 080) schilderde. Thema, compositie en kleurgebruik maakten grote indruk op Johan Dijkstra. Korte tijd later kruisten Wiegers en Dijkstra dan ook de penselen in vermoedelijk het eerste schilderkunstige duel binnen De Ploeg. Wiegers gaf Dijkstra weer in felle expressionistische kleuren en hoekige gedeformeerde vormen. En Dijkstra reageerde overduidelijk in zijn compositie op Wiegers' portret van Kirchner, beide kunstenaars zijn op identieke wijze in hun atelier geplaatst, met penseel én pijp.

De grote groep portretten van elkaar zegt iets over de verbondenheid en de vriendschappen tussen de kunstenaars. In hun portretten deden ze uitspraken over elkaars karakter, maar ook over het kunstenaarschap en ze lieten soms een glimp zien van hun leef- en werkomgeving. Sommige schilderijen ontstonden op Blauwborgje of op andere plekken buiten. Maar ook portretteerden ze elkaar in hun ateliers. Als achtergrond zijn dan vaak details van schilderijen te zien die de omgeving inkleuren. Of de achtergrond bestaat uit felgekleurde wanden; waarschijnlijk schilderden ze elkaar ook thuis. 'We waren in die jaren bezeten door de kleur, "waarmee de stijl begint" zoals Job Hansen schreef en sausden thuis onze wanden in helle tinten: chromaatgeel (Gauguin was daar al mee begonnen), chromaatoranje, zelfs rode menie was zeer geliefd. 't Was net alsof in zo'n kamer altijd de zon scheen,' zo herinnerde Johan Dijkstra zich.[12] En de Rotterdamse zanger en tekstschrijver Alex de Haas (1896-1973), voor de oorlog bevriend met verschillende Ploegleden, beschreef hun woningen aldus: 'Van de vier wanden hunner woonkamers hadden er geen twee dezelfde kleur; ze timmerden hun eigen meubels en lakten die in uitzonderlijke tinten; ze lieten naar eigen ontwerpen vreemde lappen weven en vloerkleden knopen en al wat ze zeiden of deden druiste in tegen de ingetogen zeden van hun stad- en tijdgenoten.'[13] Naast het fantastische beeld van de kleurrijke woningen dat De Haas hier schetst, zegt hij ook iets over het betrekkelijke isolement van de kunstenaars in Groningen. Door onbegrip vanuit hun omgeving waren ze in hoge mate op elkaar aangewezen om elkaar te versterken in hun artistieke idealen. Ook dat zal bevorderd hebben dat ze elkaar graag als model gebruikten. Los van de kunstenaarsportretten komen echter veelvuldig andere portretten voor binnen de uiteenlopende oeuvres. Portretten van familie, zoals het mooie portret dat Jan Jordens van zijn dochter Coosje schilderde, of van andere personen uit de omgeving van de kunstenaars. Een voorbeeld hiervan is het expressionistische portret door Wiegers van de vrijdenker en anarchist Anton Constandse, die op uitnodiging van De Ploeg een lezing over de 'Revolutie in de Kunst' kwam verzorgen in Groningen. Van weer heel andere orde zijn de portretjes die Jordens maakte van zijn leerlingen op de HBS, of het portret van Anda Kerkhoven door Johan Dijkstra. Bijzonder indringend is het door Edvard Munch beïnvloedde werk *Voerman* (afb. 110) door H.N. Werkman, in zijn uitzonderlijkheid een van de hoogtepunten van het expressionisme in Groningen.

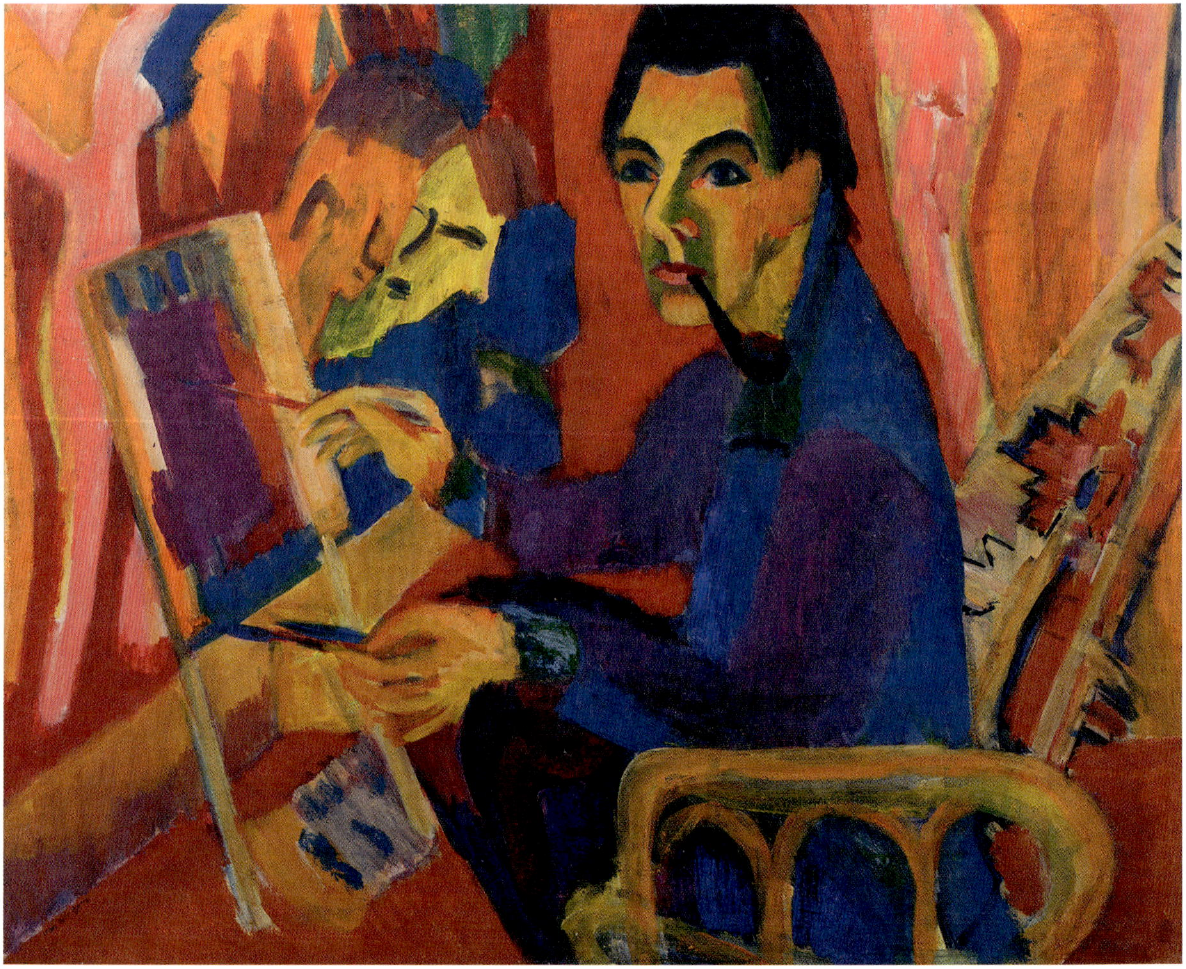

afb. 079 **Jan Wiegers**, *Kirchner in atelier*, 1925, olieverf op doek, 69 x 89 cm, Groninger Museum, verworven met steun van de Vereniging Rembrandt en Stichting De Groot-Brugmans

Tijdens een bezoek aan Davos in 1925 portretteerden Jan Wiegers en E.L. Kirchner elkaar gelijktijdig. De bontgeschilderde wanden van het atelier en kleurrijke schilderijen en tapijten vormen het decor. Door het raam achter Wiegers is een glimp van het Zwitserse berglandschap te zien. De expressieve portretten kunnen als document van de collegiale vriendschap tussen de twee kunstenaars gezien worden.

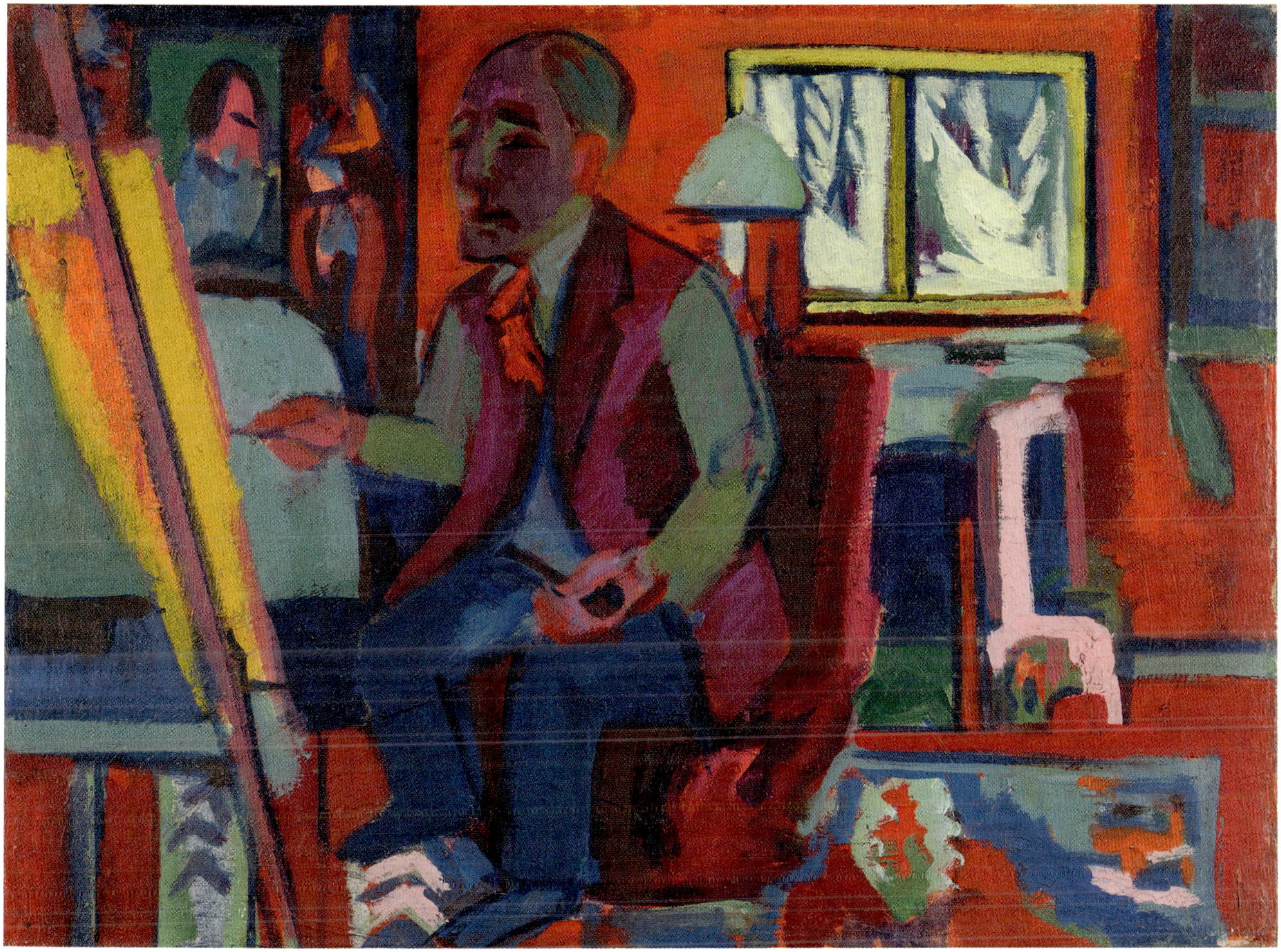

afb. 080 **E.L. Kirchner**,
Holländischer Maler im Atelier - Jan Wiegers (Nederlandse schilder in het atelier - Jan Wiegers), 1925, was/olieverf op doek, 51 x 70 cm, Kirchner Museum, Davos

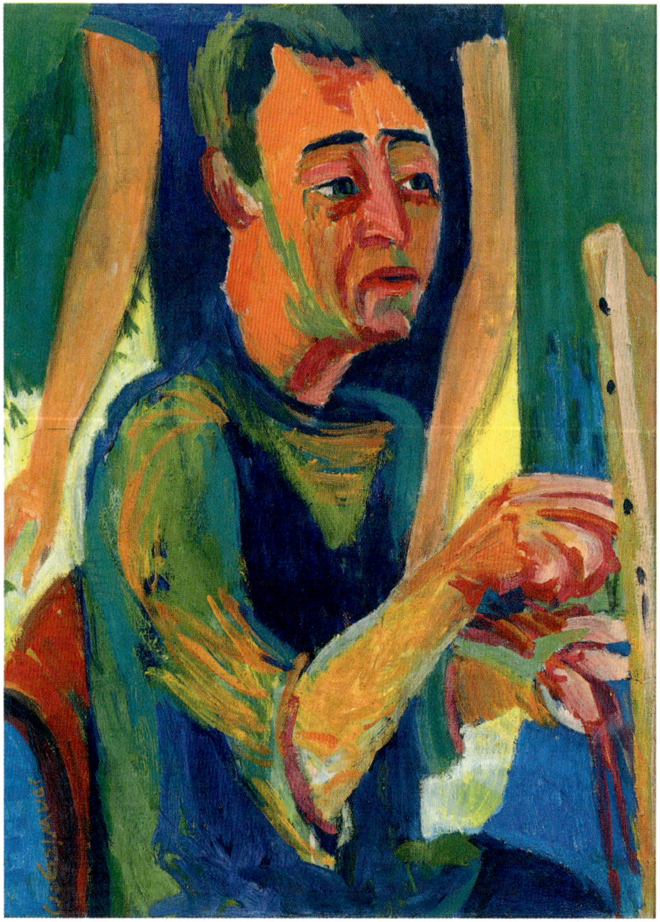

afb. 081 **Jan Wiegers**, *Johan Dijkstra*, 1926, was/olieverf op doek, 80 x 60,5 cm, Groninger Museum

Jan Wiegers en Johan Dijkstra daagden elkaar uit voor een 'duelportret' zoals deze dubbelportretten genoemd gingen worden. Ze schilderden elkaar in het atelier van Wiegers. Wiegers maakte een expressionistisch portret van Dijkstra, waarbij geportretteerde en achtergrond tot contrasterende kleurvlakken werden herleid.

> afb. 082 **Johan Dijkstra**, *Jan Wiegers*, 1926, was/olieverf op doek, 75 x 100 cm, Groninger Museum

Als onderstreping van hun schilderkunstig duelleren liet Dijkstra aan de linkerkant een fragment zien van het doek waaraan Wiegers werkt: het portret van Dijkstra! Leuk detail is het bakjespalet of 'verfpiano' op de voorgrond, dat de schilders vaak gebruikten om met de meer vloeibare was/olieverf te kunnen werken.

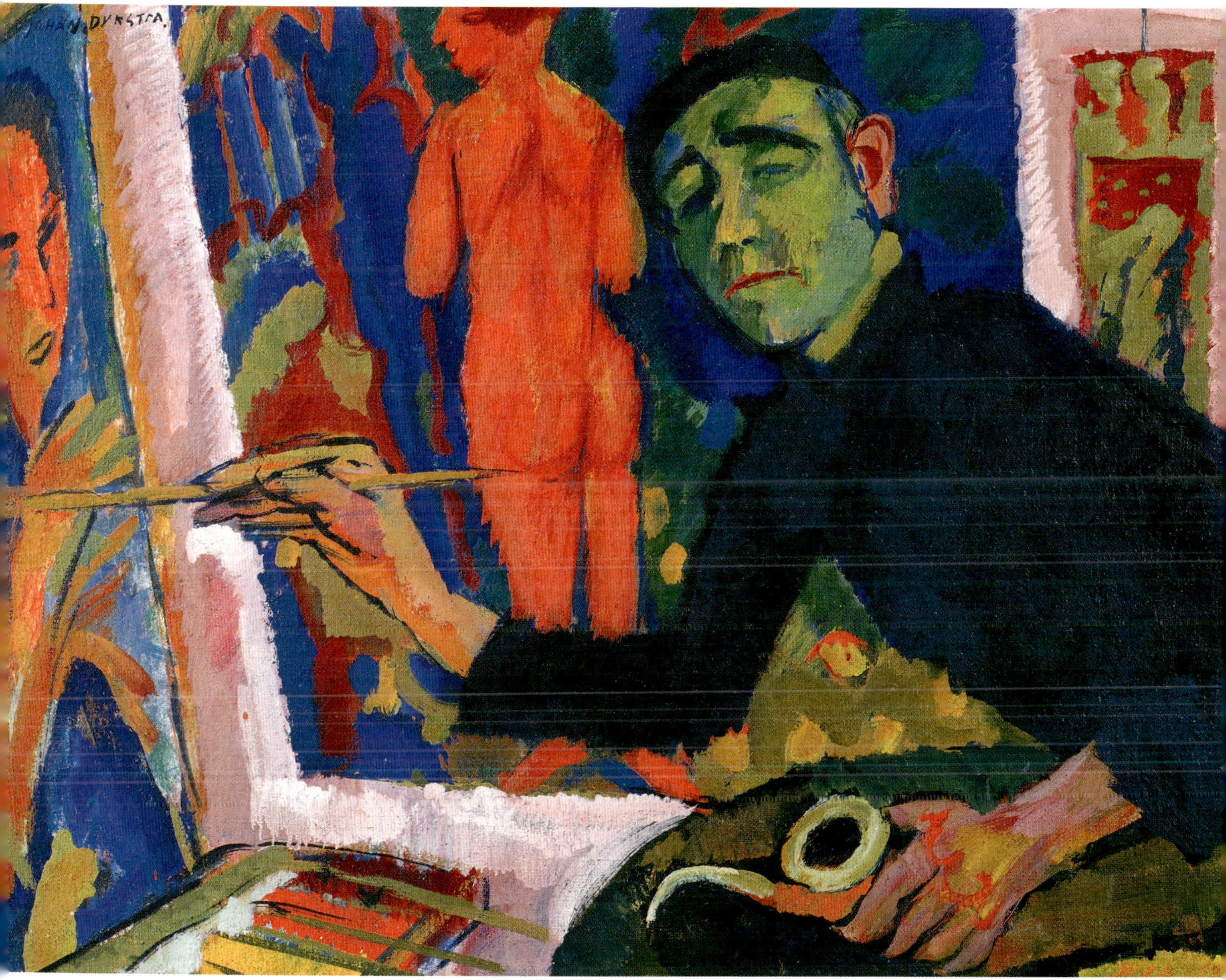
JOHAN DYKSTRA

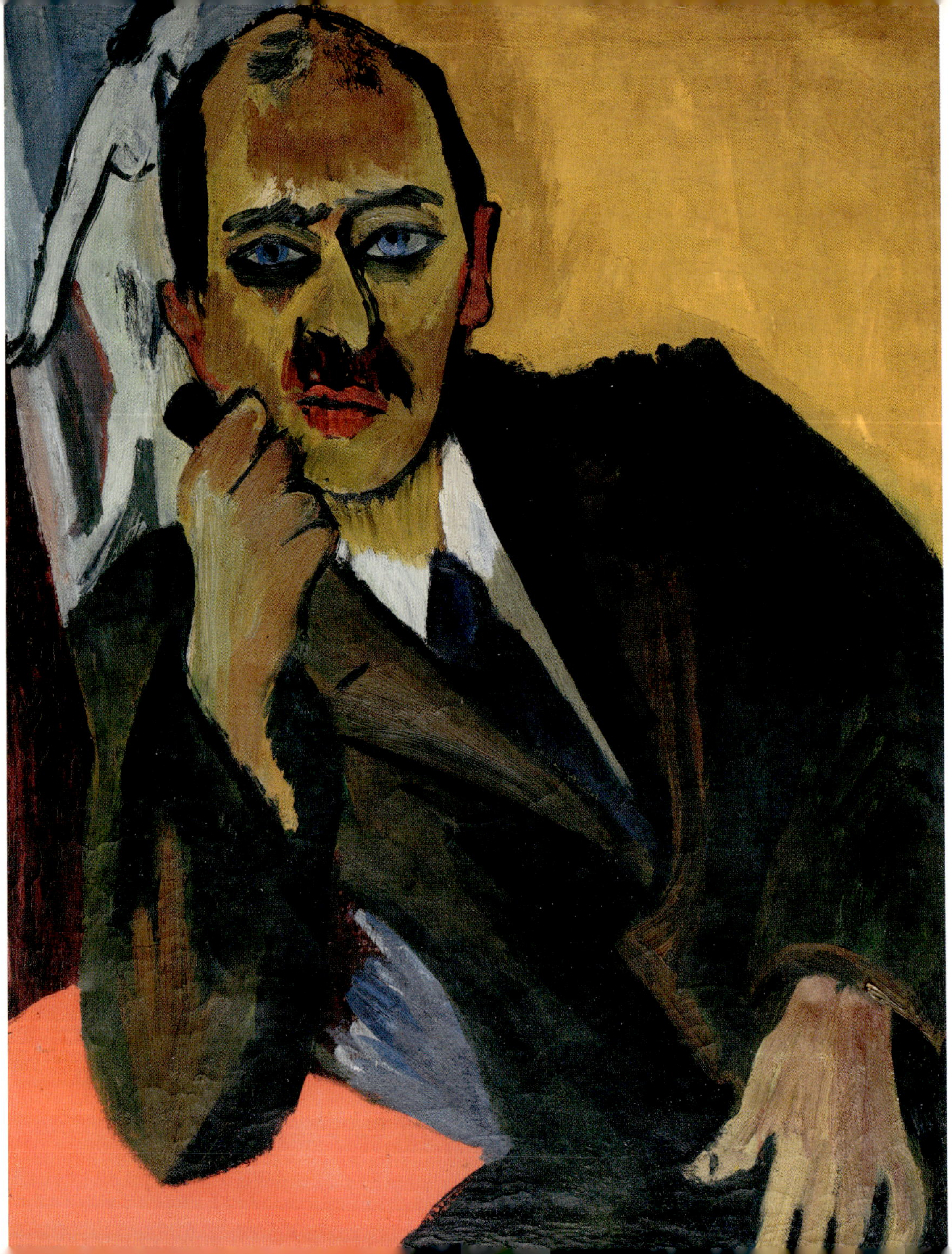

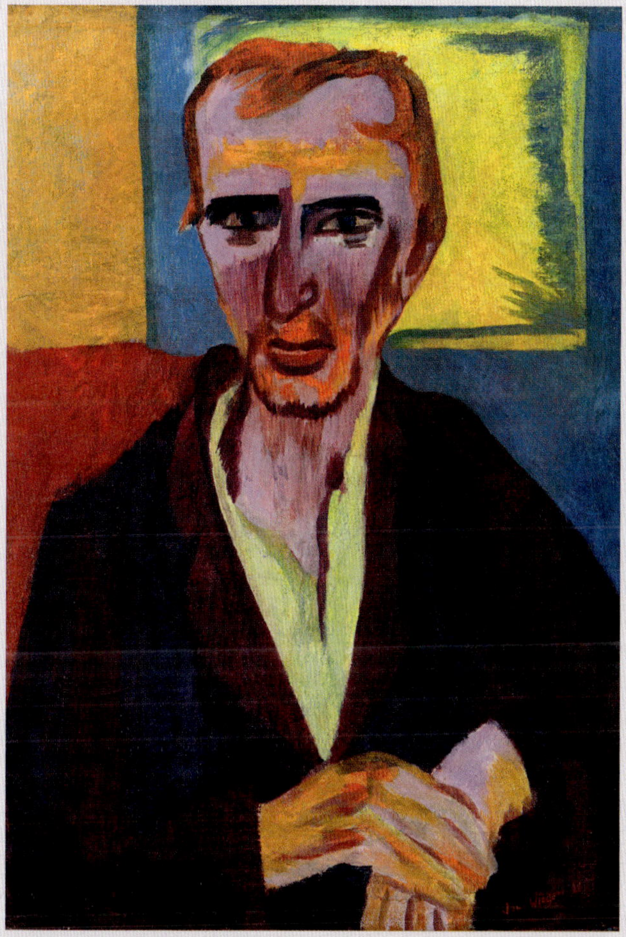

< afb. 083 **Jan Wiegers**, *Portret van Jan Altink*, 1924, was/olieverf op doek, 84,5 x 65 cm, bruikleen Rijksdienst voor het Cultureel Erfgoed, uitgeleend aan het Groninger Museum

afb. 084 **Jan Wiegers**, *Hermann Scherer*, 1926, was/olieverf op doek, 78 x 54 cm, Stichting De Ploeg, schenking Th.W. Niemeijer, bruikleen Groninger Museum

Jan Wiegers leerde de Zwitserse kunstenaar Hermann Scherer kennen via E.L. Kirchner. Samen met Albert Müller en Paul Camenisch richtte Scherer in 1924 de groep Rot-Blau op, die zich liet beïnvloeden door Kirchner. Dit portret kwam tevoorschijn onder een stilleven uit de jaren dertig. Blijkbaar was Wiegers in die tijd niet meer tevreden over de heftige expressiviteit van het portret en heeft het overgeschilderd. Tegenwoordig is het oorspronkelijke portret weer te bewonderen.

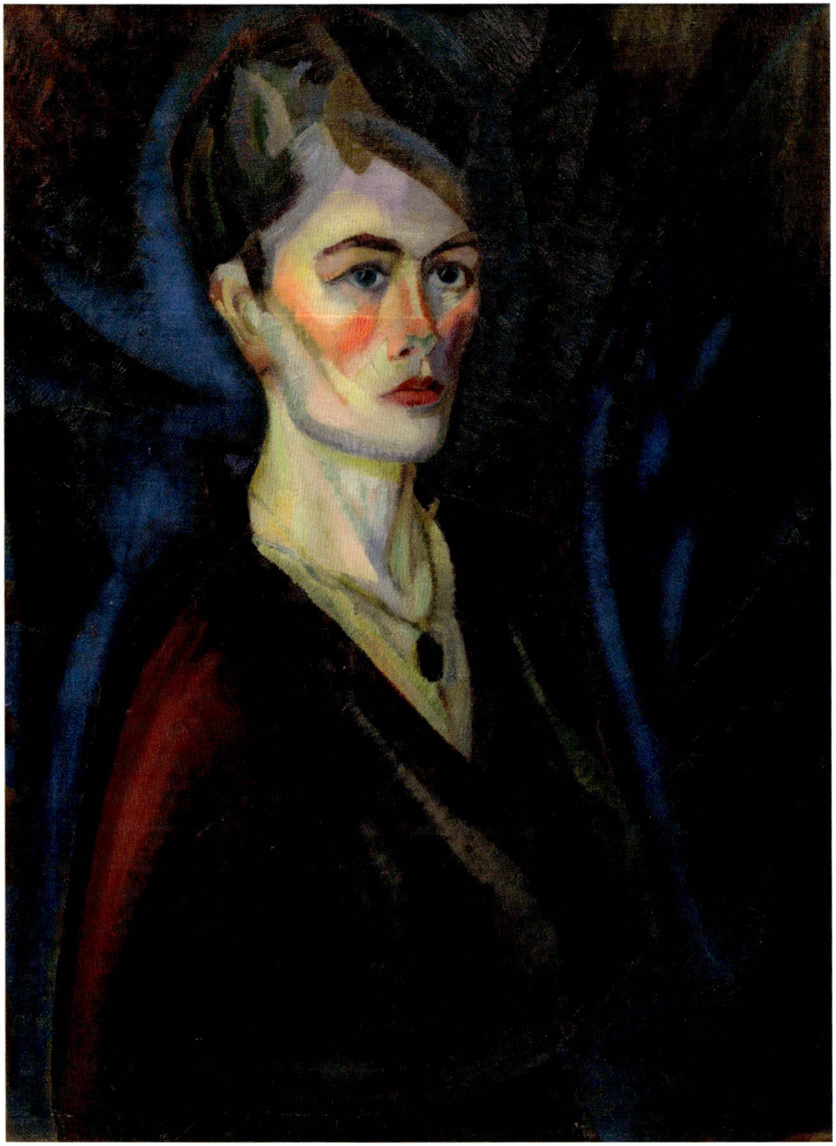

afb. 085 **Jan Wiegers**, *Mevr. H.B. Jordens-Luchsinger*, 1918, olieverf op doek, 65 x 50 cm, Groninger Museum, schenking Philips N.V.

Jet Jordens werd in 1919 lid van De Ploeg. Naast Alida Pott was ze een van de weinige vrouwelijke leden. Zij nam deel aan een aantal Ploegexposities, voornamelijk met batikwerk.

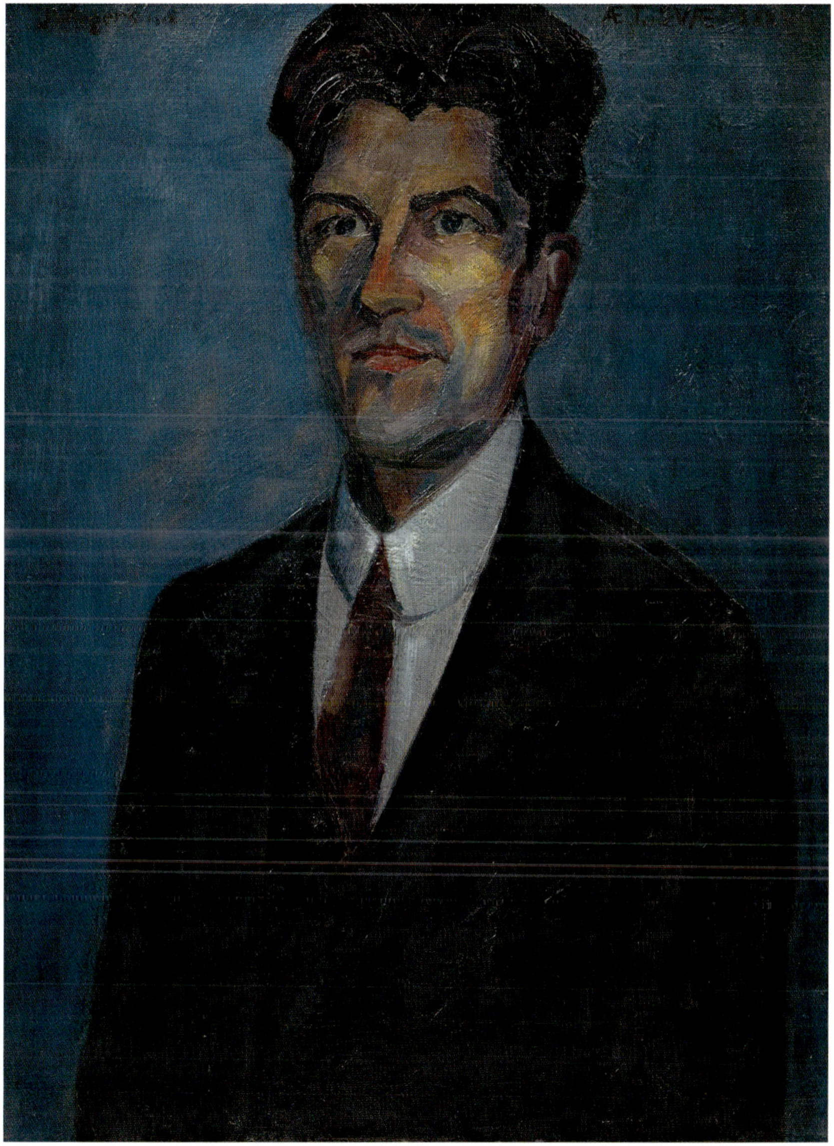

afb. 086 **Jan Wiegers**, *Jan Jordens*, 1918, olieverf op doek, 65 x 50 cm, Groninger Museum, schenking Philips N.V.

'De meesten toch die met Wiegers samenwerkten waren opgegroeid in een impressionistische wereld-aanschouwing en binnenslands gebleven. Wiegers had meer gezien van de wereld!' en 'hij was verder, rijper', schreef Jordens in 1921 in het allereerste (uiteindelijk niet uitgebrachte) nummer van *Blad voor Kunst*. Hij onderkende direct na zijn toetreding tot De Ploeg het talent van Wiegers. In 1918, nog voor de kennismaking met Kirchner, schilderde Wiegers deze portretten van Jordens en zijn vrouw Jet Jordens-Luchsinger.

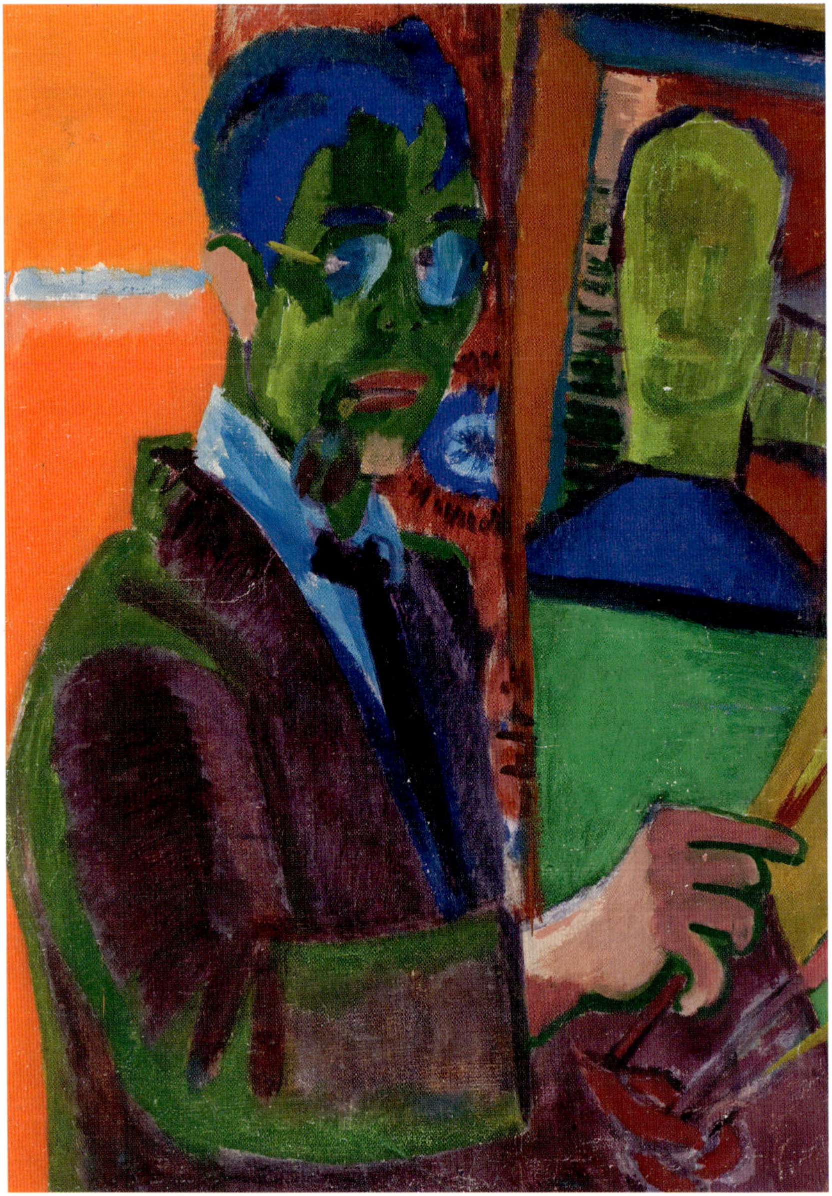

afb. 087 **Jan Altink**, *Portret van Johan van Zweden*, 1924, was/olieverf op doek, 95 x 70 cm, Groninger Museum, verworven met steun van het Rode Weeshuis Fonds

Altink portretteerde Johan van Zweden in zeer expressionistische kleuren. Van Zweden was sinds 1924 lid van De Ploeg. Hij volgde enige tijd tekenlessen bij Altink, en woonde bij hem en zijn vrouw op kamers. Extra bijzonder wordt dit portret doordat op de achtergrond een verloren gegaan zelfportret van Werkman te zien is, dat Altink van Werkman in bezit had. Werkman omschreef het doek zelf ooit als 'portret zonder ogen in geel, blauwe jas.'[14]

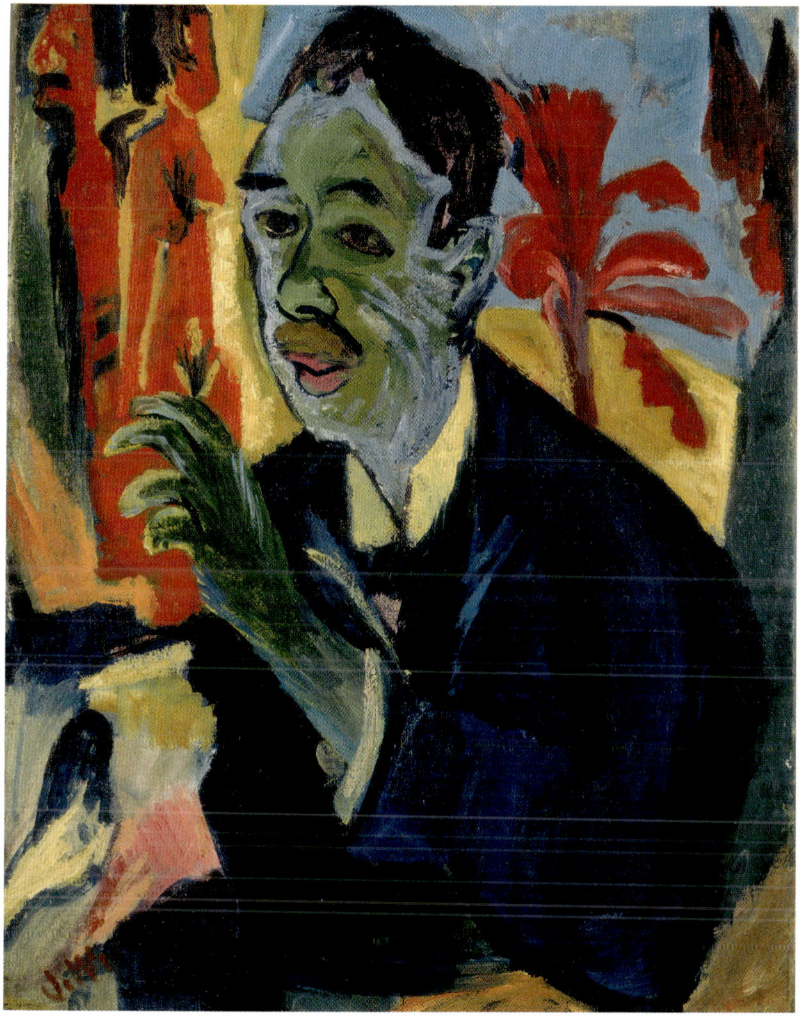

afb. 088 **Jan Wiegers**, *Portret van H.N. Werkman*, 1922, wasverf op doek, Stedelijk Museum Amsterdam

Wiegers maakte meerdere portretten van Werkman, in verschillende technieken. Dit portret is het vroegste. Hij schilderde het in het zelfde jaar als zijn *Landschap met rode bomen* (afb. 001); een glimp van dit doek is achter Werkman te zien.

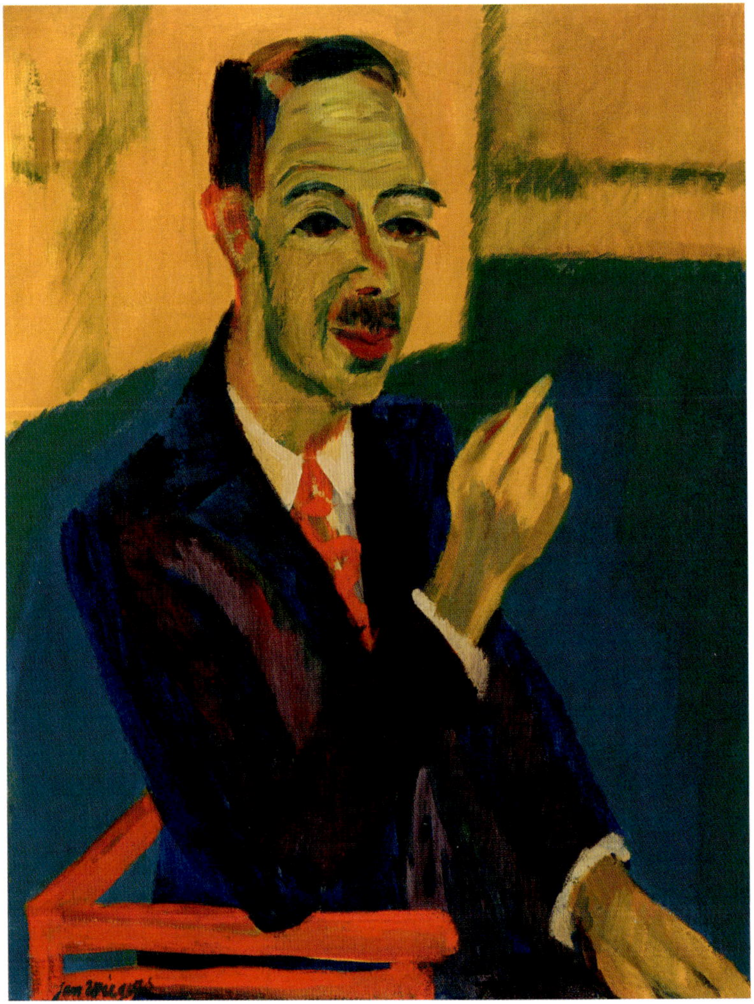

afb. 089 **Jan Wiegers**, *Portret van Hendrik Werkman*, 1925-1926, was/olieverf op doek, 69 x 52,7 cm, Museum De Fundatie, Zwolle en Heino/Wijhe

De compositie van dit portret kent een strakke vlakverdeling. Werkman zit voor een diepgele en blauwe achtergrond. De stropdas en de stoel vormen opvallende rode accenten. In het Werkman Archief in Amsterdam bevindt zich een lijst van de goederen die na zijn arrestatie in 1945 uit zijn huis zijn gehaald, waaronder genoemd wordt een Bauhaus stoel. Zou Werkman daarin thuis model zitten?

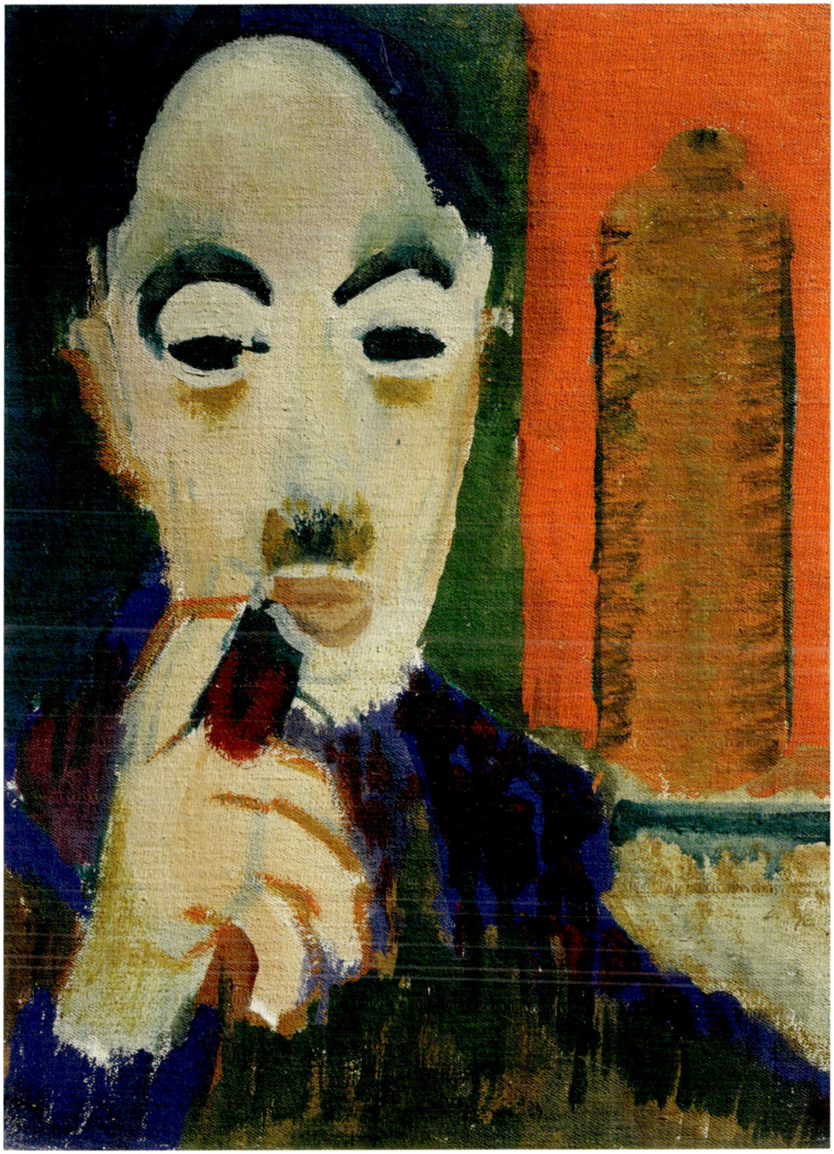

afb. 090 **Jan Altink**, *Hendrik Werkman*, ca. 1925, was/olieverf op doek/houtvezelplank, 45,1 x 34 cm, Groninger Museum

'Maar het chef d'oeuvre van 1925 is toch wel het portret van H.N. Werkman. Het schijnt niet te zijn gemaakt, maar als vanzelf en onverwacht ontstaan, maximale spontaniteit en bezonnenheid ineén. Men raakt niet uitgekeken op deze uiterst merkwaardige kop. Wat een eenvoud! En wat een onbevangenheid! Het eerst valt een komisch trekje à la Charles Chaplin op. Kijkt men langer, dan verdwijnt deze humor om plaats te maken voor een Oosters masker: Werkman trekt zich zo te zeggen terug in de ontoegankelijkheid en beslotenheid van een Chinese filosoof.'[15]

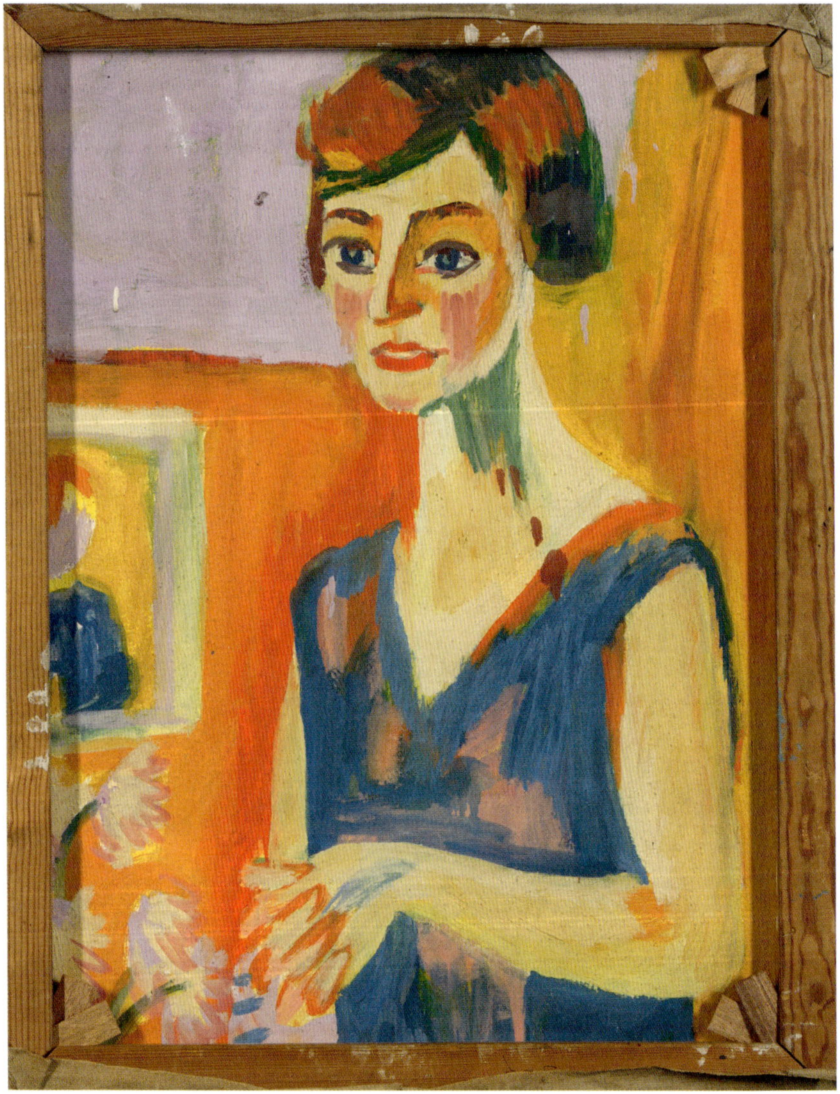

afb. 091 **Jan Wiegers**, *Marie Dijkstra-van Veen* (achterzijde van *Stilleven met boeken en rozen*), 1927, olieverf op doek, 70 x 55 cm, Groninger Museum, verworven met steun van het legaat van de heer en mevrouw van Os - van Calcar

Jan Wiegers maakte dit portret van Marie Dijkstra-van Veen, de vrouw van Johan Dijkstra. Later draaide hij het doek om, en schilderde op de achterkant een stilleven (afb. 092). Het dubbelzijdig beschilderen van doeken komt geregeld voor bij de Ploegschilders. Was het uit geldgebrek?

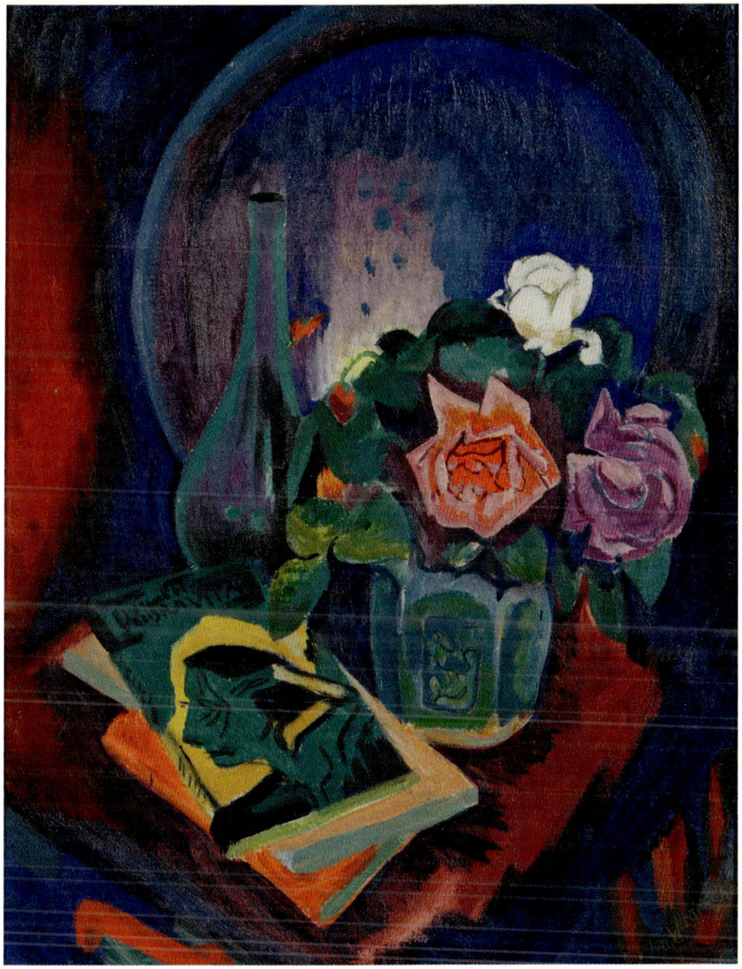

afb. 092 **Jan Wiegers**, *Stilleven met boeken en rozen*, 1927, olieverf op doek, 70 x 55 cm, Groninger Museum, verworven met steun van het legaat van de heer en mevrouw van Os - van Calcar

Dit stilleven met een gemberpotje met rozen, een stapel boeken en een fles, krijgt een extra betekenis door de titel van een van de boeken. Het gaat om het boek *Umbra Vitae* van Georg Heym, een dichtbundel die in 1924 door E.L. Kirchner met houtgravures was geïllustreerd. Jan Wiegers bezat hiervan een exemplaar en nam het op in dit stilleven.

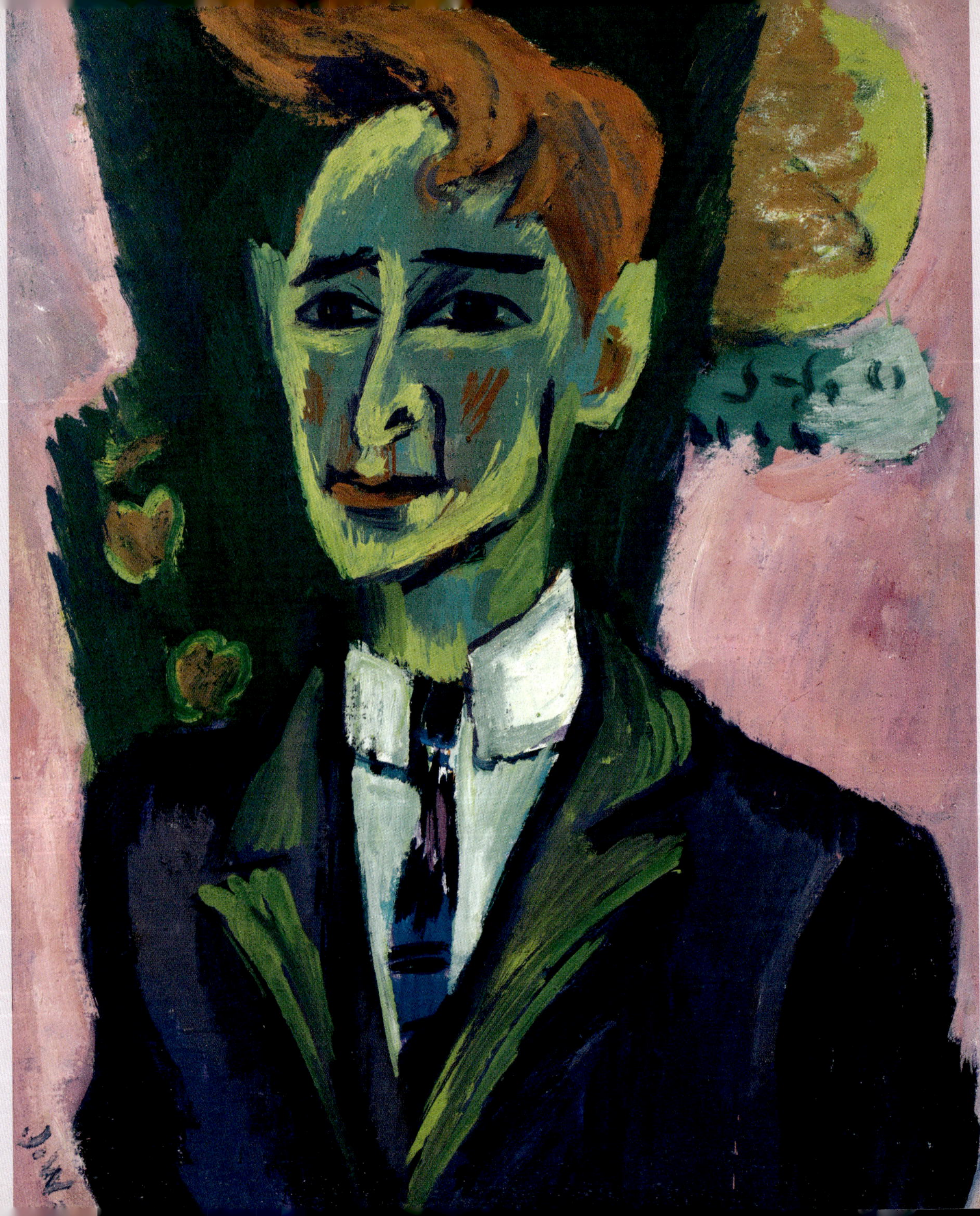

< afb. 093 **Jan Wiegers**, *Anton Constandse*, 1924, was/olieverf op doek, 70,5 x 57 cm, Groninger Museum

In 1924 hield de vrijdenker Anton Constandse op uitnodiging van De Ploeg een lezing in Groningen. Omdat de Ploegkas bijna leeg was, besloten Altink, Wiegers en Werkman om de spreker uit eigen zak te betalen. Constandse logeerde in Groningen bij Jan Wiegers, die zijn portret schilderde.

afb. 094 **Jan Altink**, *Job Hansen*, 1922-1923, was/olieverf op doek, 68 x 56,5 cm, Groninger Museum, schenking Vereniging van Vrienden van het Groninger Museum

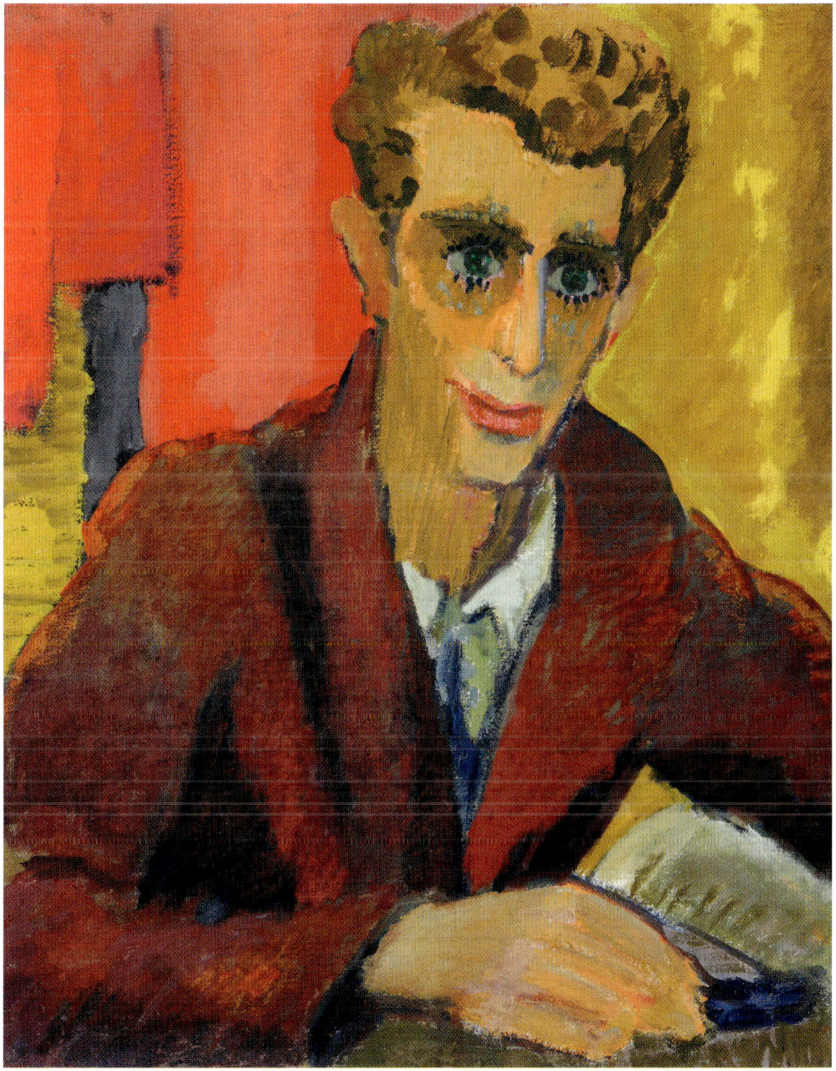

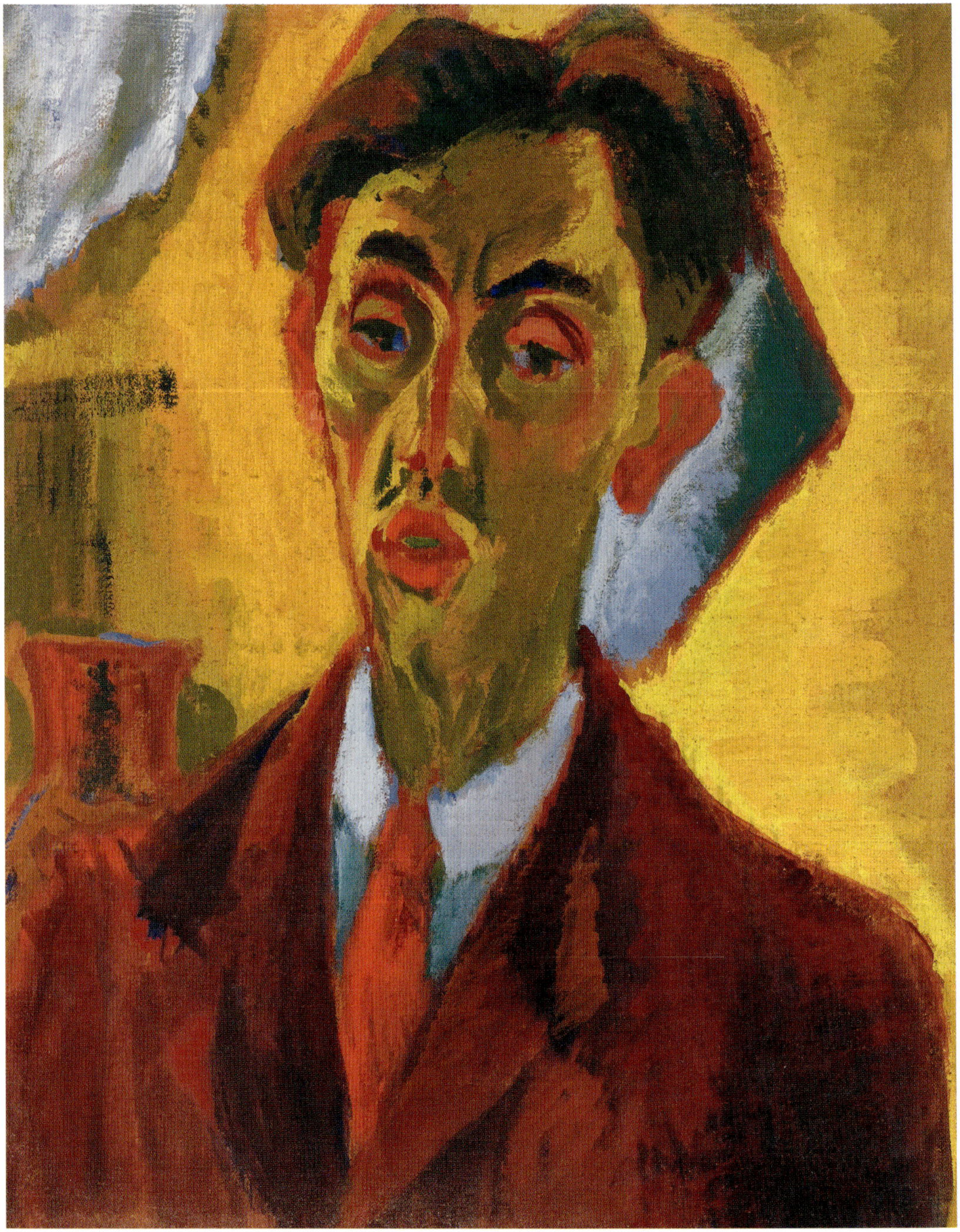

< afb. 095 **Jan Altink**, *Jannes de Vries*, 1926, was/olieverf op doek, 68,5 x 55,5 cm, Groninger Museum

Jannes de Vries, met zijn markante wat langwerpige hoofd, werd een aantal keren door zijn Ploegcollega's geportretteerd.

afb. 096 **Johan Dijkstra**, *Jannes de Vries*, z.j., olieverf op doek, 100 x 70 cm, bruikleen Rijksdienst voor het Cultureel Erfgoed, uitgeleend aan het Groninger Museum

'Jannes de Vries staat er op onze schilderijen ook niet bepaald als een Adonis op, toch heeft het rijk die dingen allemaal van ons aangekocht voor een heleboel geld en Jannes is er nog trots op ook dat hij in de musea hangt,' schreef Johan Dijkstra in 1960 aan Hendrik de Vries.[16] De twee correspondeerden omdat Hendrik de Vries ontevreden was over een portret dat Dijkstra van hem had geschilderd.

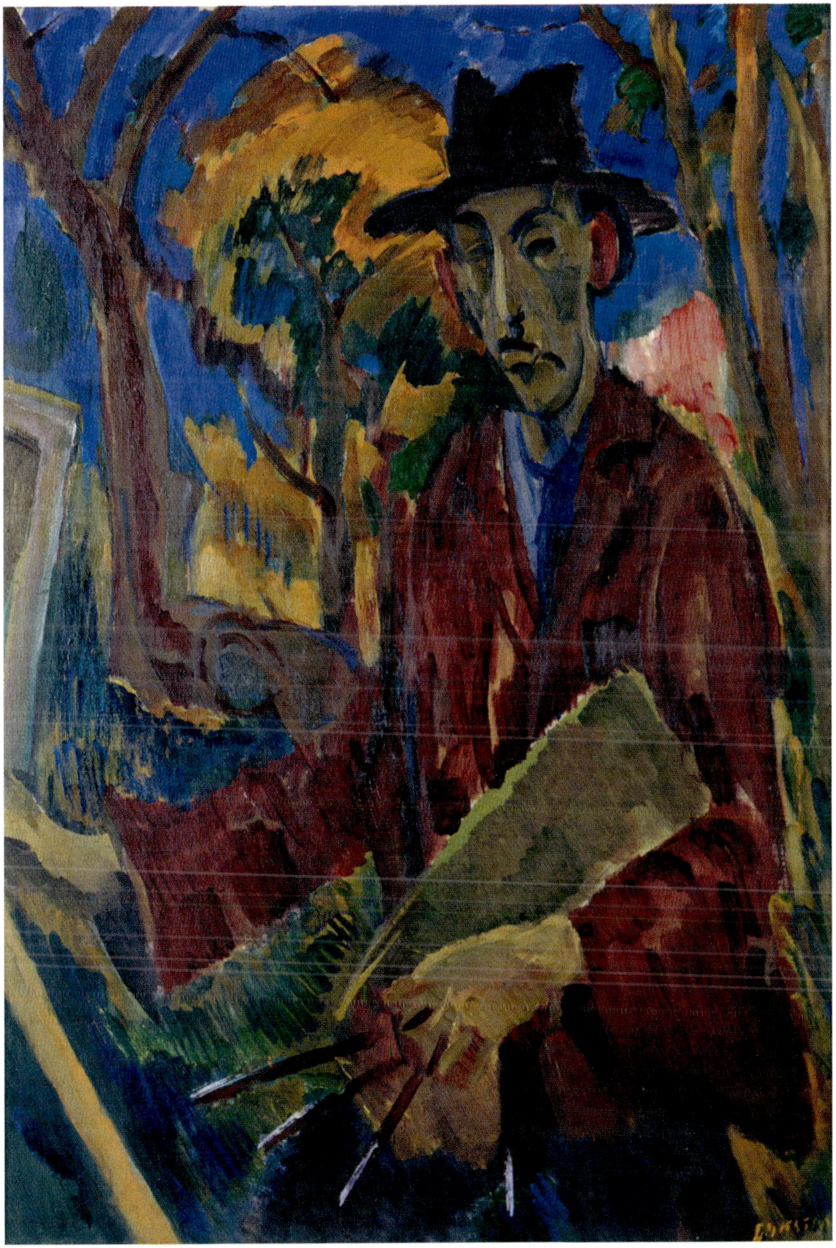

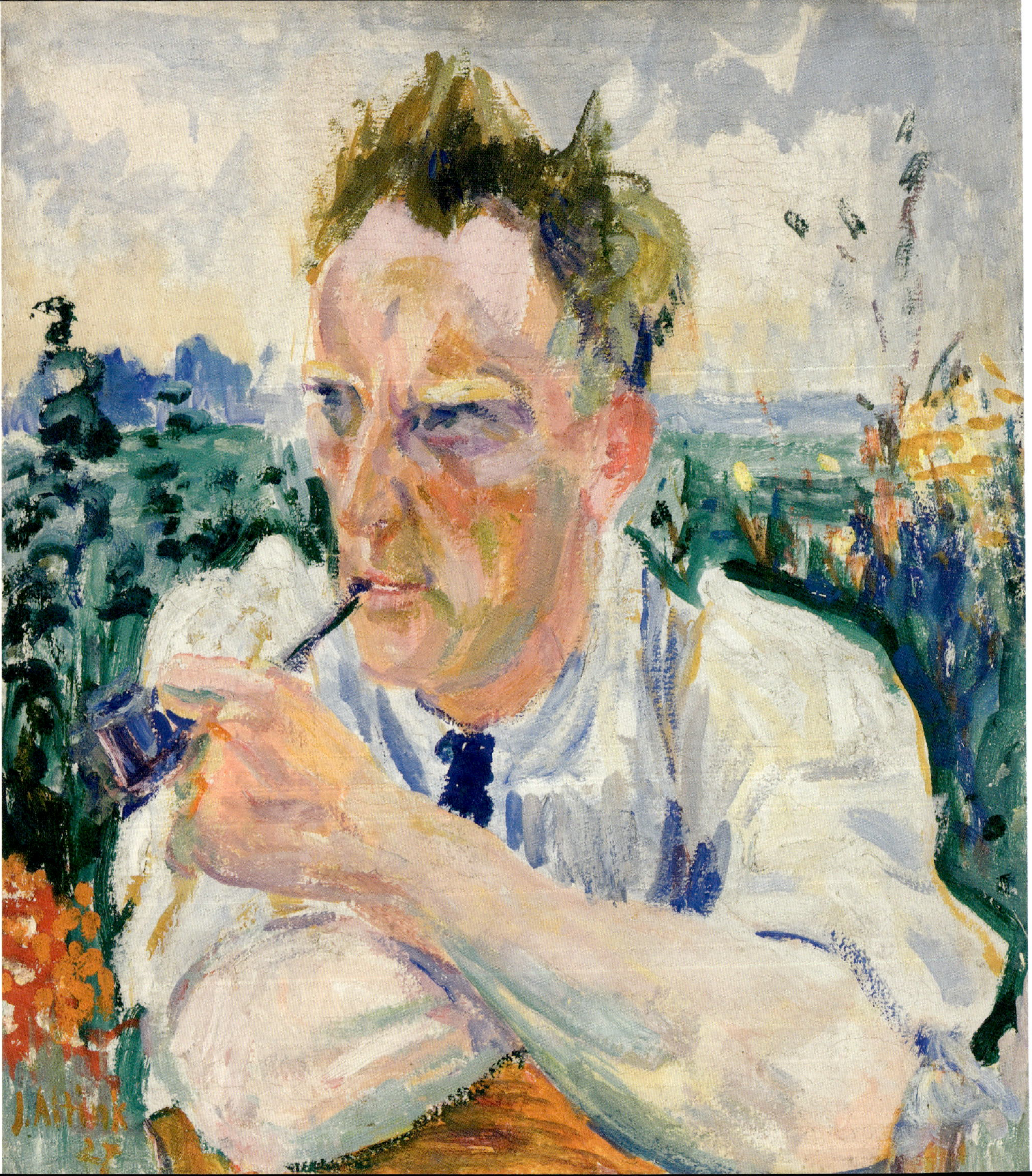

< afb. 097 **Jan Altink**, *George Martens*, 1927, was/olieverf op doek, 60 x 53,5 cm, Stichting De Ploeg, bruikleen Groninger Museum

Deze twee portretten zijn als duelportretten gemaakt. De compositie en het kleurenpalet tonen grote overeenkomsten, en beide zijn geschilderd in de meer impressionistische stijl waartoe deze kunstenaars in die jaren overgingen. Juist door die overeenkomsten, vallen de stilistische verschillen tussen de twee kunstenaars des te meer op: de fijne nuances bij Altink tegenover de felle verftoetsen van Martens.

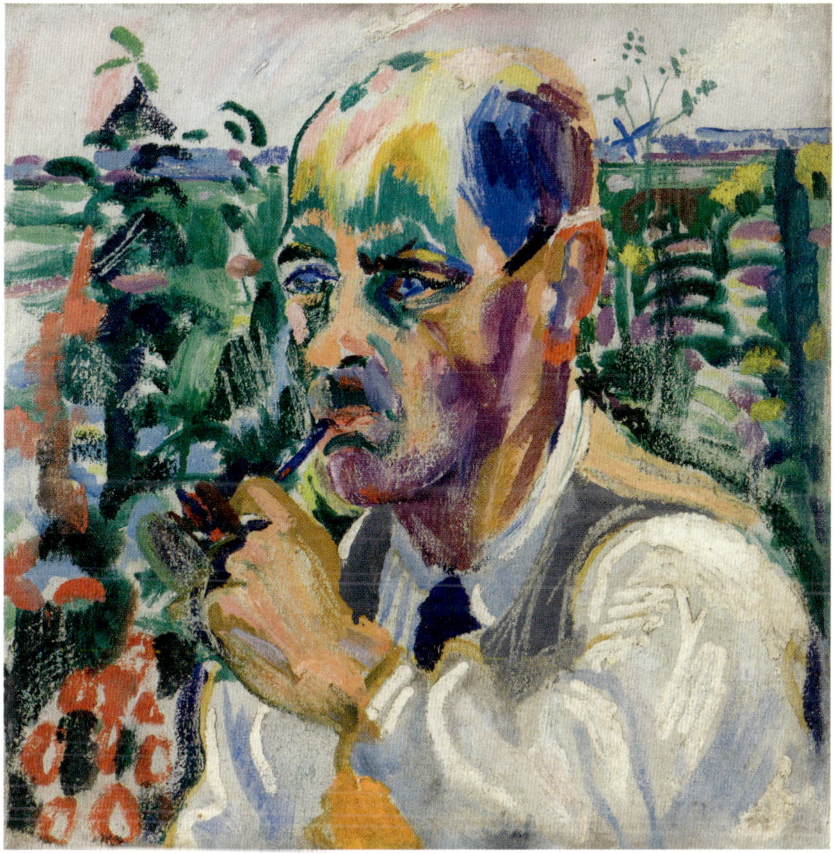

afb. 098 **George Martens**, *Jan Altink*, 1927, was/olieverf op doek, 48 x 48 cm, Groninger Museum, verworven met steun van de Vereniging Rembrandt

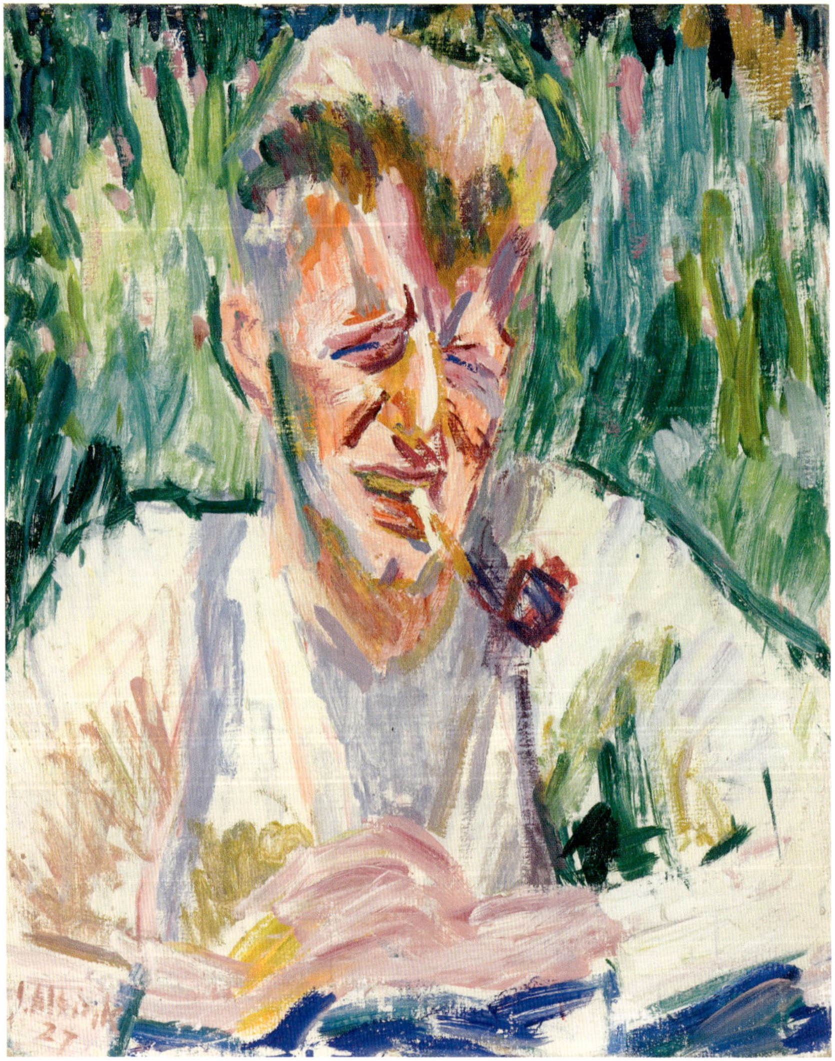

afb. 099 **Jan Altink**, *Job Hansen*, 1927, was/olieverf op doek, 65 x 52 cm, Groninger Museum, verworven met steun van de Vereniging Rembrandt

Jan Altink schilderde Job Hansen buiten, bij Blauwborgje. Hij omschreef het portret in een van zijn brieven: 'Ik heb deze week 5 dingen gemaakt waaronder het portret van Job Hansen in de zon, die geschilderd is als de bliksem met vuurkleuren.' Het zonlicht spat inderdaad van het doek af.[17]

> afb. 100 **Job Hansen**, *Zelfportret*, 1936, was/olieverf op triplex, 37,8 x 33,5 cm, Groninger Museum, bruikleen particuliere collectie

Het transparante en vluchtige karakter dat Job Hansen met zijn 'benzinerellen' in zijn landschappen bereikte, drijft hij op de spits in dit mooie zelfportret. Hij lijkt op te gaan in de witte achtergrond.

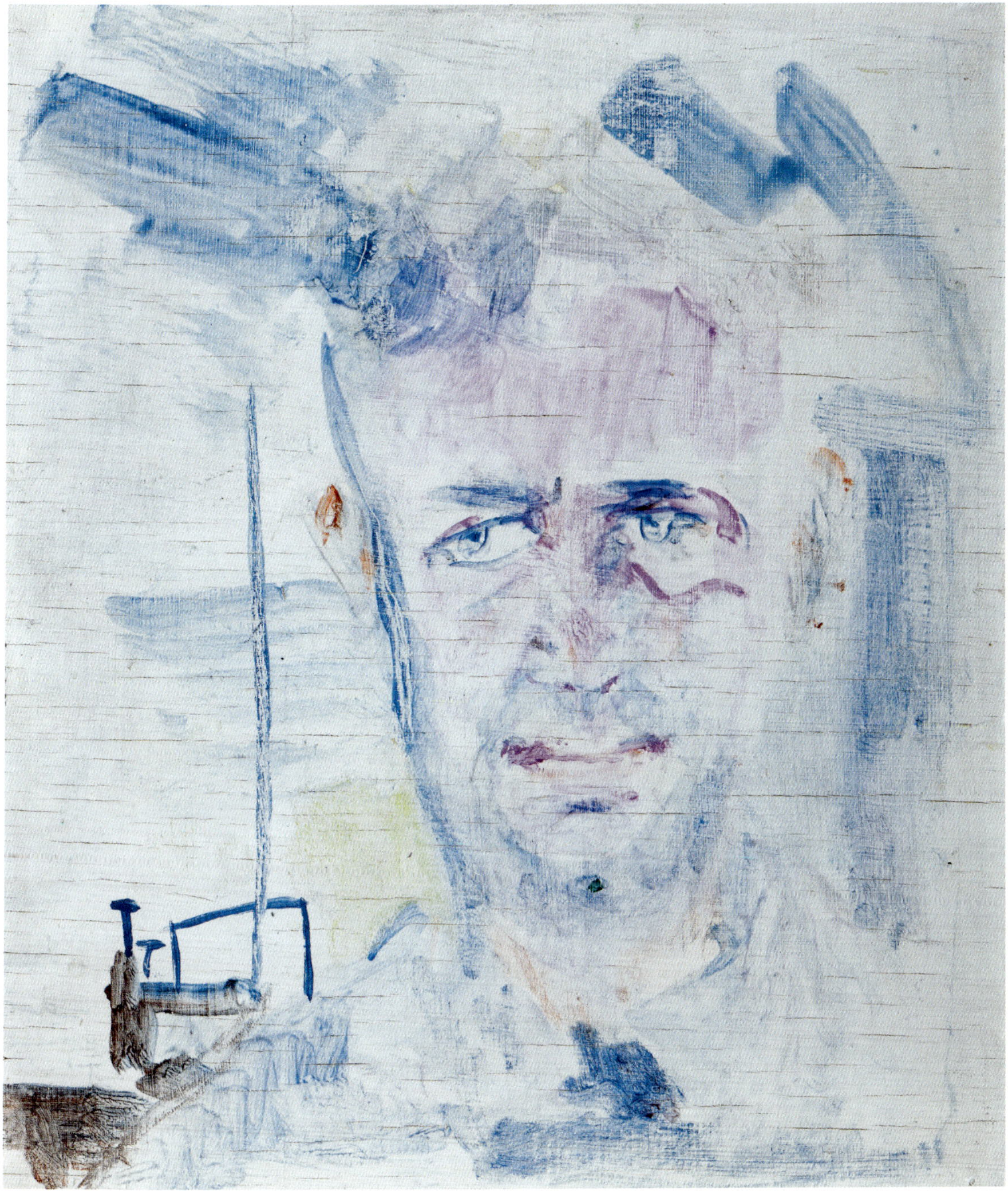

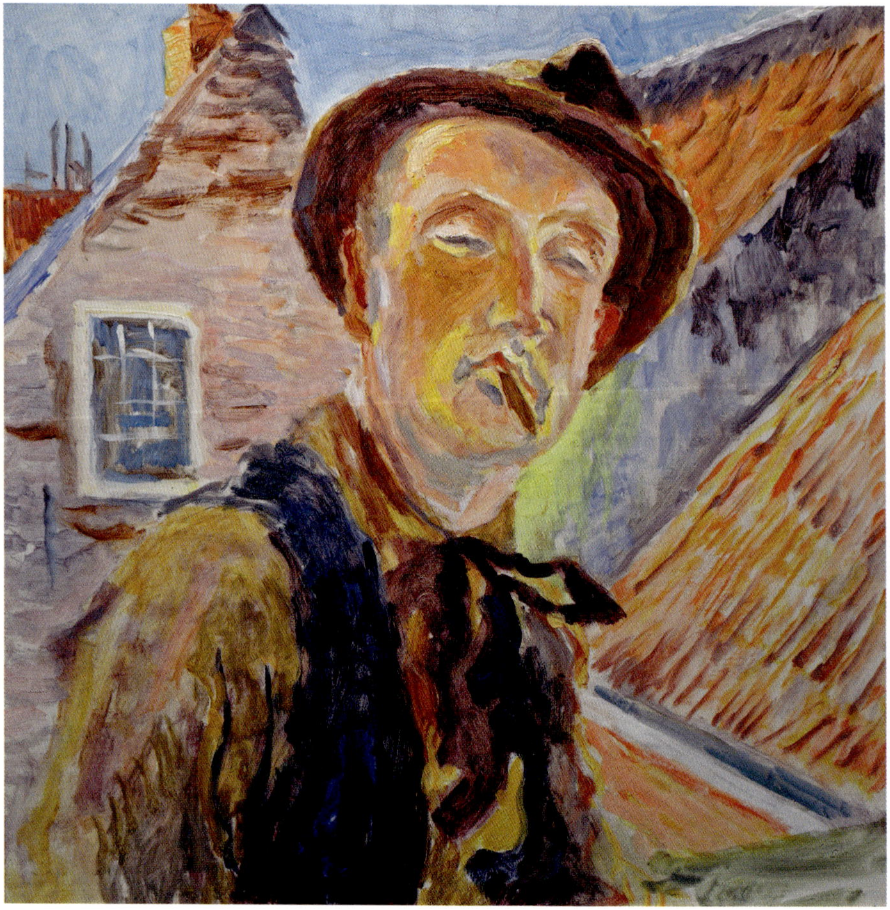

afb. 101 **Ekke Kleima**, *George Martens*, ca. 1930, was/olieverf op doek, 49 x 49 cm, Stichting De Ploeg, schenking Dick Leutscher en Han Leutscher- Hazelhoff, bruikleen Groninger Museum

En ook hier gaat het om een duelportret. De twee kunstenaars schilderden elkaar over en weer met een zeer geconcentreerde blik op mekaar. Uit het beeld blijkt dat Martens stond, terwijl Kleima op een lager punt zat. Beide doeken hebben vrijwel hetzelfde formaat.

> afb. 102 **George Martens**, *Ekke Kleima*, ca. 1930, olieverf op doek, 50 x 50 cm, Stichting De Ploeg, schenking A.M. Martens-Bonnema, bruikleen Groninger Museum

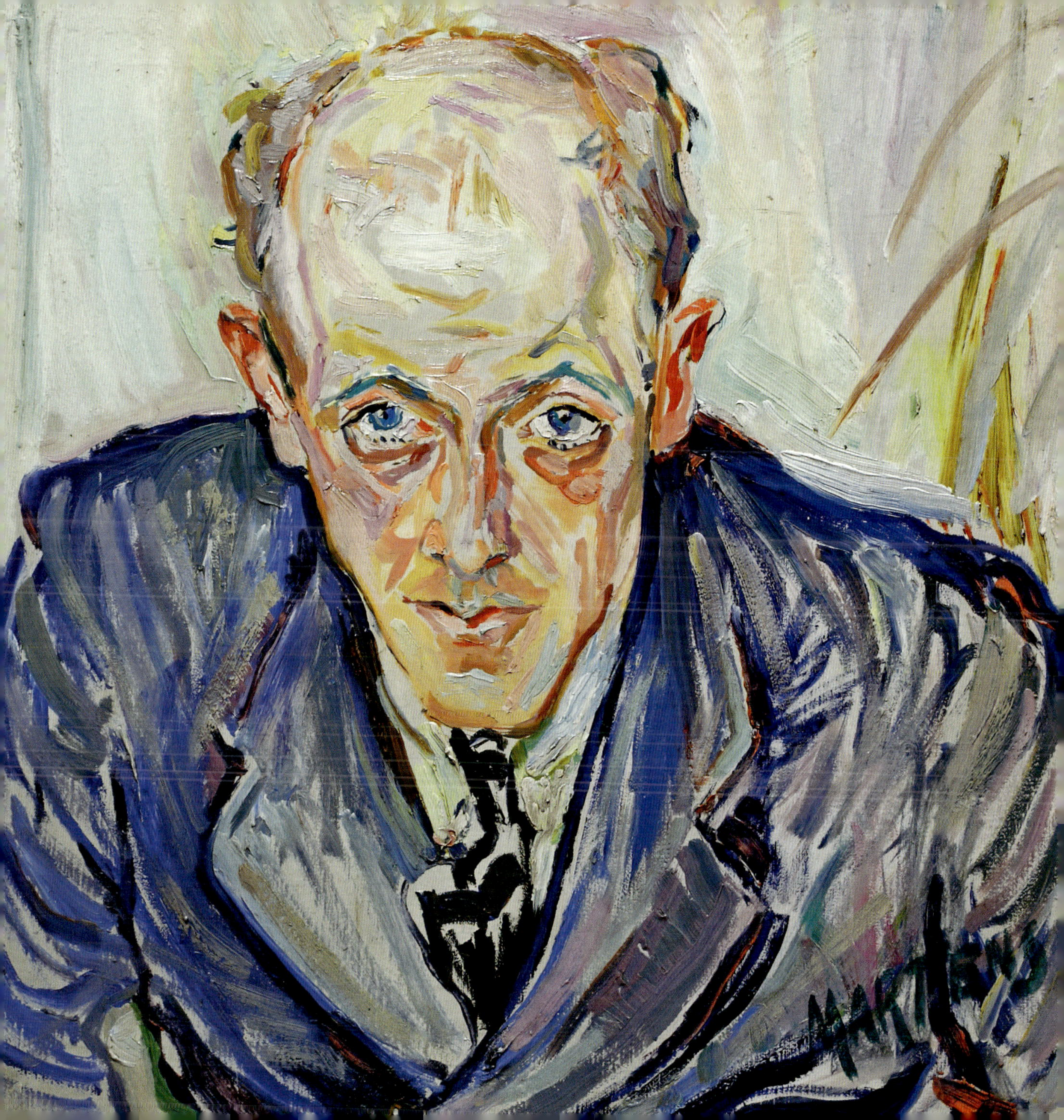

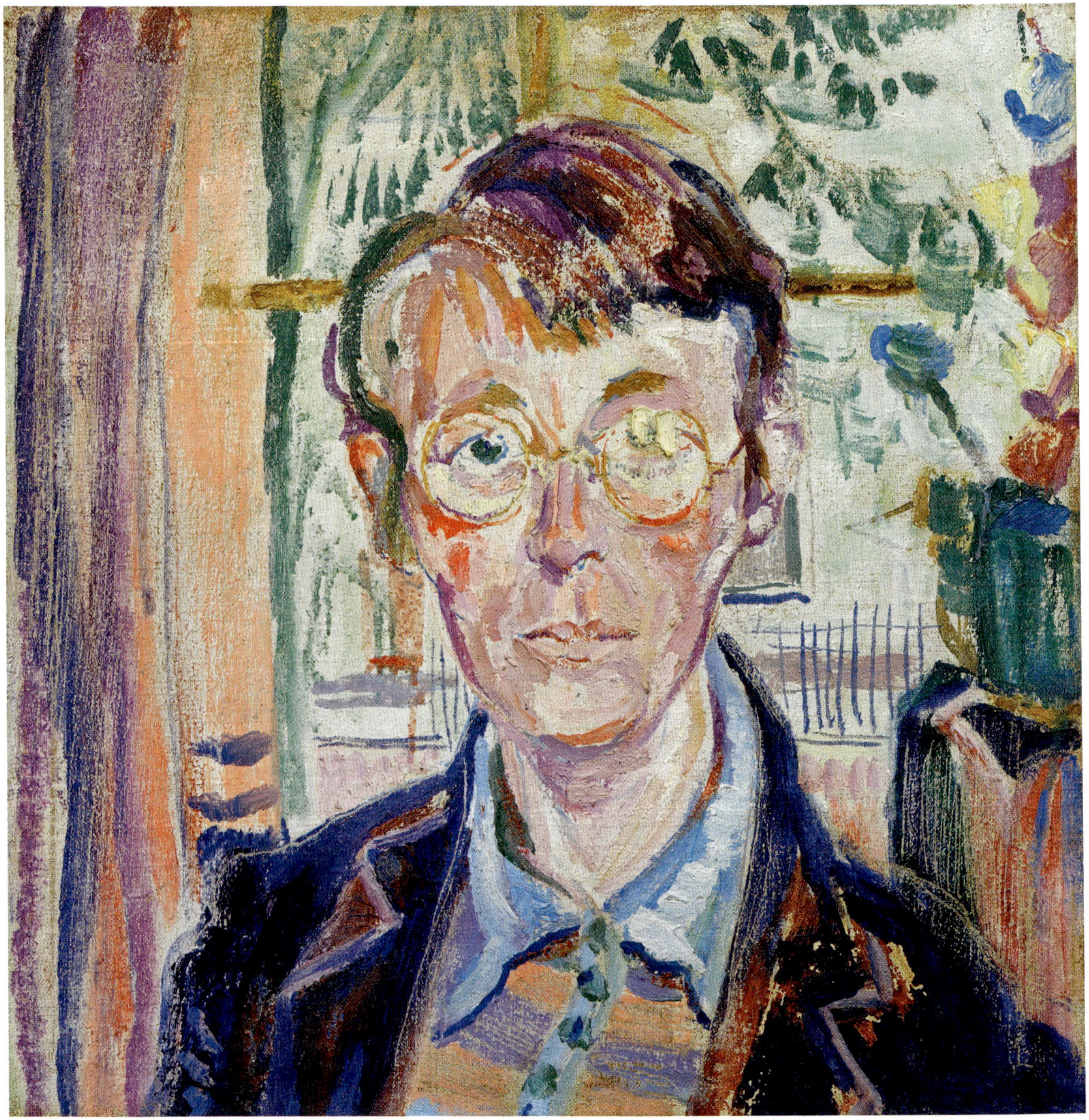

< afb. 103 **George Martens**, *Alida Pott*, 1927, olieverf op doek, 47,7 x 47,7 cm, Stichting De Ploeg, legaat Thijs Martens en Annemarie Martens-Bonnema, bruikleen Groninger Museum

In 1927 schilderde George Martens dit indringend portret van zijn vrouw Alida Pott. Hij wist haar heel mooi te treffen als de eigenzinnige, rustige en onafhankelijke persoonlijkheid die zij was. Vijf jaar later zou Alida Pott overlijden aan een ernstige longaandoening.

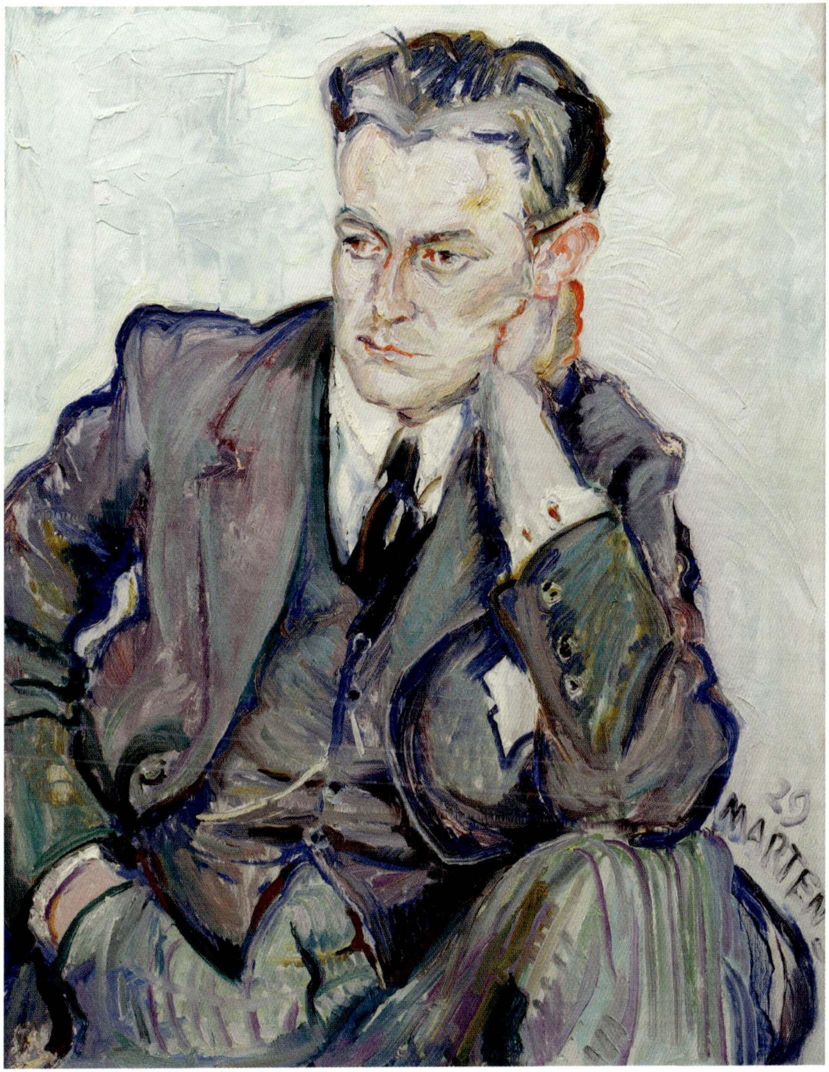

afb. 104 **George Martens**, *Portret van architect Egbert Reitsma*, 1929, olieverf op doek, 85 x 60 cm, Stichting De Ploeg, bruikleen Groninger Museum

Alida Pott en George Martens waren bevriend met de architect Egbert Reitsma, die in 1922 lid van De Ploeg werd. Na hun huwelijk in 1922 ging het echtpaar Martens wonen aan het Kattendiep in Groningen. Egbert Reitsma verbouwde voor hen de woning, waarbij de zolderverdieping tot atelierruimte werd omgevormd.

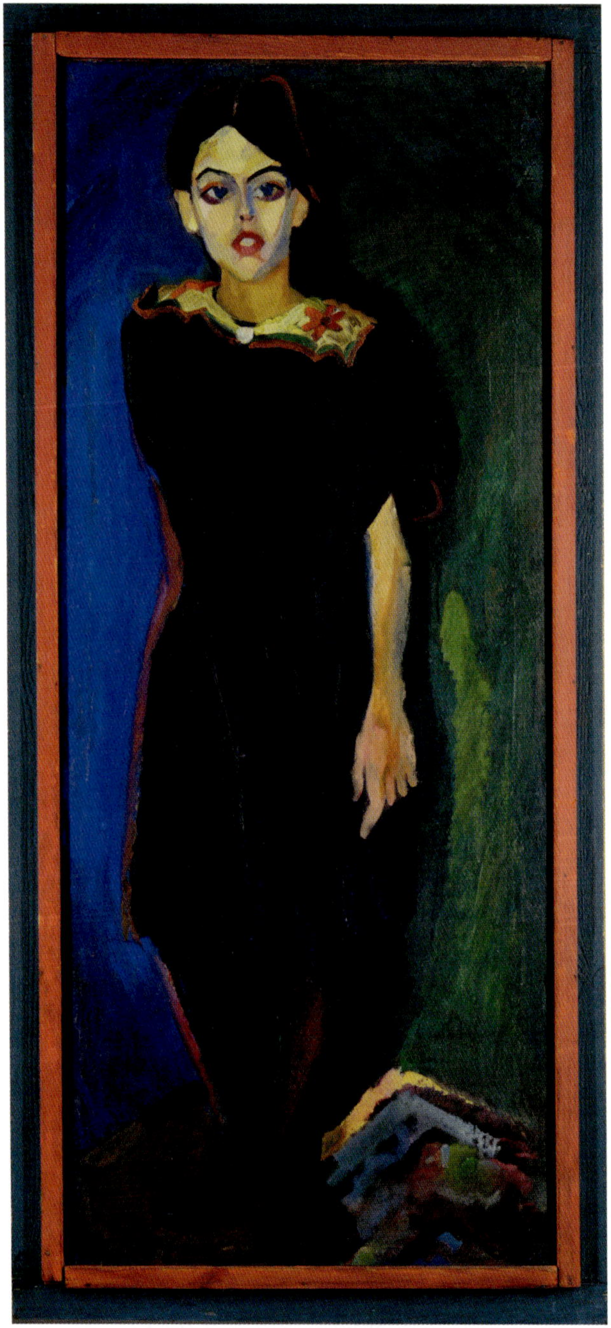

afb. 105 **Jan Jordens**, *Portret van Coosje*, 1924, olieverf op doek, 116,5 x 51,5 cm, Dordrecht, Dordrechts Museum

Jan Jordens maakte van zijn dochter Coosje dit mooie expressieve portret. Het kunstwerk vormt een geheel met zijn oranjerode omlijsting: de kunstenaar maakte en beschilderde zelf de lijst.

> afb. 106 **Alida Pott**, *Hilde Idema*, ca. 1923, collage, 24 x 18,9 cm, Groninger Museum, schenking Rob Martens

Heel bijzonder is dit portret, gemaakt in een collagetechniek. Deze avant-gardistische techniek werd onder anderen toegepast door Picasso en George Braque, papiers collés noemden zij het resultaat. In haar collage nam Pott ondermeer een fragment op van de Ploegbrochure *Kunst, Nijverheid en Handel* uit 1919. De motor zal een verwijzing zijn naar George Martens, die een motorfiets bezat.

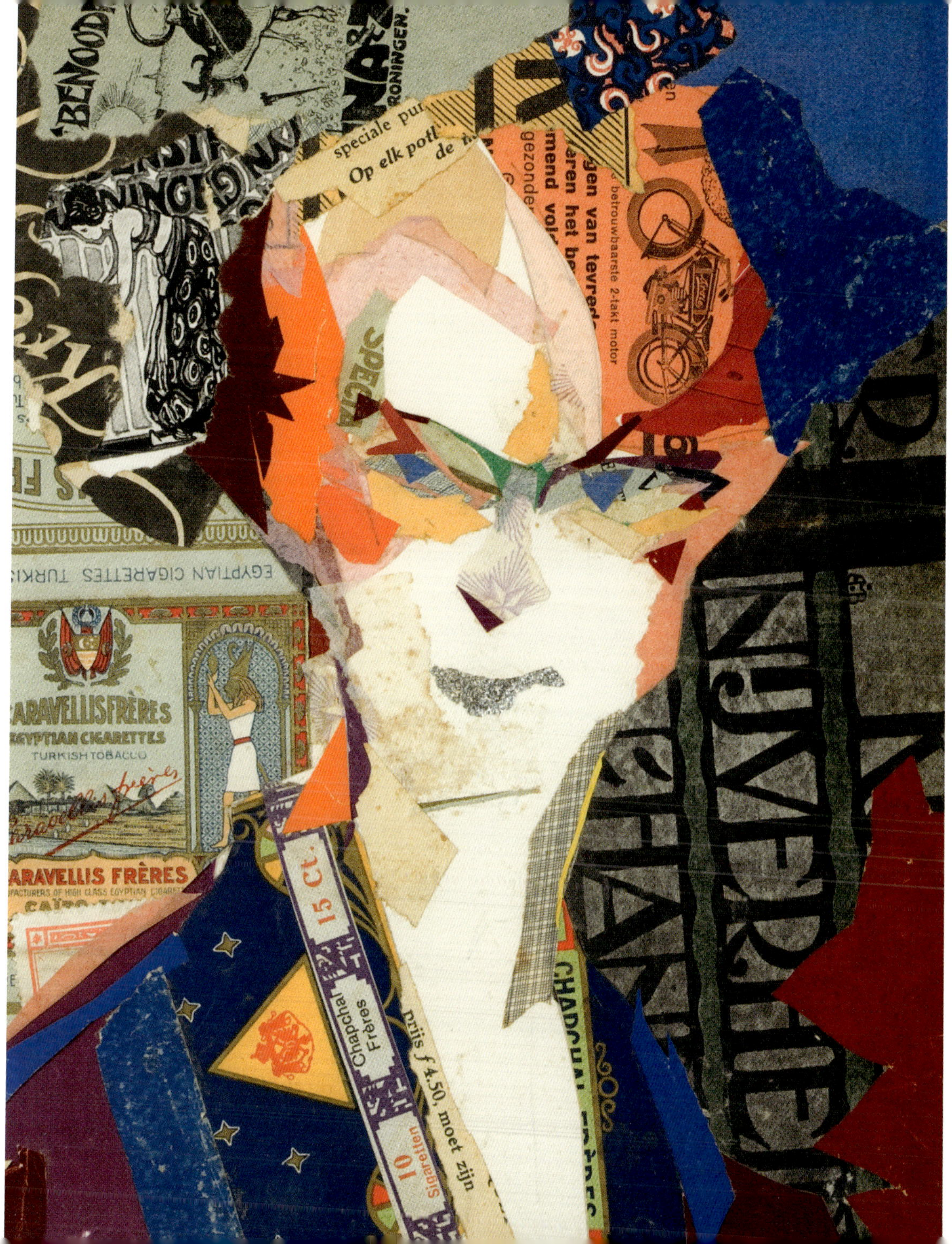

EGYPTIAN CIGARETTES
CARAVELLISFRÈRES
EGYPTIAN CIGARETTES
TURKISH TOBACCO
CARAVELLIS FRÈRES
15 Ct.
Chapchal Frères
10 Sigaretten
prijs f 4,50, moet zijn
CHAPCHAL
Op elk pot
speciale pu
betrouwbaarste 2-takt motor

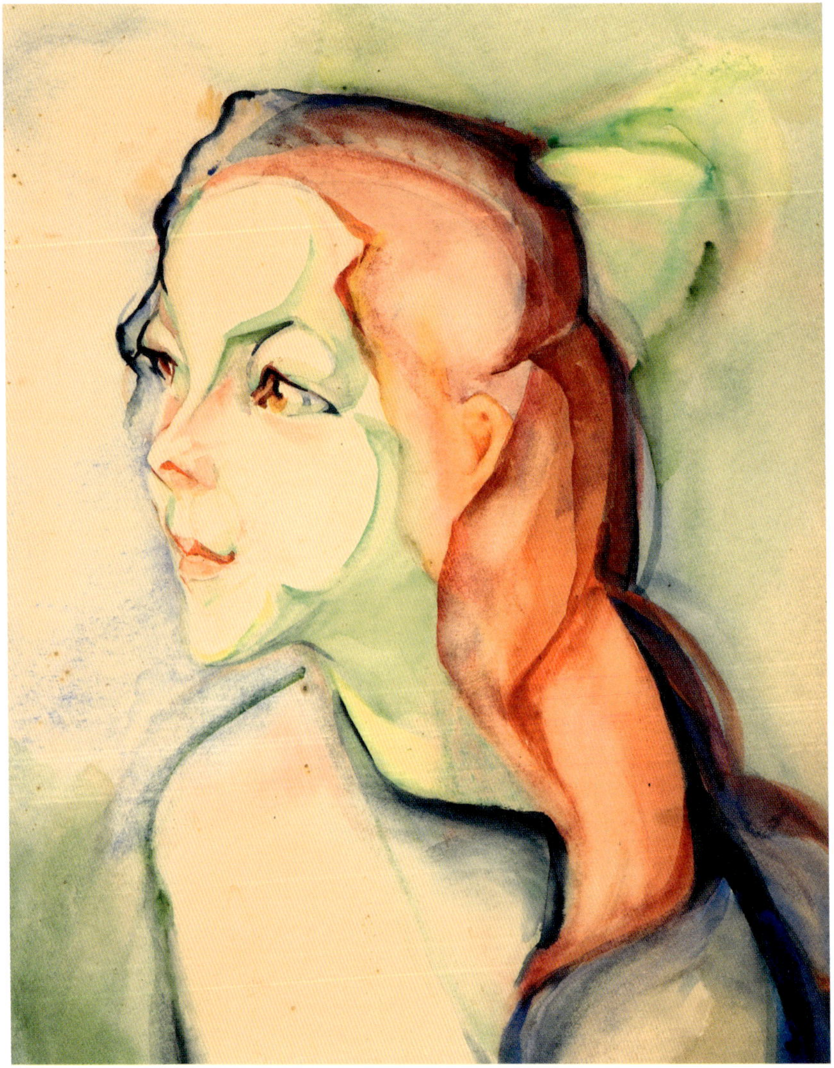

afb. 107 **Alida Pott**, *Meisje met lang rood haar en groene strik*, 1925, aquarelverf op papier, 35,7 x 27,4 cm, Stichting De Ploeg, legaat Thijs Martens en Annemarie Martens-Bonnema, bruikleen Groninger Museum

> afb. 108 **Alida Pott**, *Portret jonge vrouw*, z.j., aquarelverf op papier, 31,3, 24,5 cm, Stichting De Ploeg, legaat Thijs Martens en Annemarie Martens-Bonnema, bruikleen Groninger Museum

Alida Pott maakte in subtiele kleuren en gestileerde vormen toch heel trefzekere portretten in aquarel. Soms neigen de portretten naar een karikaturale overdrijving. De scherpe gelaatstrekken en het hoogopgestoken haar doen denken aan portretten van Jet Jordens. Deze twee kunstenaressen waren bevriend met elkaar. Zou Pott hier haar collega Ploeglid geportretteerd hebben?

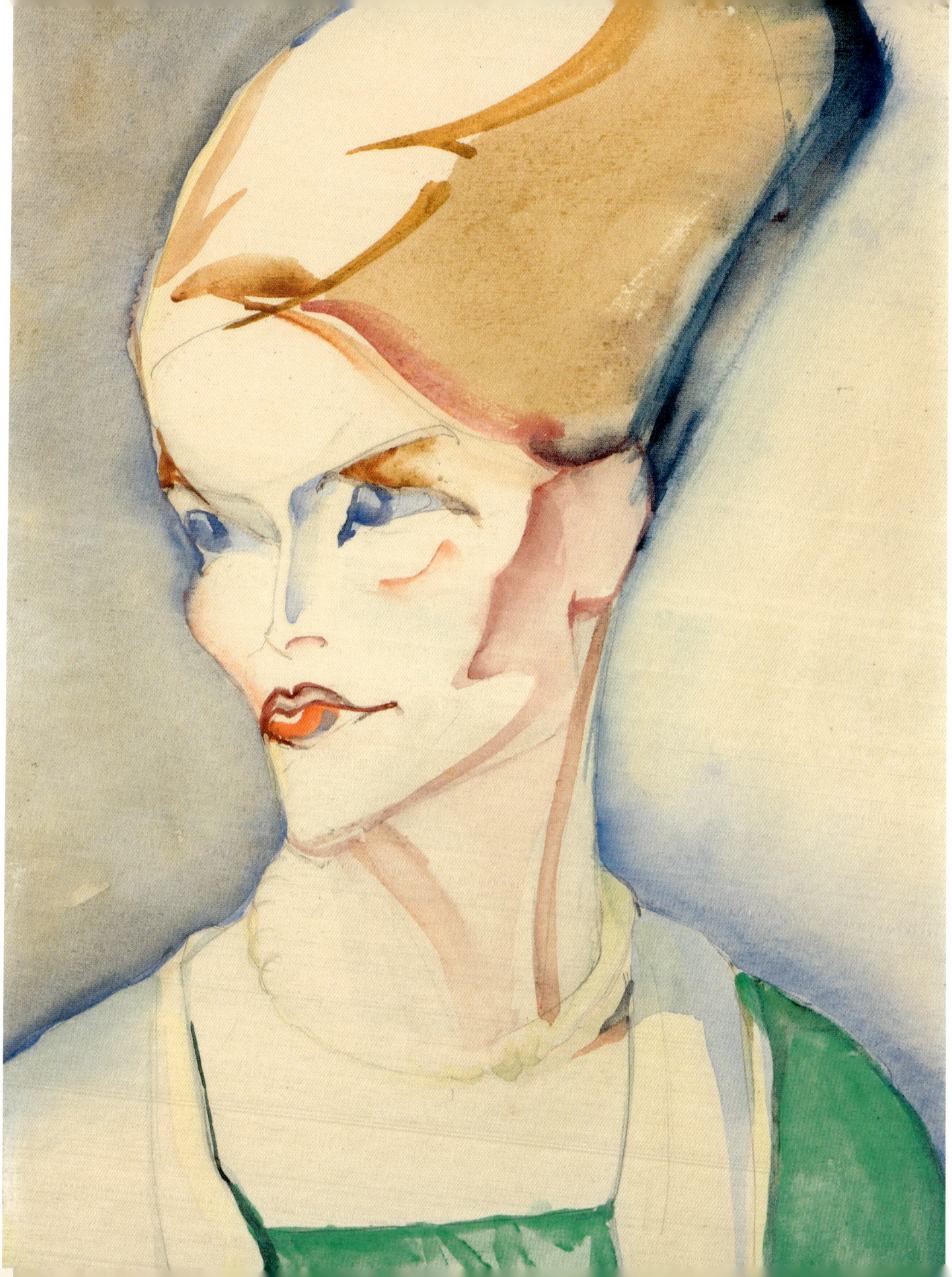

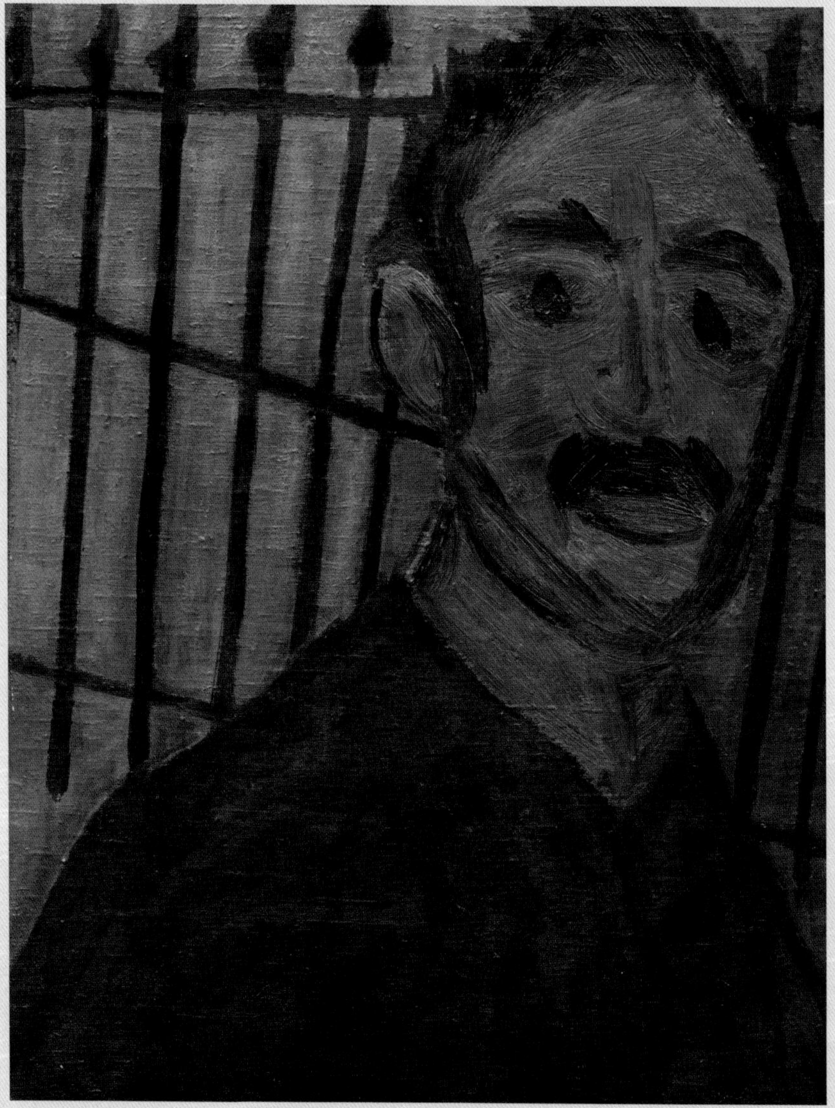

afb. 109 **H.N. Werkman**, *Zelfportret met hek*, 1921-1923, olieverf op doek, Groninger Museum, schenking Th.W. Niemeijer

Werkman schilderde dit indringende *Zelfportret met hek* begin jaren twintig. Als een gekooid mens kijkt hij vertwijfeld de wereld in. In deze periode had hij te kampen met zowel zakelijke- als privéproblemen. Als drukker stond hij op de rand van een faillissement, terwijl zijn tweede huwelijk steeds moeizamer werd. Met het zelfportret richt Werkman de blik op deze moeilijke periode.

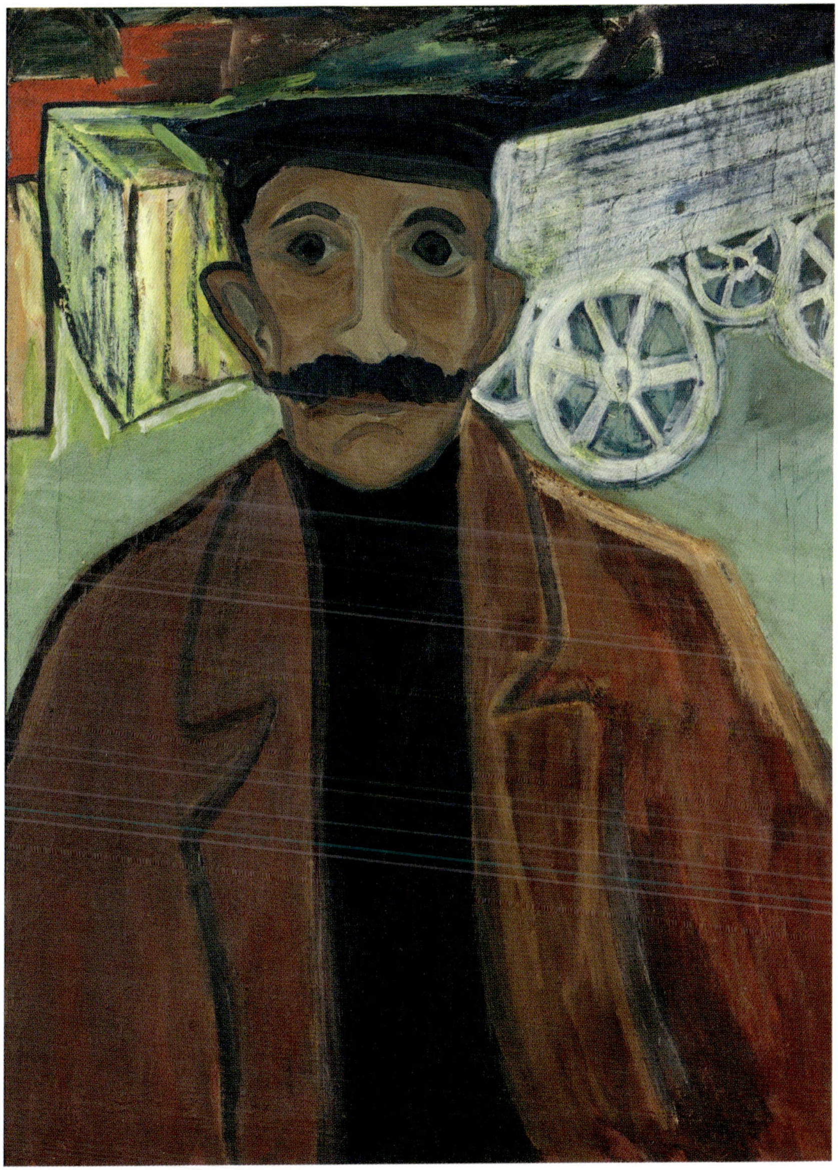

afb. 110 **H.N. Werkman**, *Voerman (portret van Freek Reitsema)*, 1923, was/olieverf op doek, 70 x 52 cm, Groninger Museum, bruikleen particuliere collectie

'Oude voerman van de Lemmerboot, bruine jas, emballage- en wagenmotieven op de achtergrond', noteerde Werkman over dit schilderij.[18] Wobbe Alkema bewonderde het werk, in een brief uit 1945 schreef hij: 'En ik hoef slechts m'n oogen te sluiten om me de Voerman in alle details voor oogen te stellen. Hierin ontdekte ik voor 't eerst een grootheid, die ik door geen der schilders van De Ploeg ooit zag overtroffen.'[19]

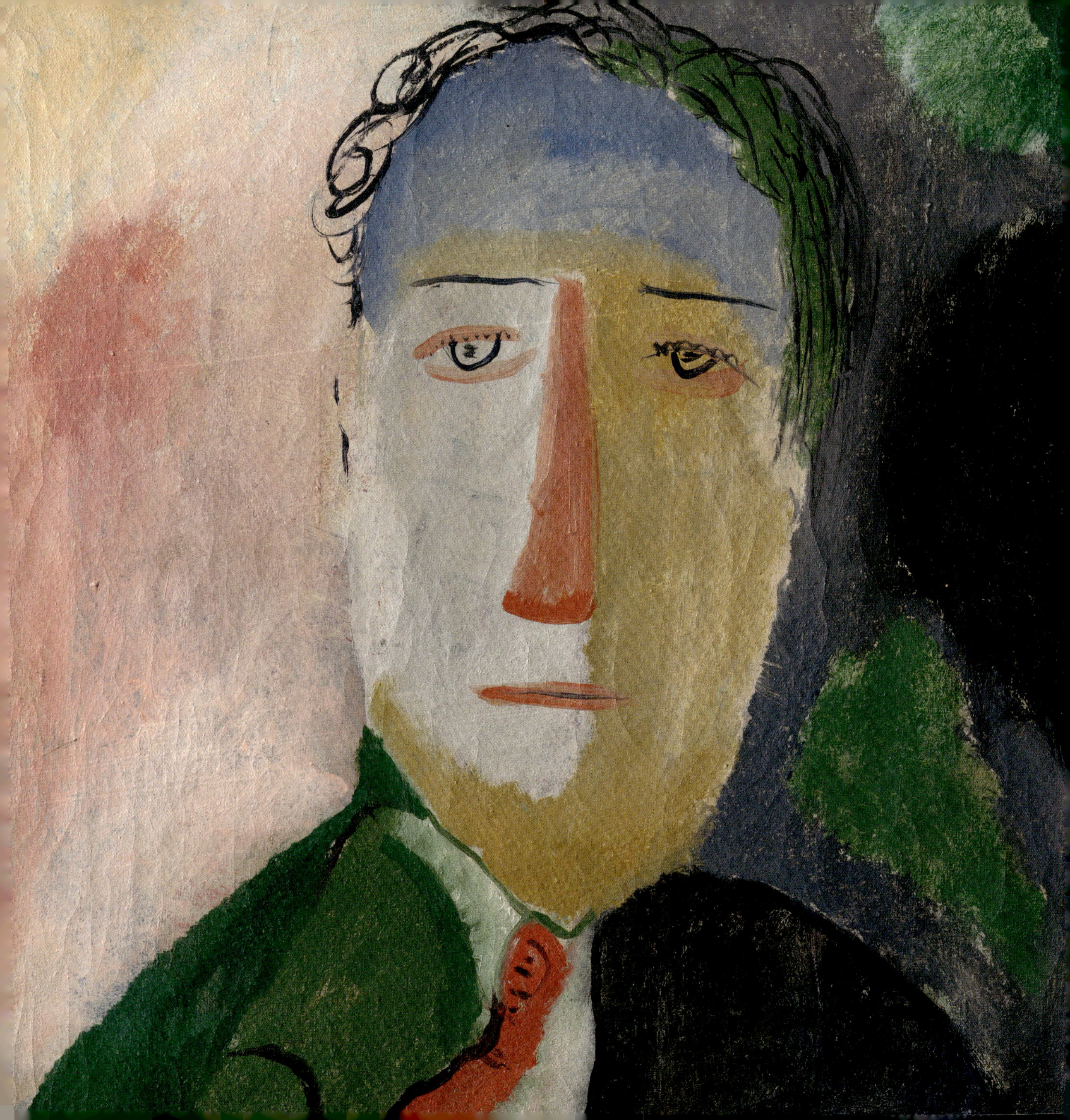

< afb. 111 **H.N. Werkman**, *Herman Poort*, 1939, olieverf op doek, 40,3 x 40,3 cm, Groninger Museum

In 1924 werd Herman Poort als schrijver en dichter lid van De Ploeg, in 1925 werd hij voorzitter. De behoudende koers die hij voorstond bracht hem in conflict met Werkman, die met een enorme gedrevenheid juist vernieuwing en artistieke vrijheid nastreefde. Desondanks schilderde Werkman postuum, zes jaar na het overlijden van Poort, dit prachtige subtiele portret van hem.

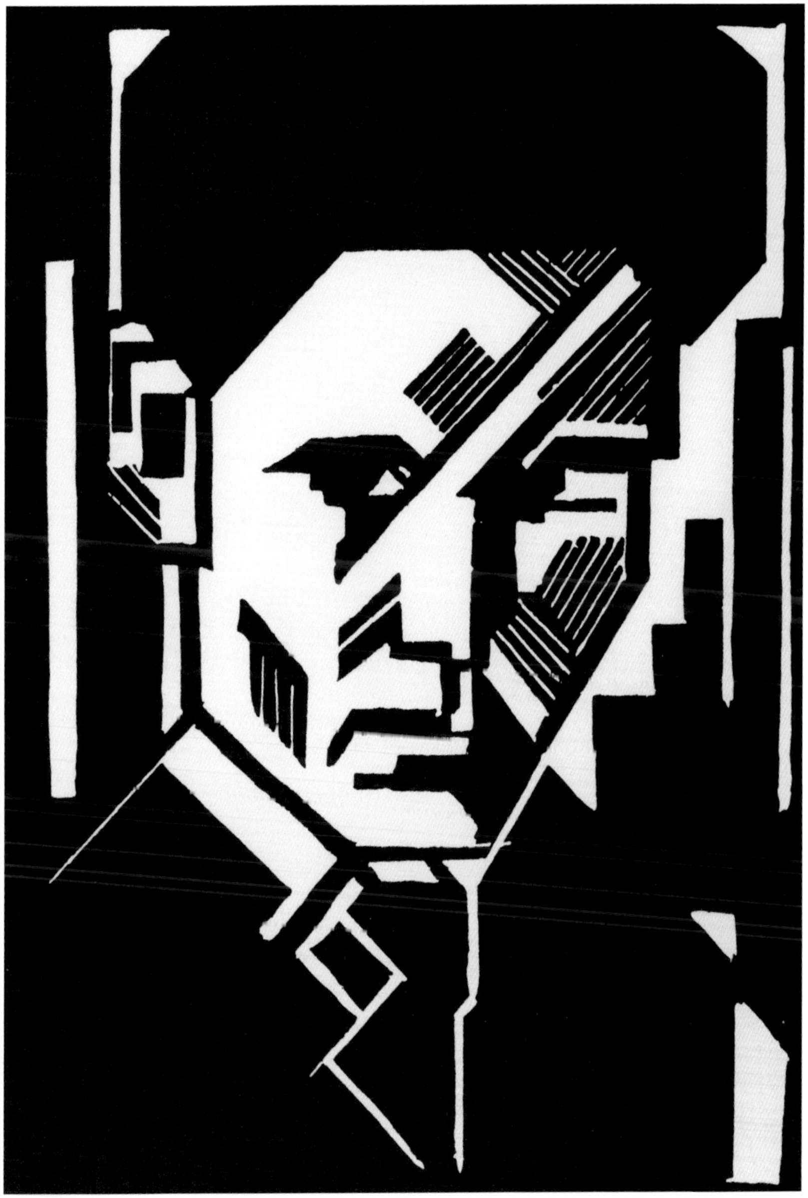

afb. 112 **Wobbe Alkema**, *Zelfportret*, 1924, linoleumsnede, 39,9 x 26,9 cm, Groninger Museum

Wobbe Alkema was binnen De Ploeg de meest constructivistische kunstenaar. Dit zelfportret, waarin hij zijn gelaatstrekken terugbrengt tot strenge geometrisch vormen, maakte hij in 1924, omstreeks de tijd dat hij in zijn kunst overging naar een volledige abstractie.

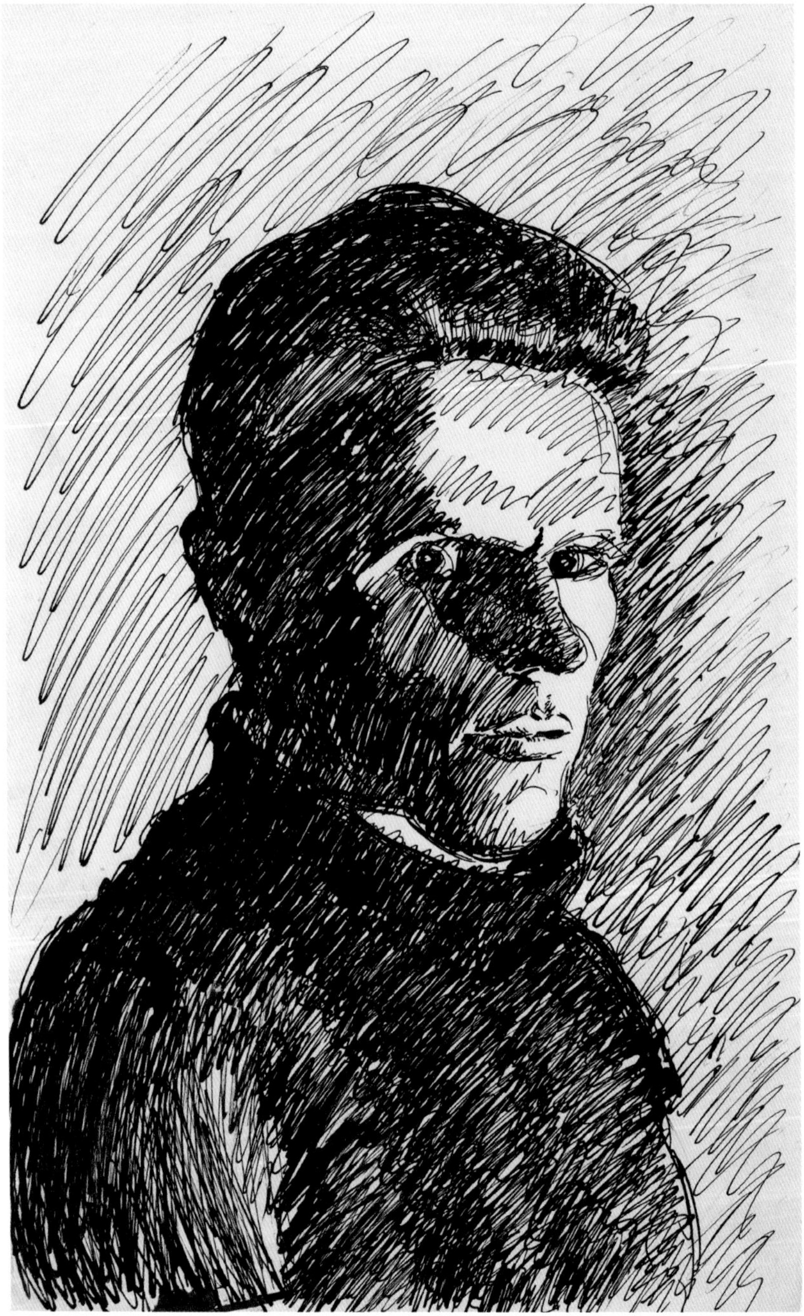

afb. 113 **Hendrik de Vries**, *Wobbe Alkema*, ca. 1930, Oost-Indische inkt op papier, 35 x 25 cm, Groninger Museum, schenking RHC Groninger Archieven

Hendrik de Vries tekende dit portret in zijn kenmerkende wat onstuimige tekenstijl. Hendrik de Vries en Wobbe Alkema, beiden in zekere zin buitenbeentjes binnen De Ploeg, waren bevriend met elkaar.

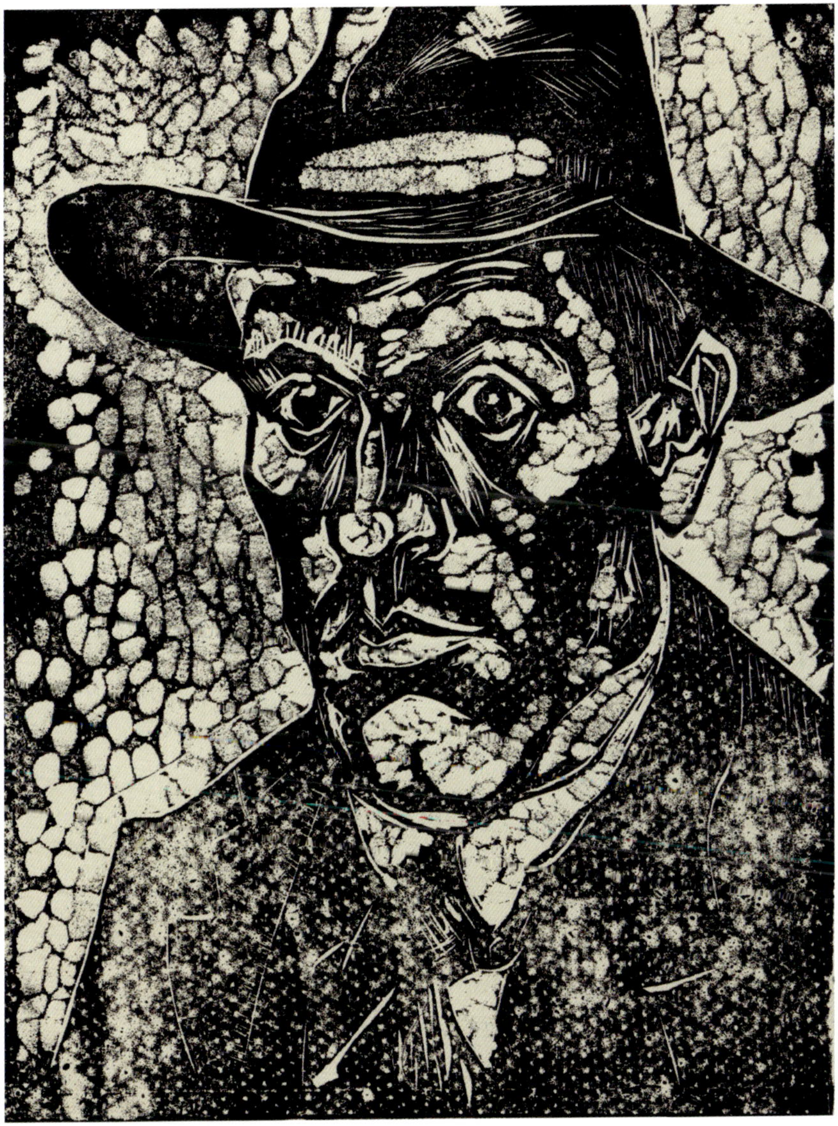

afb. 114 **Jan van der Zee**,
Zelfportret met hoed, 1923,
linoleumsnede, 29,6 x 23 cm,
Groninger Museum, bruikleen
Gemeente Groningen

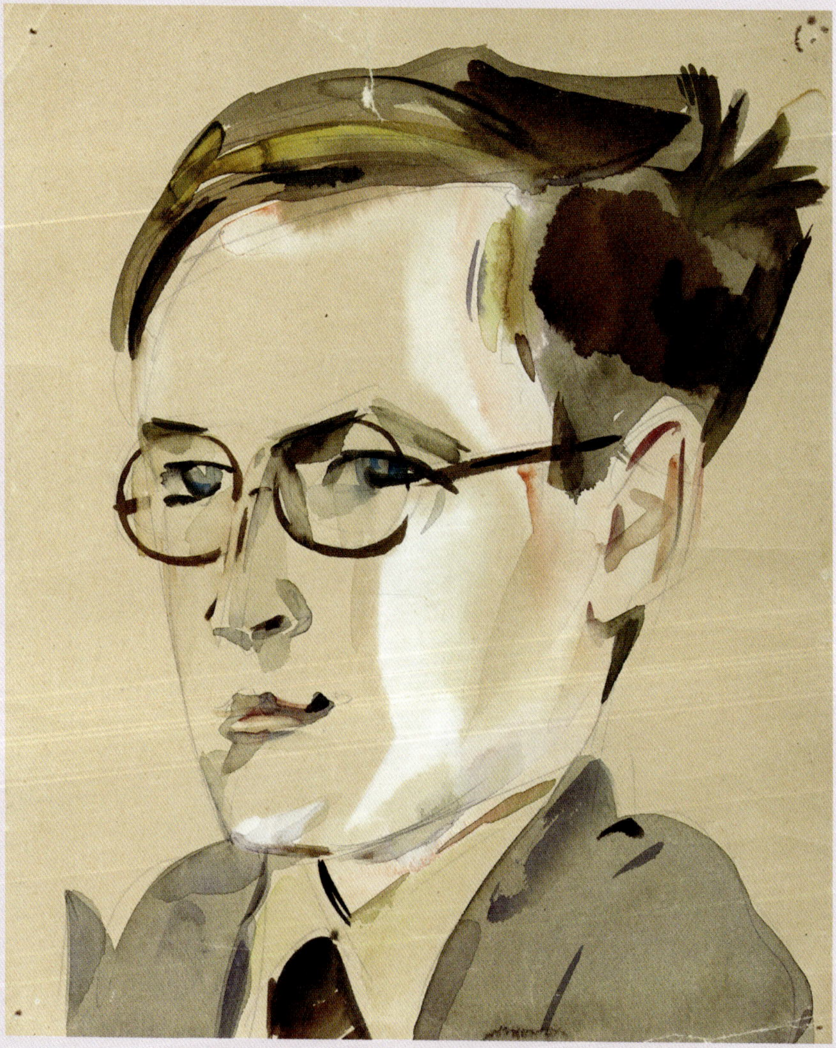

afb. 115 **Jan Jordens**, *Reinder Bijsterveld*, leerling Gemeentelijke HBS Groningen, 1935, aquarelverf op papier, 28,8 x 23,8 cm, Groninger Museum

Jan Jordens werkte als tekenleraar aan de Rijks HBS in Groningen, later aan de Gemeentelijke HBS. Geïnspireerd door ideeën van de Oostenrijkse pedagogen Franz Cizek en Richard Rothe introduceerde hij een nieuwe lesmethode, waarbij de vrije expressie het allerbelangrijkste was. Hij liet zijn leerlingen model- en portrettekenen, en hij liet ze linoleumsneden maken, waarbij een gedicht of verhaal het uitgangspunt vormde.

> afb. 116 **Jan Jordens**, *Portretstudie leerling Gemeentelijke HBS Groningen*, 1932, aquarelverf op papier, 32,5 x 25 cm, Groninger Museum

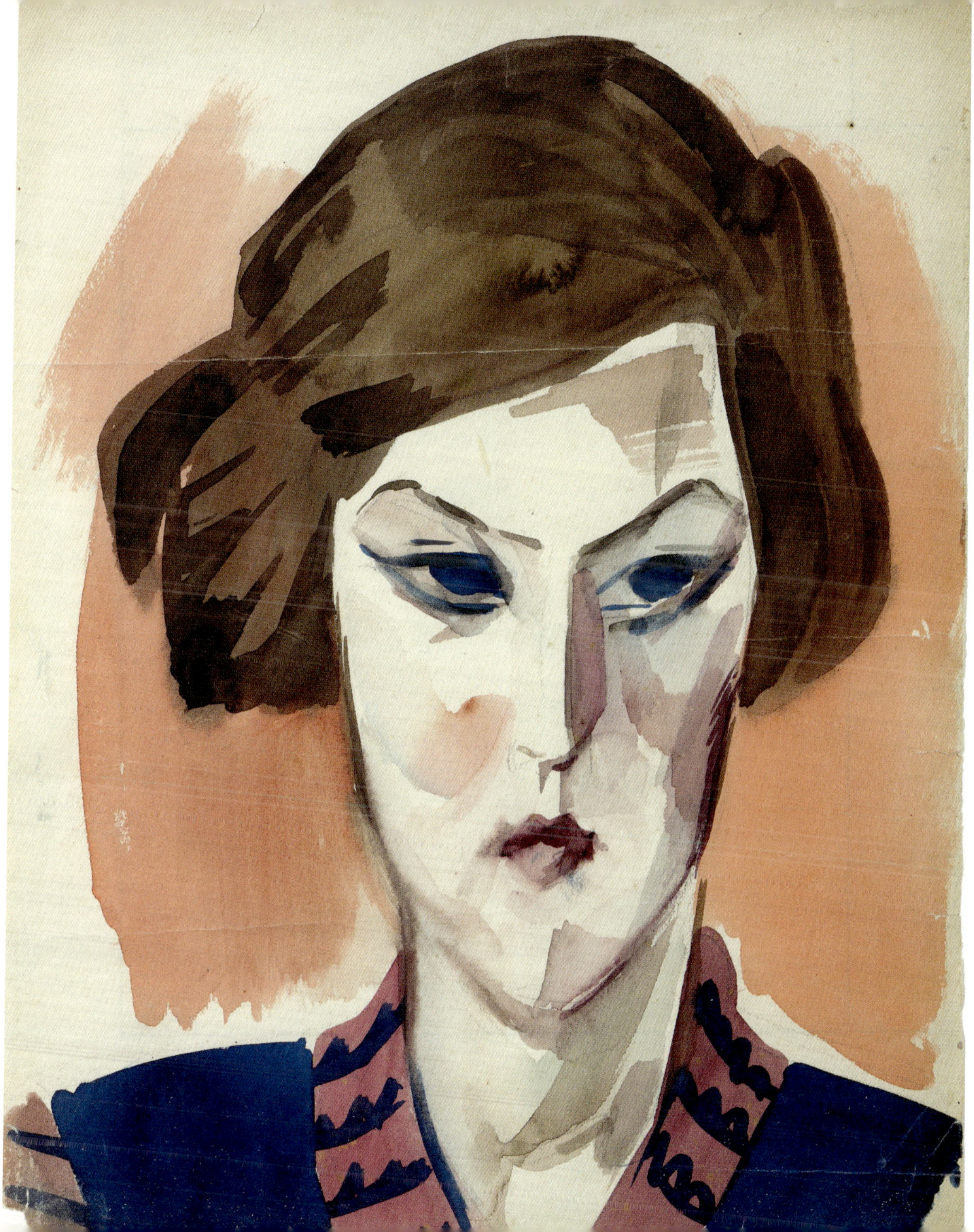

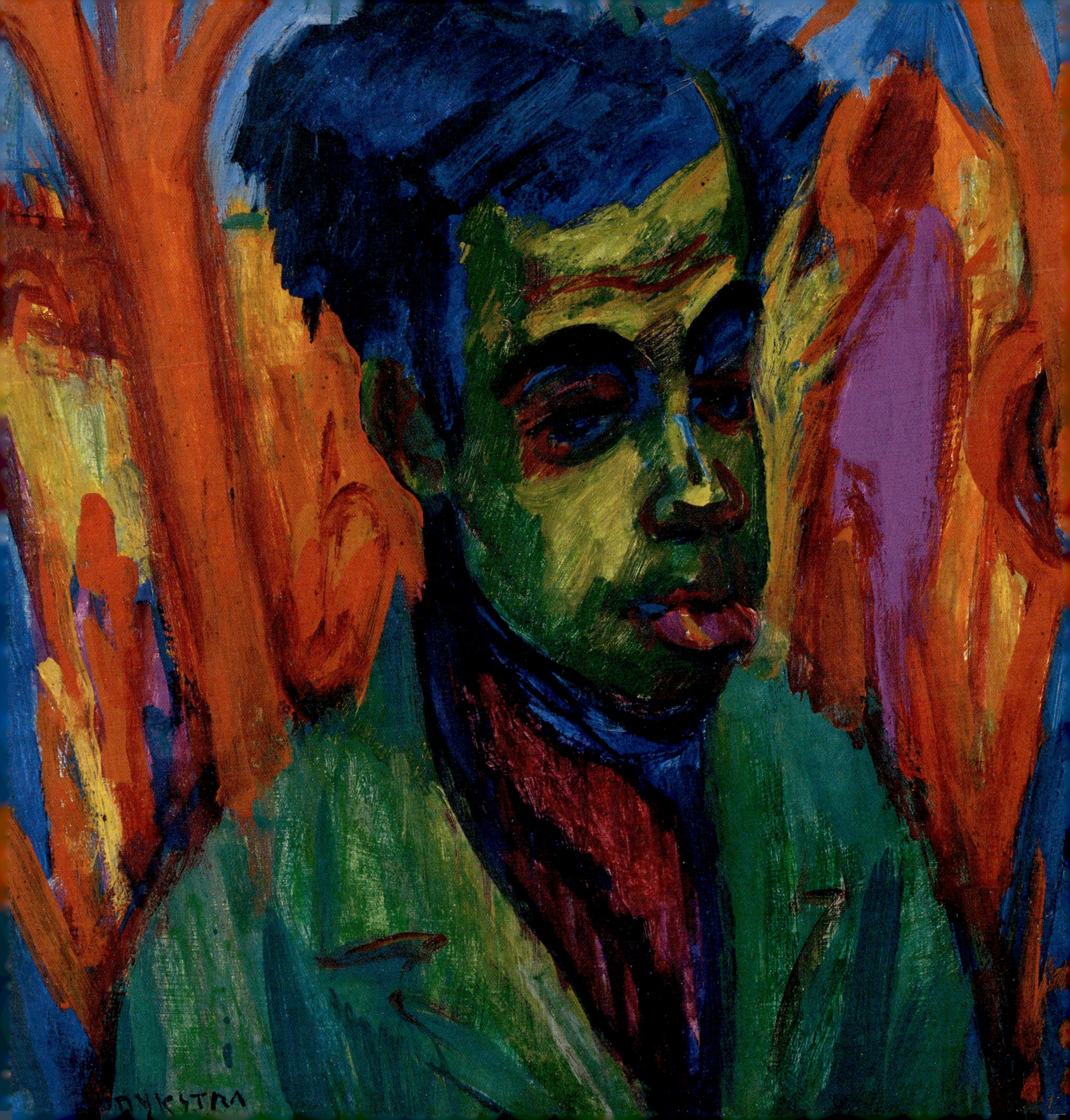
DYKSTRA

< afb. 117 **Johan Dijkstra**, *Negerportret*, 1926, was/olieverf op doek, 52 x 52 cm, Groninger Museum

In de tijd dat Dijkstra dit portret maakte, had het woord 'neger' nog niet de beledigende betekenis, die het tegenwoordig onwaarschijnlijk maakt dat een kunstenaar deze titel zou kiezen. De jongen die poseerde is mogelijk een werknemer van een fietsenwinkel in Groningen. Johan Dijkstra herinnerde zich later dat deze jongen model gestaan had.[20]

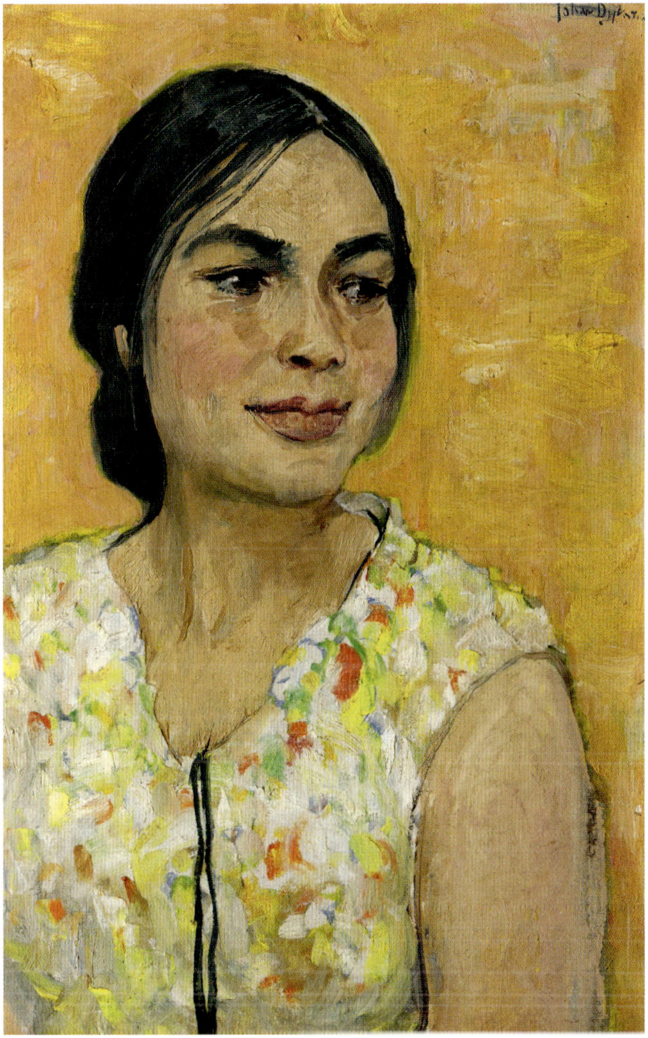

afb. 118 **Johan Dijkstra**, *Anda Kerkhoven*, 1940-1945, olieverf op doek, 58 x 38 cm, Groninger Museum, aangekocht met gelden van de BankGiro Loterij

Anda Kerkhoven was een vrouw met sterke principes, die bijvoorbeeld tijdens haar medicijnenstudie bezwaar maakte tegen vivisectie. Gedurende de Tweede Wereldoorlog was zij actief in het studentenverzet. Dit werd haar fataal, in 1944 werd ze door de SD opgepakt en na zware verhoren in 1945 geëxecuteerd. Anda Kerkhoven was een bijzondere persoonlijkheid, Johan Dijkstra heeft haar meerdere keren geportretteerd.

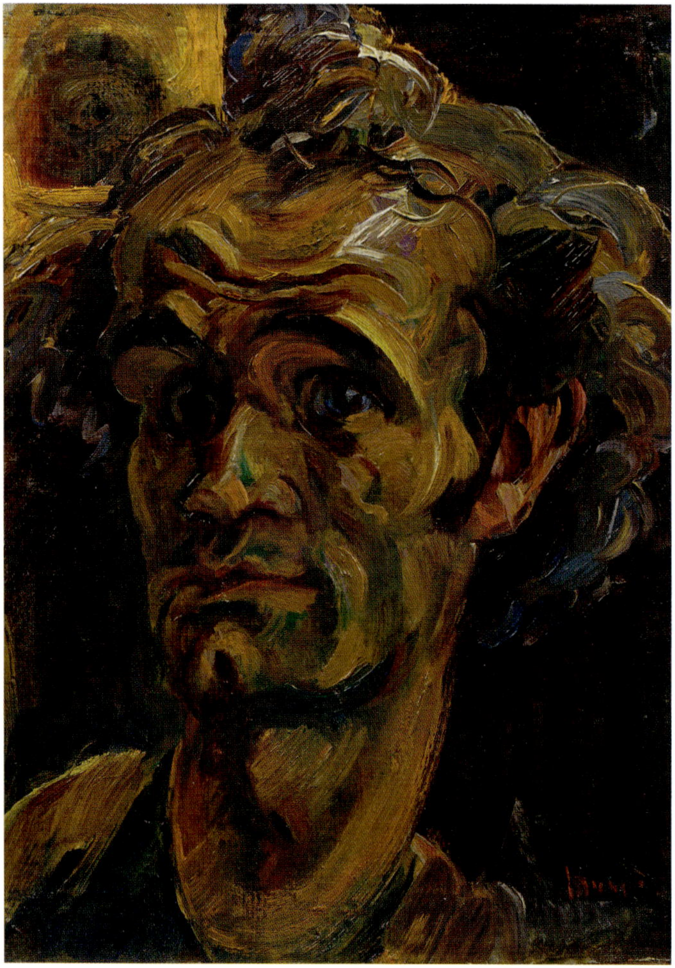

> afb. 120 **Henk Melgers**, *Boerenpaar*, 1928, was/olieverf op doek, 115 x 110 cm, Groninger Museum, verworven met steun van de BankGiro Loterij

afb. 119 **Johan Dijkstra**, *Henk Melgers*, 1925, olieverf op doek, 40 x 31 cm, Groninger Museum, verworven met steun van de Mondriaan Stichting

Johan Dijkstra schilderde dit markante portret van Henk Melgers in stoere verfstreken en warme herfstachtige tinten. De bewondering van beide schilders voor Vincent van Gogh klinkt door in dit werk.

Henk Melgers liet in zijn werk veel meer dan zijn Ploegcollega's een sociale bewogenheid zien. In 1927 sloot hij zich, naast zijn lidmaatschap van De Ploeg, aan bij de Socialistische Kunstenaarskring. *Boerenpaar* is een voorbeeld van zijn sociaal geëngageerde werk. In 1930 was het werk te zien op de tentoonstelling Socialistische kunst Heden, in het Stedelijk Museum in Amsterdam, waar ook werk te zien was van o.a. Bart van der Leck, Peter Alma, Käthe Kollwitz, Georg Grosz en Otto Dix.

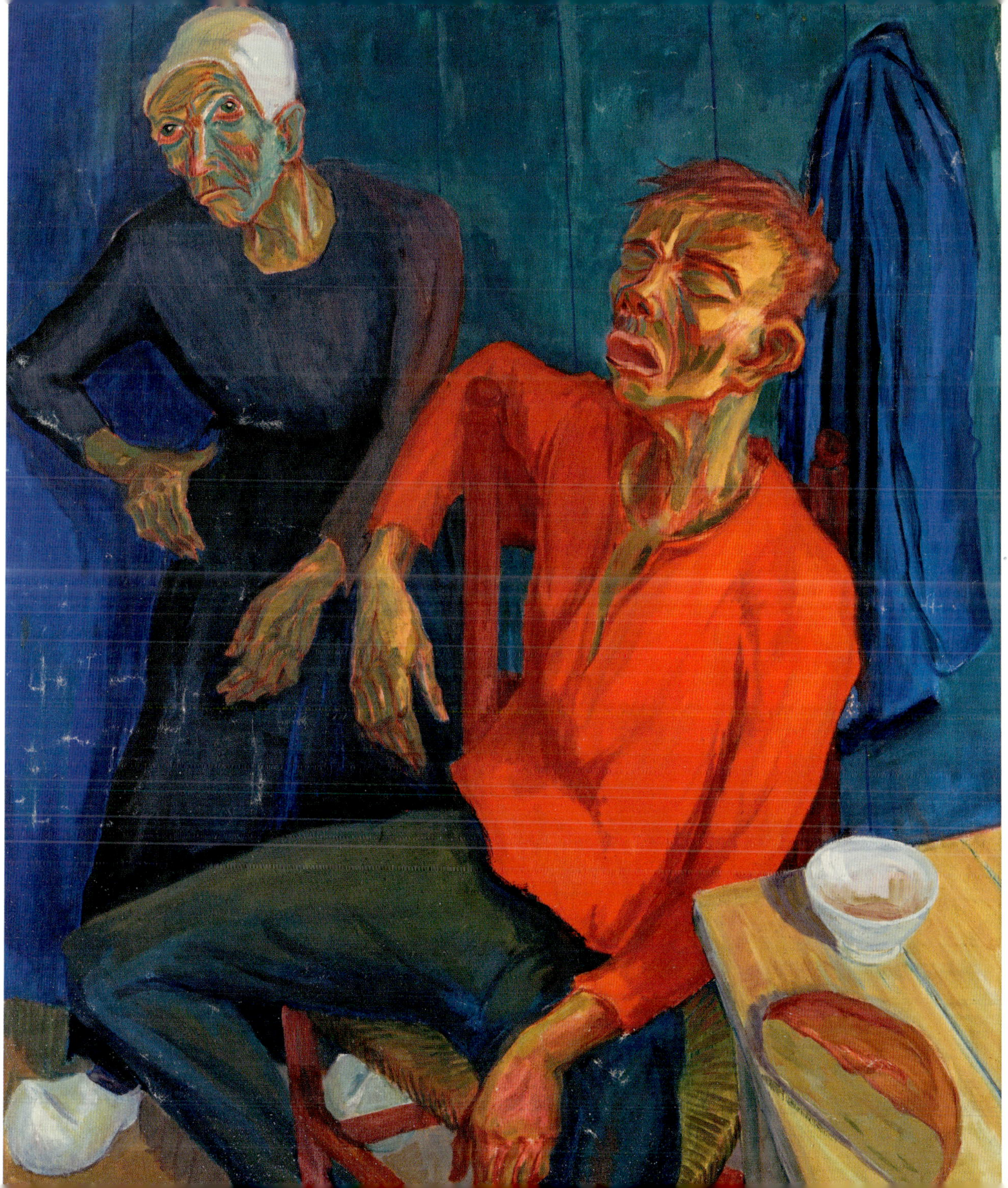

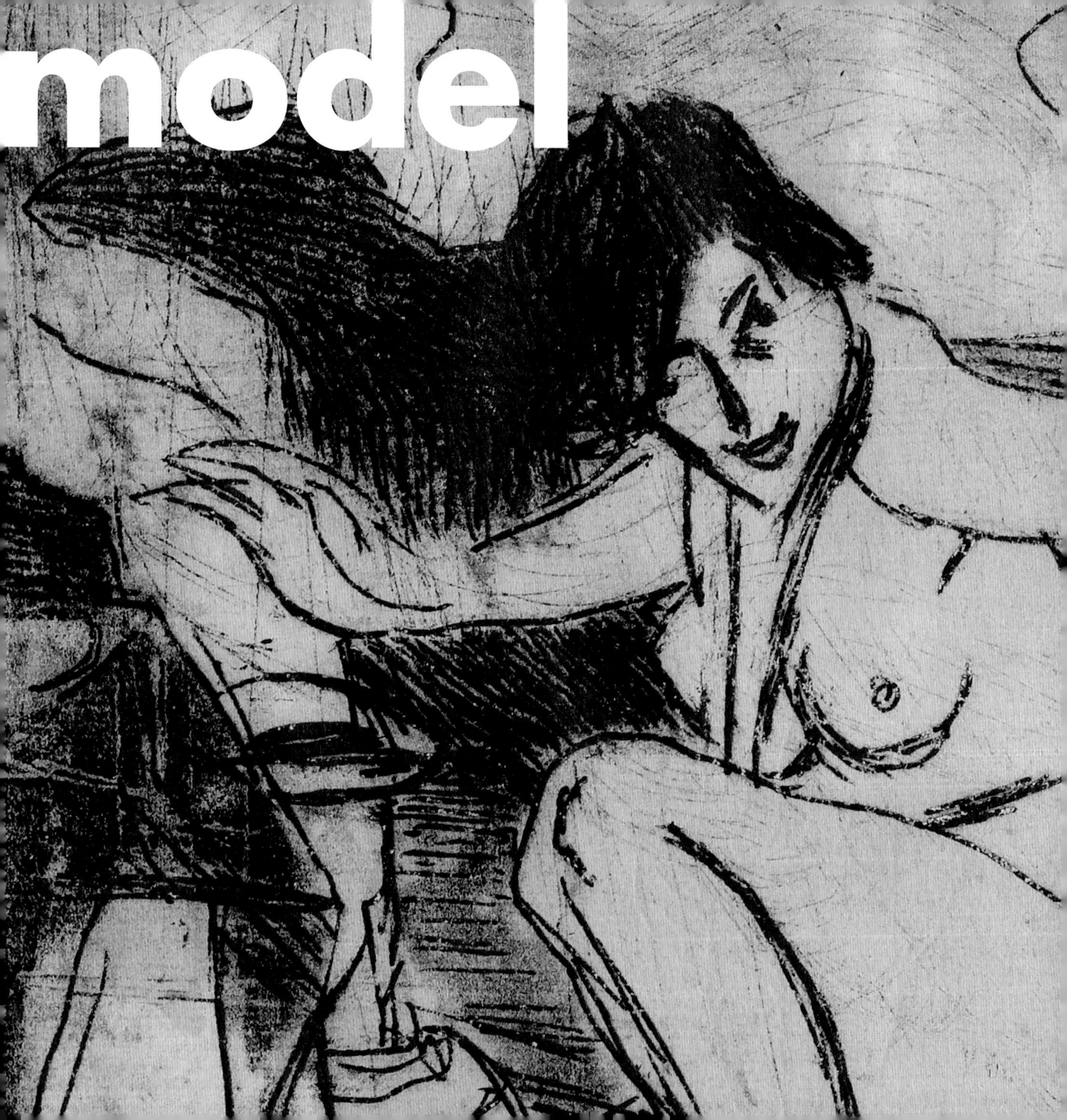
model

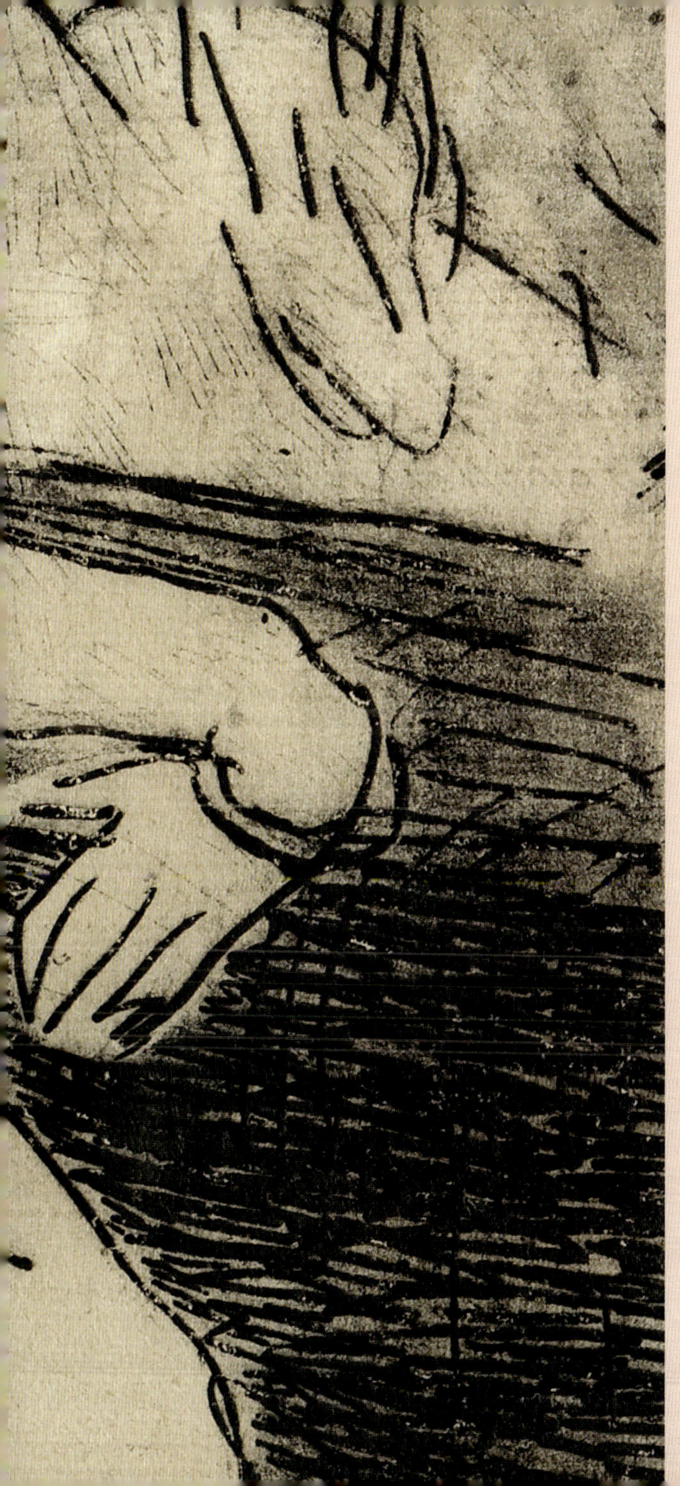

MODEL

Op 10 mei 1919, op de allereerste jaarvergadering van De Ploeg, las secretaris Johan Dijkstra het jaarverslag van het oprichtingsjaar voor. Hij keek zeer tevreden terug. Het ledenaantal groeide tot 25 leden, en niet minder dan 50 kunstlievende leden en donateurs steunden inmiddels de vereniging. De eerste Ploegtentoonstelling was gehouden in Groningen, gevolgd door een expositie in Loppersum. En ook ging hij uitvoerig in op de uitwerking van een belangrijk punt uit de statuten, 'de gelegenheid tot werken vergemakkelijken'. 'Ons ideaal was natuurlijk het bezitten van een gemeenschappelijk atelier, waar kon worden gewerkt.' Een van de achterliggende gedachten hierbij was dat in de eigen ruimte gezamenlijk naar model gewerkt zou kunnen worden. Dat bleek al uit de notulen van 28 juni 1918, waarin de beraadslaging over het huren van een 'zomermodel' werd vermeld. Uiteindelijk besloot men dat eerst nog aan individuele leden over te laten. 'Uitgezien zal worden naar een gelegenheid voor een atelier,' besloten de notulen. En dat lukte,

detail afb. 129

model

want korte tijd later kon de kunstkring dankzij de inspanningen van Jan Jordens beschikken over een tekenlokaal van de Rijks HBS aan de Violenstraat. Gelukkig beschikte De Ploeg inmiddels ook over voldoende middelen; in het jaarverslag constateerde de secretaris dat dankzij de bijdrage van een aantal kunstlievende leden de financiële draagkracht van de vereniging beter was geworden, 'zoodat spoedig kon begonnen worden met werken naar levend model, het ideaal van elken kunstenaar.' Direct werd ook een modelcommissie ingesteld die het een en ander moest organiseren. Van de leden zou een bijdrage in de kosten van 10 cent per keer gevraagd worden. Op 9 november dat jaar ging het modeltekenen van start, en direct werd de ruimte ook benut als vergaderlocatie. Ploeglid Geert Streurman schreef in zijn dagboek: 'Vanavond heb ik tot 8u. voor 't eerst Modelgeteekend in de school in de Violenstraat. [...] 't Was er erg gezellig. Daarna vergadering.'[21]

Een eigen atelierruimte, maar eigenlijk nog ruimer een eigen verenigingsgebouw, zou een steeds terugkerend onderwerp blijven binnen De Ploeg. Een tijdlang bestond er in de beginjaren zelfs een 'schuitcommissie'. Deze commissie oriënteerde zich op de aankoop van een schip, om hierop exposities in te richten en daarmee rond te trekken. Deze droom werd nooit gerealiseerd, maar wel kon men vanaf mei 1923 een klein jaar beschikken over een eigen ruimte. Op 25 april van dat jaar riep het bestuur een spoedvergadering bijeen, om de mogelijkheid te bespreken de verdieping boven de drukkerij van Werkman te huren in het pakhuis aan de Lage der A. Nadat een aantal leden had toegezegd een bedrag te storten in een waarborgfonds, besloot men de stap te wagen. 'Er wordt een *home* gesticht. Het eerste, een kleine roodgeverfde hel in den eenigen Groninger skyscraper. Er worden muren gesausd, waarbij de kracht van de Chianti wordt onderschat', zo klonken de nostalgisch gekleurde herinneringen van Johan Dijkstra in 1938. Gedurende dit memorabele jaar werden drie exposities gehouden, waarbij de oktobertentoonstelling het thema 'naakt' had. Hier waren tekeningen, schilderijen en grafiek te zien van Dijkstra, Jordens, Altink, Wiegers en Werkman. Waarschijnlijk zal er werk getoond zijn dat op of naar aanleiding van een van de modelavonden in het pakhuis was gemaakt. In de zomer van 1923 werd de frequentie van de tekenavonden aanvankelijk tot twee maal per week uitgebreid, toch liep de animo gedurende het jaar terug. Dit op en neer gaan van de belangstelling voor de modelavonden bleef een terugkerend punt van aandacht, gekoppeld aan beraadslagingen over de kosten. Ook nadat men de Rode Hel had ingeruild voor een ruimte in het Prinsenhof aan het Martinikerkhof, of nog weer later toen de bijeenkomsten vooral in de ateliers van leden plaatsvond. Een praktisch punt bleef ook steeds het vinden van goede modellen, dit ging niet altijd zonder slag of stoot. In 1925 plaatste de modelcommissie een advertentie in de rubriek 'gevraagd': 'Voor 's zaterdagsavonds door "De Ploeg", NAAKTMODELLEN.' De advertentie kreeg een onverwacht reactie: de politie ging bij voorzitter Jan Jordens langs om navraag te doen naar deze 'verdachte' oproep. Mogelijk kwam een positievere respons van het enige Ploegmodel dat tegenwoordig met naam en toenaam bekend is. Jantje Bolt, bijgenaamd Jeanne de Blécourt heeft tussen 1925 en 1929 geregeld voor De Ploeg geposeerd.[22] Zij is afgebeeld op een reeks getekende modelstudies, in prenten en op schilderijen. Een van de mooiste daarvan is *Zittend naakt*, in 1925 schilderde Jan Wiegers dit expressionistisch naaktmodel.[23]

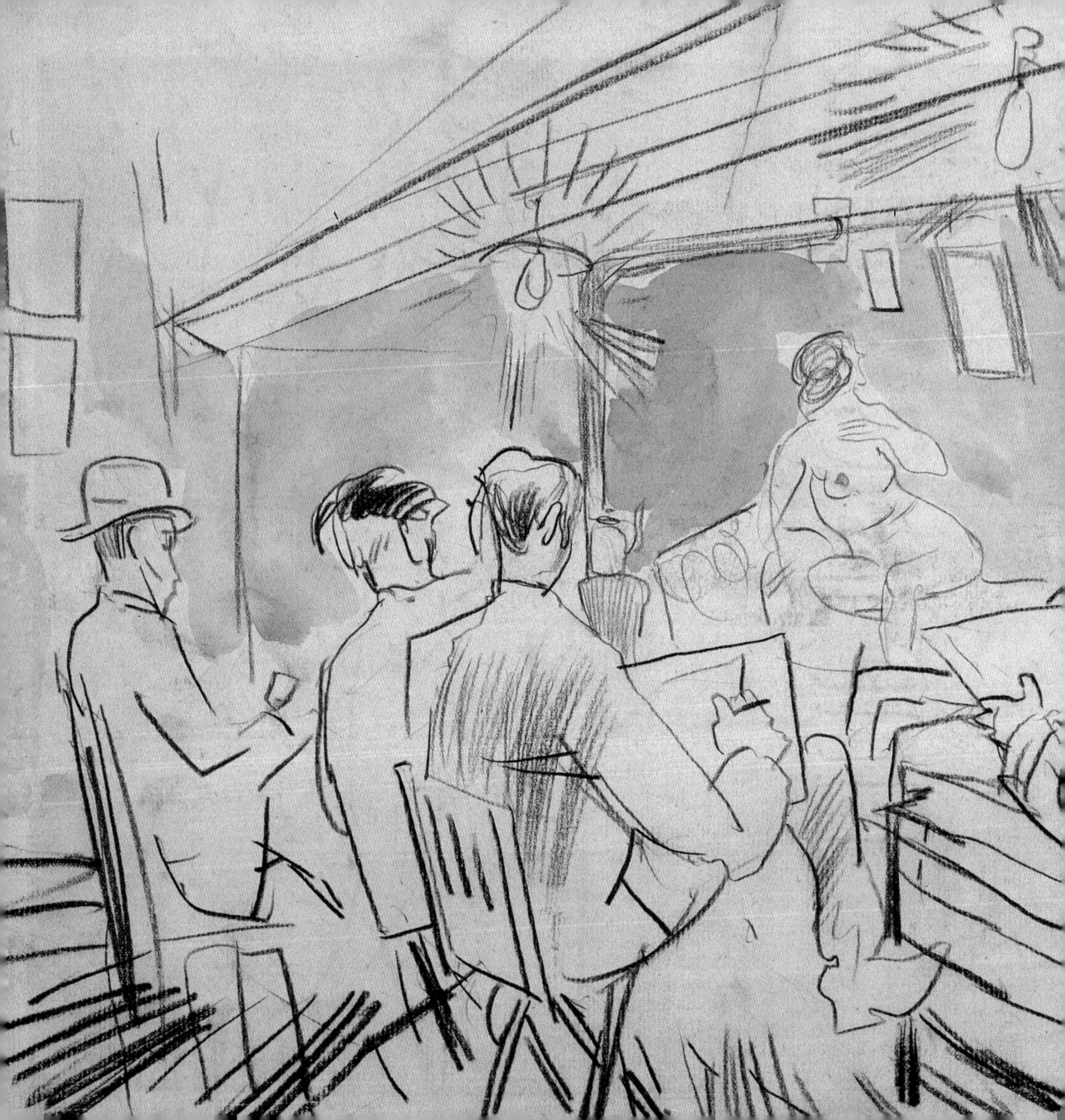

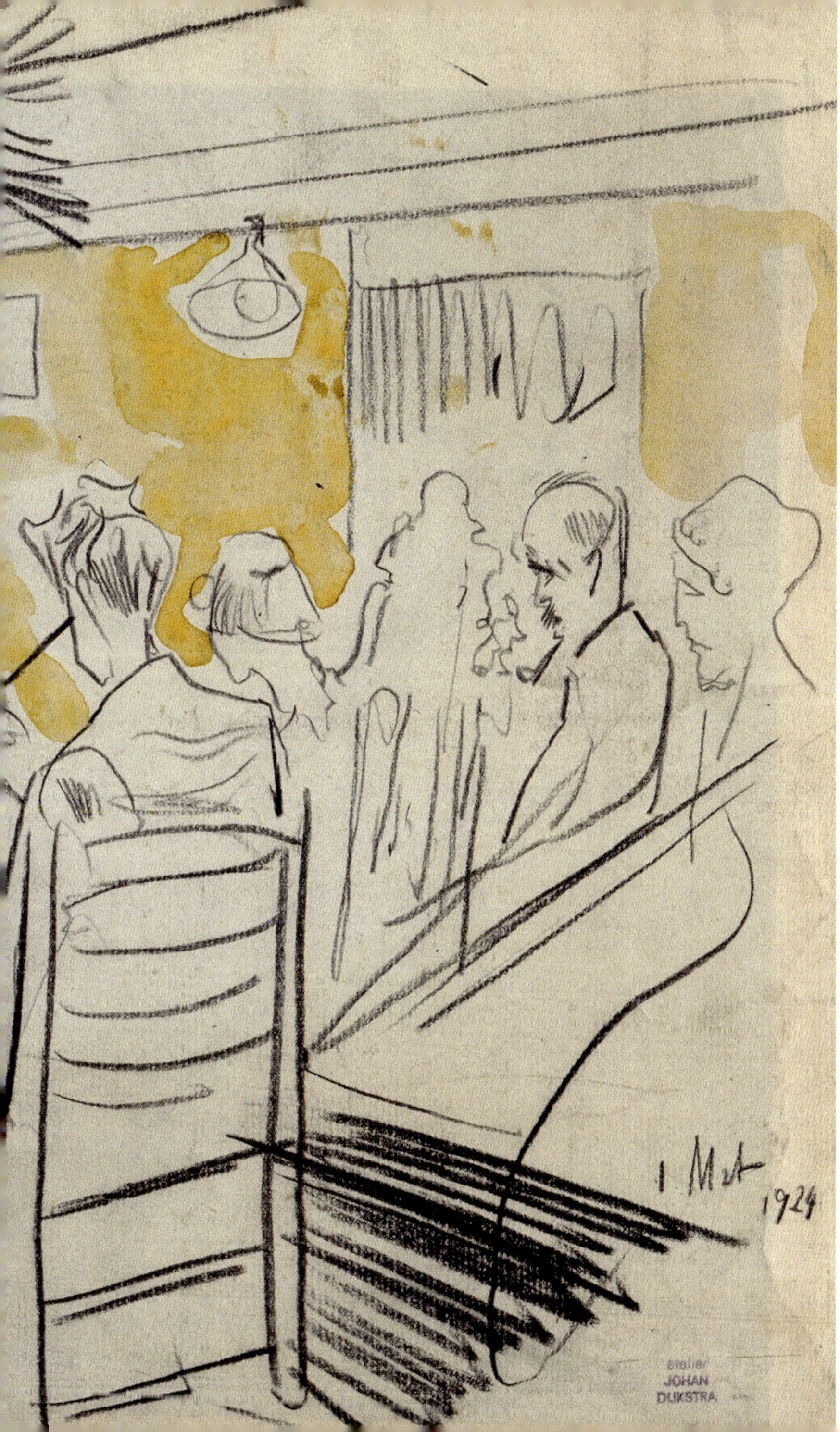

afb. 121 **Johan Dijkstra**, *Modelavond in de Rode Hel*, 1924, potlood en aquarel op papier, 27 x 44 cm, Stichting Johan Dijkstra

Met deze schets laat Johan Dijkstra zien hoe het eraan toeging op een modeltekenavond in de Rode Hel. Dijkstra dateerde deze tekening opmerkelijk genoeg heel precies met '1 Mrt 1924'. Het zou goed kunnen dat hij met deze schets de allerlaatste tekenavond in de Rode Hel vastlegde. Na een jaar vol organisatorische en financiële problemen had men de huur weer opgezegd.

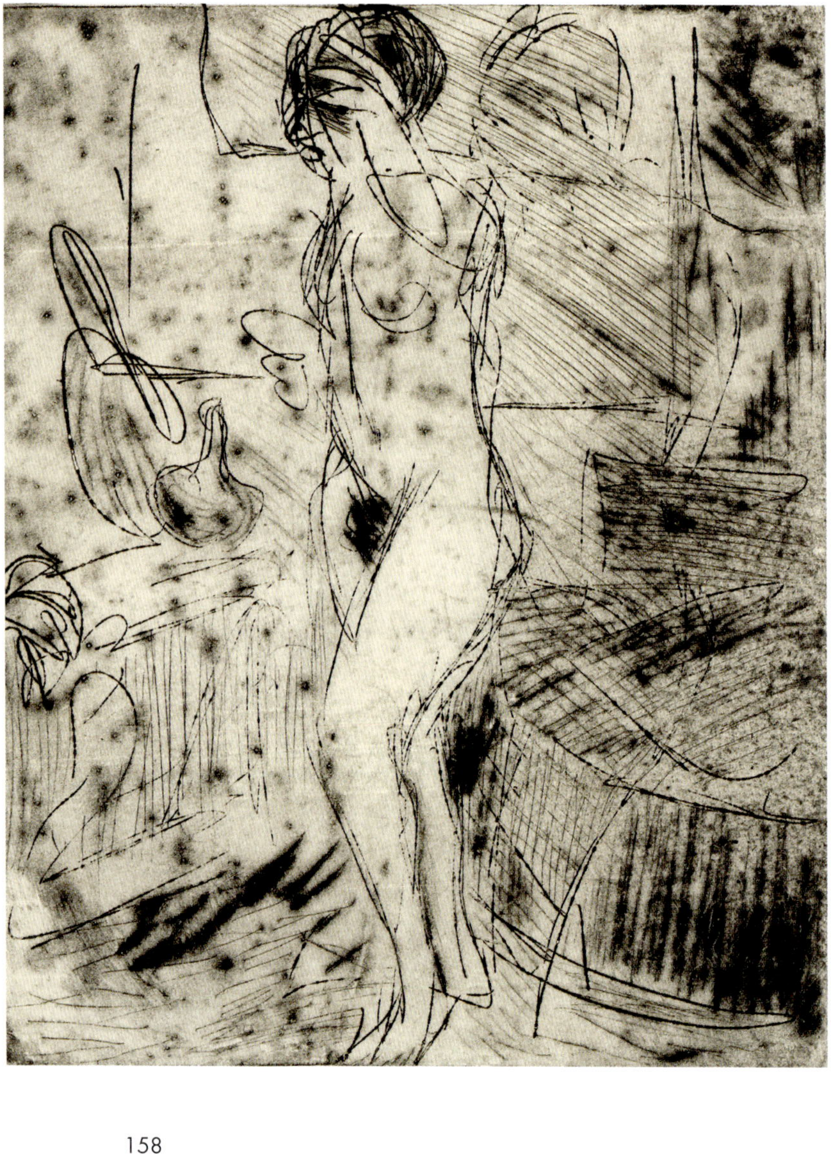

afb. 122 **Jan Altink**, *Staand vrouwelijk naakt*, z.j., ets, 32,2 x 24,9 cm, Groninger Museum, bruikleen Gemeente Groningen

Het werken naar levend model werd als hét ideaal van elke kunstenaar beschreven in het eerste jaarverslag van de kunstkring in 1919. Vooral in de jaren twintig kwamen de kunstenaars hiervoor geregeld samen. Jan Altink maakte deel uit van een commissie die de tentoonstelling *Naakt* voorbereidde, die in oktober 1923 in de Rode Hel werd gehouden. Van Altink waren hier tien tekeningen en een olieverfdoek te zien.

> afb. 123 **Jan Wiegers**, *Zittend vrouwelijk naakt*, 1923, lithografie, 65 x 52 cm Groninger Museum

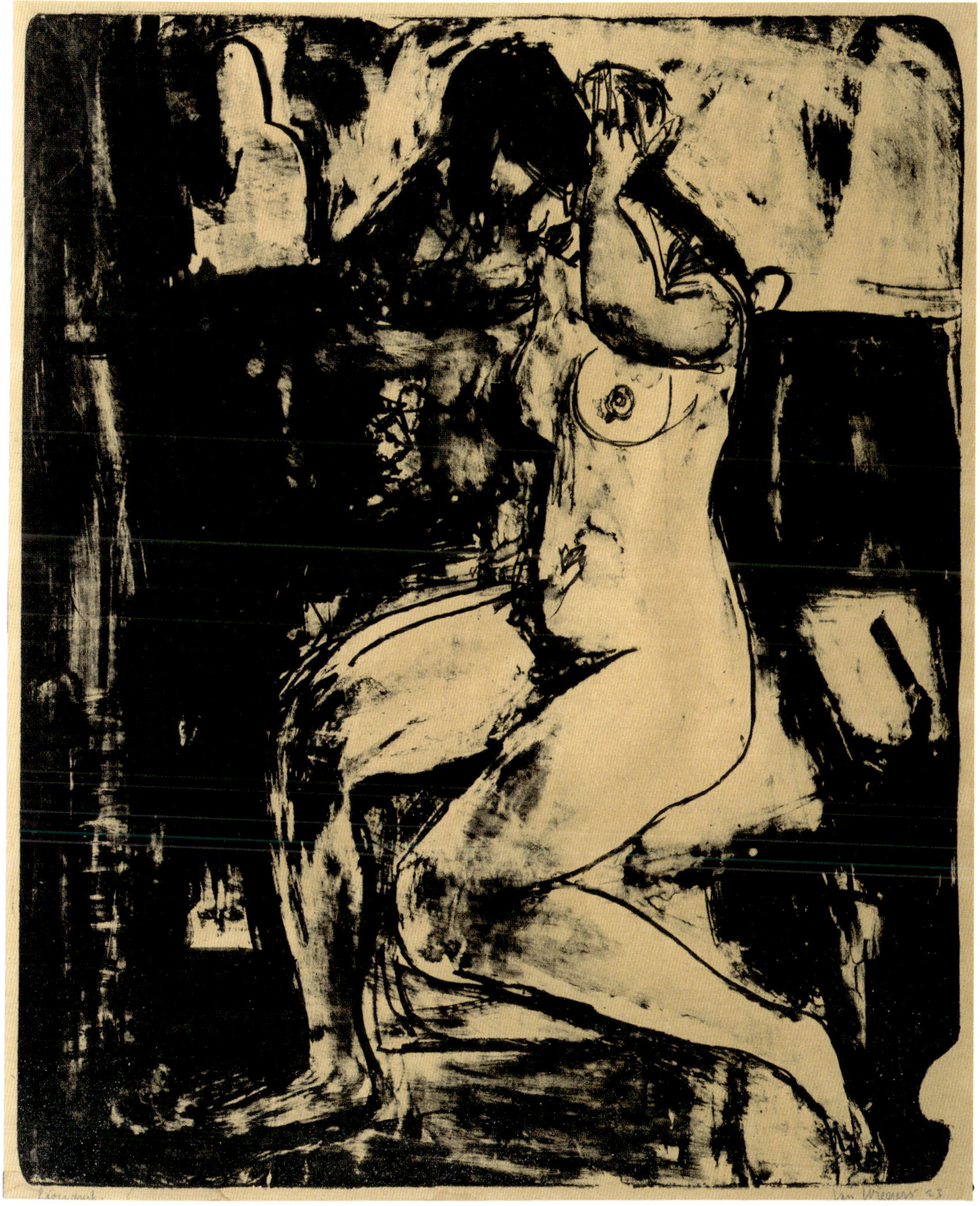

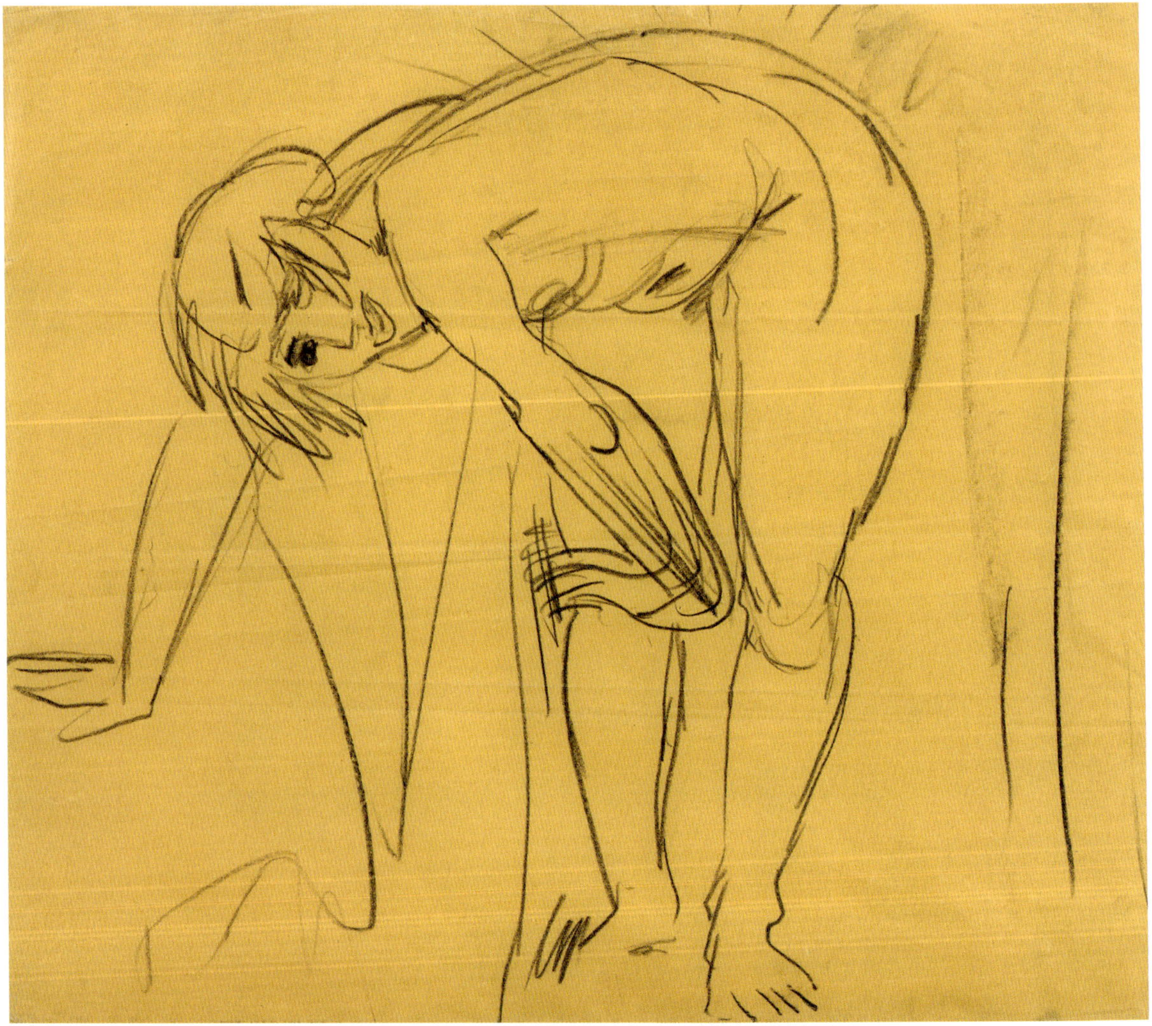

afb. 124 **Johan Dijkstra**, *Naakt (Jantje Bolt)*, z.j., krijt op papier, 45,4 x 52,1 cm, Groninger Museum

''s Avonds wordt er gewerkt, dat de lappen er af vliegen. Een nieuw model met een deftigen franschen naam, arbeiderskind van het platteland. Rooie wangen, blauwe oogen, zwart haar. Een zuidelijk gedrongen figuur.' Zo beschreef Johan Dijkstra in 1938 Jeanne de Blécourt, oftewel Jantje Bolt, het nieuwe model van De Ploeg.

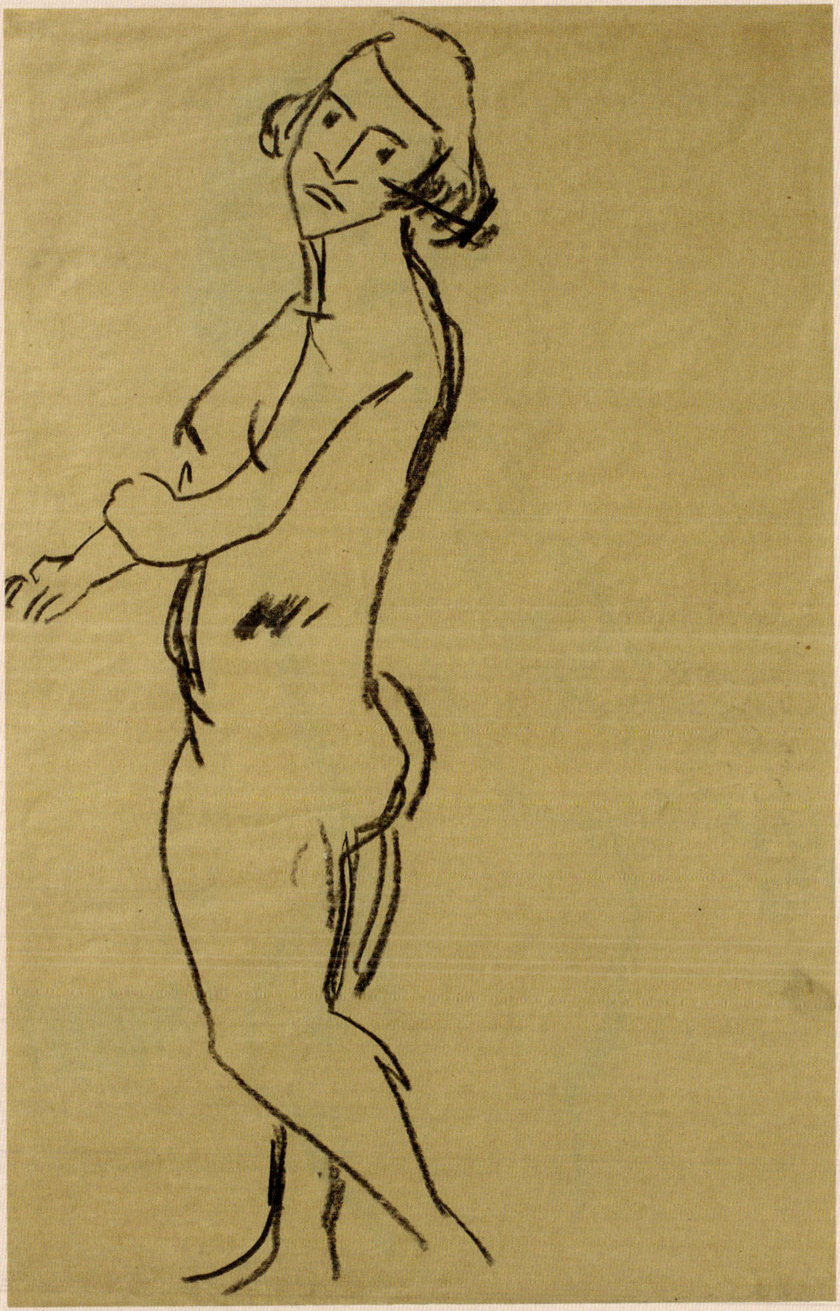

afb. 125 **Jan Wiegers**, *Staande naakte vrouw (Jantje Bolt)*, z.j., zwart krijt op papier, 45,1 x 30,5 cm, Groninger Museum, bruikleen Gemeente Groningen

Met de beschrijving door Johan Dijkstra, en door foto's die tegenwoordig bekend zijn van Jantje Bolt, valt zij met haar gedrongen figuur op veel werken van De Ploeg te identificeren. Jan Wiegers schetste haar hier met snelle lijnen.

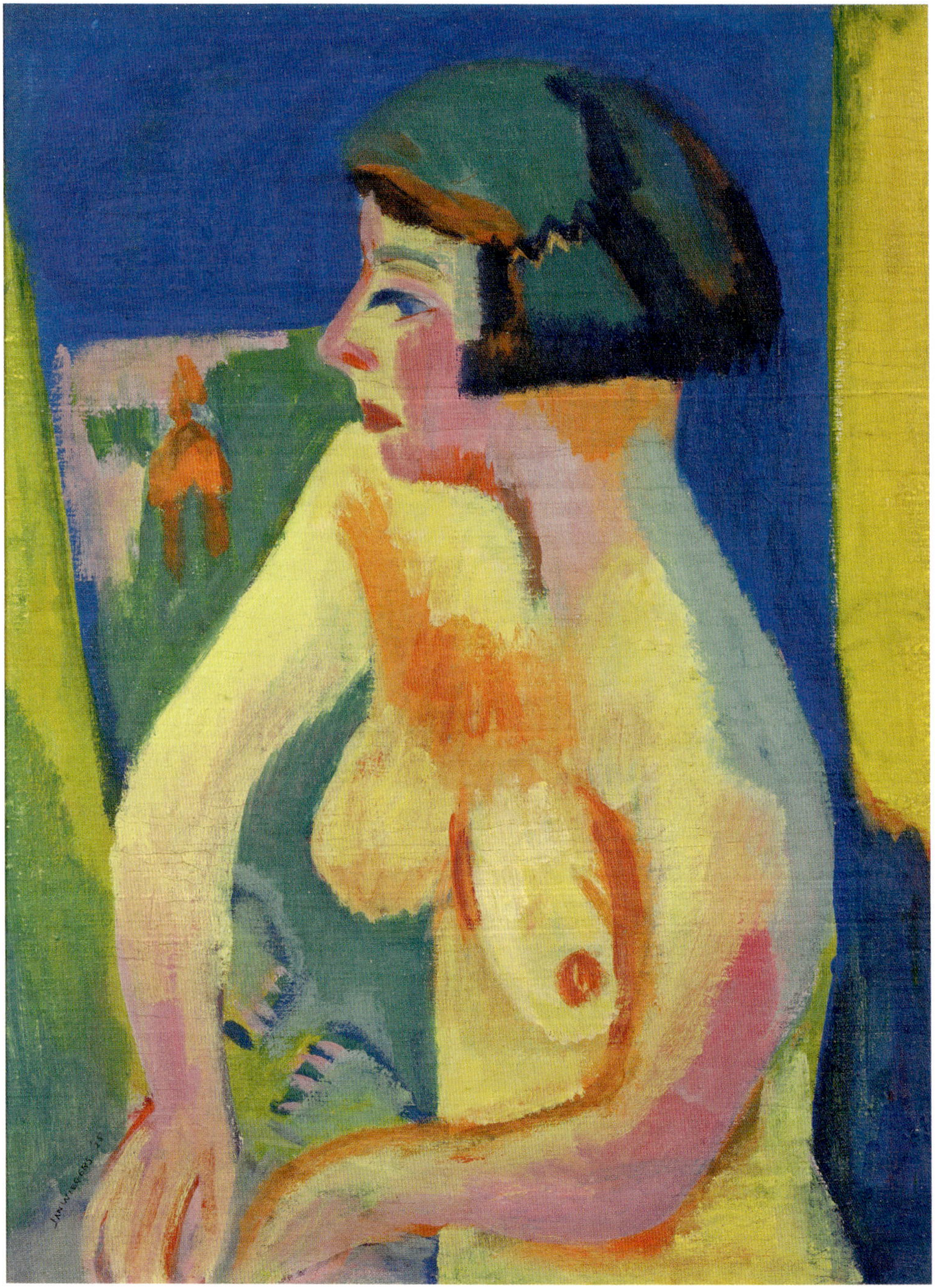

< afb. 126 **Jan Wiegers**, *Zittend naakt (Jantje Bolt)* (op achterzijde *Portret van Johan van Zweden*), 1925, olieverf op doek, 71 x 54,5 cm, Groninger Museum, verworven met steun van de Vereniging Rembrandt, mede dankzij haar Fonds voor 20ste-eeuwse Nederlandse schilderkunst en haar Themafonds moderne en hedendaagse kunst

Voor de Duitse expressionistische schilders rond Kirchner was het naakt een belangrijk onderwerp. De modellen werden, anders dan in traditionele academische naaktstudies, in onbevangen houdingen en vaak in de natuur weergegeven. Jan Wiegers heeft in de hoogtijdagen van zijn expressionistische schilderkunst in de jaren twintig een aantal prachtige naakten geschilderd.

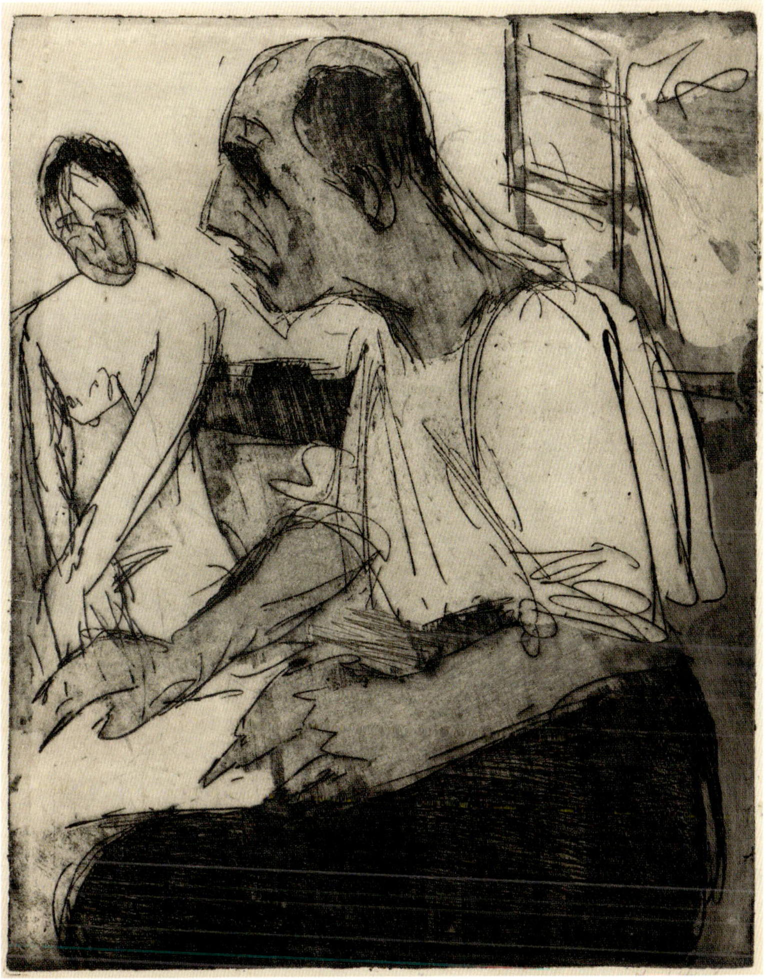

afb. 127 **Jan Altink**, *de kunstenaar en zijn naaktmodel*, 1924, ets, 31,1 x 25,1 cm, Collectie Stichting De Ploeg, bruikleen Groninger Museum

Jan Altink trof in deze ets Jan Wiegers met een model op de achtergrond.

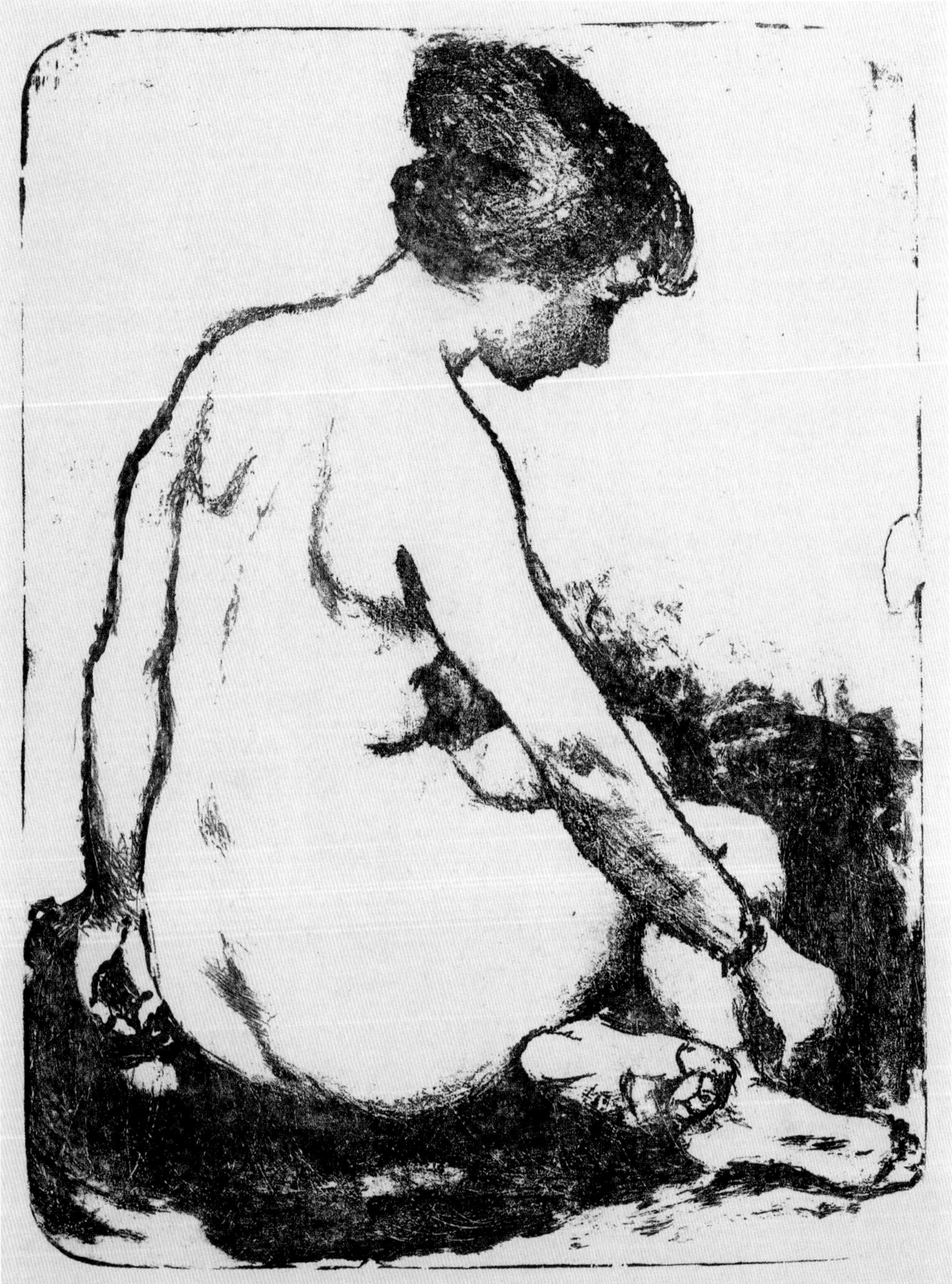

< afb. 128 **Jan Altink**, *Zittend naakt*, 1925, lithografie, 32,4 x 24,2 cm, Groninger Museum

afb. 129 **Jan Altink**, *Zittend naakt (het Gronings model Beppie)*, 1926, ets, aquatint op papier, 38 x 25,5 cm, Groninger Museum

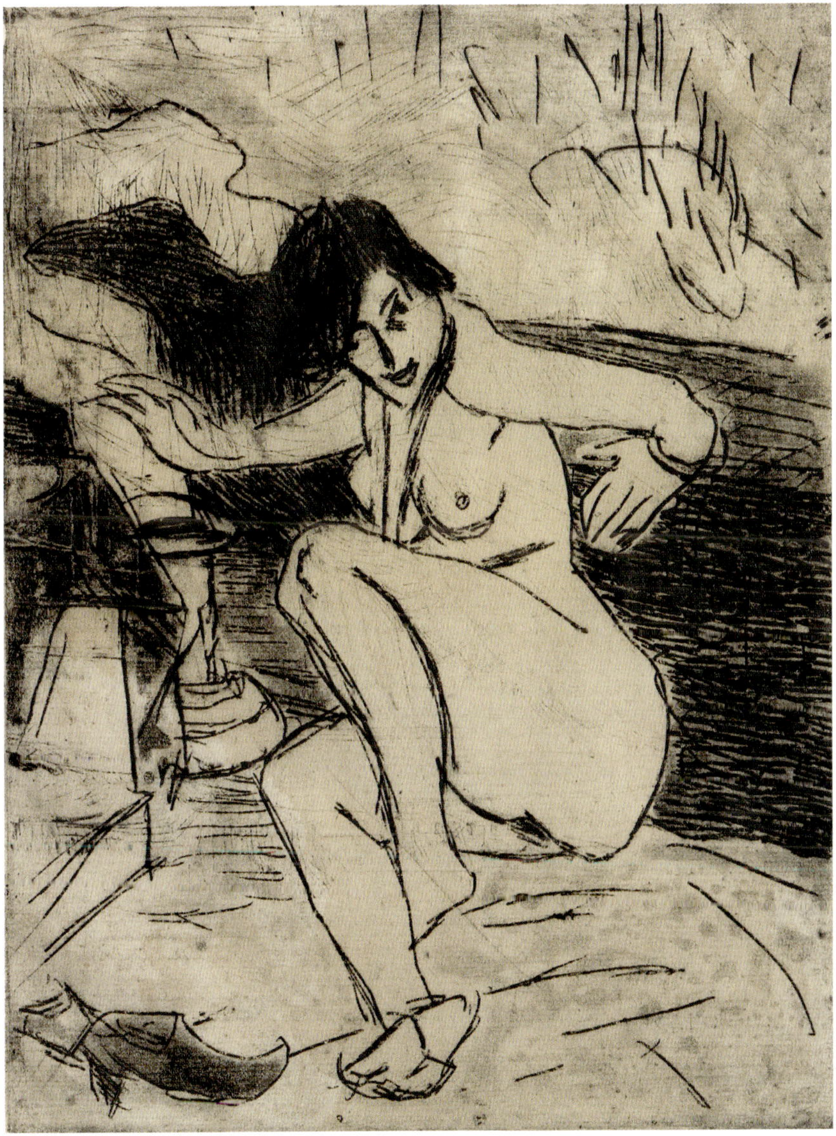

Jan Altink werd in deze jaren steevast vergezeld door zijn hondje Fritsie. Johan Dijkstra beschreef ter gelegenheid van de tachtigste verjaardag van Altink: 'Fritsie kwam zelfs meestal mee op de te kenavonden; hij zag niet veel in de modellen, kende blijkbaar het verschil niet tussen man en vrouw, gekleed of ongekleed. Hij snuffelde wel eens aan een teen maar negeerde ze verder en ging, als wij werkten, in een hoek liggen slapen'.

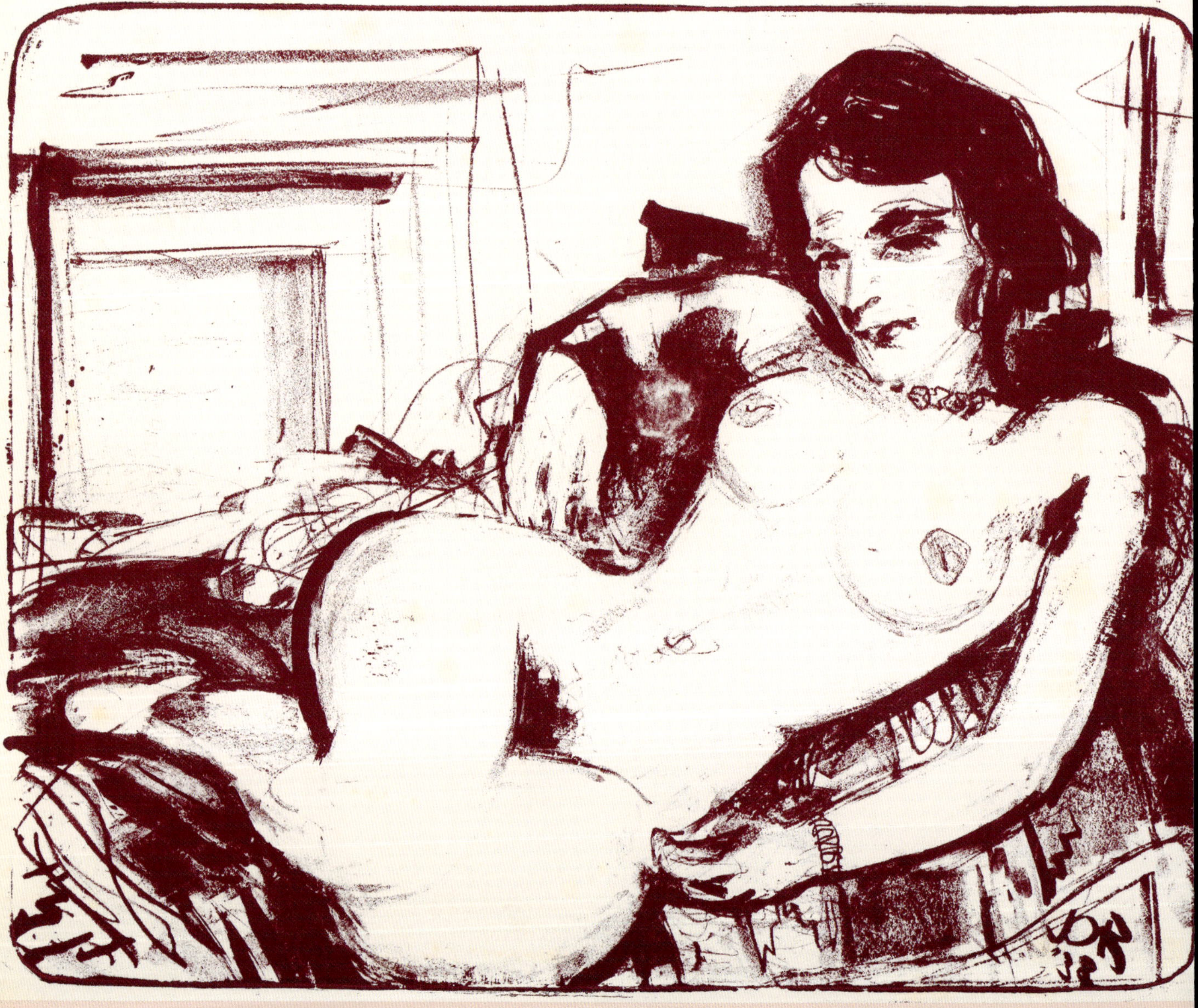

< afb. 130 **Jan Gerrit Jordens**, *Liggend naakt*, 1938, lithografie, Groninger Museum

Jannes de Vries heeft wel eens gezegd dat het op de modellenavonden altijd 'onberispelijk' toe ging, 'hoewel er met bijzondere gebeurtenissen veel gelachen werd.' Toch stond het modellenwerk niet bij iedereen in hoog aanzien. Het verhaal gaat dat mevrouw Jordens de vrouwelijke modellen van haar man absoluut niet in het woongedeelte van hun huis wilde zien, ze mochten alleen in het atelier komen.[24]

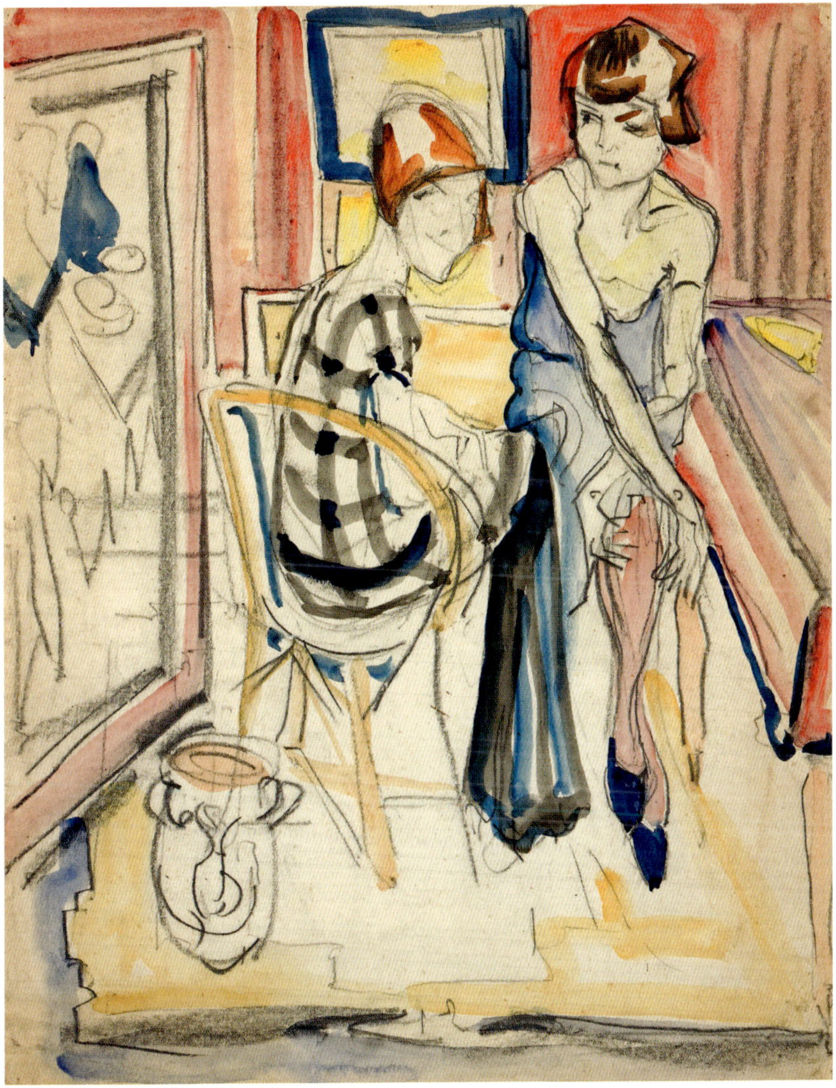

afb. 131 **George Martens**, *Interieur met twee vrouwen (Alida Pott en model)*, 1925-1927, aquarelverf op papier, 54,5 x 43,2 cm, Groninger Museum

abstract

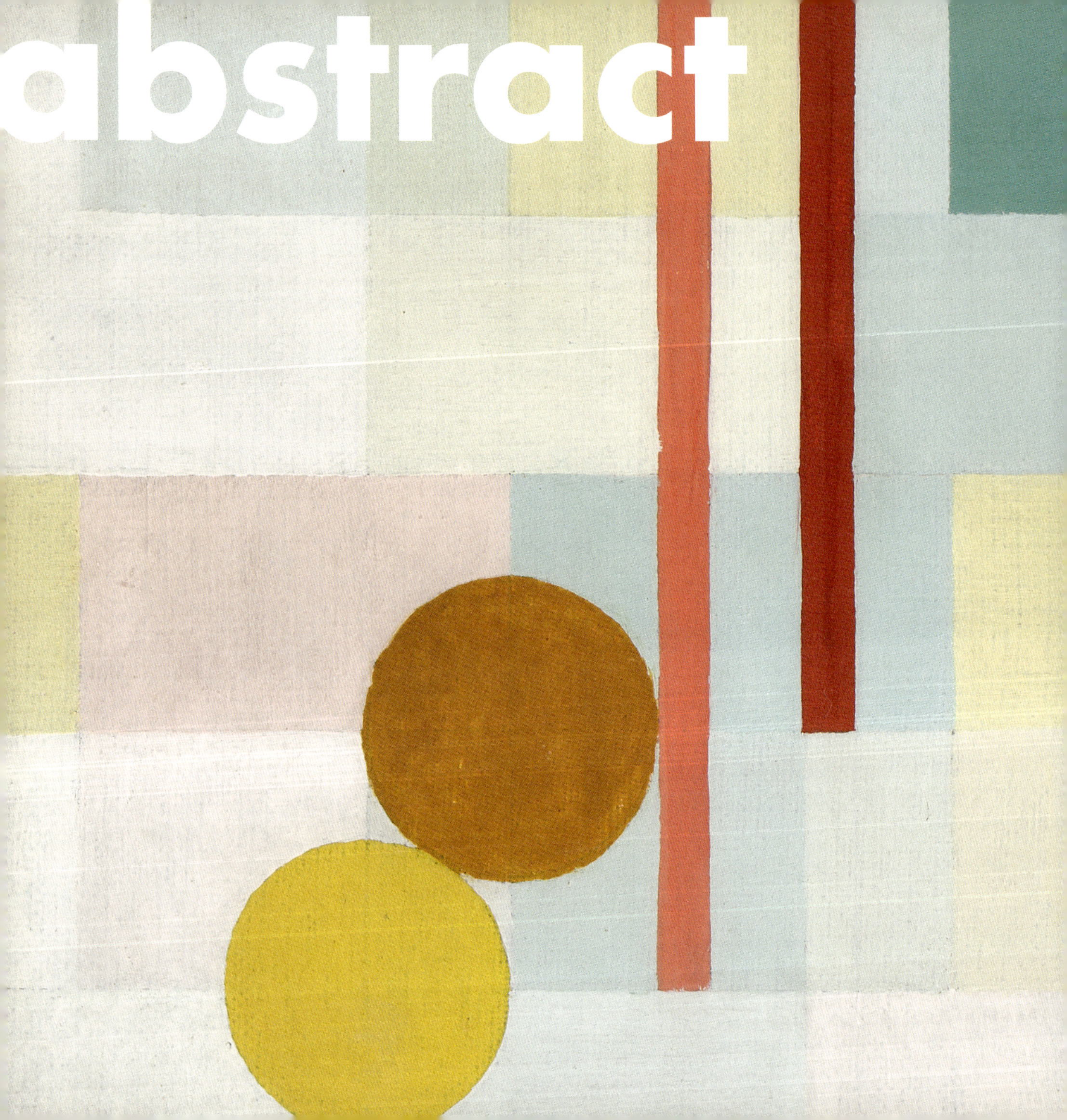

ABSTRACT

De Ploeg wordt vooral in verband gebracht met de expressionistische schilderkunst die gedurende de hoogtijdagen van de vereniging tot bloei kwam. Maar de kunstkring kende geen artistiek programma en het expressionisme was niet de enige stilistische richting waarin gewerkt werd. De avant-gardistische mentaliteit en het streven naar vernieuwing lieten evengoed ruimte aan kunstenaars die andere wegen volgden. Zo werkte een aantal kunstenaars binnen De Ploeg in een abstract-constructivistische beeldtaal; hierbij moeten Hendrik Nicolaas Werkman, Wobbe Alkema en Jan van der Zee genoemd worden.

Werkman was in 1919 als schilder lid geworden van De Ploeg. Onder invloed van Jan Wiegers ontwikkelde zijn schilderstijl zich in expressionistische richting. Maar tegelijkertijd creëerde hij in zijn drukkunst een abstract-geometrische vormentaal. De eerste duidelijke uiting hiervan was het omslag voor het *Blad voor Kunst* (afb. 132) van maart 1922. Nadat de eerste vijf nummers van dit tijdschrift met expressionistische

detail afb. 148

houtsneden van verschillende kunstenaars waren geïllustreerd, maakte Werkman voor het omslag van het zesde nummer een kleurige geometrische compositie in rood, geel en blauw. Hij raakte hiertoe geïnspireerd na het zien van een expositie in 1922 bij Pictura van de kunstenaars Theo van Doesburg, Vilmos Huszár en Bart van der Leck (de laatste in reproductie), alle drie aangesloten bij De Stijl. Een jaar later maakte Werkman met het zetmateriaal uit de drukkerij zijn eerste druksels. Hij ontwierp hiermee een unieke kunstvorm, waarin hij de eerste jaren vooral abstracte composities maakte. Vanaf de jaren dertig dook in zijn drukkunst ook figuratie op. Werkman zou binnen zijn gehele oeuvre een abstracte en een figuratieve beeldtaal blijven afwisselen. Abstractie was voor hem geen principiële keuze; hij zwenkte, uit overtuiging, heen en weer en wilde zich niet conformeren aan een stijl of richting. 'Het resultaat is naar mijn aard en niet naar een princiep', zoals hij in een brief eens schreef.[25]

Dat lag geheel anders voor Wobbe Alkema, die zich in dezelfde tijd als Werkman tot een puur abstracte kunstenaar ontwikkelde. Alkema, op dat moment nog geen Ploeglid, kwam via een steeds verdergaande abstrahering op het punt dat hij de visuele werkelijkheid als bron voor zijn schilderkunst geheel losliet. Het schilderij *En Passant* (afb. 139) uit 1922-1923 laat heel overtuigend de overgang van geabstraheerde figuratie naar zuivere abstractie zien. Alkema kwam hierna tot een constructivistische ordening van vormen en kleuren; los van iedere verwijzing naar de realiteit wilde hij met elementaire vormen een geometrische harmonie scheppen. Zijn composities ontwierp hij vaak op een rasterpatroon. Ook Alkema zag in 1922 de inspirerende expositie van De Stijl bij Pictura. Daarnaast werd hij enorm gesterkt in zijn overtuigingen door het contact dat hij kreeg met Belgische kunstenaars rondom het constructivistische tijdschrift *Het Overzicht*, zoals Jozef Peeters en Felix De Boeck. Nadat hij een aflevering van dit blad onder ogen had gekregen, fietste hij in de zomer van 1924 naar Antwerpen, om deze geestverwanten te ontmoeten. In november 1924 sloot Alkema zich aan bij De Ploeg.

Jan van der Zee vormde de verbindende schakel tussen Werkman en Alkema. Deze veelzijdige, toen nog in een modern-impressionistische stijl werkende, kunstenaar werd eind 1922 lid van De Ploeg. Via Johan Faber, een gemeenschappelijke vriend, hadden Alkema en Van der Zee elkaar leren kennen. Gedrieën huurden zij vanaf 1923 een gezamenlijk atelier aan de Noorderstationsstraat in Groningen en vormden enige tijd het bureau AVAR (Atelier Voor Artistieke Reclame). Daarnaast troffen zij elkaar op de artistieke avonden van de Bibliofielen-Liga Den Enck, die uitgever Henk Prakke in die jaren organiseerde. Ook Werkman was op ongeregelde tijden bezoeker van deze 'swarrees'. En alle vier leverden ze in 1923 een bijdrage aan de map *Het open veld* (afb. 134 en 135), waarin de deelnemers hun kunnen toonden. In 1924 raakte Van der Zee, in navolging van Alkema, enthousiast over een constructivistische werkwijze. Voor hem bleef echter de zicht-

bare werkelijkheid altijd de grondslag vormen en zijn abstracte werk droeg steevast een figuratieve herkenbaarheid in zich. De abstractie zou voor hem een korte voorbijgaande periode betekenen, pas na de Tweede Wereldoorlog zou hij opnieuw abstract gaan werken en hierin een heel eigen beeldtaal vinden.
Zoals kunstkring De Ploeg niet een groep kunstenaars omvatte die allen dezelfde artistieke richting volgden, zo gold dat ook voor de 'abstracte factie' binnen de kunstkring. Alkema, Werkman en Van der Zee waren uiteenlopende persoonlijkheden, met ieder een volstrekt eigen houding ten opzichte van de abstracte kunst. Vanaf eind 1924 waren zij alle drie lid van De Ploeg. Op de Ploegtentoonstelling in mei 1925 was voor het eerst constructivistisch werk van Alkema en Van der Zee te zien. En op de najaarsexpositie toonde Werkman voor de eerste keer zijn 'typografische composities', zoals hij zijn druksels toen nog noemde. Eind 1925 zou Alkema uit onvrede over de koers van de vereniging zijn lidmaatschap weer opzeggen.

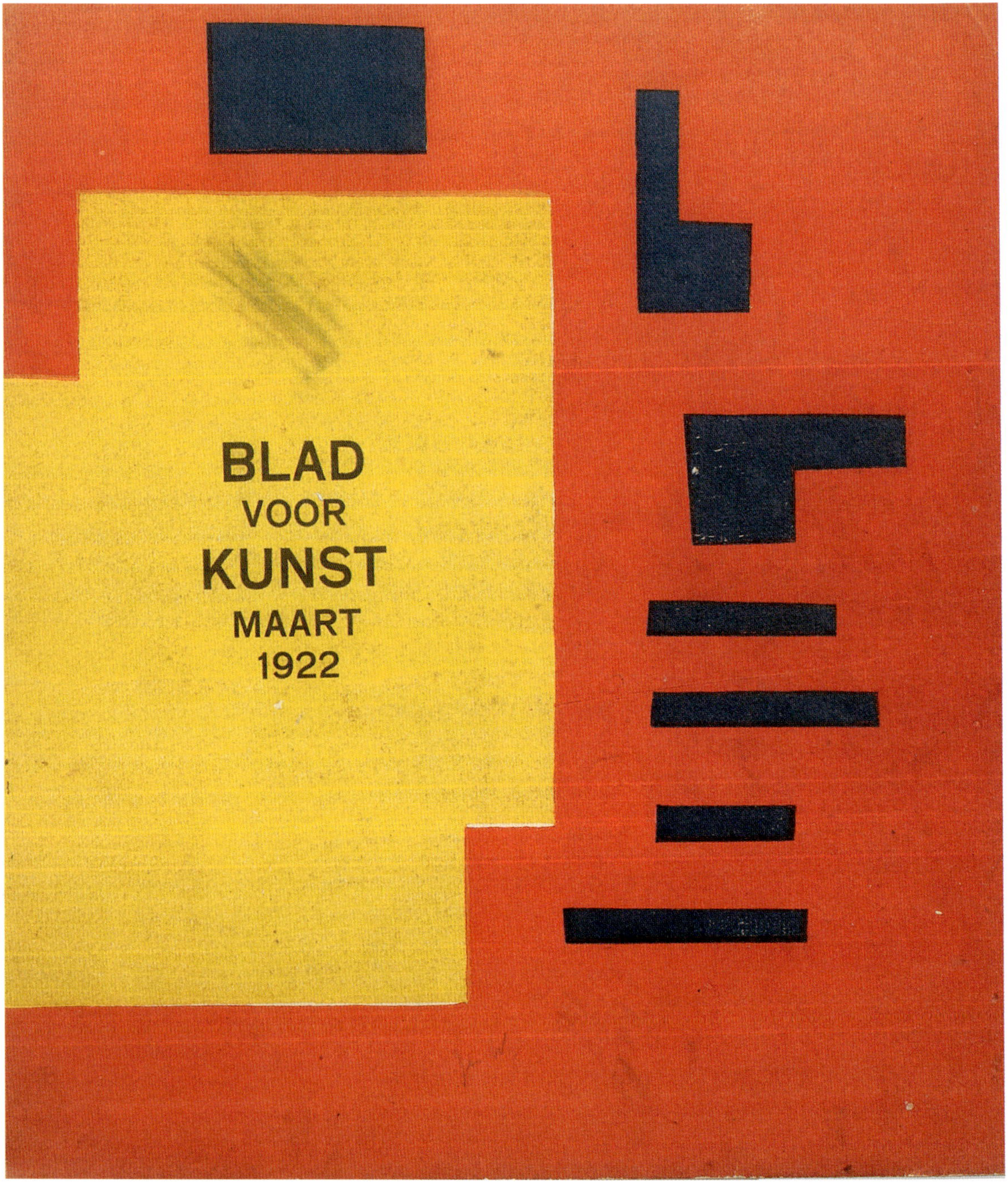
BLAD
VOOR
KUNST
MAART
1922

< afb. 132 **H.N. Werkman**, *omslag Blad voor Kunst 6*, 1922, houtsnede, 30 x 27 cm, Groninger Museum

Een expositie van kunstenaars van De Stijl in Pictura inspireerde Werkman tot dit opvallende abstracte omslag voor het *Blad voor Kunst*. Het nummer bevatte onder meer een recensie van de expositie door Jan Wiegers, en een bijdrage van Vilmos Huszár, één van de exposanten, onder de titel 'Beschouwingen over kunst'.

afb. 133 **H.N. Werkman**, *Compositie*, 1924, handpers op papier, 70 x 42 cm, Groninger Museum

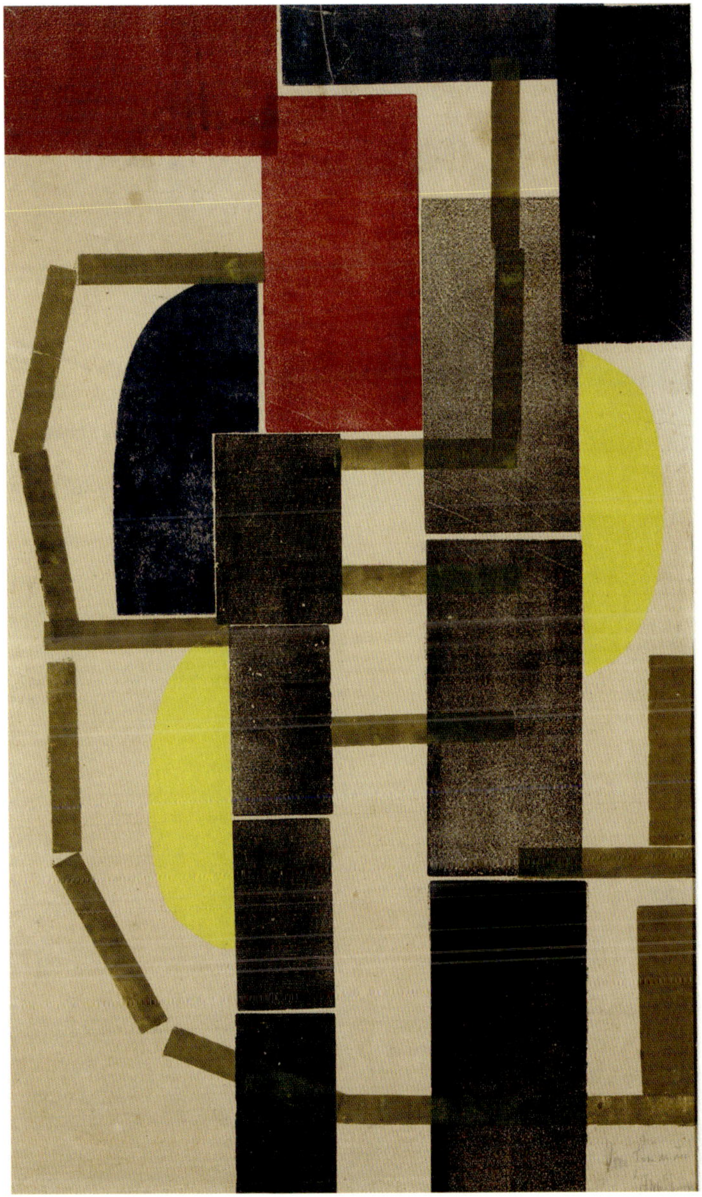

Dit druksel hoort bij de vroegste constructivistische druksels die Werkman vanaf 1923 in zijn drukkerij met zetmateriaal op de handpers ging maken. Blijkens het opschrift, 'Voor J van der Zee', kreeg Jan van der Zee het als geschenk.

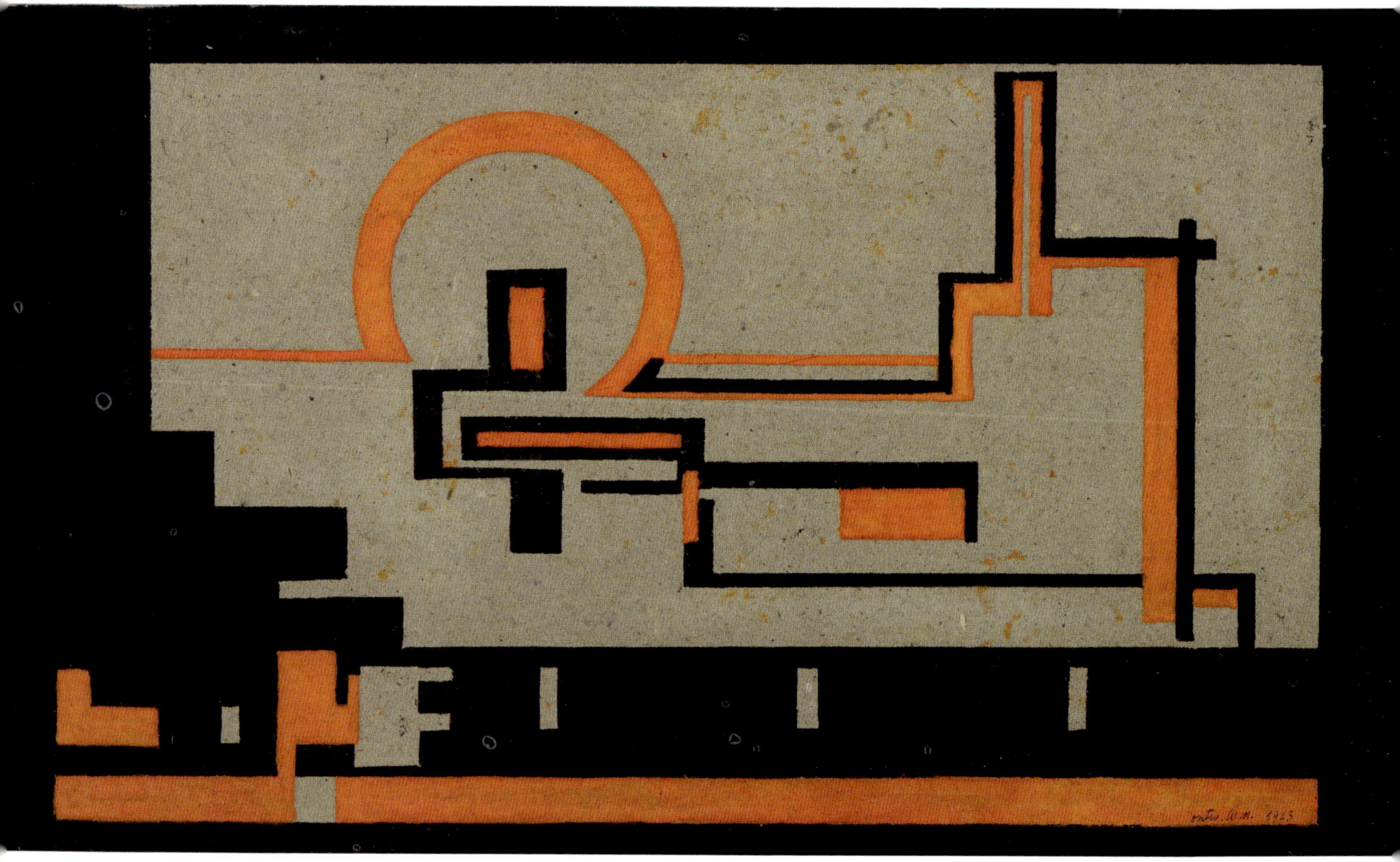

afb. 134 *Het open veld*, 1923, 20 x 34 cm, Groninger Museum, bruikleen Gemeente Groningen

Gedrukt door H.N. Werkman, Voorplat versierd met een linoleumsnede van Wobbe Alkema

De Bibliofielen-Liga Den Enck in Eelderwolde bracht op initiatief van de uitgever Henk Prakke schrijvers, dichters en kunstenaars met vernieuwende ideeën samen. In *Het open veld* werden teksten en beeldende bijdragen uit de 'kring van kameraden' gepresenteerd.

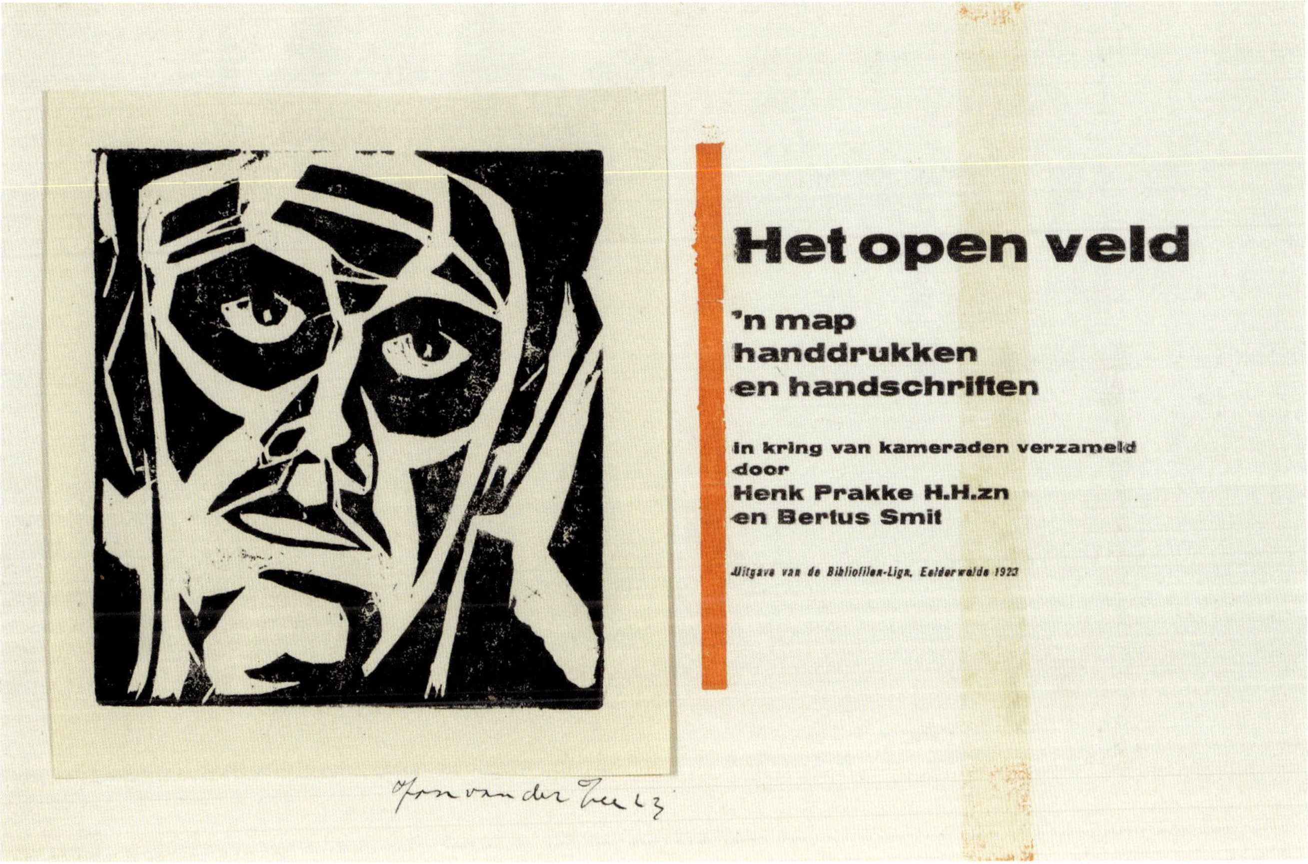

Het open veld

'n map
handdrukken
en handschriften

in kring van kameraden verzameld
door
Henk Prakke H.H.zn
en Bertus Smit

Uitgave van de Bibliofielen-Liga, Eelderwolde 1923

afb. 135 *Het open veld*, 1923, 20 x 34 cm, Groninger Museum, bruikleen Gemeente Groningen

Titelpagina met een lino van Jan van der Zee

Werkman verzorgde de typografie van de titelpagina, die verder geïllustreerd werd met een lino van Jan van der Zee. Deze linoleumsnede, getiteld *Pierrot*, is een portret van de schrijver en kunstenaar Johan Theunisz, eveneens Ploeglid en bezoeker van de Bibliofielen-Liga.

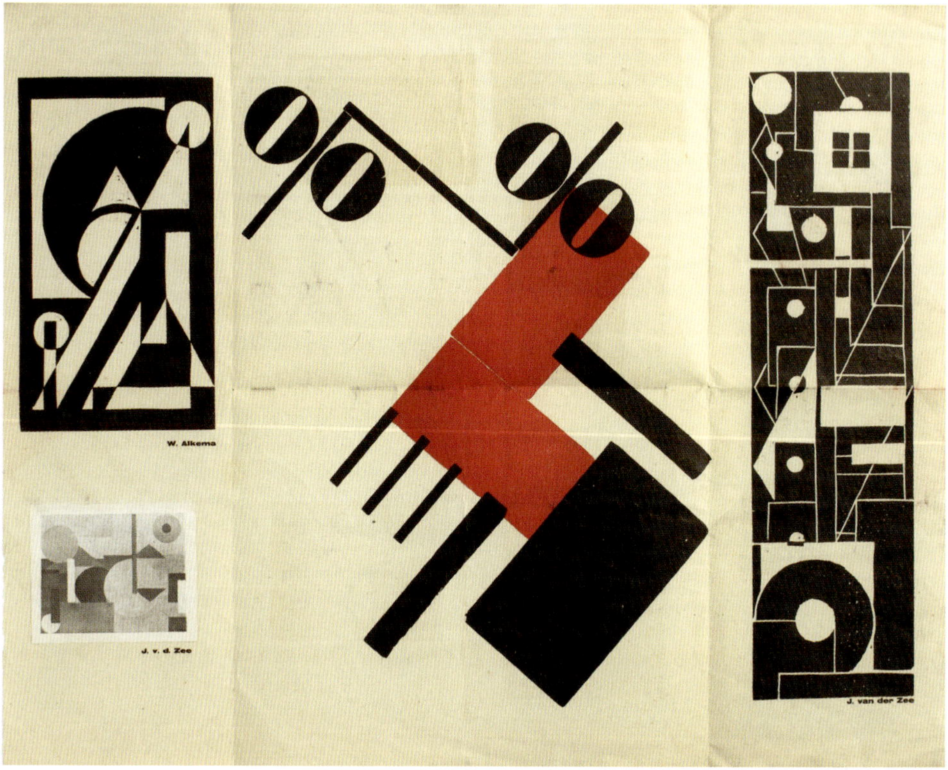

afb. 136 **H.N. Werkman**, *The Next Call 7*, 1925, handpers, linoleumsnede en cliché op papier, 54 x 44 cm, Groninger Museum

In 1923, hetzelfde jaar waarin Werkman zijn eerste druksels maakte, bracht hij het eerste nummer uit van *The Next Call*. Dit avant-gardistische tijdschrift dat negen keer zou verschijnen, bood Werkman een podium voor literaire en typografische experimenten. In het zevende nummer, vormgegeven als een vouwblad, bracht hij de drie constructivisten binnen De Ploeg samen: een typografische compositie van Werkman, en links en rechts linoleumsneden van Wobbe Alkema en Jan van der Zee en een ingeplakte reproductie naar een schilderij van Jan van der Zee.

> afb. 137 **H.N. Werkman**, *Compositie met letters O*, 1927-1928, handpers op papier, 64,9 x 50 cm, Groninger Museum, schenking Stichting H.N. Werkman

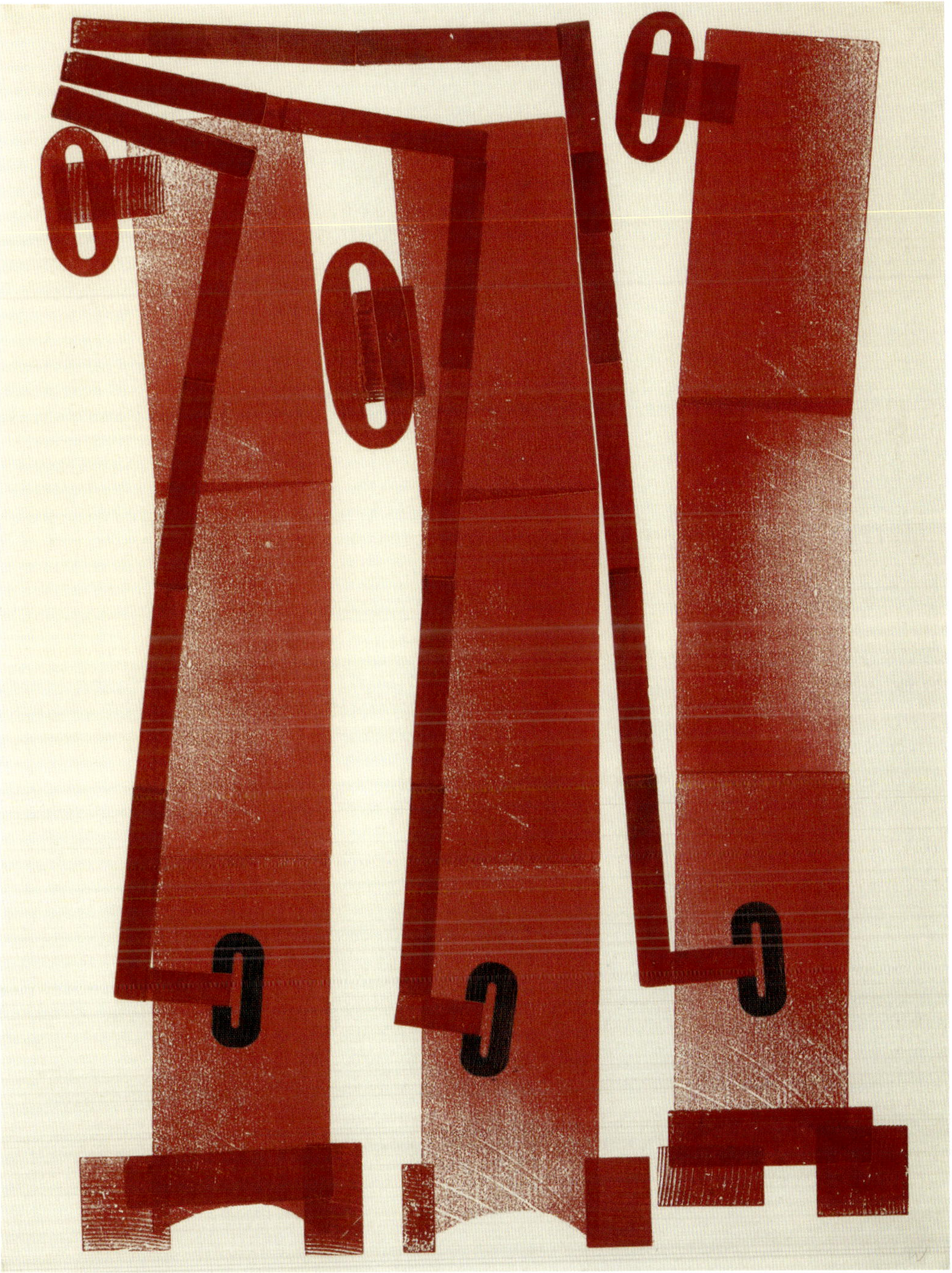

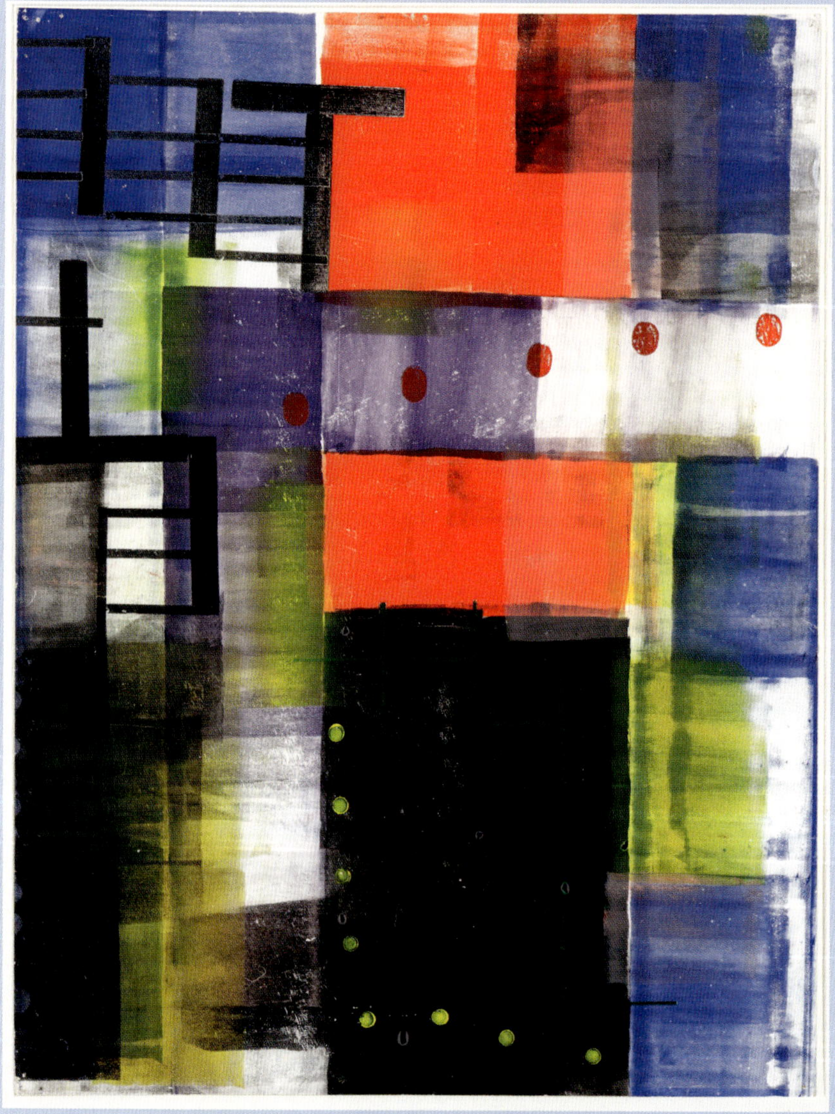

afb. 138 **H.N. Werkman**, *Compositie*, handpers, rol, stempel op papier, 1929, 65,3 x 49,9 cm, Groninger Museum

Werkman maakte deze compositie door eerst met de inktroller kleurbanen op het papier aan te brengen. Daar overheen drukte hij de zwarte lijnstukken met de handpers. De gele en rode stippen stempelde hij rechtstreeks op het papier. Mede Ploeglid Jan Altink was de eerste eigenaar van dit druksel.

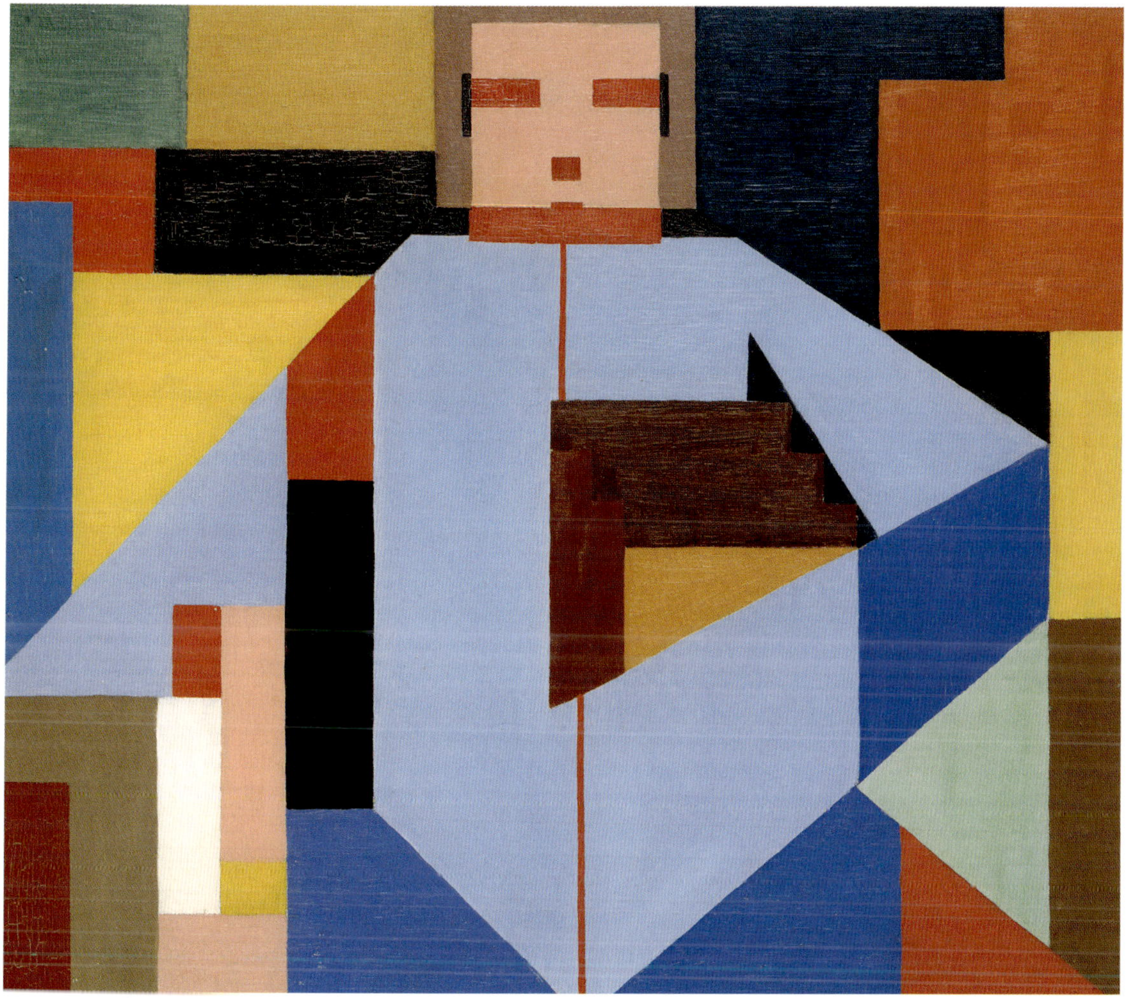

afb. 139 **Wobbe Alkema**, *En Passant*, 1922-23, olieverf op board, 60 x 69 cm, Museum Belvédère

En Passant is het vroegste constructivistische schilderij van Wobbe Alkema, waarin geometrische uitgangspunten de compositie bepalen; het laat binnen zijn oeuvre de overgang zien van geabstraheerd-figuratief naar abstract.

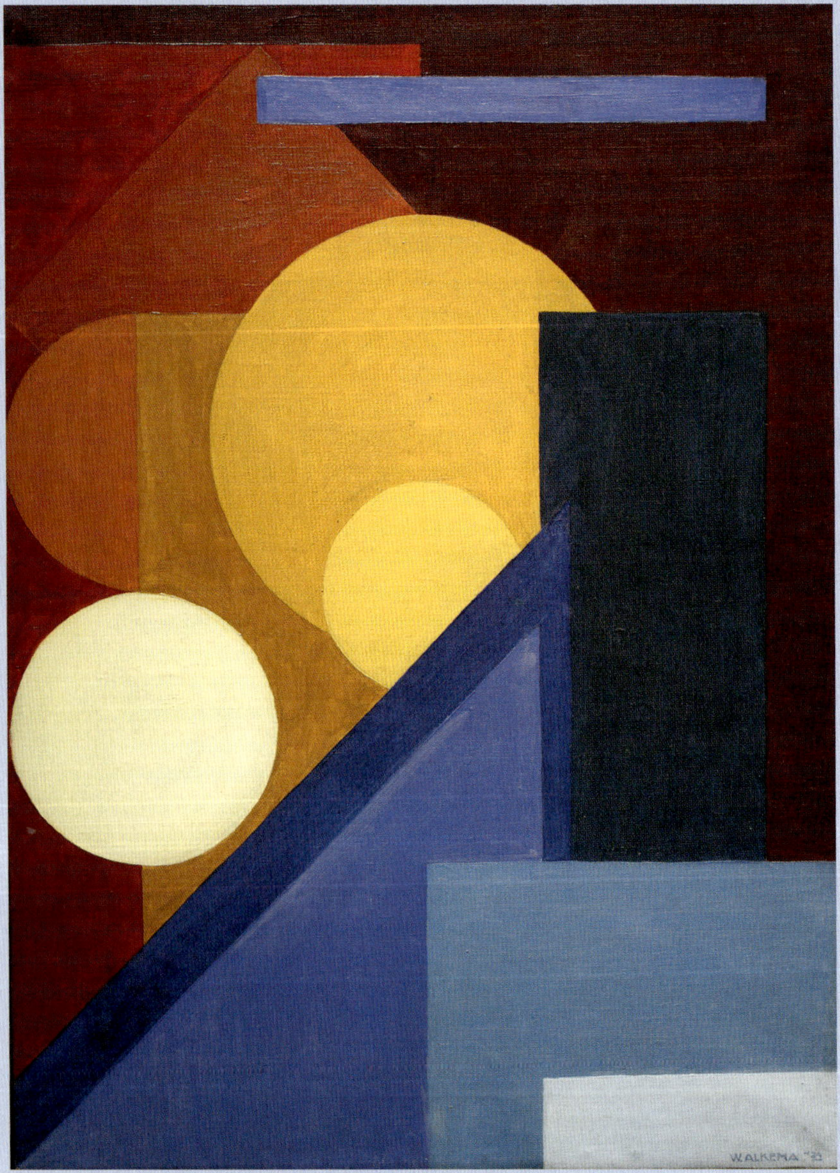

afb. 140 **Wobbe Alkema**, *Compositie met gele cirkel*, 1924, olieverf op doek, 65,5 x 48 cm, Groninger Museum, bruikleen Provincie Groningen

Wobbe Alkema werd weliswaar geïnspireerd door het werk van de kunstenaars van De Stijl, maar toch verschilde zijn werk enorm van dat van bijvoorbeeld Piet Mondriaan of Theo van Doesburg. Alkema wilde zich niet beperken tot het gebruik van rechte hoeken, maar paste ook diagonalen, driehoeksvormen en cirkels toe. En ook wilde hij zijn kleurkeuze niet terugbrengen tot enkel de primaire kleuren.

> afb. 141 **Wobbe Alkema**, *Compositie met diagonaal*, 1924, olieverf op doek op houtvezelplank, 46,5 x 41 cm, Groninger Museum

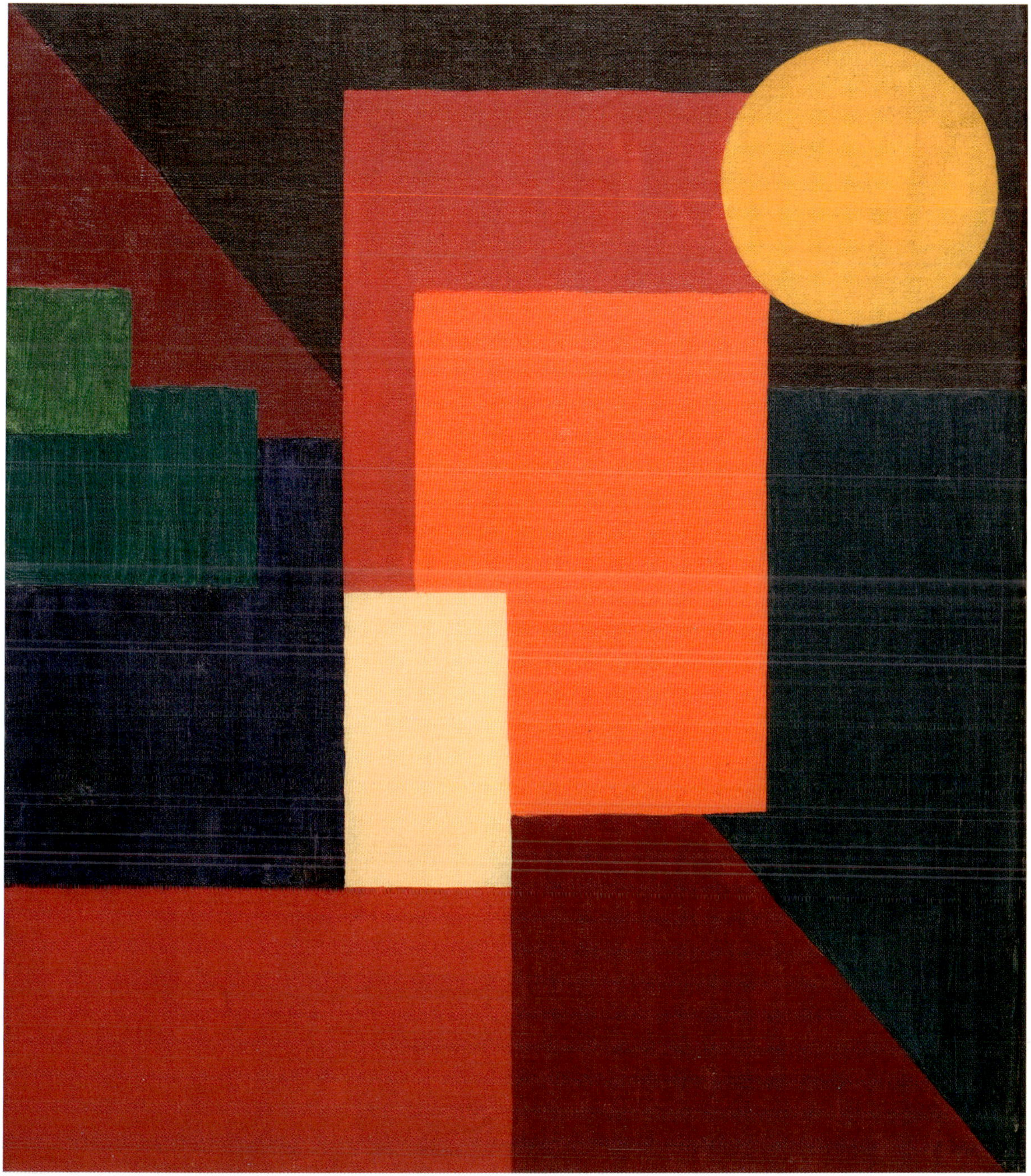

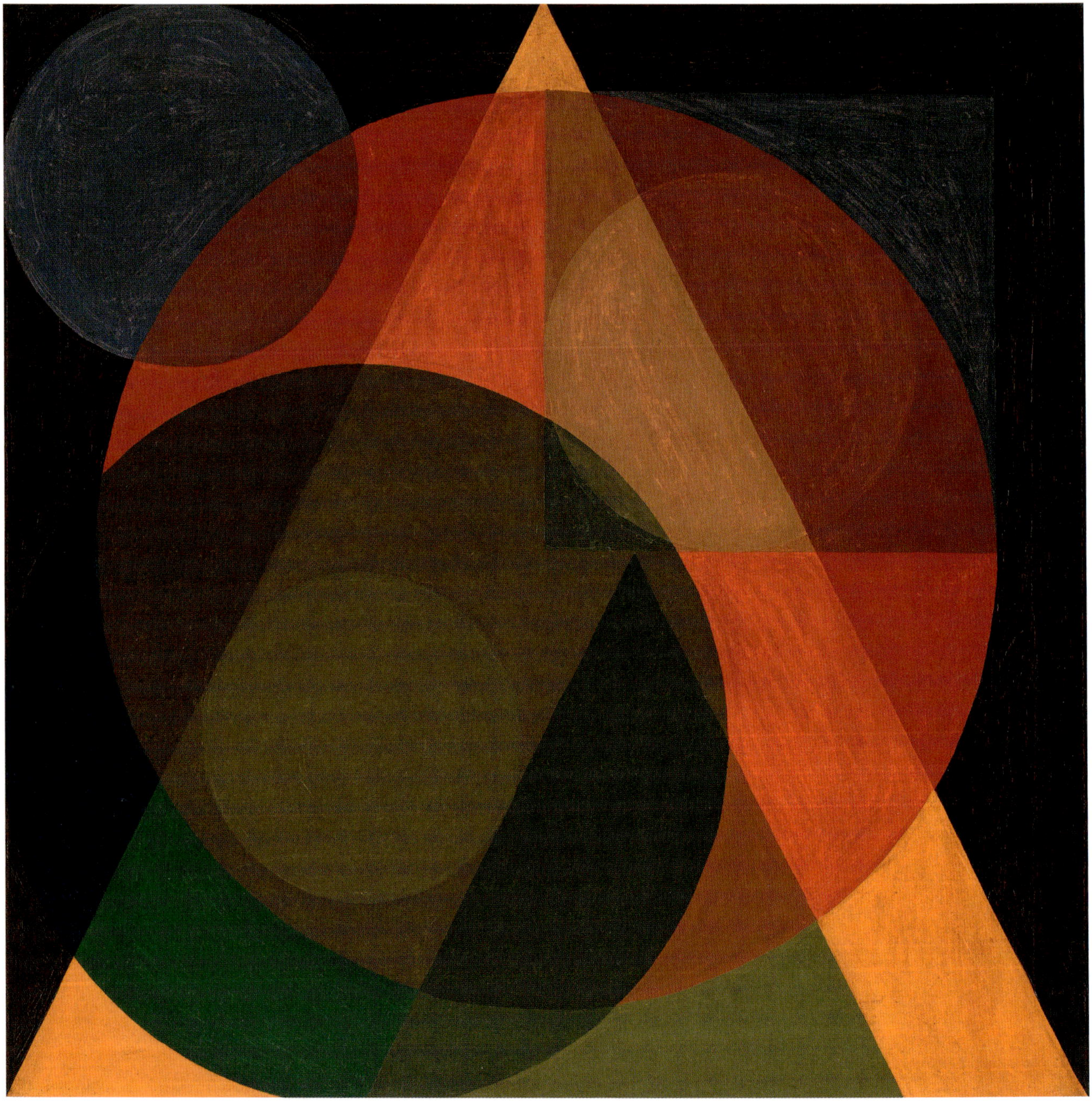

< afb. 142 **Wobbe Alkema**, *Compositie no. 3*, 1924, olieverf op doek, Groninger Museum, verworven met steun van de Vereniging Rembrandt en Stichting J.B. Scholtenfonds

Op de Ploegexpositie in mei 1925 was voor het eerst het abstracte werk van Alkema en Van der Zee te zien. De recensent van het *Nieuwsblad van het Noorden* moest blijkbaar nog erg wennen aan deze schilderswijze: 'W. Alkema en J. v. d. Zee zijn nu op een punt geraakt, waarop ze wel moeten blijven staan: verdere vereenvoudiging lijkt een onmogelijkheid.' (*Nieuwsblad van het Noorden*, 06-05-1925)

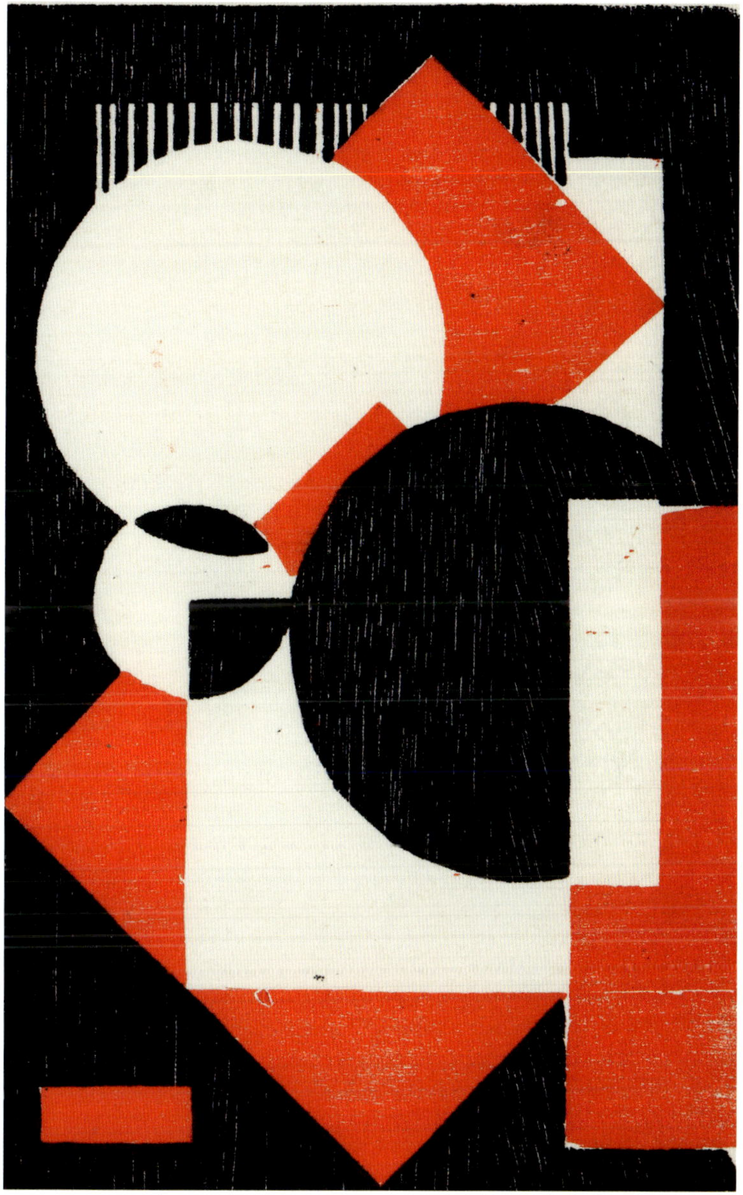

afb. 143 **Wobbe Alkema**, *Compositie rood-zwart*, 1925, houtsnede, 28 x 20 cm, Groninger Museum

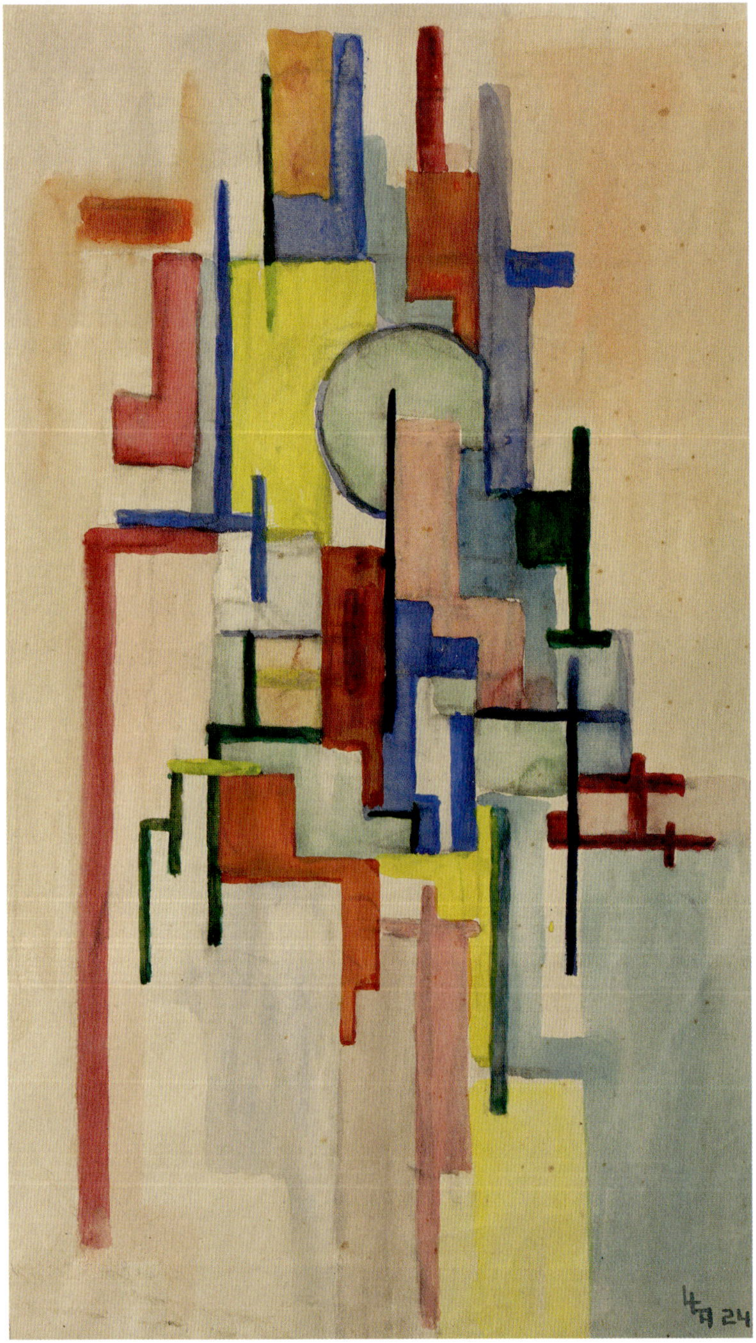

afb.144 **Wobbe Alkema**, *Compositie*, 1924, gouache op papier, 45,5 x 26 cm, Groninger Museum, schenking van de heer H.W. van Os

> afb. 145 **Wobbe Alkema**, *Compositie VII*, 1926, olieverf op karton, 59,5 x 38,5 cm, Groninger Museum

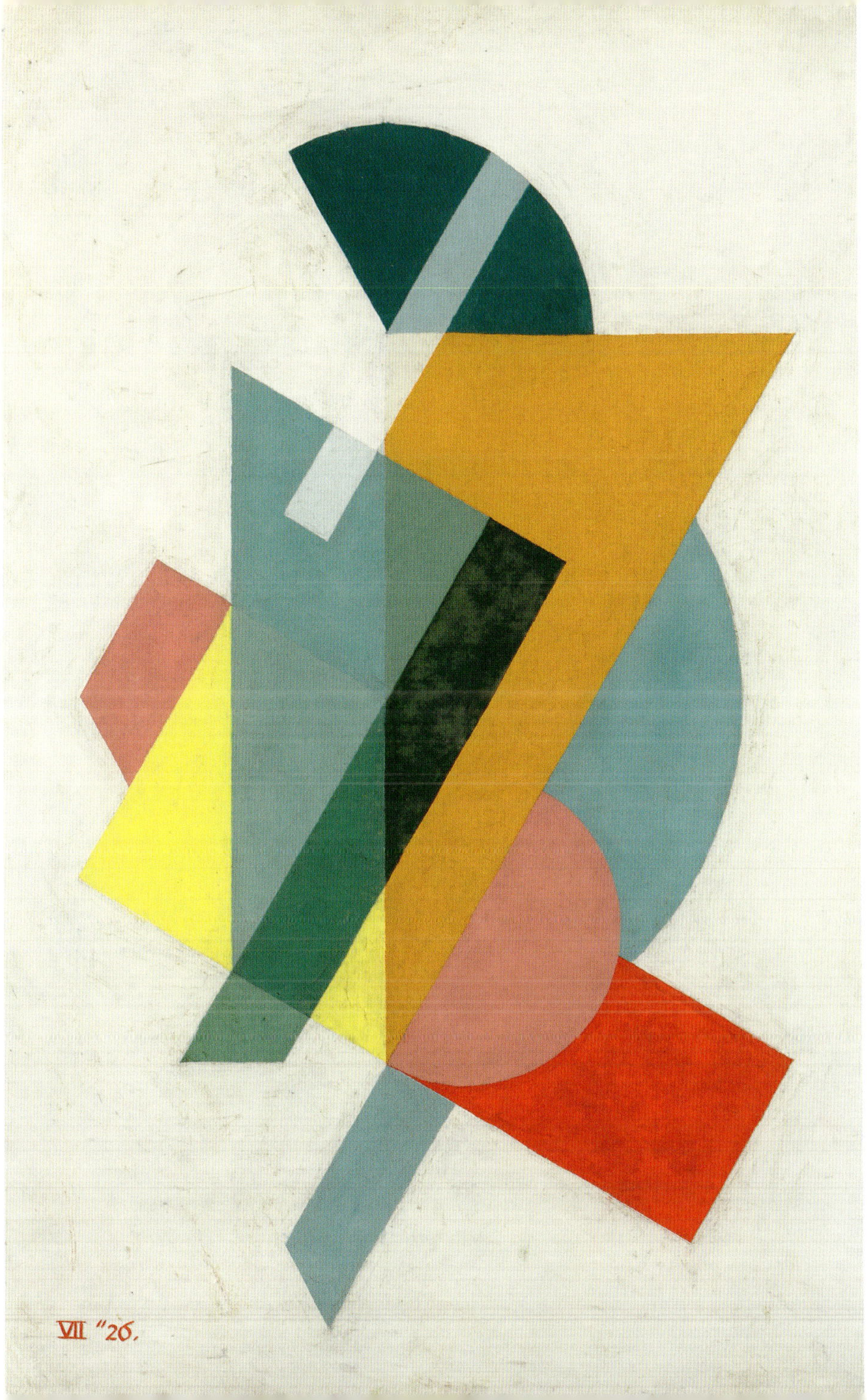
VII "26.

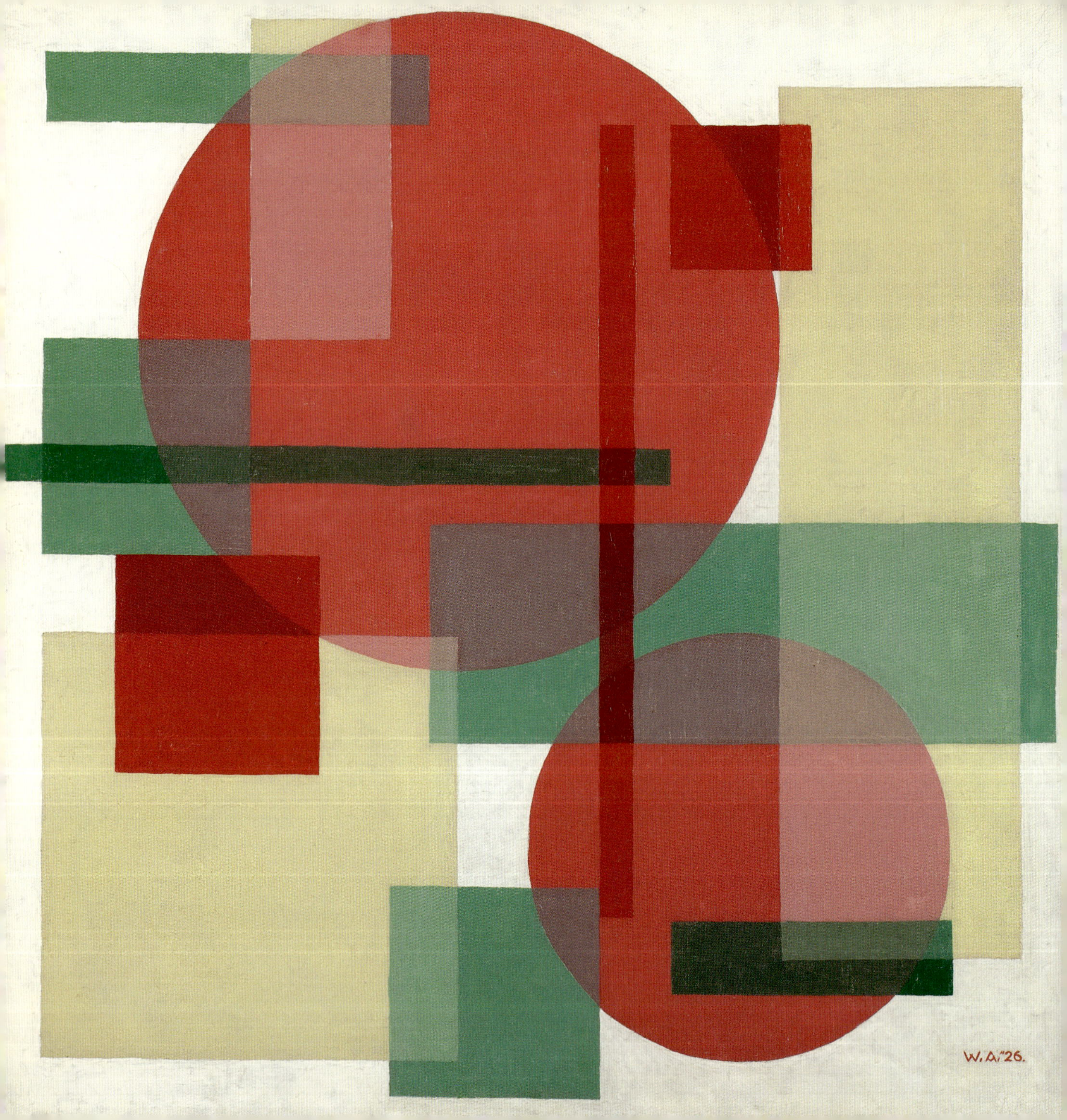
W. A. '26.

< afb. 146 **Wobbe Alkema**, *Compositie met roze cirkels*, 1926, olieverf op doek, 80 x 80 cm, Groninger Museum, bruikleen Provincie Groningen

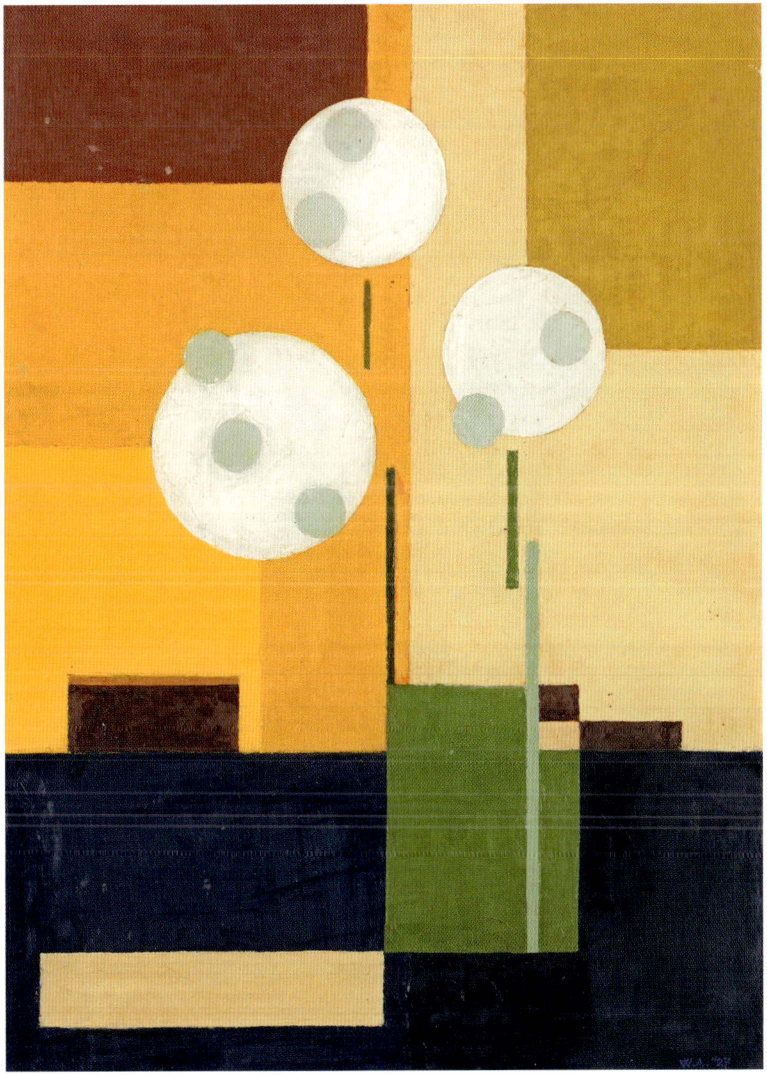

afb. 147 **Wobbe Alkema**, *Compositie met drie witte cirkels*, 1927, olieverf op doek, 58 x 42 cm, Collectie Stichting De Ploeg, bruikleen Groninger Museum

Eind 1925 zegde Alkema zijn Ploeglidmaatschap op. Net als een aantal andere leden kon hij zich niet vinden in de conservatieve koers die het Ploegbestuur wilde varen. In 1926, toen een aantal progressieve medestanders een bestuurswisseling wist te forceren, meldde hij zich hoopvol weer aan, maar hij kwam niet door de ballotage. Het is 'eigenlijk een heel voorrecht om buitenstander te zijn bij al die actie's en bewegingen', concludeerde hij in een brief aan Carel Willink.[26]

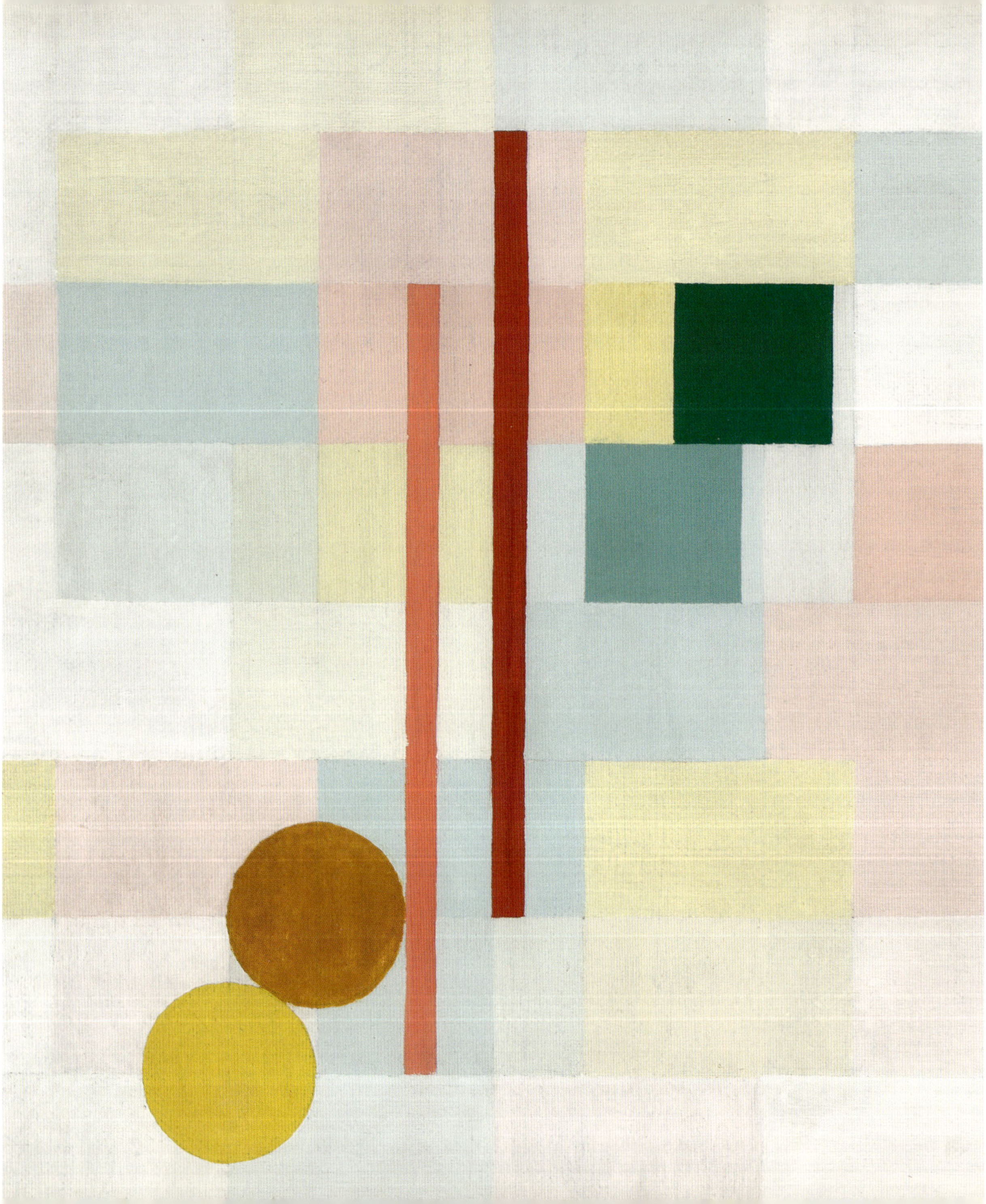

< afb. 148 **Wobbe Alkema**, *Compositie met twee verticalen, twee vierkanten, twee cirkels*, 1928, olieverf op doek, 36 x 30,5 cm, Groninger Museum

afb. 149 **Jan van der Zee**, *Abstracte compositie in zwart*, 1924, houtsnede, 21,8 x 17 cm, Groninger Museum

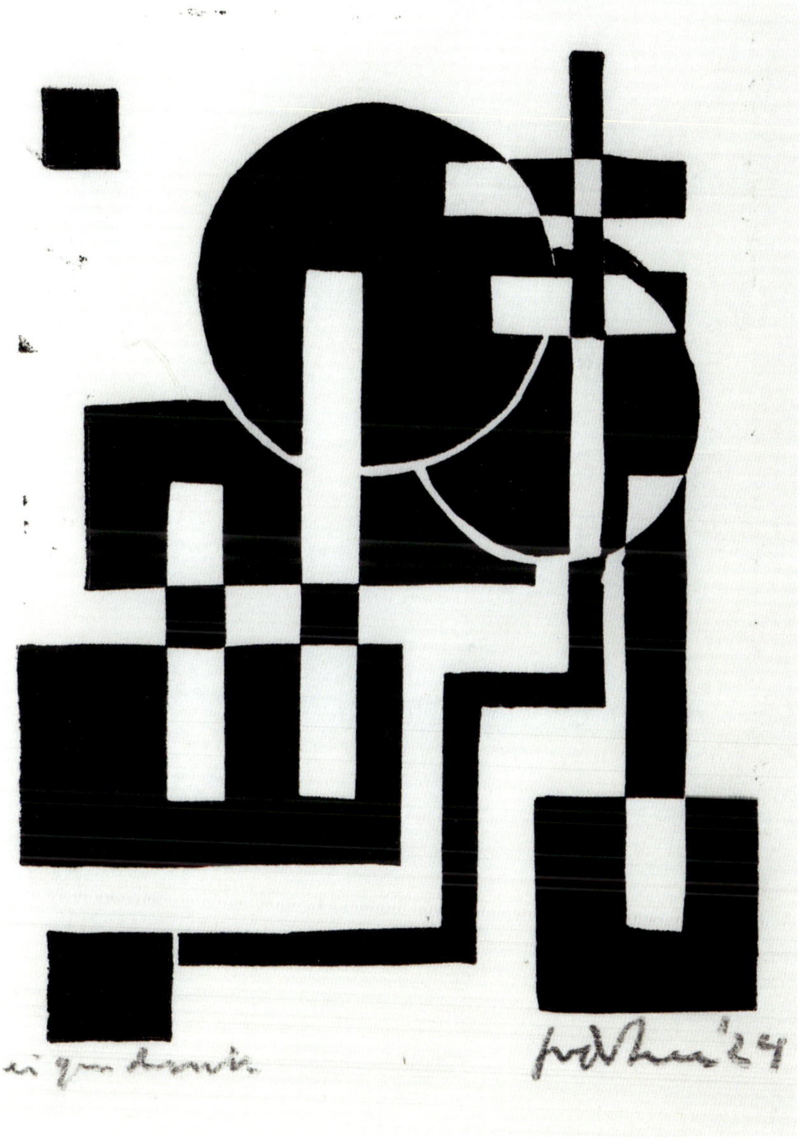

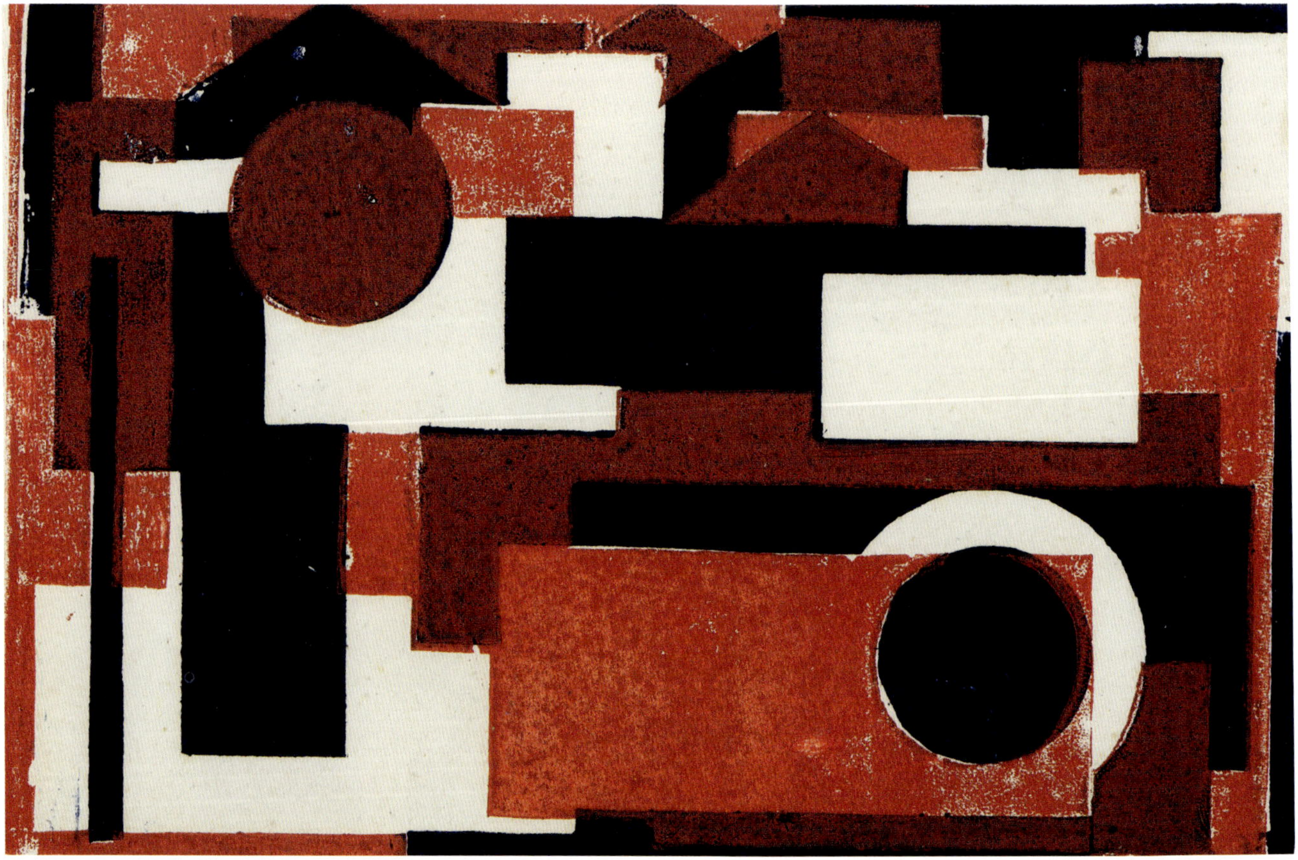

afb. 150 **Jan van der Zee**, *Compositie Stad*, 1924, houtsnede, 20,2 x 31 cm, Groninger Museum

> afb. 151 **Jan van der Zee**, *Compositie landschap*, 1926, olieverf op doek, 50,5 x 50,5 cm, Groninger Museum, bruikleen Gemeente Groningen

Jan van der Zee zou in de jaren twintig slechts een aantal jaren in een abstract-geometrische trant schilderen. Hij verloor daarbij nooit de visuele werkelijkheid uit het oog, zoals uit deze beide composities blijkt. *Compositie landschap* uit 1926 vormt de afsluiting van zijn constructivistische fase. Voor dit landschap liet hij zich duidelijk door composities van Werkman inspireren.

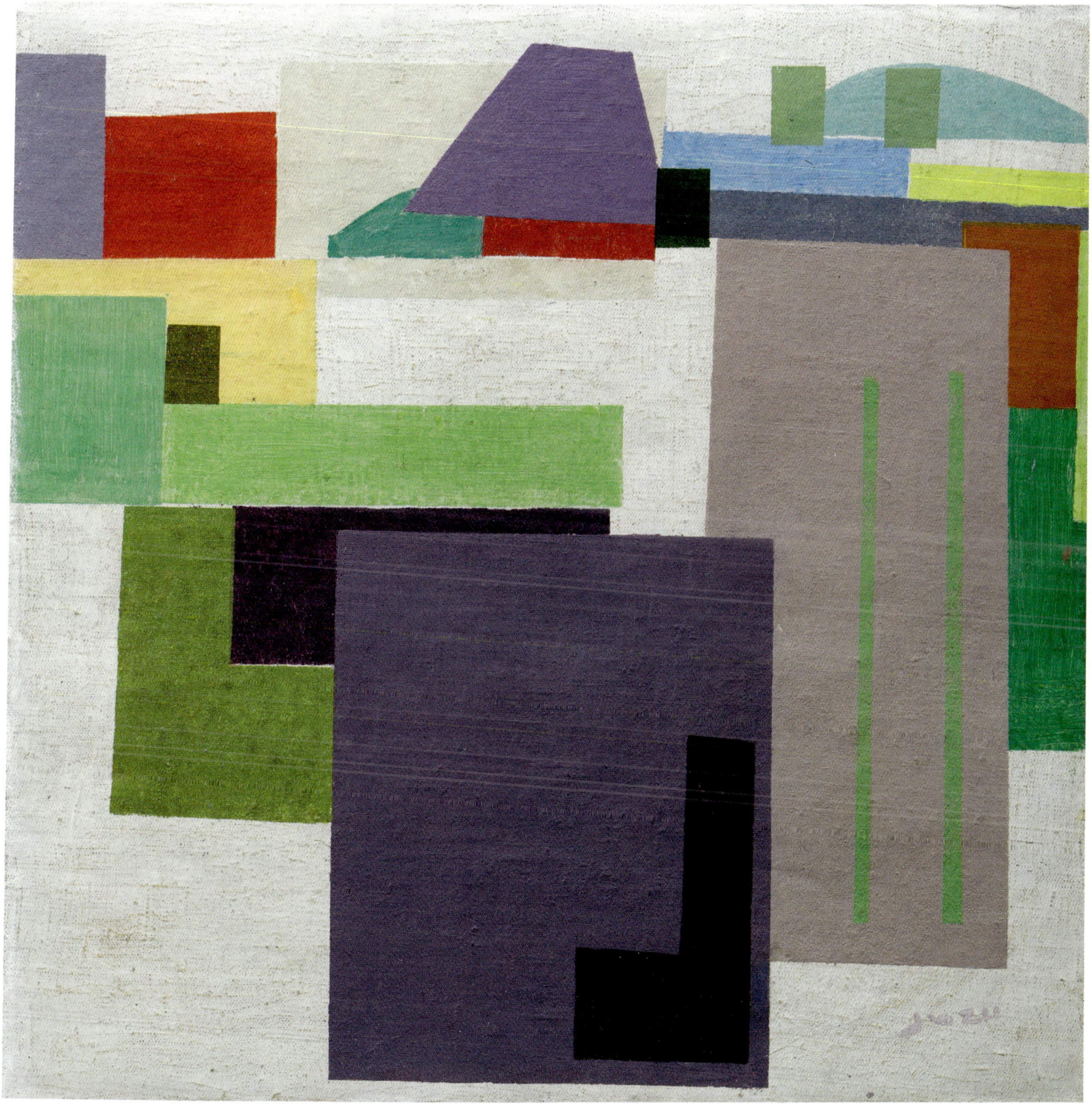

grafiek

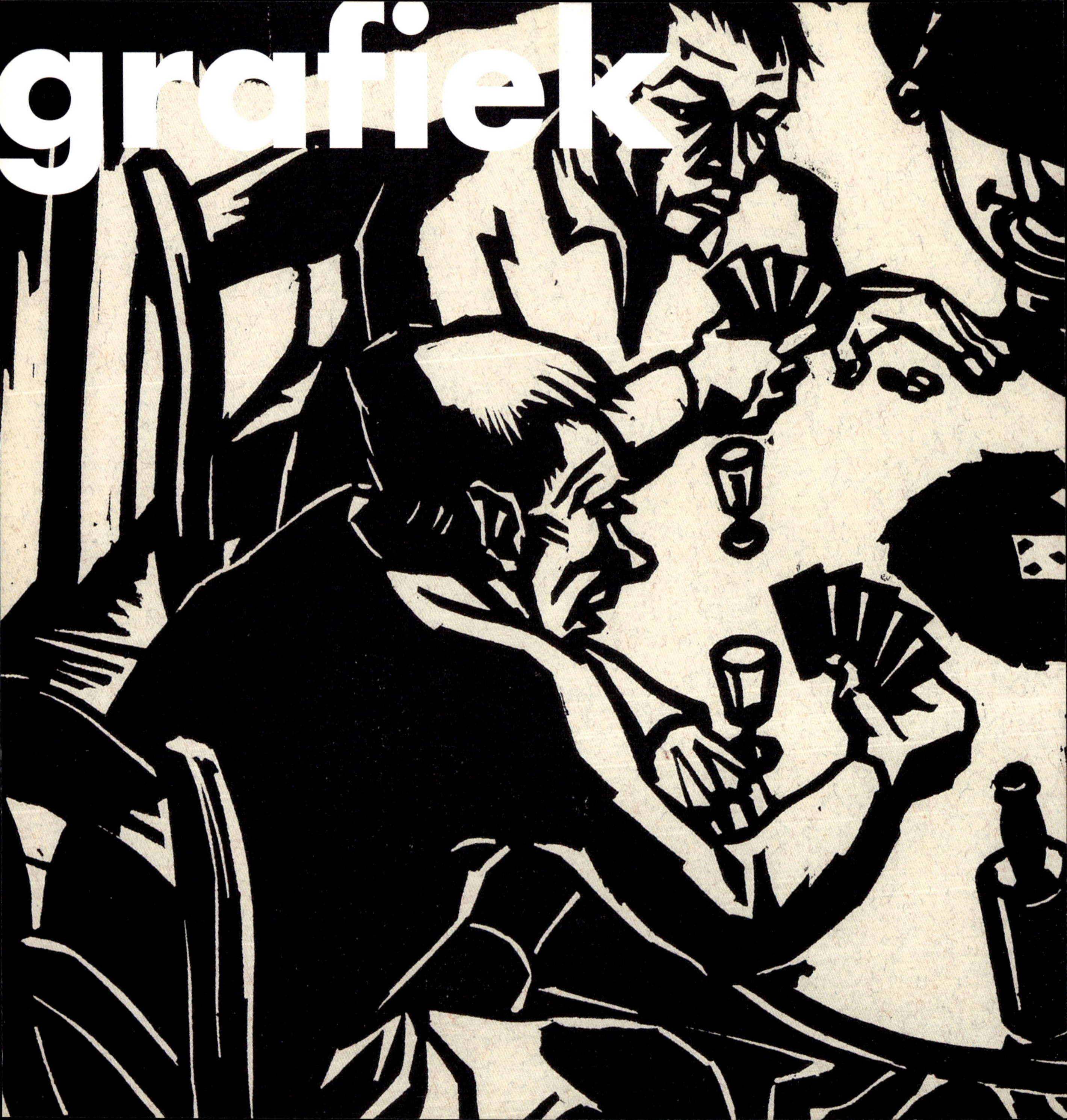

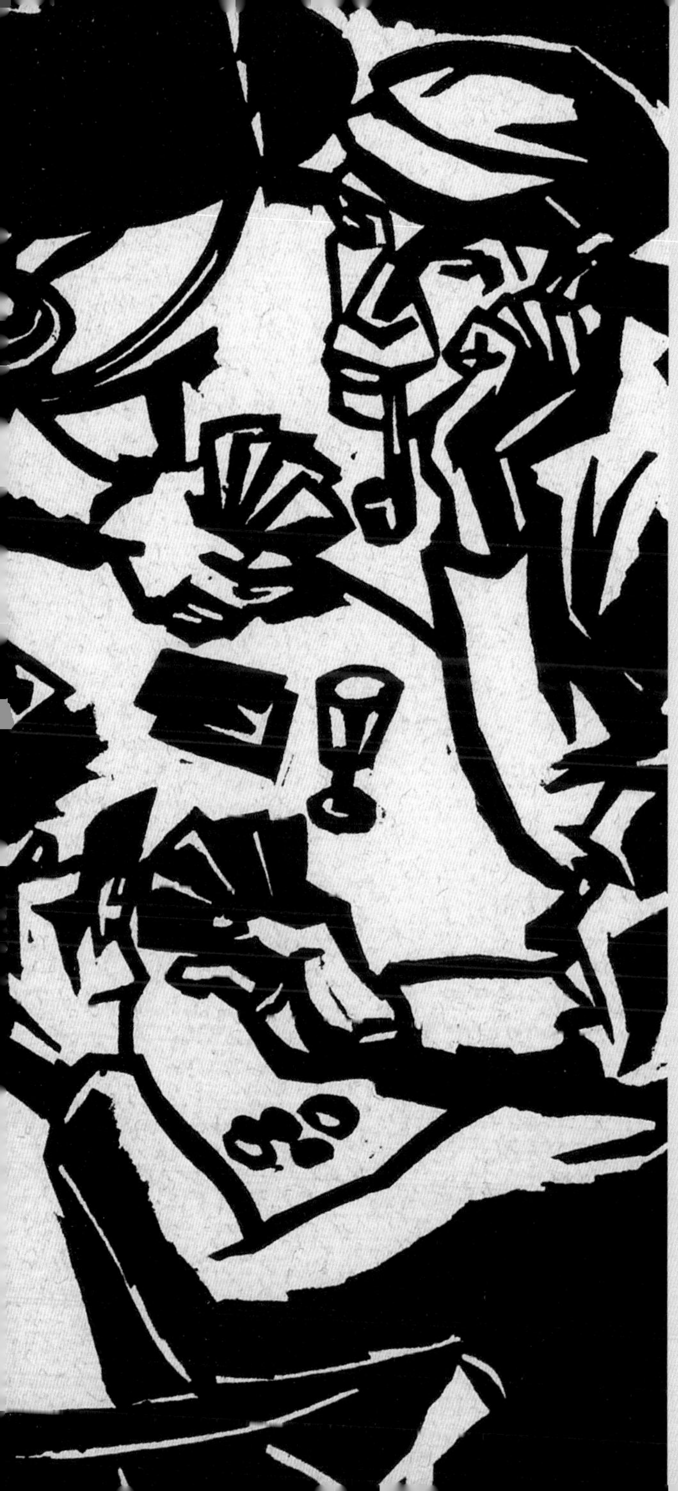

GRAFIEK

'Technisch werd er druk geëxperimenteerd, vooral het handwerk had onze belangstelling. We hadden met elkaar een zware satineerpers gekocht, daar kon je prima etsen op drukken. We deden dit op de Brücke-methode, niet met vilt maar met hardbord, dat gaf prachtige glanzende afdrukken.'

In de herinneringen die Johan Dijkstra in 1965 ophaalde ter ere van de tachtigste verjaardag van Jan Altink, kreeg de grafiek van De Ploeg ruim aandacht. Dijkstra refereerde aan alternatieve technieken waarmee ze experimenteerden. In navolging van kunstenaarsgroep Brücke speelden zulke experimenten ook voor de Ploegkunstenaars een belangrijke rol in hun zoektocht naar vernieuwing. Traditionele grafische methoden werden vrijelijk aangepast en de onconventionele omgang met het materiaal leidde tot krachtig nieuw werk. 'We etsten meest op zink, in koorddikke lijnen, kletsten soms het zoutzuur zó op de plaat, 'morsure sur plat', aquatint. Of we maakten litho's, zonder pers, uit de hand afgedrukt door er met een tinnen lepel

detail afb. 174

over te wrijven. Veel afdrukken werden er niet gemaakt, 't ging alleen om de verwezenlijking van je grafische ideeën. Het afdrukken op een prachtige lithopers leek ons haast te volmaakt – de handgedrukte litho was als een kreet, van ziel tot ziel. Geen reproductietechniek, maar uitdrukkingmiddel evenals de houtsnede: met een schoenmakersmes in de volle vuist gekorven, het scherp naar beneden. Een oertechniek.'[27] Het enthousiasme van de kunstenaars voor de ongekende artistieke mogelijkheden die opdoemden klinkt hierin nog altijd door.
De belangstelling voor grafiek was binnen De Ploeg in aanvang beperkt. Op de allereerste Ploegexpositie in 1919 hing slechts een grafische prent, een etsje van Dijkstra. Het jaar daarop toonden Jan Wiegers en Jan Jordens diverse houtsneden, litho's en etsen. Maar de echte impuls tot een opbloei van de grafiek zou, net als bij de schilderkunst, de terugkeer in 1921 van Wiegers uit Davos met zich meebrengen. Jordens beschreef direct in 1921 de cruciale ontmoeting tussen Wiegers en Kirchner: 'De groote Kirchner en Jan Wiegers bleken gelijk gestemde zielen en zoo Wiegers nog niet geweten had, wat werken was, had hij het van Kirchner kunnen leeren. Kirchner, die altijd teekende, die nooit zonder schetsboek was en steeds een paar etsplaten bij zich droeg. "Droge naalden" en etsen maakten zij vele en als er diep gebeten platen waren, die een zwaren druk verlangden, zwoegden ze samen: de lichamelijk zwakken, geestelijk sterken, werkten dat ze zweetten en de pers kraakte...'[28] De gedrevenheid en werkdrift die hieruit spraken, sprongen over op de Ploegkunstenaars, en de spontane, directe weergave van indrukken in expressieve tekeningen en prenten werd geestdriftig nagevolgd. In oktober 1921 besloot de ledenvergadering tot de gezamenlijke aanschaf van de etspers, waarover Dijkstra spreekt. Ook dit duidt op het belang dat aan grafiek werd gehecht. Het werd, net als voor Kirchner, voor de Ploegers een belangrijk onderdeel van het oeuvre, met een heel eigen zeggingskracht. 'Een kreet, van ziel tot ziel', zoals Dijkstra schreef.
De ongepolijste prenten met ruwe vormen, felgekraste, of juist heel korrelige lijnen of mistige vlekken wekken de suggestie van een spontane expressie van indrukken en emoties. De prenten schijnen hierin verwant aan schetsbladen, waarop in snelle lijnen impressies zijn gevangen. Het is goed om hierbij te bedenken dat juist de grafische methoden een indirecte totstandkoming van het eindresultaat met zich meebrengen. Iedere techniek vergt eigen specifieke stappen om tot de uiteindelijke afdruk te komen. Het waren juist de ambachtelijkheid van dit proces, en de artistieke mogelijkheden die de verschillende stadia boden, die bijdroegen aan de aantrekkingskracht van de grafiek op de kunstenaars.[29] Jordens, in de beginjaren toch samen met Wiegers tot de meest progressieve geesten binnen De Ploeg te rekenen, werd direct gegrepen door de mogelijkheden die Wiegers aanreikte. Daarna volgden ook de anderen, zoals Altink, Werkman en iets later Dijkstra. De invloed van het Duitse expressionisme kwam hiermee, nog voor de schilderkunst,

vooral in de grafiek direct tot uitdrukking. Dat blijkt ook uit het *Blad voor Kunst* dat in 1921 en 1922 verscheen en waarin vooral de grafische bijdragen van belang waren. Nog twee wapenfeiten van De Ploeg wijzen op het gewicht dat binnen de kunstkring aan grafiek werd toegekend. Toen in 1923 het 'eigen home' aan de Lage der A was betrokken, wijdde men de eerste tentoonstelling in de Rode Hel juist aan grafiek en tekenkunst. En in 1930 was De Ploeg in het Stedelijk Museum Amsterdam te zien, voor het eerst exposeerde men gezamenlijk in een museum in het westen van het land. En opnieuw werd dit een Zwart-Wit tentoonstelling, met tekeningen en grafiek.
De grafische technieken vonden hun bijzondere toepassingen in het vrije werk. Maar ook in de toegepaste kunst, denk bijvoorbeeld aan affiches of boekillustraties, kwam de artistieke vernieuwing tot uiting. Natuurlijk moet hier specifiek Werkman genoemd worden, die met zijn druksels en zijn drukwerk een heel eigen categorie vormde. Als geheel hoort de grafiek bij de hoogtepunten van wat De Ploeg heeft voortgebracht. De kunsthistorische erkenning hiervoor kwam in 1960, toen het Gemeentemuseum in Den Haag de expositie *Groninger Grafiek – Vernieuwing in de jaren 20* organiseerde. In de bijbehorende catalogus dichtte de conservator Wim Beeren de Ploegleden de verdienste toe dat ze de grafiek 'uit de verveling hebben getrokken, waarin zij was weggeëbd.'

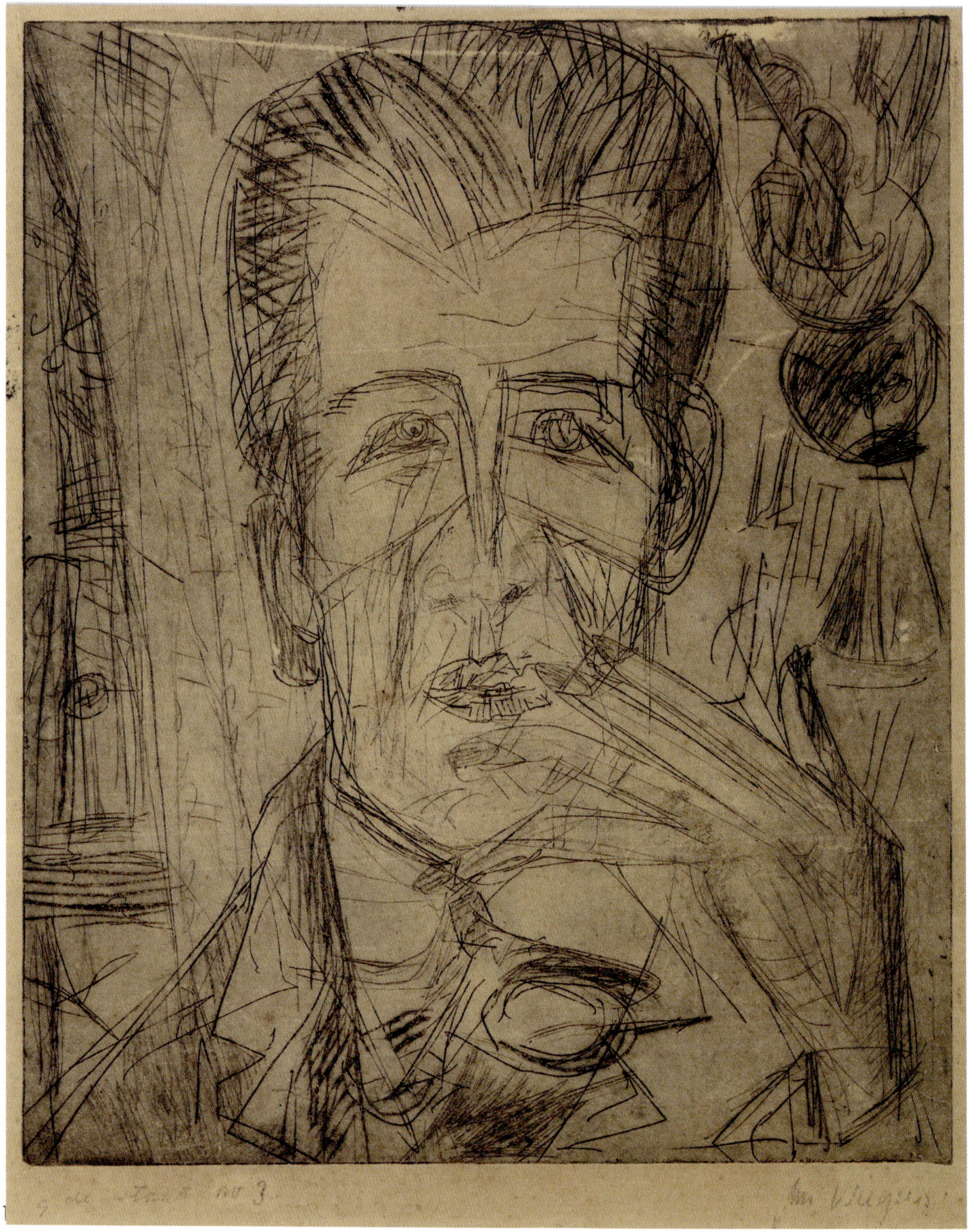

< afb. 152 **Jan Wiegers**, *Jan Gerrit Jordens*, ca. 1921, ets, Groninger Museum

Jan Jordens was in 1921 de eerste die geïnspireerd raakte door de expressionistische vernieuwingen die Jan Wiegers na zijn verblijf in Davos introduceerde in Groningen. Op deze etsen portretteerden de twee elkaar in scherpe lijnen, felle haaltjes en uitgebeten vlekken.

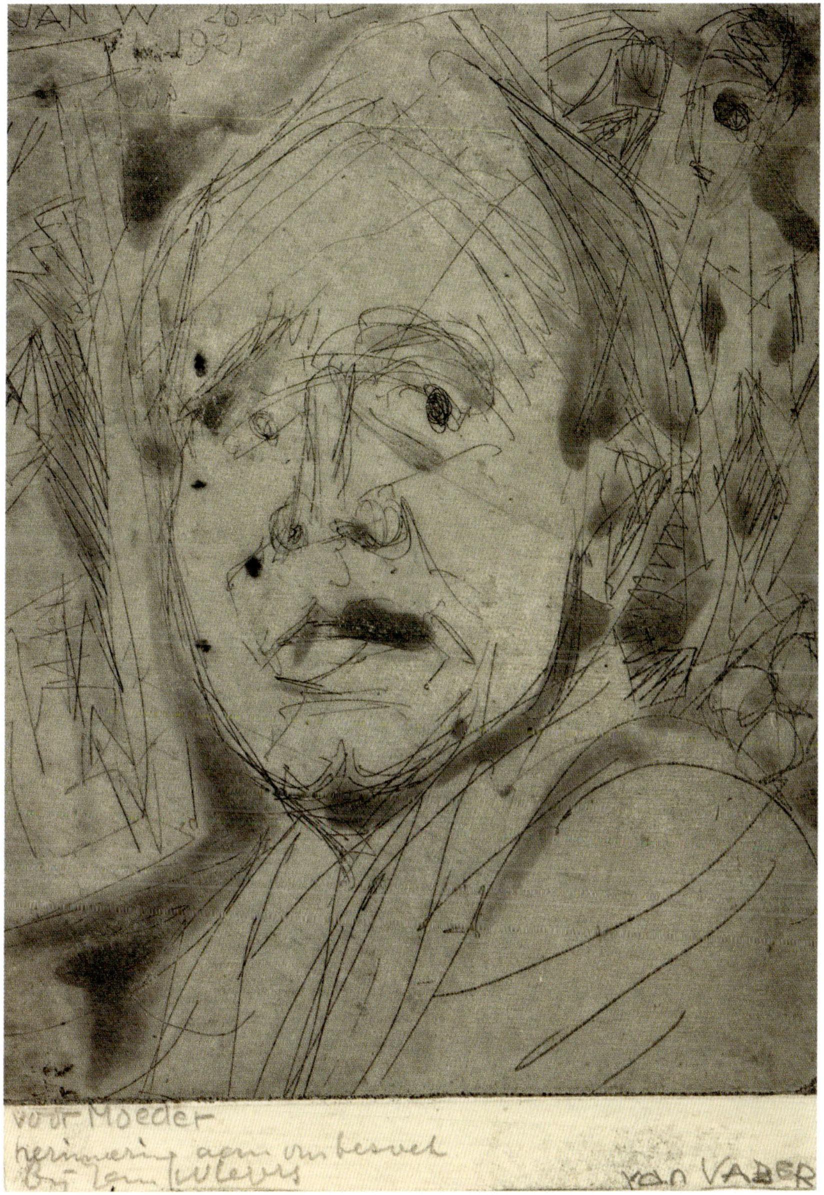

afb. 153 **Jan Jordens**, *Jan Wiegers*, 1921, ets, inkt op papier, 15 x 11,5 cm, Groninger Museum

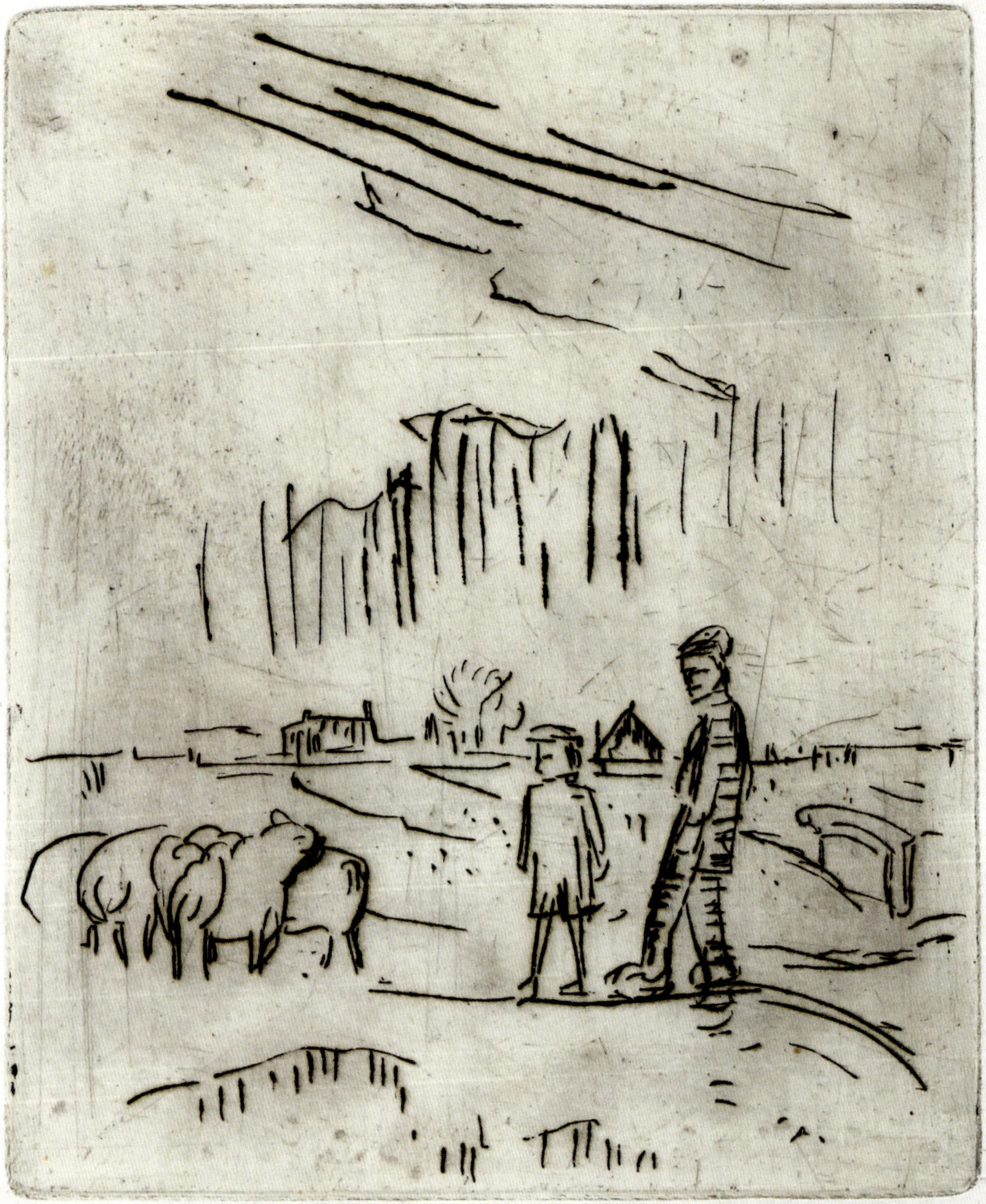

Jan Wiegers

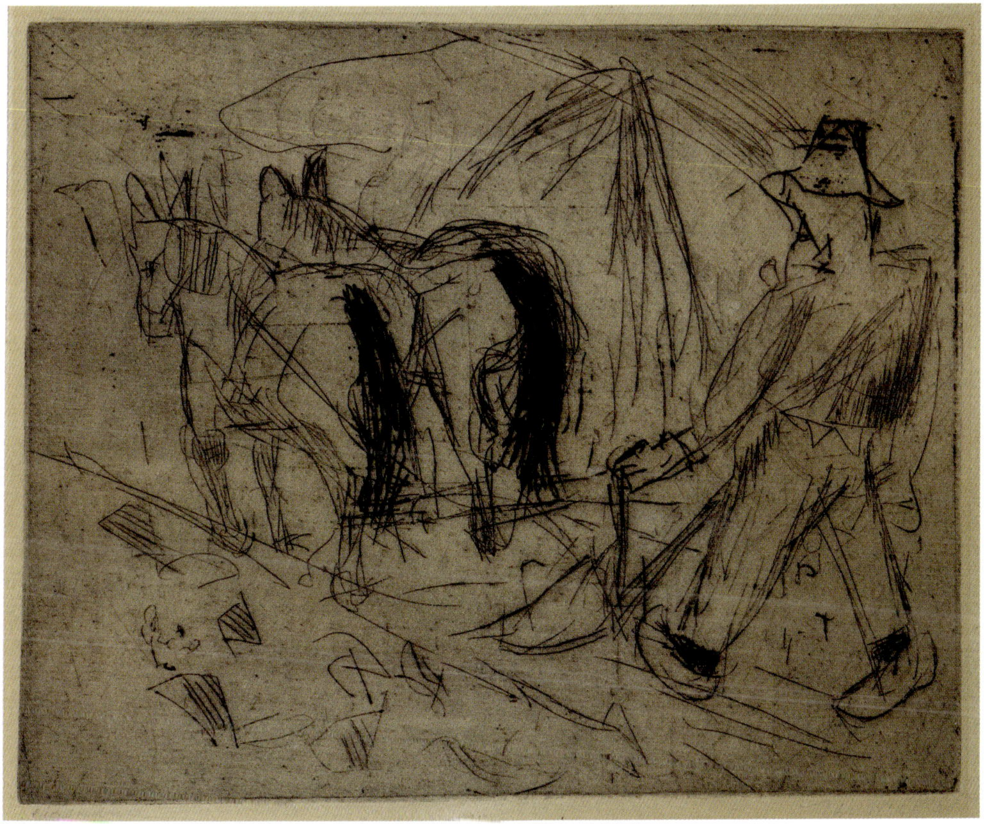

< afb. 154 **Jan Wiegers**, *Zondagmorgen*, 1923, ets, 13 x 10,9 cm, Groninger Museum

Deze etsen tonen hoe Wiegers in vluchtige, schetsmatige lijnen en krassen, toch heel trefzeker observaties vastlegde; de ruimtelijkheid van het landschap, de gestadige beweging van de ploegende boer.

Toen De Ploeg in 1923 in De Rode Hel haar eerste expositie met grafiek en tekeningen presenteerde, bleek uit de bespreking in het *Nieuwsblad van het Noorden* dat de recensent weinig oog had voor deze kwaliteiten: 'Jan Wiegers presteert in etsen en litho's wat hij ook in de schilderkunst presteert, n.l. onmogelijkheden en absurditeiten.'

afb. 155 **Jan Wiegers**, *Man achter ploeg*, 1924, ets, 19,2 x 24 cm, bruikleen Rijksdienst voor het Cultureel Erfgoed, uitgeleend aan het Groninger Museum

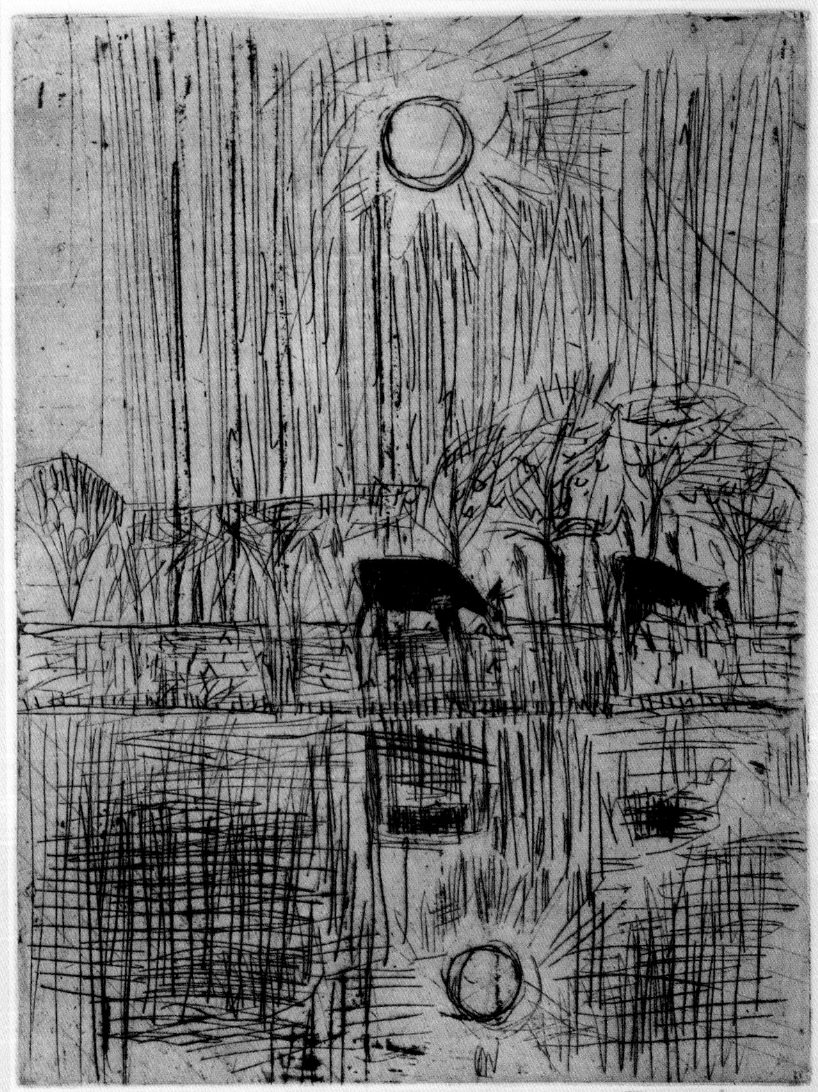

afb. 156 **Jan Wiegers**, *Herfstlandschap*, 1926, ets, 24,4 x 18,7 cm, Groninger Museum

> afb. 157 **Jan Jordens**, *Kerk Maria am Gestade*, 1921, ets, 14 x 12 cm, Groninger Museum

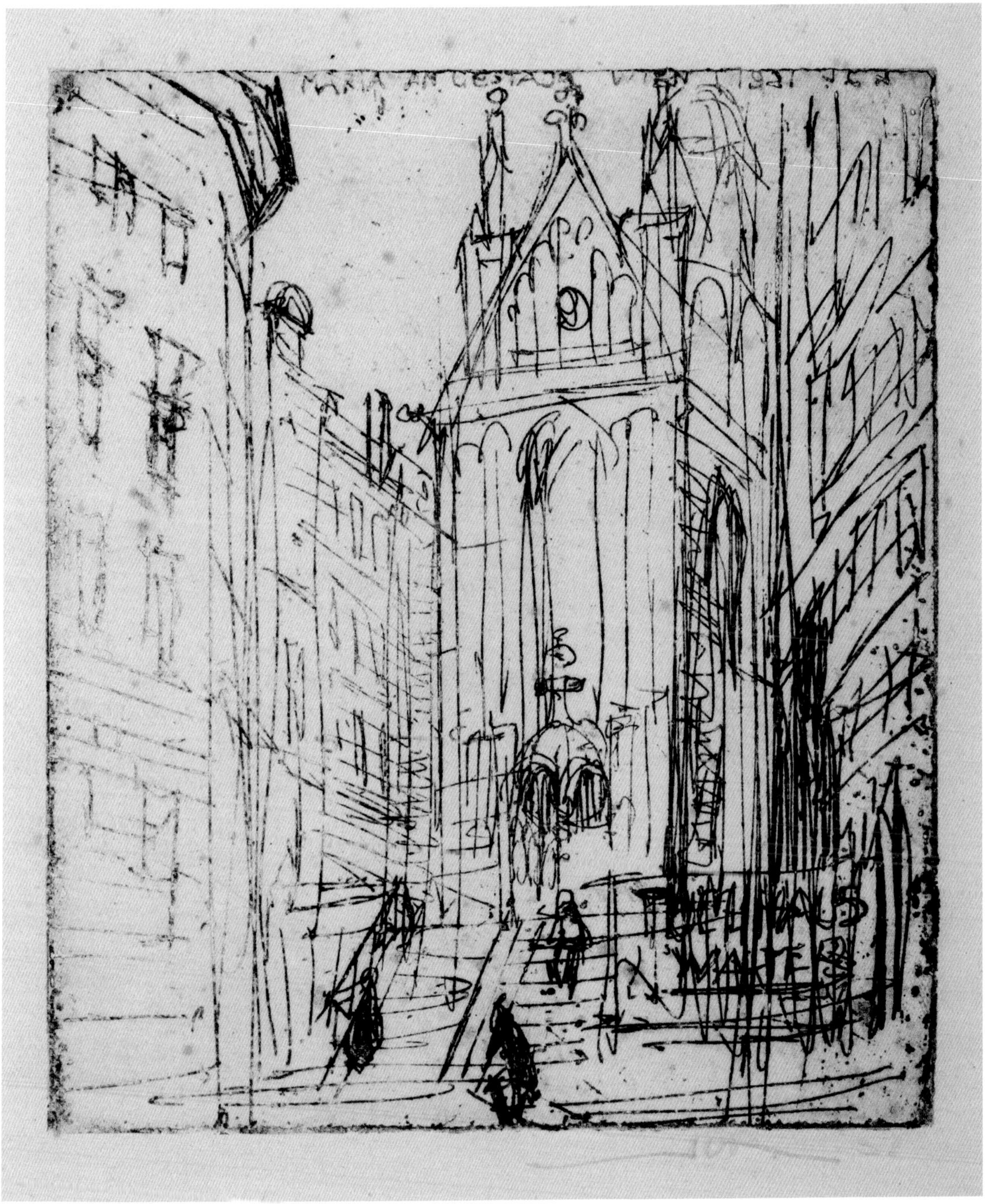

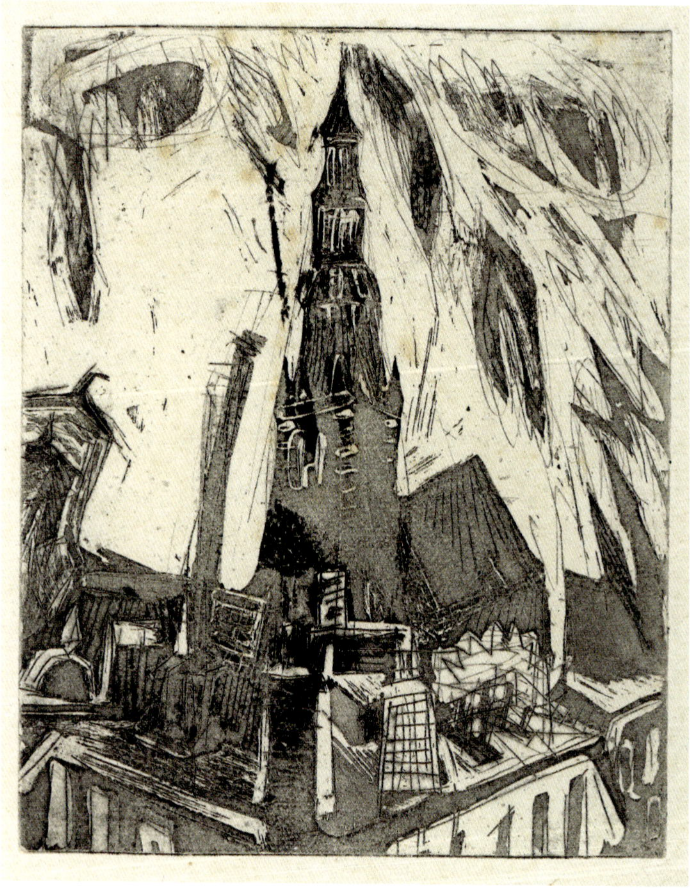

afb. 158 **Jan Jordens**,
Der Aa kerk, 1921, ets, aquatint, 15 x 12 cm, Groninger Museum

> afb. 159 **Jan Jordens**,
Portret Dr. F. Schmidt Degener, 1927, lithografie, 53,6 x 43,4 cm, Groninger Museum

Dr. F. Schmidt Degener was van 1908 tot 1921 directeur van het Museum Boijmans in Rotterdam en van 1921 tot 1941 directeur van het Rijksmuseum in Amsterdam. Jan Jordens maakte in subtiele vormen en tinten dit mooie portret, waarbij het profiel van de geportretteerde zich aftekent tegen de donkerder achtergrond.

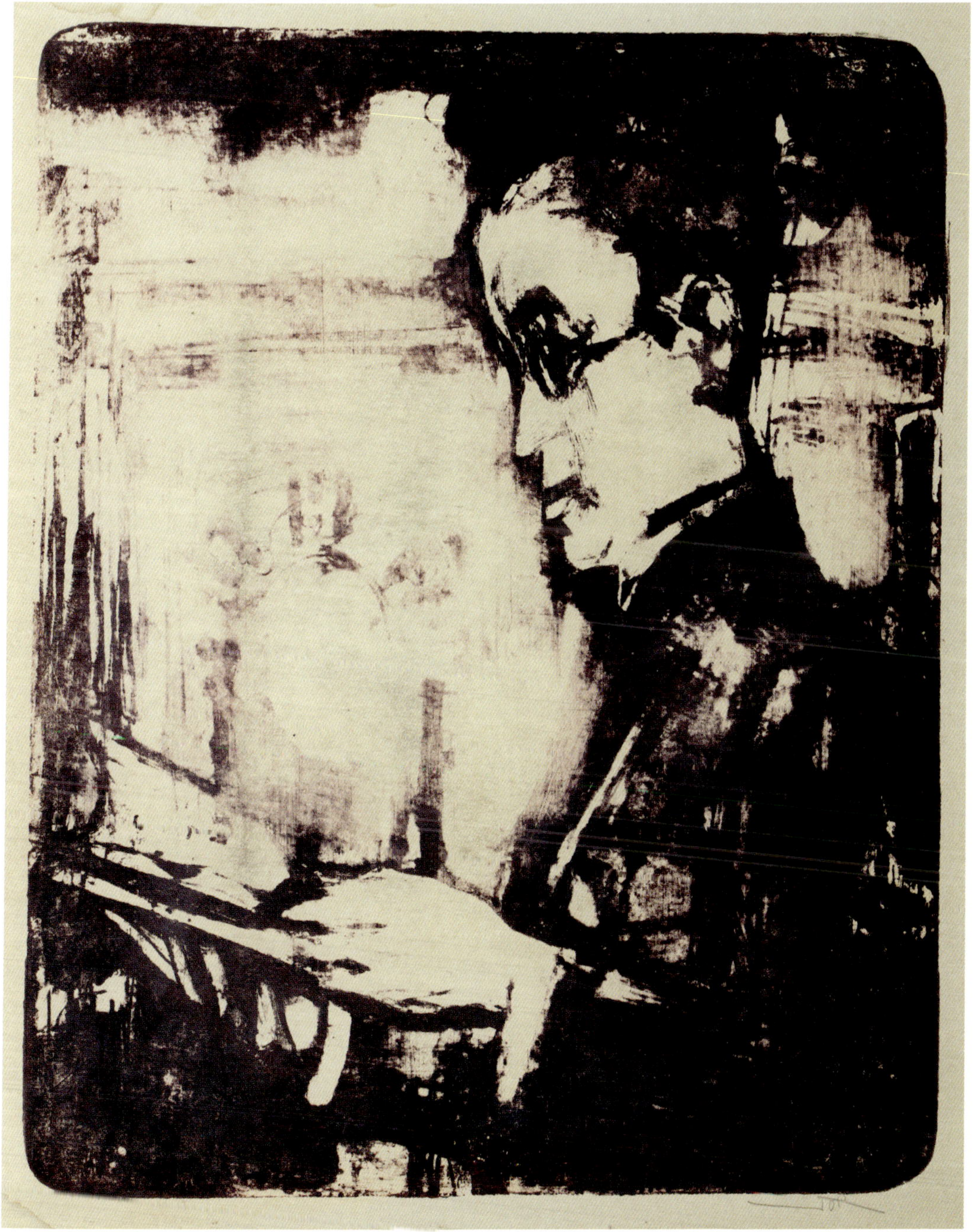

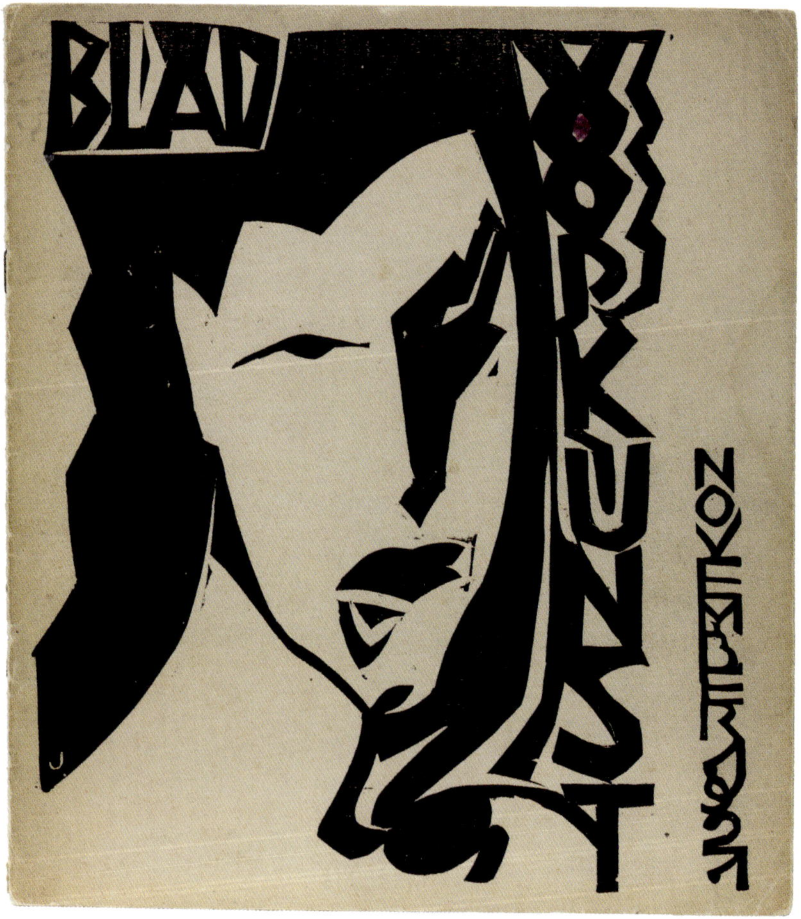

afb. 160 **H.N. Werkman** (drukker), **Jan Jordens** (omslagontwerp), *Blad voor Kunst*, houtsnede, 1921, 31,2 x 27,9 cm, Groninger Museum

> afb. 161 **Jan Jordens**, *Esztergom in Hongarije*, (Bijlage voor *Blad voor Kunst*, oktober 1921), houtsnede, Groninger Museum

Voorafgaande aan de verschijning van het *Blad voor Kunst* stuurde de redactie een prospectus rond. In de wervende tekst stond: 'Ge zult in het omslag reeds een origineele houtsnede bezitten door Jan Wiegers. Tevens bieden wij U in ons eerste nummer naast artikelen van Herman Poort, Daniël Ruyneman e.a., als losse bijlage een houtsnede van J.G. Jordens.' Expressionistische grafiek zou in alle zes nummers van het blad een belangrijke bijdrage aan de inhoud leveren. Jordens leverde voor het tweede en vijfde nummer van het blad de houtsnede voor het omslag.

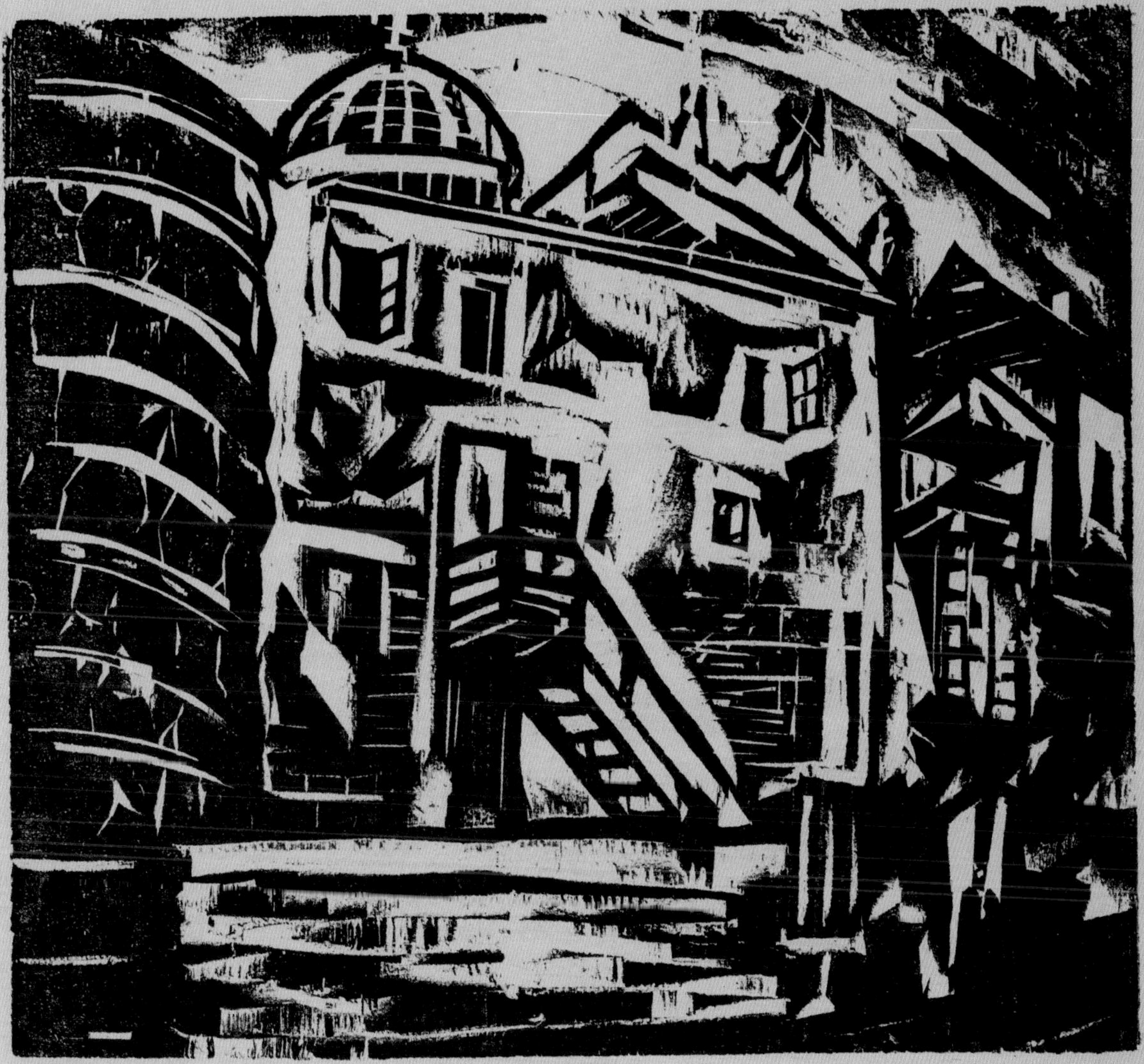

Esztergom in Hongarije. Origineele houtsnede. Jan Jordens.

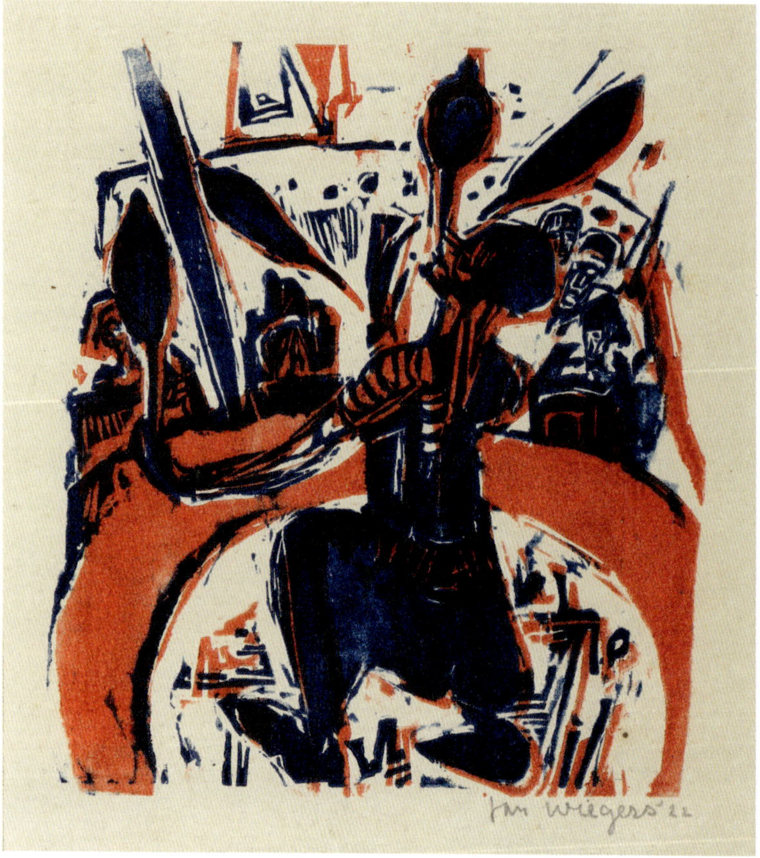

afb. 162 **Jan Wiegers**, *Jonglerende clown*, 1921, kleurenhoutsnede, 13,8 x 12,2 cm, Groninger Museum, bruikleen Gemeente Groningen

In navolging van E.L. Kirchner maakte ook Wiegers kleurenhoutsneden. Dit betrof een complexe techniek, omdat de voorstelling verdeeld werd over meerdere houtblokken, die in verschillende drukgangen en kleuren na elkaar gedrukt werden. Deze afbeelding van een jonglerende clown werd in het eerste nummer van het *Blad voor Kunst* opgenomen.

> afb. 163 **Jan Wiegers**, *Russisch danspaar*, 1925, kleurenhoutsnede, 30,6 x 26,9 cm, Groninger Museum, verworven met steun van het J.B. Scholtenfonds

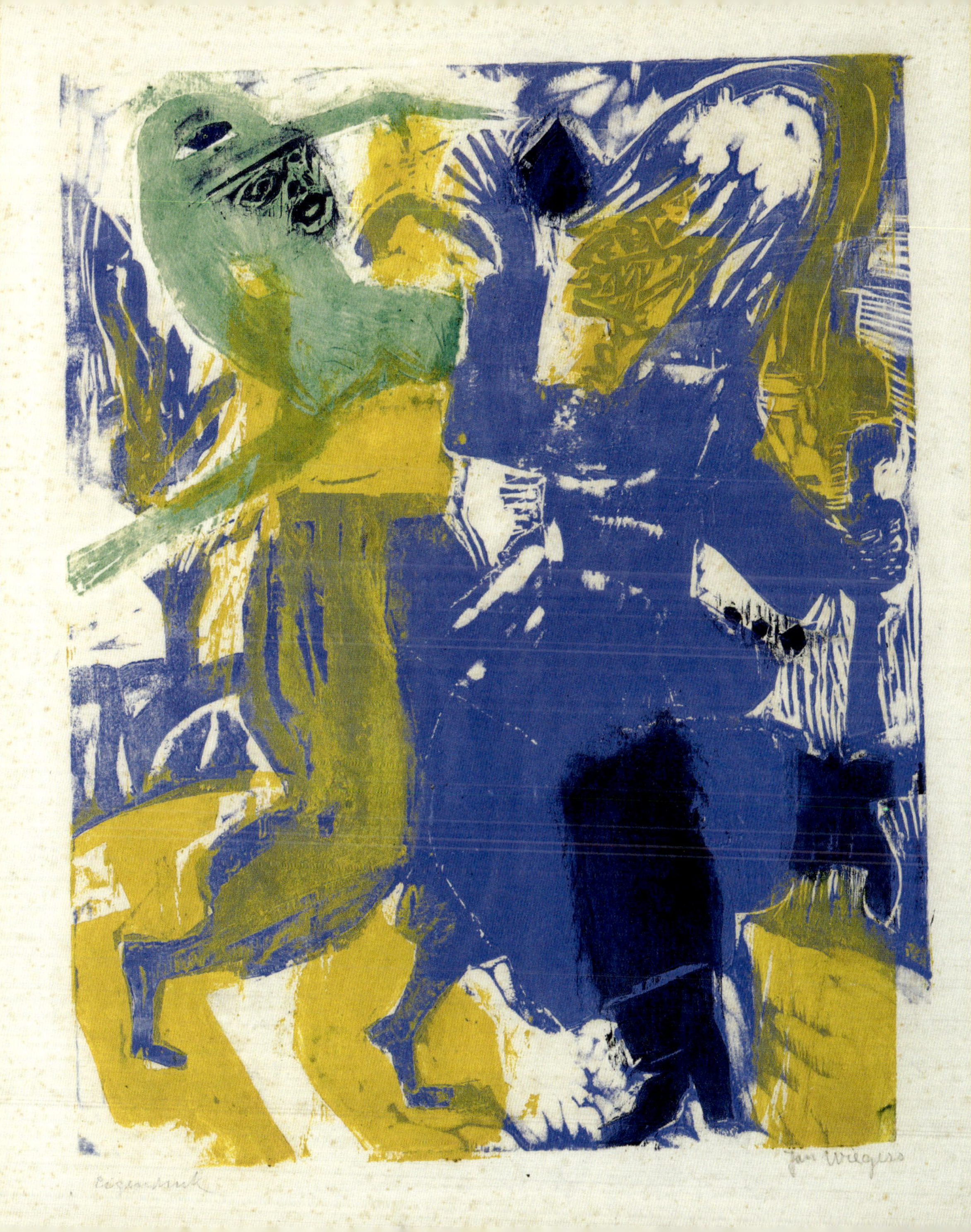
Eigendruk
Jan Wiegers

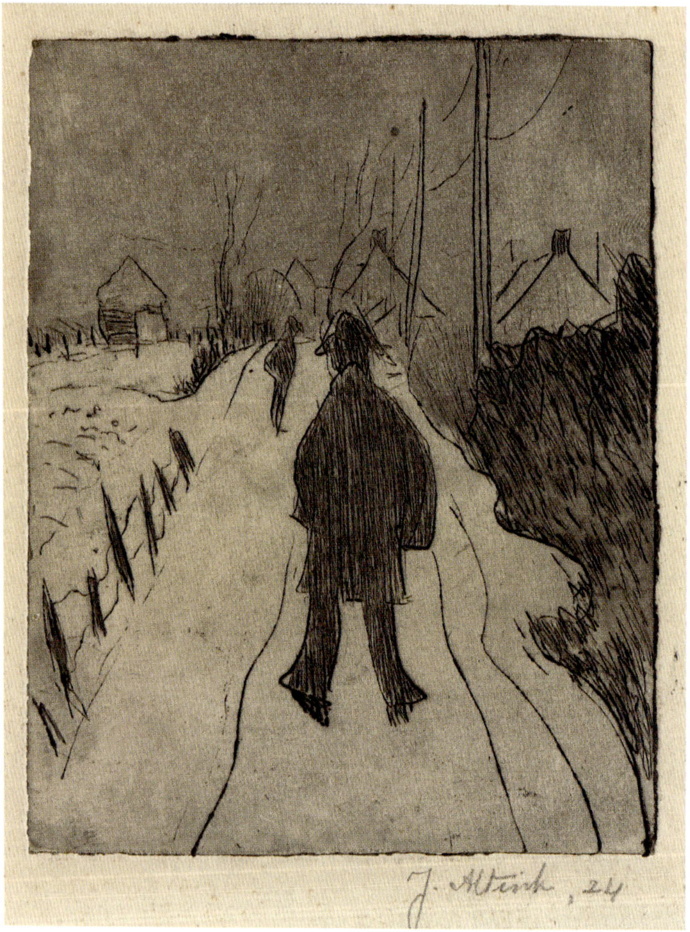

afb. 164 **Jan Altink**, *Weggetje Papiermolen*, 1924, ets, aquatint, 21,4 x 20 cm, Groninger Museum

De vroegere museumdirecteur Jos W. de Gruyter gaf deze rake typering van de etsen van Altink: 'Veel etsen, soms met scherp in de plaat gekraste droge naald, meestal een samengestelde techniek van haarfijn of diep ingebeten lijnen en door harsen e.d. verkregen tinten. Hij kon in zijn etsen een meester zijn van subtiliteit en felheid inéén.'[30]

> afb. 165 **Jan Altink**, *Paard en kar*, 1924, droge naald, 31 x 26 cm, Groninger Museum

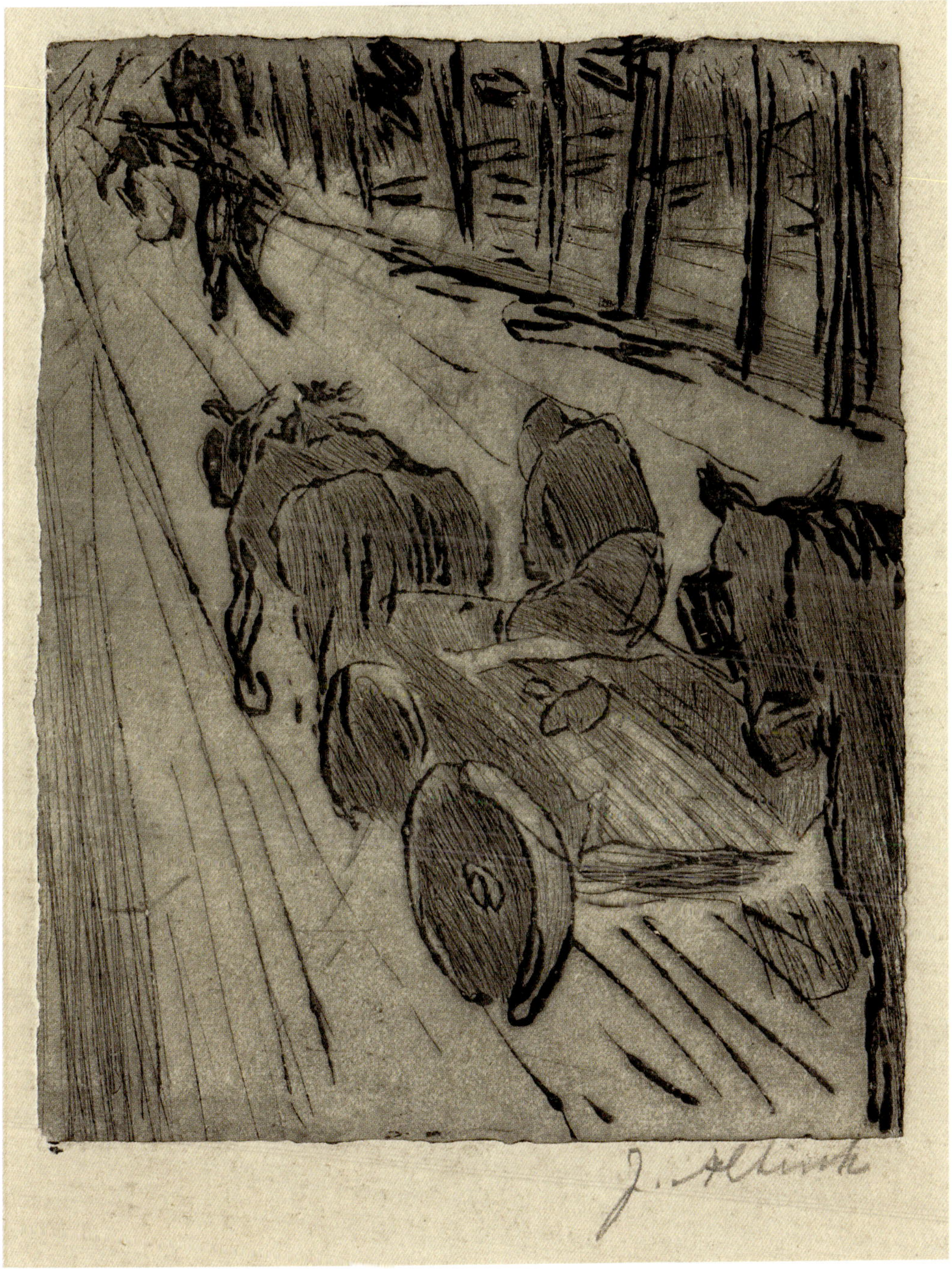
J. Altink

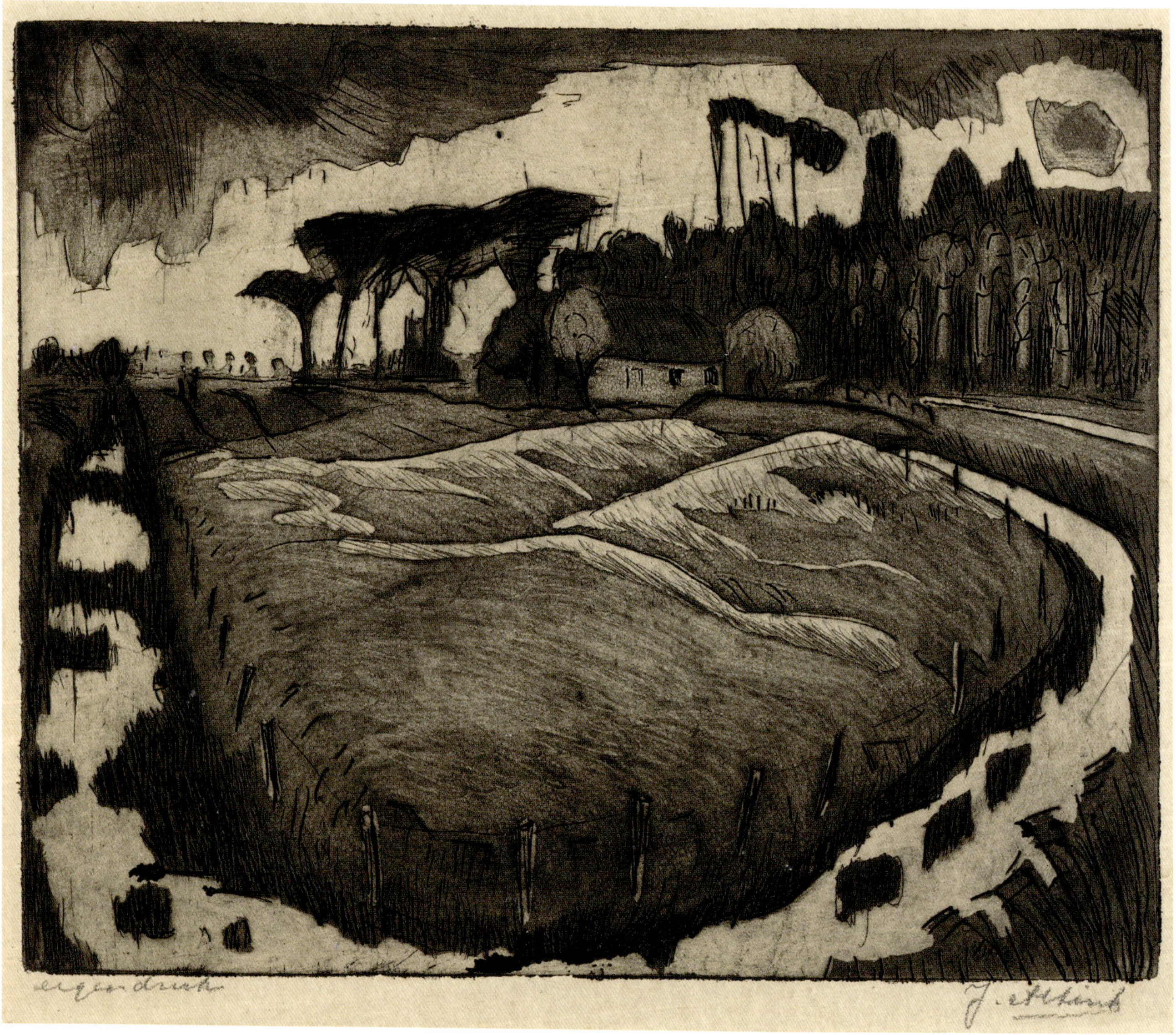
eigen druk

< afb. 166 **Jan Altink**, *Land met sloten*, 1924, ets, aquatint, 32 x 41,2 cm, Groninger Museum

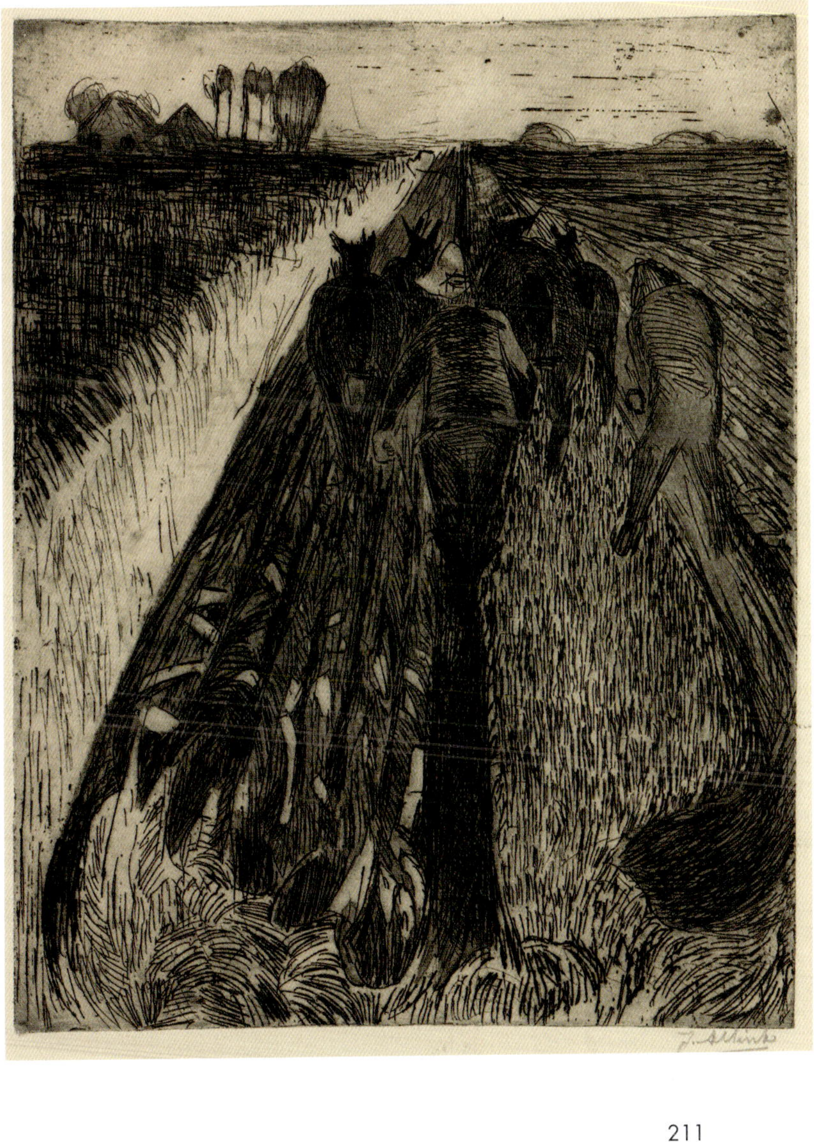

afb. 167 **Jan Altink**, *Ploegers*, 1926, ets, aquatint, 45,6 x 32,5 cm, Groninger Museum

Het uitgestrekte Groningerland onder een hoge horizon, waarbij de weidsheid van het landschap benadrukt wordt door een weg of een sloot die in de verte verdwijnt. Het is een motief dat Jan Altink niet alleen in zijn schilderijen toepaste, ook in zijn grafiek gebruikte hij dit vaak.

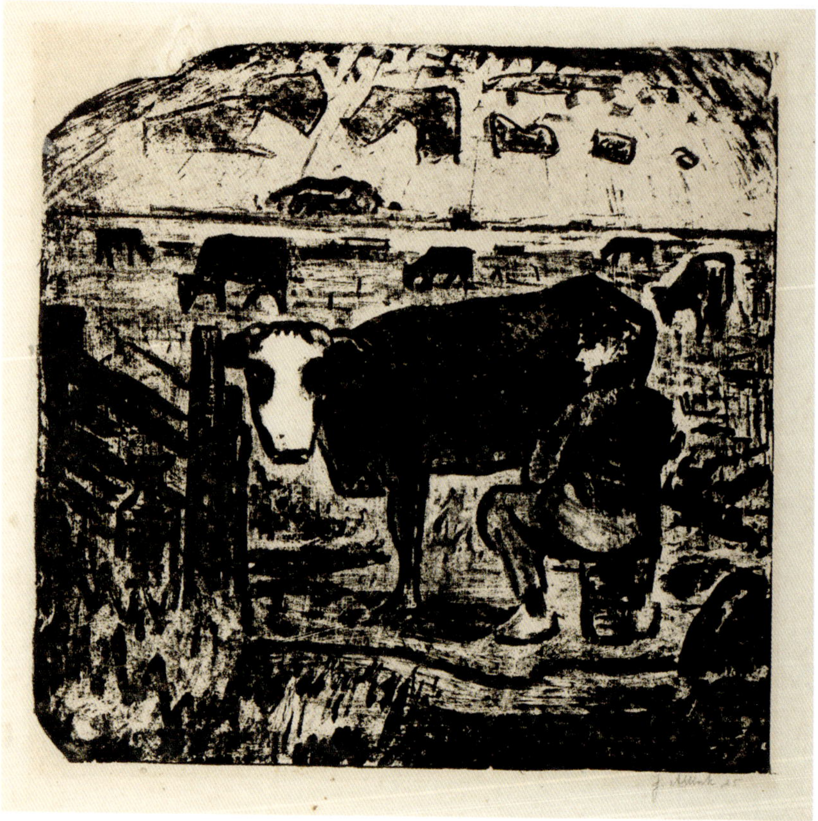

> afb. 169 **Johan Dijkstra**, *Koeien door het dorp (Orvelte)*, 1924, houtsnede, 24,5 x 32,3 cm, Groninger Museum, bruikleen Stichting J.B. Scholtenfonds

In 1924 stapte ook Johan Dijkstra over op een krachtig expressionisme. *Koeien door het dorp* is hiervan een uitgesproken voorbeeld. De prent maakte deel uit van de map *Orvelte, het oude Drente*. Begin 1925 toonde hij de prenten op een expositie bij Scholtens aan de Grote Markt in Groningen, waar hij volgens een advertentie in het *Nieuwsblad van het Noorden* 'Teekeningen en grafische experimenten' liet zien.

afb. 168 **Jan Altink**, *Melken*, 1925, Lithografie, 43,8 x 49,3 cm, Groninger Museum

De rand van de afbeelding valt samen met de onregelmatige rand van de lithosteen, die met de hand werd afgedrukt, precies zoals Johan Dijkstra dat jaren later beschreef: 'Of we maakten litho's, zonder pers, uit de hand afgedrukt door er met een tinnen lepel over te wrijven.'

p. 214-215
afb. 170 **Johan Dijkstra**, *Gezicht van Eenum op Zeerijp*, 1925-1928, ets en aquatint in zwart en geel, 20 x 49,5 cm, Stichting Johan Dijkstra

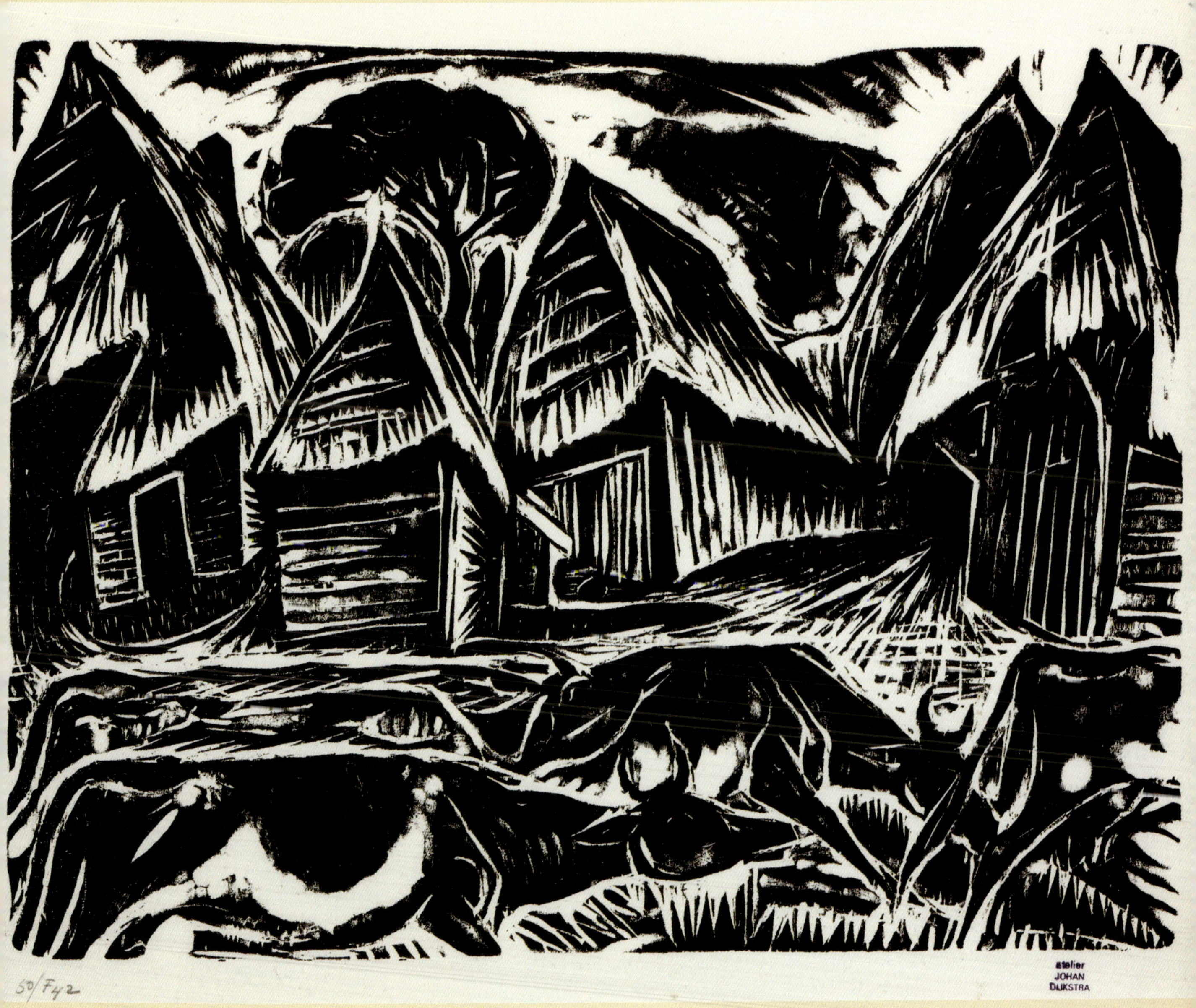
50/F42
atelier
JOHAN
DIJKSTRA

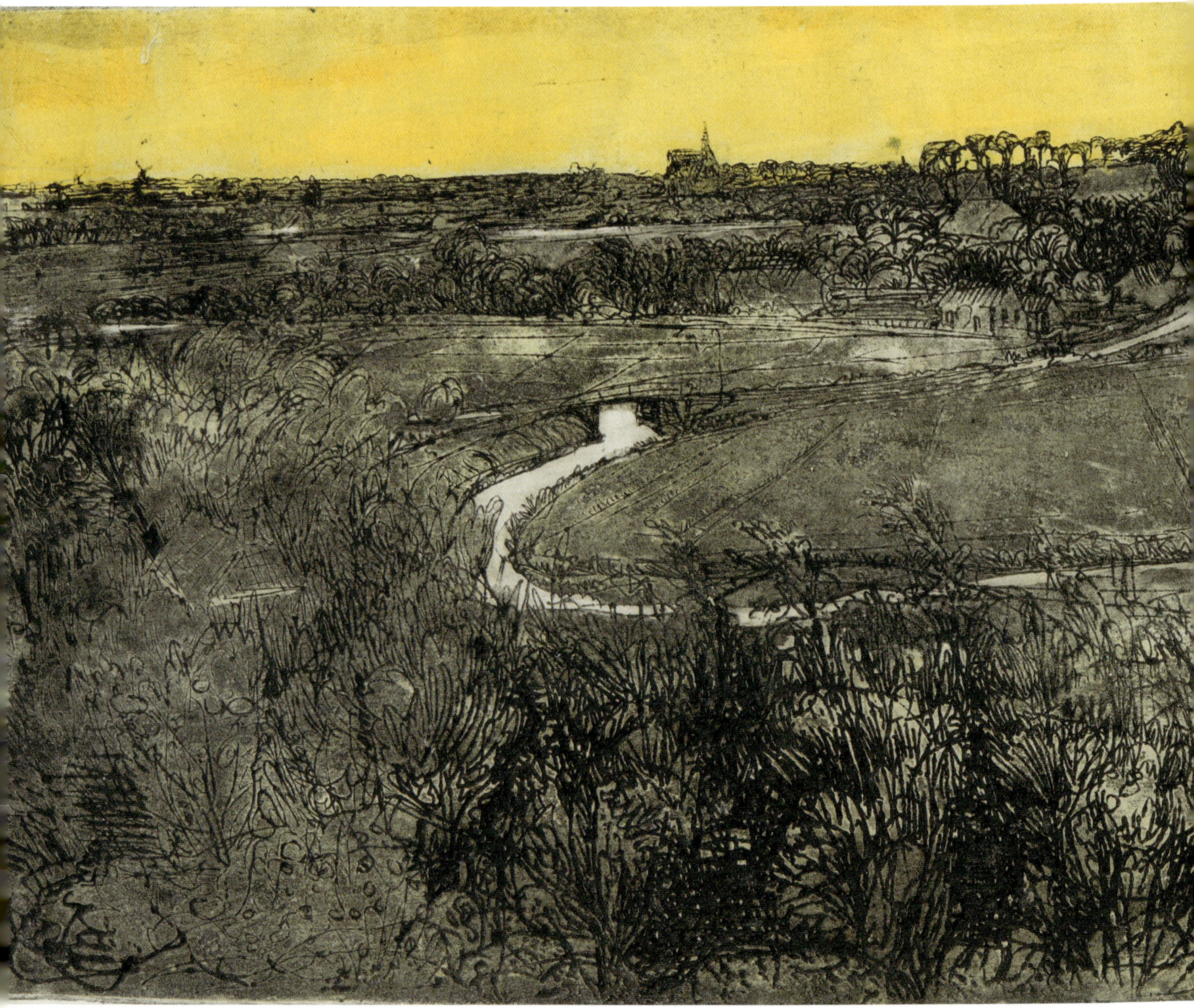

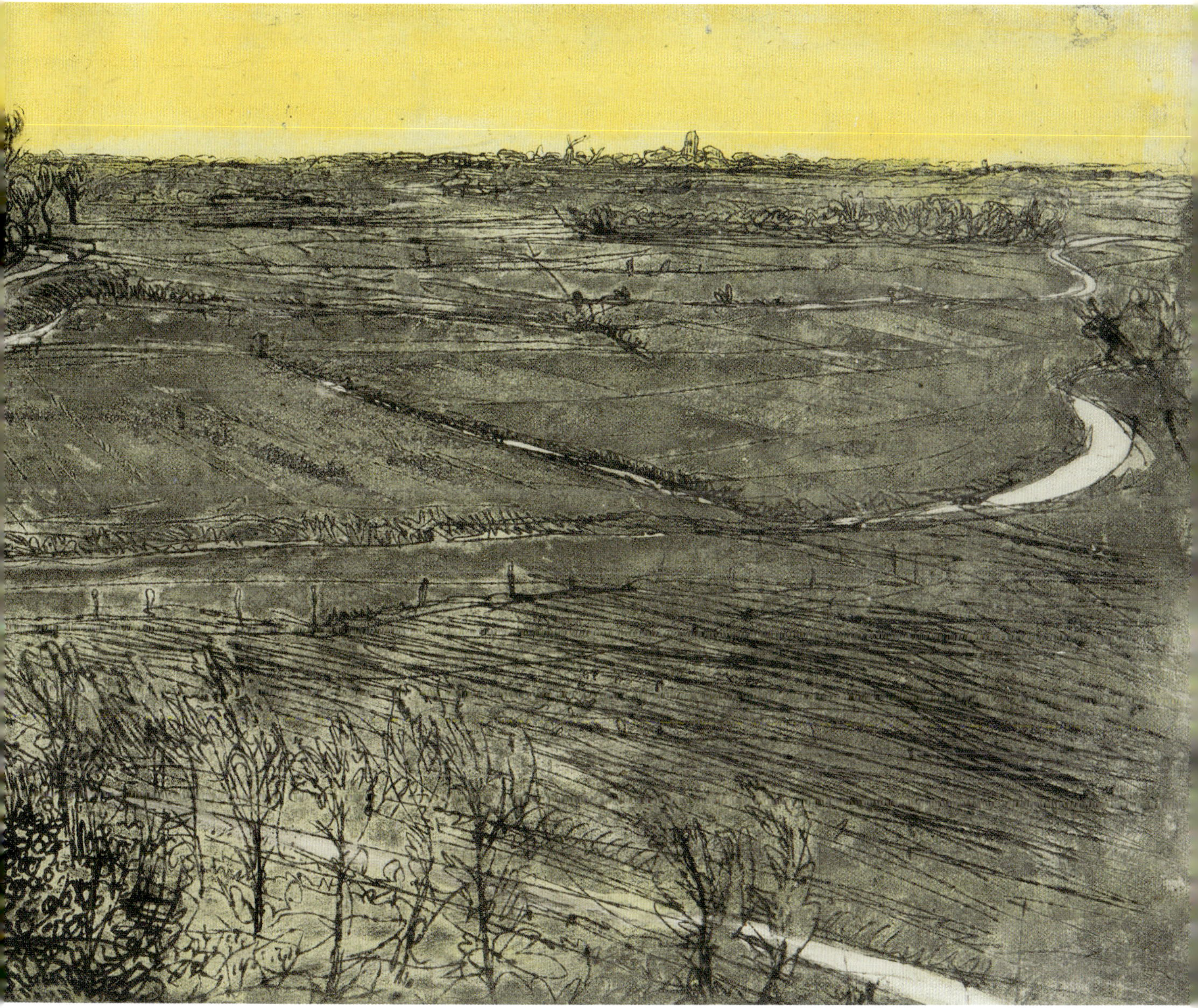

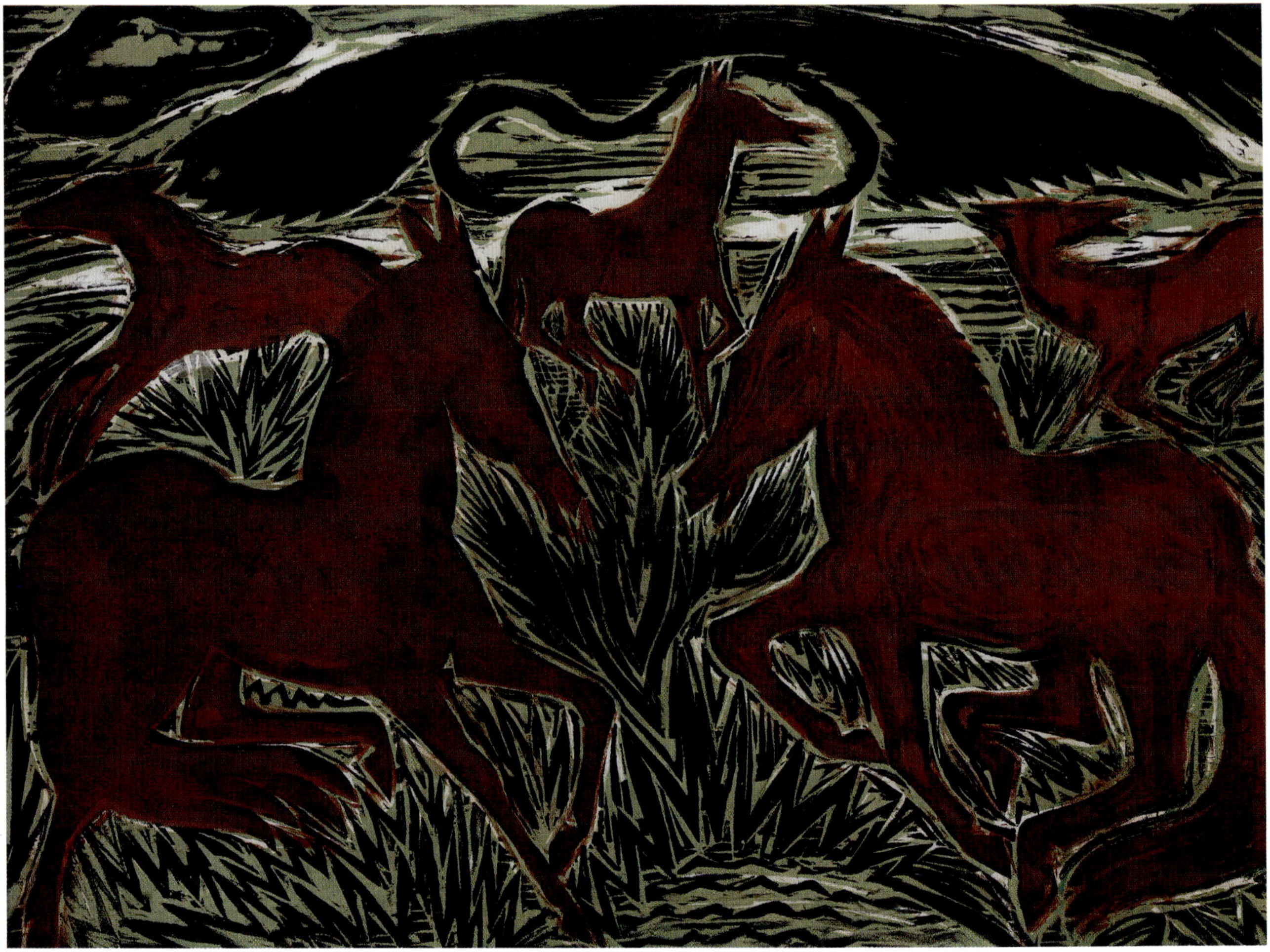

afb. 171 **Johan Dijkstra**, *Paarden in landschap*, 1927, Houtsnede, Groninger Museum, Schenking gezamenlijke aannemers verbouwing Ploegpaviljoen Stichting Beringer Hazewinkel

Dijkstra experimenteerde graag met hetzelfde motief in verschillende technieken. De vrolijke paarden in deze kleurenhoutsnede schilderde hij ook in wasverf. (afb. 021)

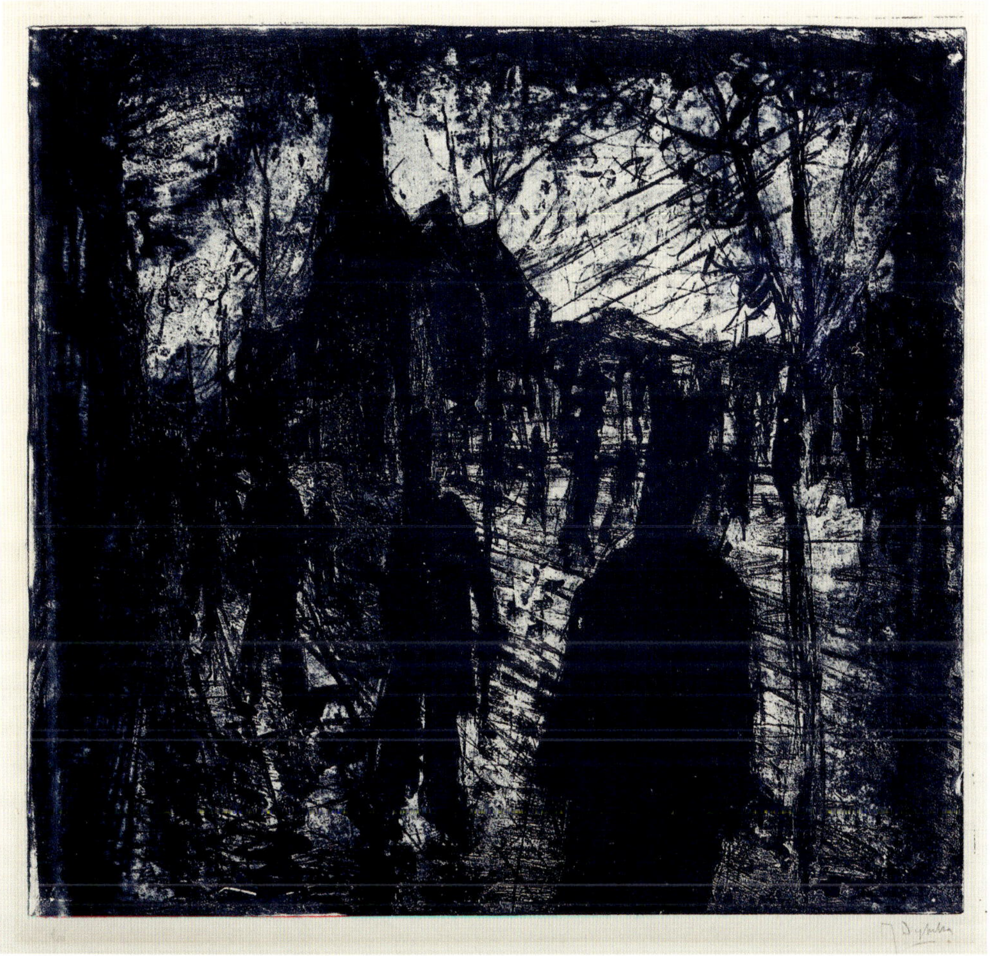

afb. 172 **Johan Dijkstra**, *Vismarkt bij avond*, zinkografie, 46,5 x 50,5 cm, ca. 1929, Groninger Museum

De zinkografie is qua techniek verwant aan de litho. Dijkstra bewerkte de zinken plaat steeds verder, waardoor het in de opeenvolgende staten van deze prent lijkt alsof we de avond zien vallen op een gure novemberavond.

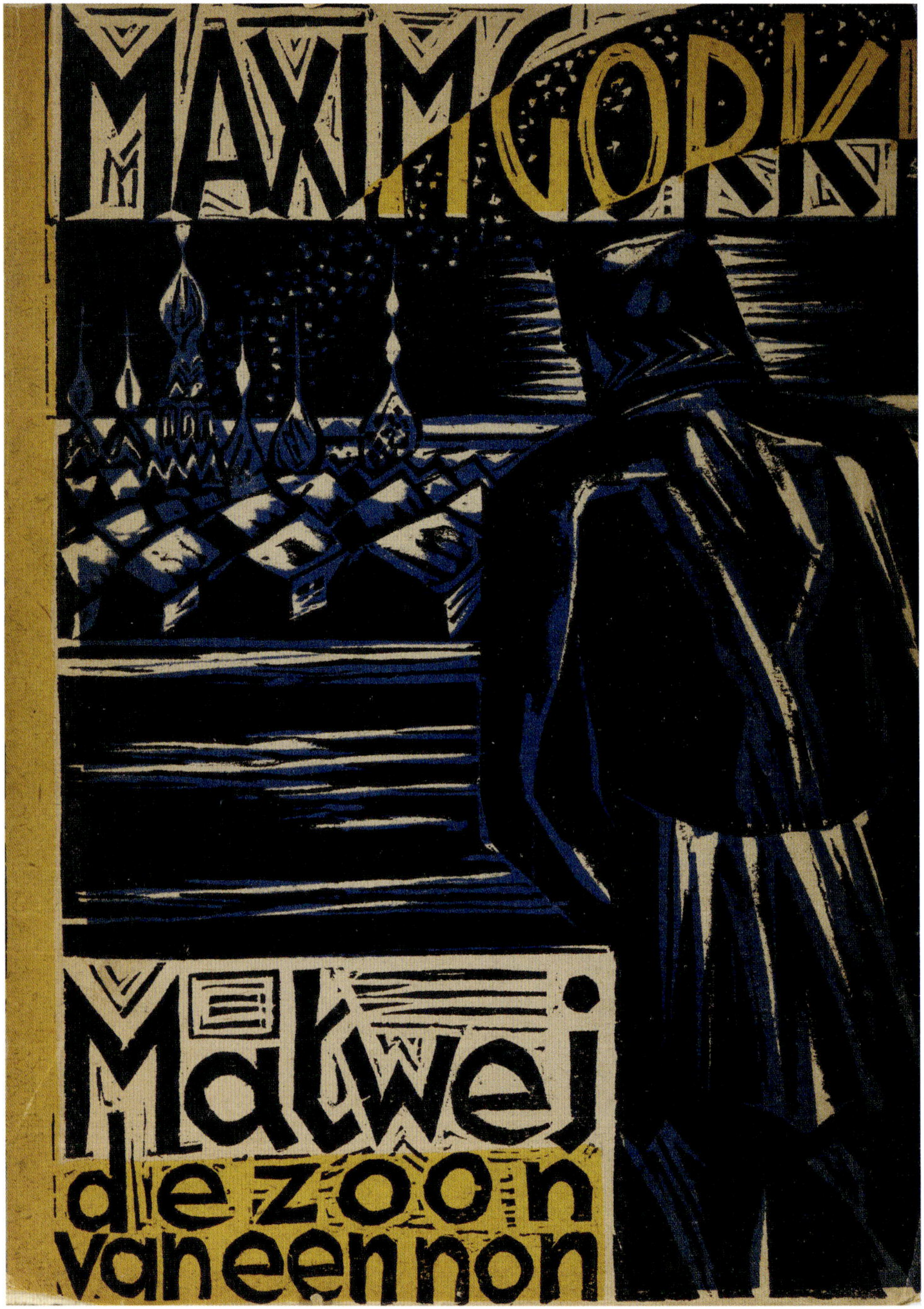
MAXIM GORKI
Mattwej
de zoon
van een non

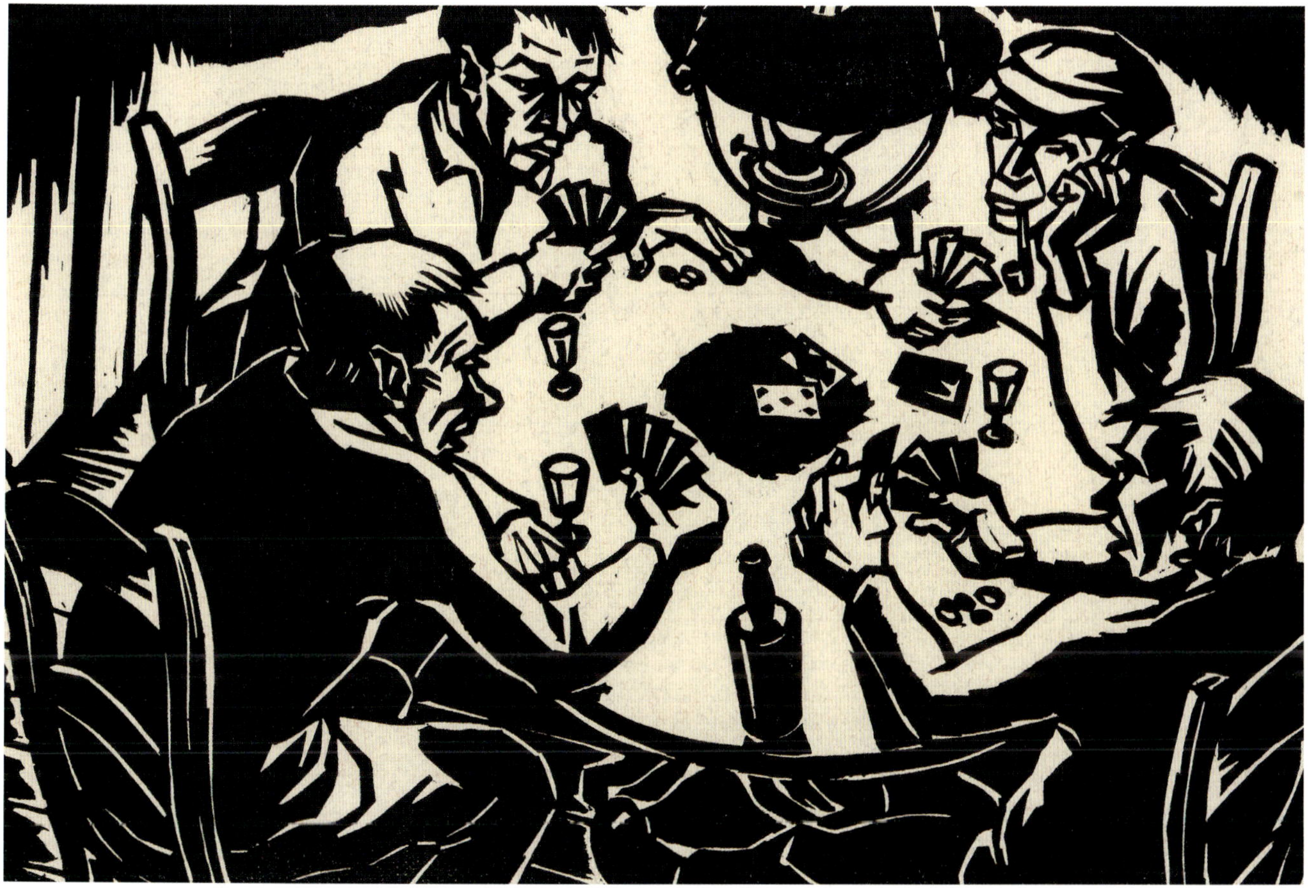

< afb. 173 **Johan Dijkstra**, *boekomslag 'Matwej de zoon van een non'*, 1929, houtsnede, 21,5 x 15,7 cm, Groninger Museum

Zoals veel van zijn Ploegcollega's kon Johan Dijkstra van enkel de opbrengsten van zijn kunst niet leven en zocht hij naar neveninkomsten. Dijkstra werkte daartoe voor verschillende uitgeverijen en maakte boekbanden en boekillustraties. Voor uitgeverij De Gulden Ster in Amsterdam verzorgde hij rond 1930 meerdere boeken, waaronder het omslag voor dit boek van de Russische schrijver Maxim Gorki.

afb. 174 **Henk Melgers**, *Boerenkaartspelers*, linoleumsnede, ca. 1924, 20 x 29,5 cm, Groninger Museum, schenking C. van Eeghen

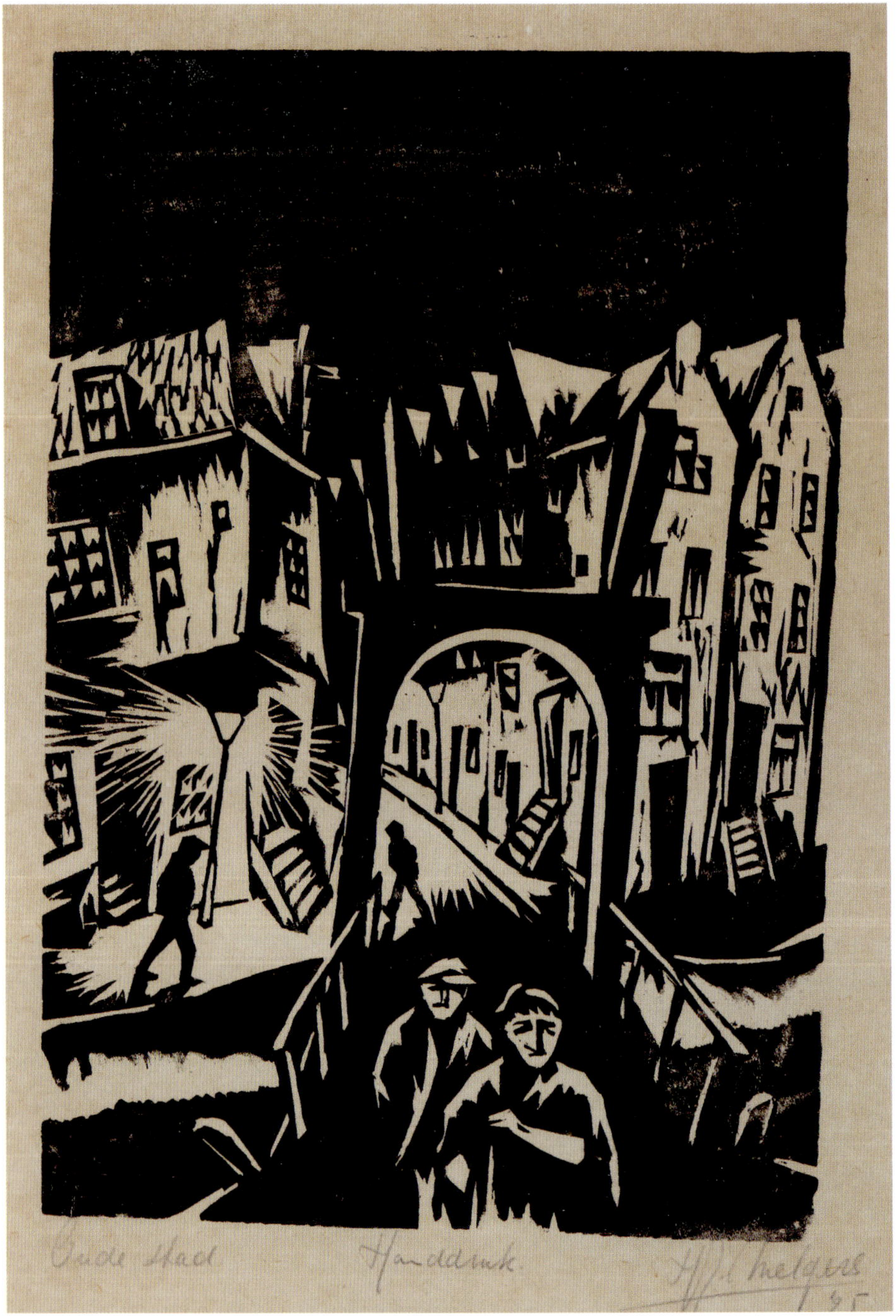
Oude stad
Handdruk

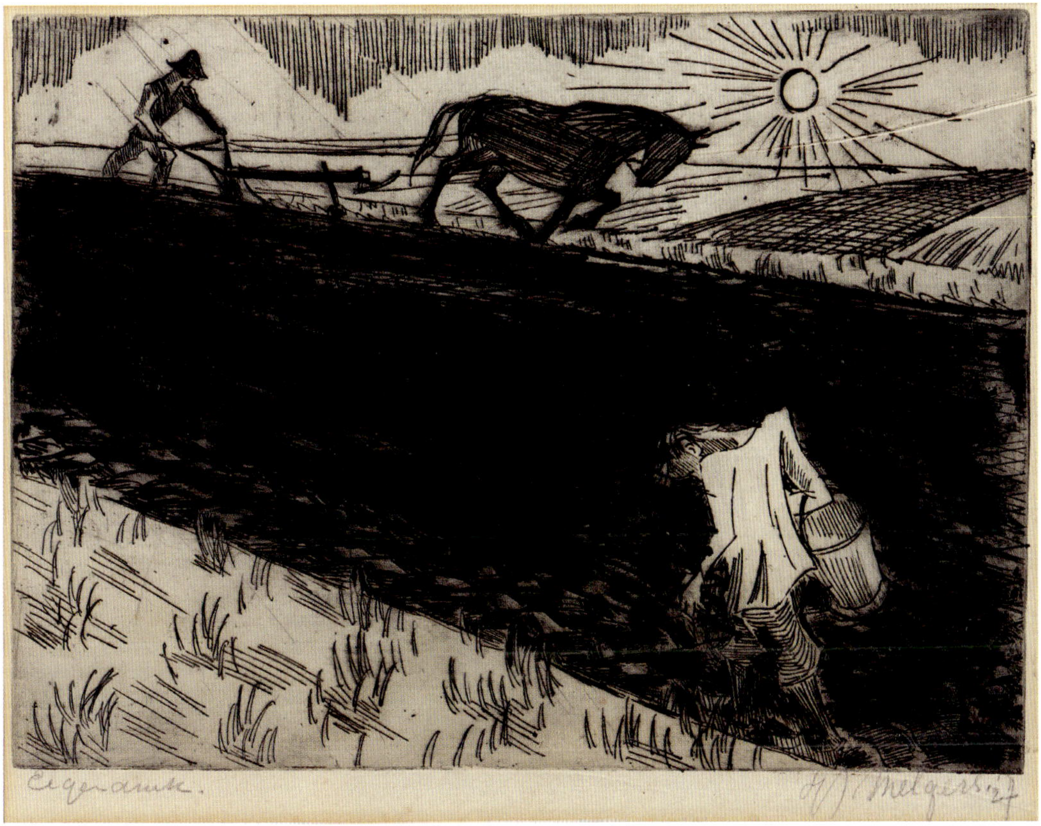

< afb. 175 **Henk Melgers**, *Oude stad*, 1925, houtsnede, 22,5 x 15,5 cm, Groninger Museum

Voor het ontstaan van het Groninger expressionisme was de invloed van kunstenaarsgroep Brücke van doorslaggevend belang. Maar daarnaast was men in Groningen zeker op de hoogte van andere ontwikkelingen, bijvoorbeeld het Vlaamse expressionisme. Dit blijkt onder meer uit afbeeldingen van het werk van Jozef Cantré en Valentijn van Uytvanck in het *Blad voor Kunst*. In de grafiek van Henk Melgers lijkt de invloed van de grafiek van Frans Masereel onmiskenbaar aanwezig.

afb. 176 **Henk Melgers**, *Ploeger op het land*, 1927, ets, 18,1 x 25,1 cm, Groninger Museum, bruikleen Gemeente Groningen

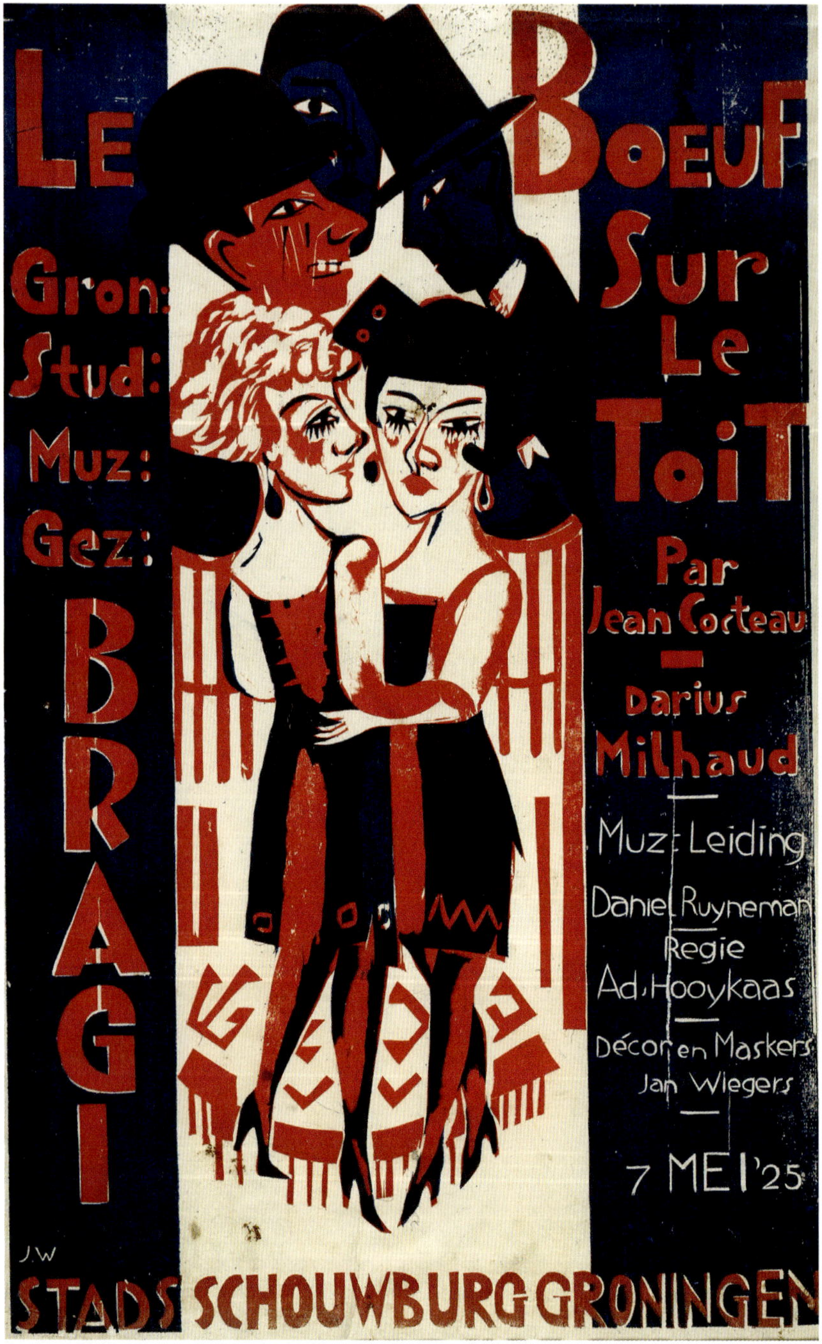

afb. 177 **Jan Wiegers**, *Affiche voor 'Le Boeuf sur le Toit'*, 1925, houtsnede, 100 x 65,5 cm, Groninger Museum

Een unieke gebeurtenis vormde in 1925 de opvoering door het Groninger Studenten Muziekgezelschap Bragi van *Le boeuf sur le toit*, een avant-gardistisch muziektheaterstuk, van de componist Darius Milhaud en schrijver Jean Cocteau. Dit spektakel werd uitgevoerd onder leiding van Ploeglid en dirigent Daniel Ruyneman, terwijl Jan Wiegers verantwoordelijk was voor de groteske kostuums met enorme maskers, de decors en het affiche. Werkman verzorgde het programmaboekje. 'Het is een daad geworden van echte Ploeg-kunst', zo luidde het oordeel in *Het Kouter* van augustus 1925.

> afb. 178 **H.N. Werkman**, *Affiche 'Expositie De Ploeg in Pictura'*, 1931, handpers op papier, 65 x 51 cm, Groninger Museum, verworven met steun van het Kammingafonds

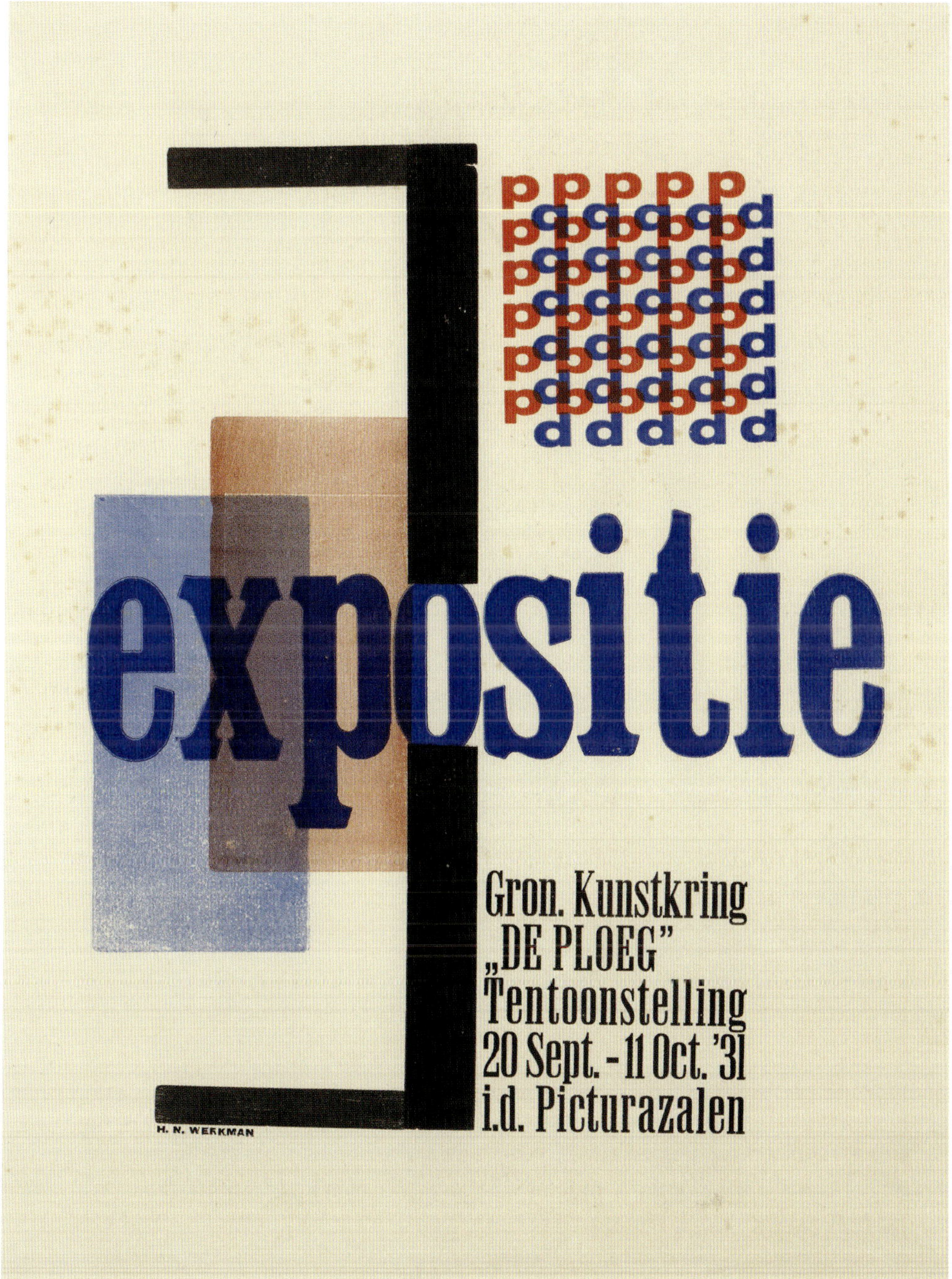

ppppp
dddddd
expositie
Gron. Kunstkring
„DE PLOEG"
Tentoonstelling
20 Sept. - 11 Oct. '31
i.d. Picturazalen
H. N. WERKMAN

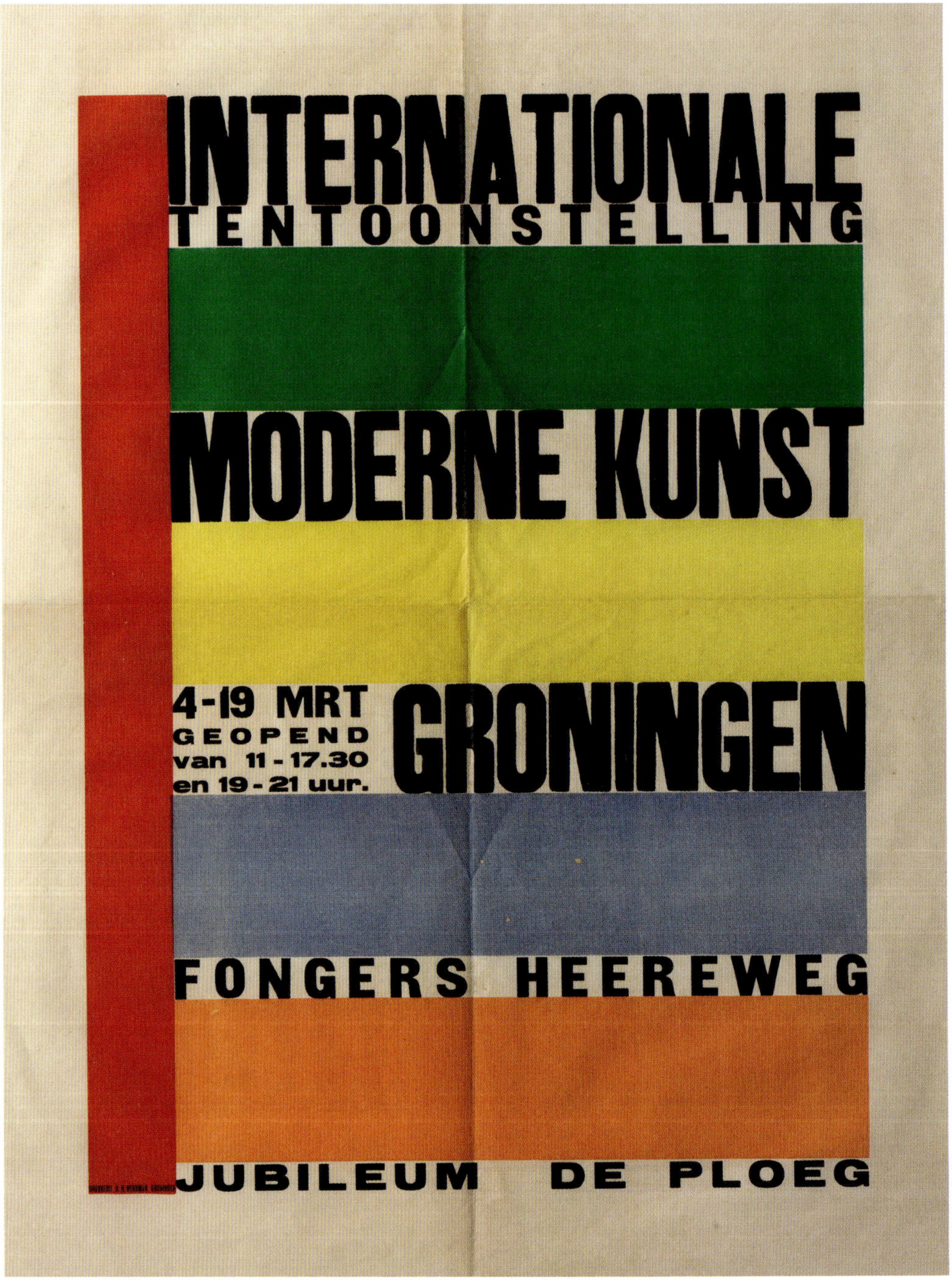
INTERNATIONALE
TENTOONSTELLING
MODERNE KUNST
4-19 MRT
GEOPEND
van 11 - 17.30
en 19 - 21 uur.
GRONINGEN
FONGERS HEEREWEG
JUBILEUM DE PLOEG

< afb. 179 **H.N. Werkman**, *Affiche 'Internationale Tentoonstelling modern Kunst*, 1933, drukwerk op papier, 91 x 75 cm, bruikleen Rijksdienst voor het Cultureel Erfgoed, uitgeleend aan het Groninger Museum

Ter gelegenheid van het derde lustrum in 1933 organiseerde De Ploeg een opzienbarende jubileumtentoonstelling. In de grote hal van Fongers Rijwielfabriek in Groningen was een overzicht van Europese topkunst bij elkaar gebracht. In de catalogus prijken grote namens als Marc Chagall, Wassily Kandinsky, Kees van Dongen, James Ensor, Paul Klee, Matisse, Modigliani, Oskar Kokoschka, Edvard Munch en Picasso. Van de Ploegleden zelf was een bescheiden bijdrage van dertien schilderijen te zien. Werkman maakte het nog altijd sprankelende affiche.

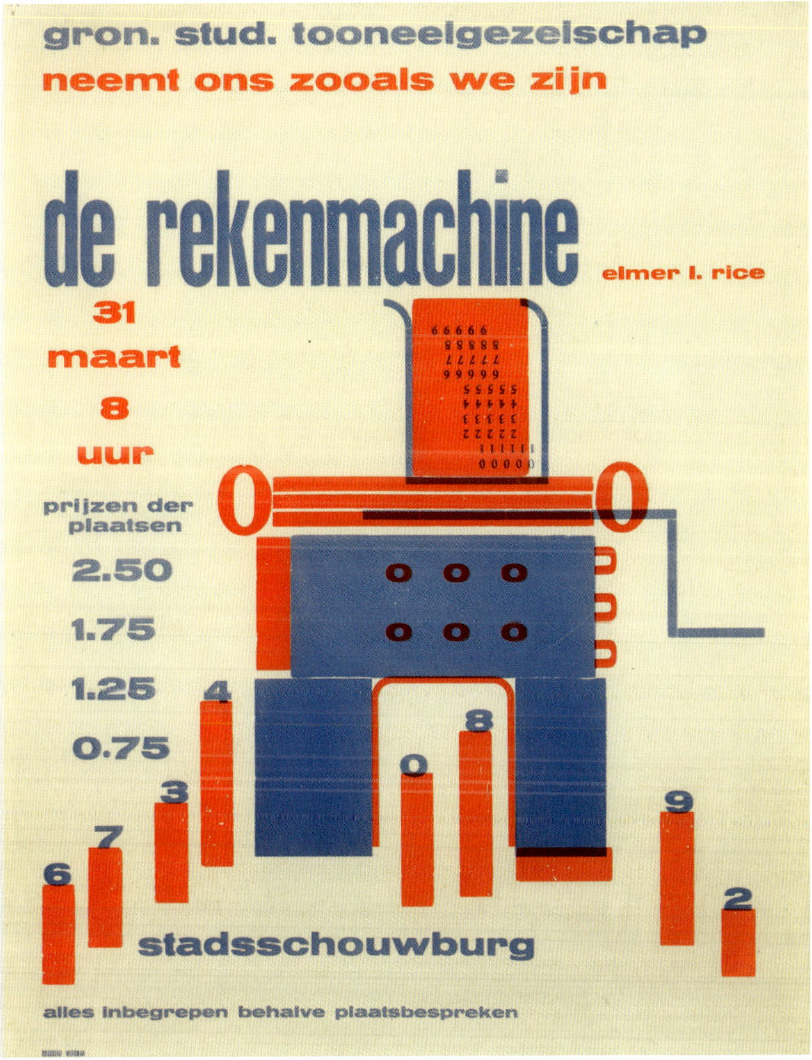

afb. 180 **H.N. Werkman**, *Affiche voor toneelstuk 'De Rekenmachine' van Elmer L. Rice*, 1933, drukwerk op papier, 65 x 50,2 cm, Groninger Museum, schenking Stichting H.N. Werkman

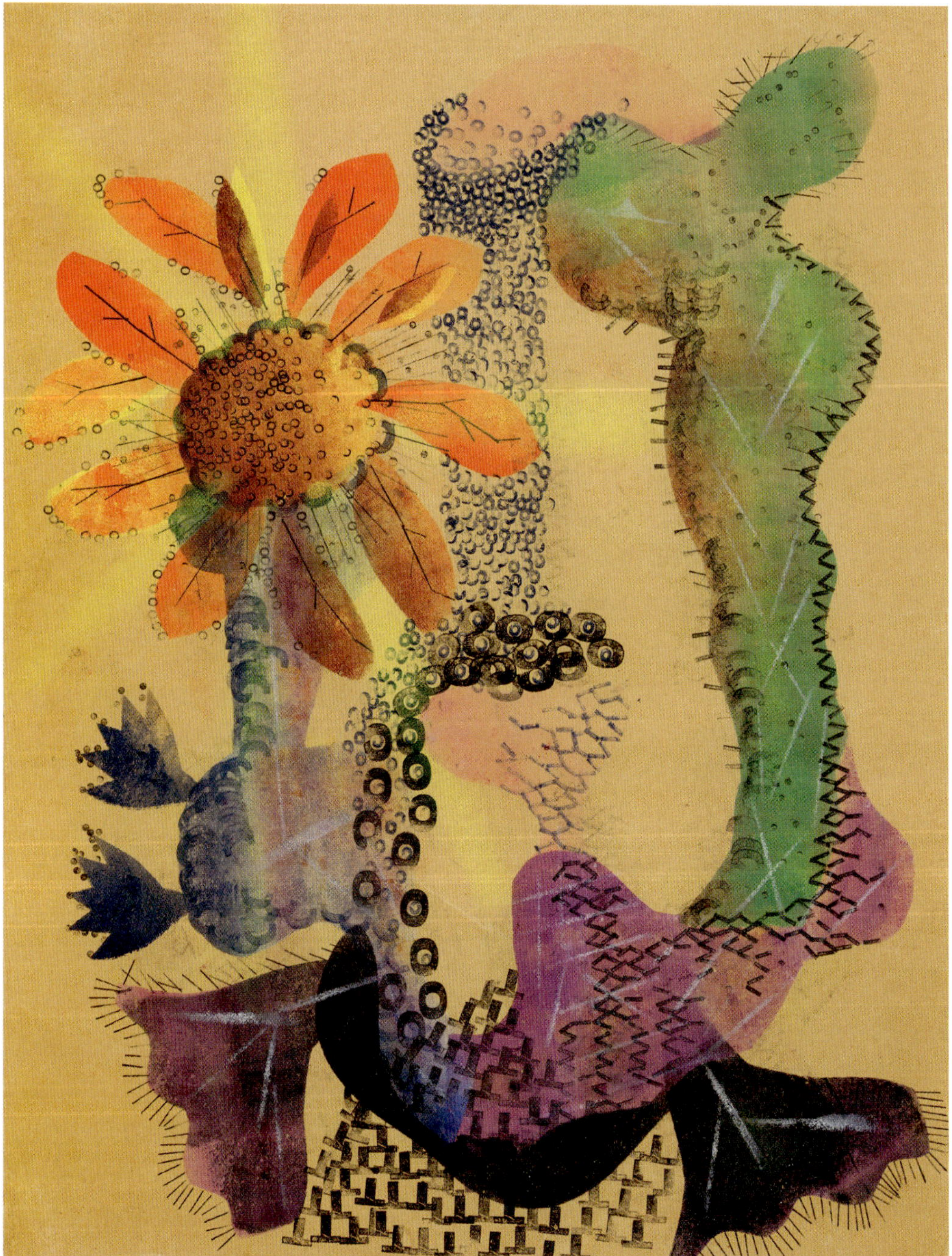

< afb. 181 **H.N. Werkman**, *Bloei 4*, 1938-1939, sjabloon en stempel op papier, 65 x 50 cm, Groninger Museum, schenking Stichting H.N. Werkman

Met zijn druksels ontwikkelde Werkman een unieke vorm van drukkunst, waarbij hij steeds zocht naar nieuwe mogelijkheden. In dit druksel combineerde hij de sjabloon- en de stempeltechniek. De bloem en de cactusachtige vormen bracht hij met sjablonen aan, de detaillering stempelde hij er met zetmateriaal overheen.

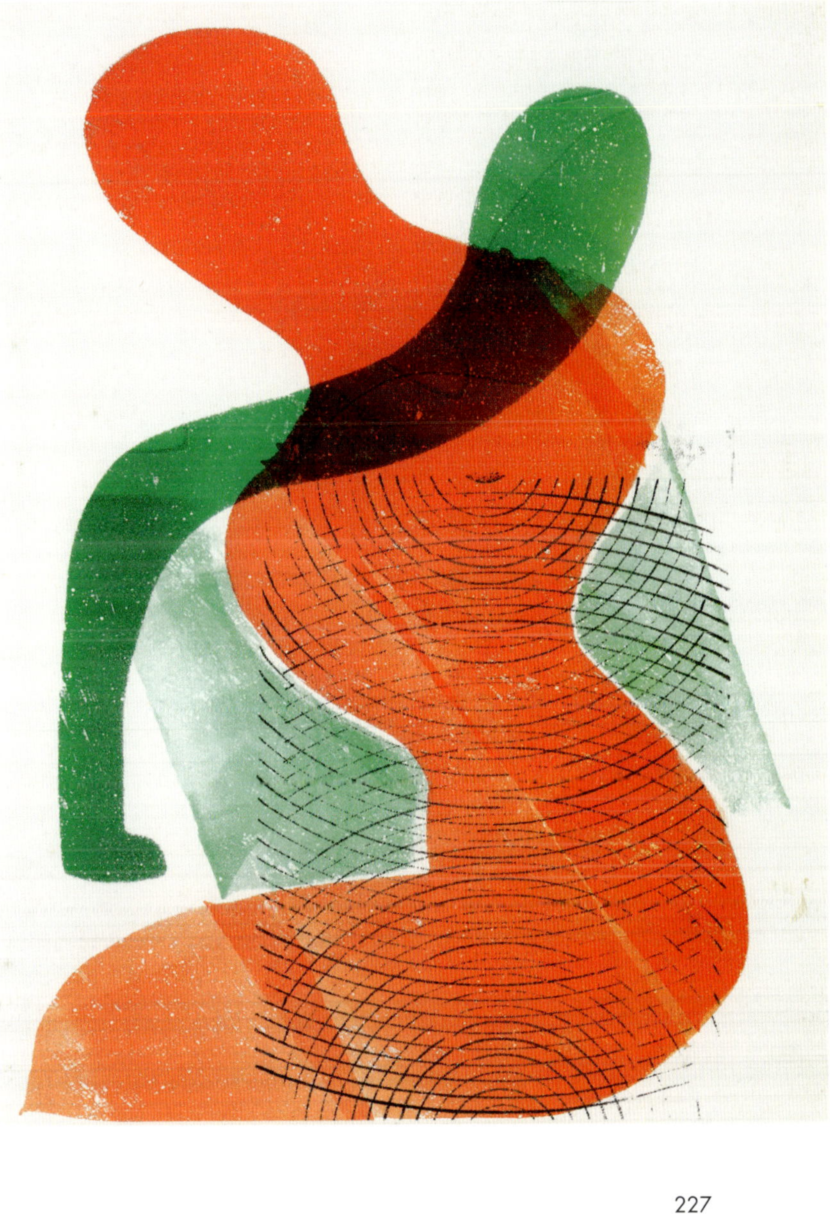

afb. 182 **H.N. Werkman**, *Hot Printing 9 (Zittende vrouw)*, 1935-1936, sjabloon op papier, 33 x 25 cm, Collectie Stichting De Ploeg, bruikleen Groninger Museum

Dit druksel met een geabstraheerde weergave van een *Zittende vrouw* kreeg een heel bijzondere afwerking. Voor het patroon van de parallelle rondlopende lijnen gebruikte hij een rubberen betaalmatje, zoals dat in die tijd op de toonbank lag in winkels. Een mooie vondst!

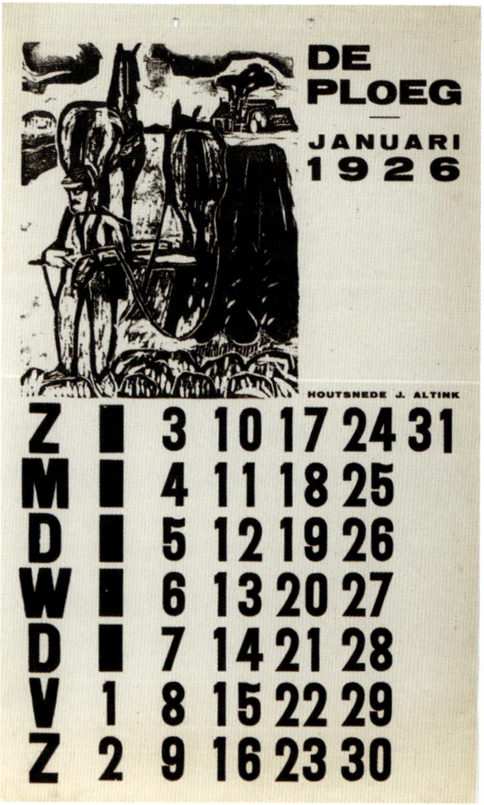

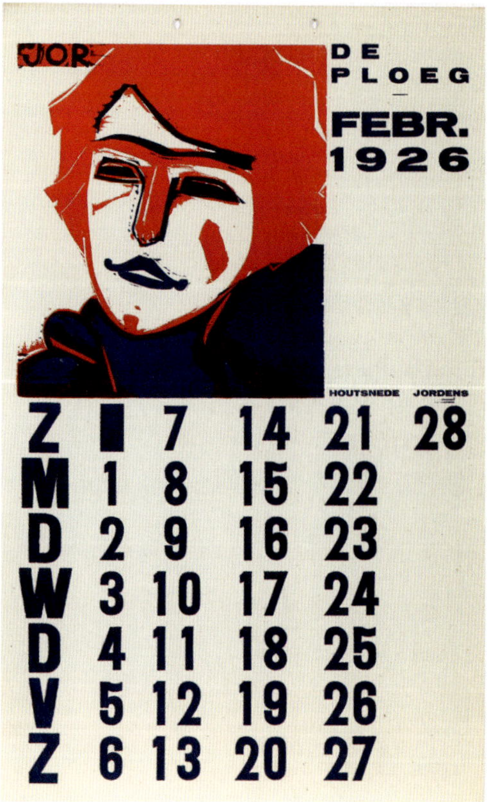

afb. 183 *Kalender De Ploeg 1926*, 1925, 46 x 28,7 cm, Groninger Museum, bruikleen Gemeente Groningen.
De kalender werd gedrukt door H.N. Werkman.

'Verschillende leden werken met animo aan een "Ploeg" kalender voor 1926', vermeldde het jaarverslag van de Kunstkring in mei 1925. Een aantal Ploegleden leverde een bijdrage in de vorm van houtsneden, linosneden en een typografische compositie van Werkman. De expressionistische inslag van de grafiek binnen De Ploeg heeft de overhand, maar in de bijdragen van Werkman en Jan van der Zee komt ook de constructivistische invloed binnen de kunstkring naar voren.

Januari - **Jan Altink**, houtsnede
Februari - **Jan Jordens**, houtsnede

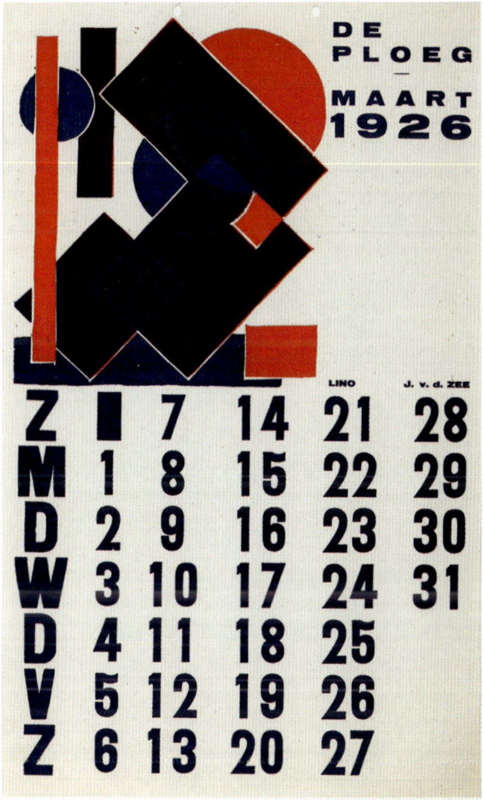

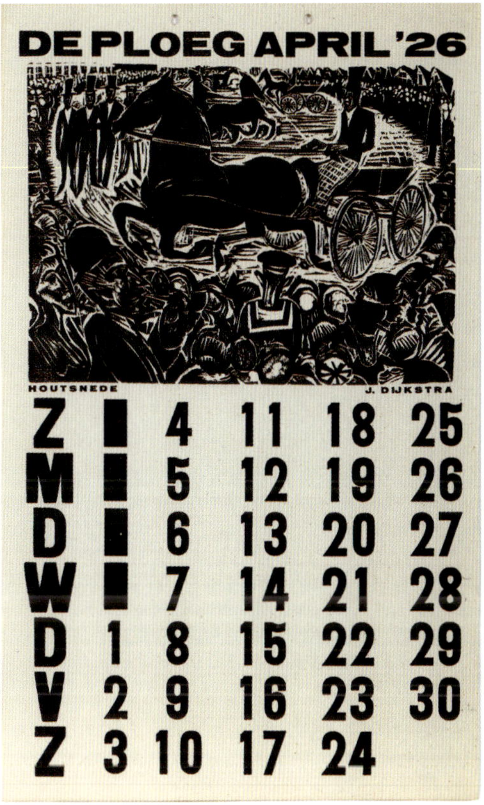

Maart - **Jan van der Zee**
lino

April - **Johan Dijkstra**
houtsnede

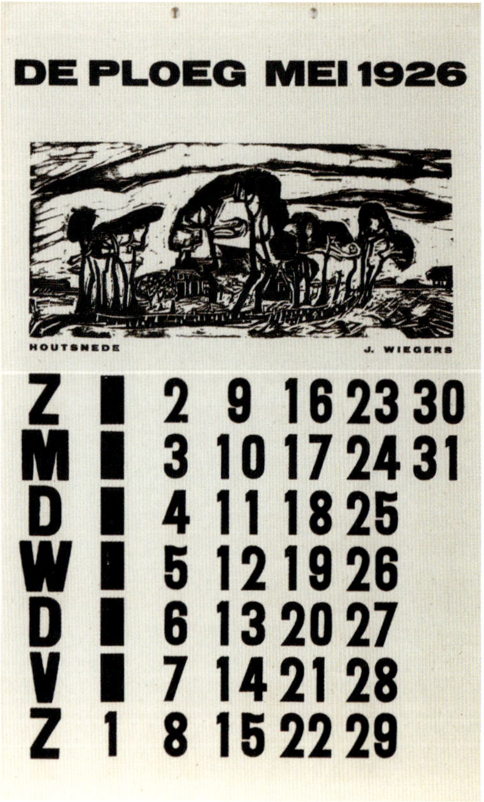

Mei - **Jan Wiegers**
houtsnede

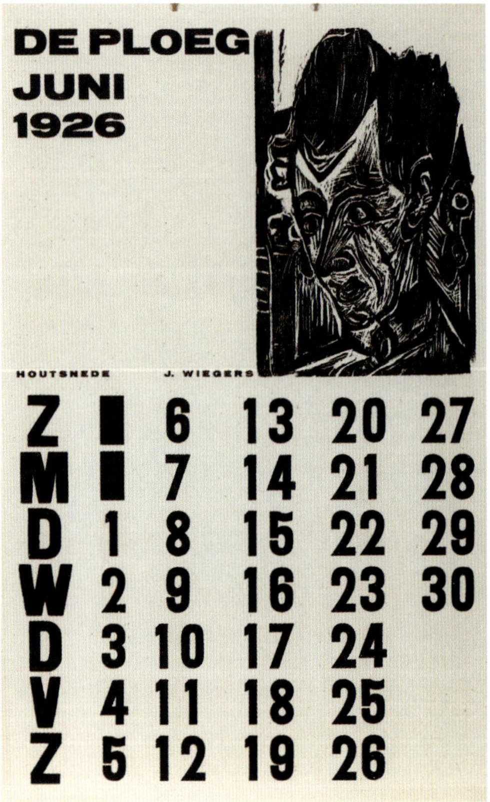

Juni - **Jan Wiegers**
houtsnede

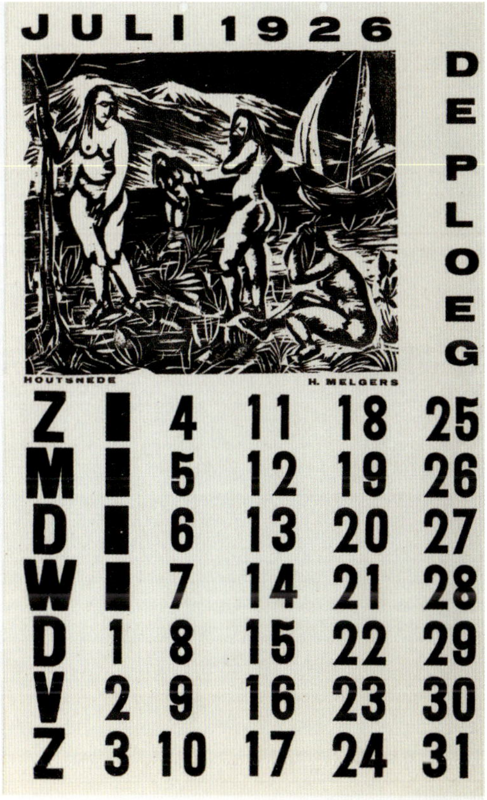

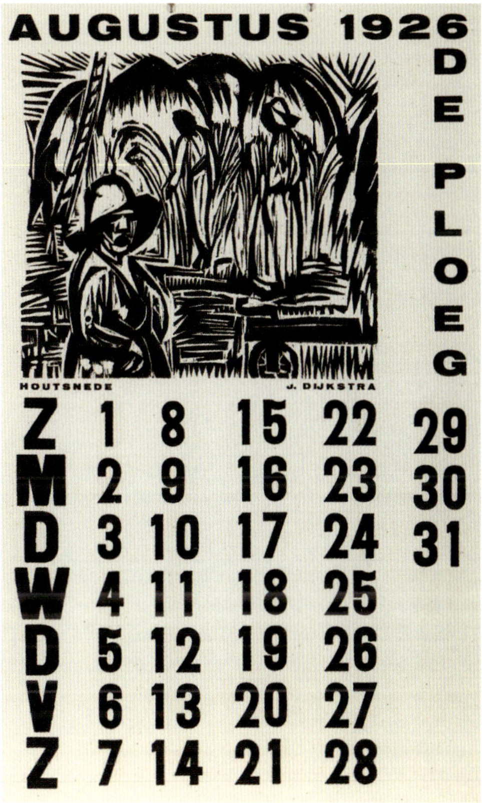

Juli - **Henk Melgers**
houtsnede

Augustus - **Johan Dijkstra**
houtsnede

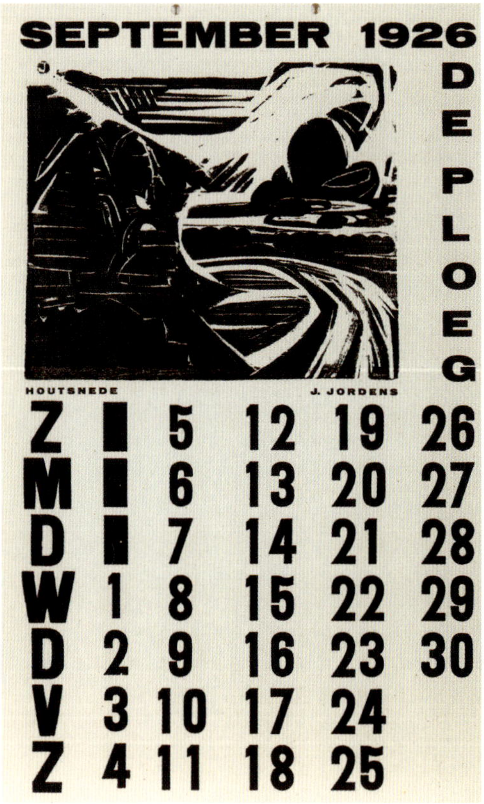

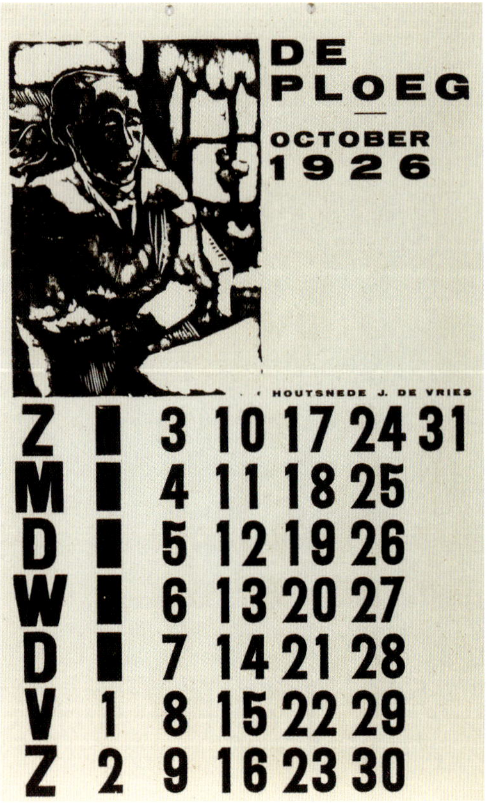

September - **Jan Jordens**
houtsnede

Oktober - **Jannes de Vries**
houtsnede

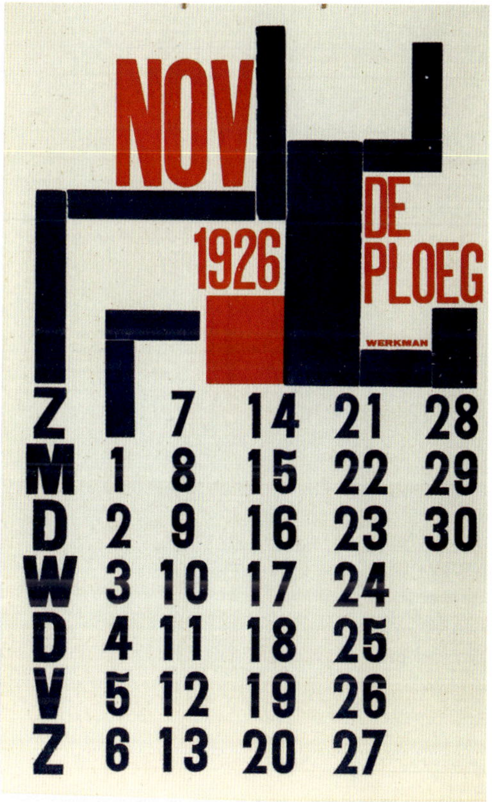

November - **H. N. Werkman**
druksel

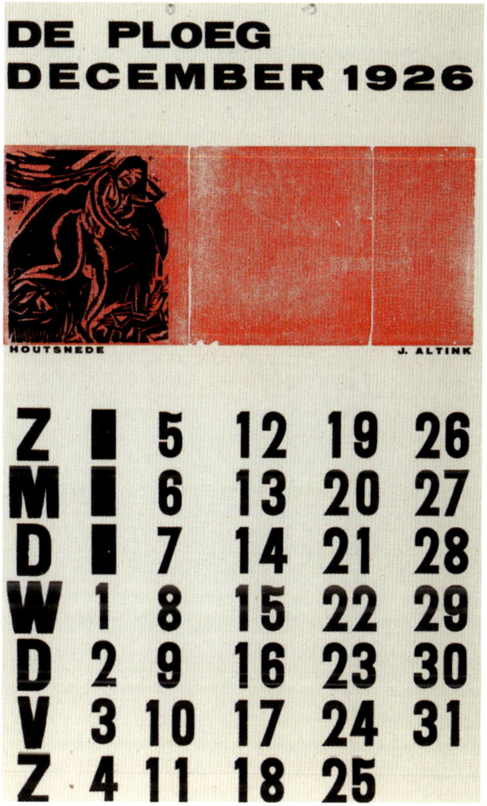

December - **Jan Altink**
houtsnede

NOTEN

1 De notulen van De Ploeg worden bewaard in het RHC Groninger Archieven, toegangsnr. 481, Kunstkring De Ploeg. M.n. inv.nr.'s 1, 2 en 77 zijn gebruikt voor dit boek.

2 Brief van Toon Benes aan M.H. Werkman, Brief van 23 oktober 1919, particuliere collectie.

3 H. Steenbruggen, 'De Ploeg verzameld in het Groninger Museum, in N. Bartelink (red.), *De Ploeg verzameld in het Groninger Museum*, Groningen 1993, p. 13.

4 Brief van H.N. Werkman aan F.R.A. Henkels d.d. 3 februari 1942, in: Hendrik Nicolaas Werkman, '*Brieven rond De Blauwe Schuit (1940-1945)*, ed. Frans R.E. Blom, Willem van Koppen, en Mieke van der Wal, Amsterdam 2008.

5 Beide citaten uit: J. Dijkstra, 'Jan Altink en De Ploeg', in *Weerwoord, nr. 1, J. Altink 80*, 1965, pp. 11-12

6 Citaat uit een brief in 1925 van Altink aan H. Ongering. De brieven bevinden zich in een particuliere collectie. Deels in kopievorm in RHC Groninger Archieven, toegangsnummer 2536.

7 Zie Mieke van der Wal e.a., 1996, p. 97.

8 Brief van H.N. Werkman aan Julia Henkels d.d. 15 juli 1942, in Hendrik Nicolaas Werkman 2008 (zie noot 4).

9 Het gebouw werd in april 1945 tijdens de bevrijding van Groningen zwaar beschadigd, in 1955 werd het gesloopt.

10 Uit *Laatste Oordeel*, een verzameling teksten van Job Hansen. Aangehaald in: Han Steenbruggen, 'Een klein universum van licht en kleur', in *Ploeg Jaarboek 2007*, Groningen 2008, p. 43. De teksten van Hansen zijn in kopievorm aanwezig in RHC Groninger Archieven, toegangsnummer 2536, cat.nr. 756.

11 Brief van H.N. Werkman aan F.R.A. Henkels, d.d. 15 oktober 1941, in Hendrik Nicolaas Werkman 2008 (zie noot 4)

12 J. Dijkstra, 'Jan Altink en De Ploeg', 1965 (zie noot 6) p. 12.

13 A. de Haas, 'De jongens van De Ploeg', in *Nieuwsblad van het Noorden*, 19-5-1953.

14 Cees Hofsteenge, 'Zoekgeraakt voor 1945', in *Ploegjaarboek 2010*, Groningen 2011, pp. 64-67.

15 Jos de Gruyter in D.H. Couvée en Dr. W. J. de Gruyter, *Jan Altink 21 october 1885-6 december 1971*, Heemskerk 1978.

16 Aangehaald in: Eric Bos, *Portretten De Ploeg*, Groningen 2011, p. 59.

17 Citaat uit een brief in 1925 van Altink aan H. Ongering. (zie noot 6)

18 Stedelijk Museum Amsterdam, Werkman Archief, inv. nr. 178.

19 Brief van W. Alkema aan F.R.A. Henkels, transcriptie in Stedelijk Museum Amsterdam, Werkman Archief, inv. nr. 181.

20 Mieke van der Wal e.a., *Johan Dijkstra 1896 1978*, Zwolle 1996, p. 39.

21 De dagboeken bevinden zich in de collectie van het Veenkoloniaal Museum in Veendam. Het citaat wordt aangehaald in: Cees Hofsteenge, 'Man van

de consensus. Streurman en De Ploeg, 1918-1922', in J.J. van der Spek (red.), *De universele mens. Geert Hendrik Streurman tussen Goethe en De Ploeg*, Scheemda 1996, p. 29.

22 Anneke de Vries, 'Het clubideaal van De Ploeg', in *Ploeg Jaarboek 2012*, Groningen 2013, pp. 6-32.

23 Mariëtta Jansen, 'Een nieuw model met een deftigen franschen naam', in *Bulletin van de Vereniging Rembrandt*, najaar 2014, pp. 32-35.

24 Anneke de Vries, 'Het clubideaal van De Ploeg', in Ploeg Jaarboek 2012, Groningen 2013, p. 21.

25 Brief van H.N. Werkman aan A. Zuithoff, d.d. 9 november 1943, in Hendrik Nicolaas Werkman 2008 (zie noot 4).

26 Brief van Wobbe Alkema aan Carel Willink, d.d. 1 februari 1926. Opgenomen in Han Steenbruggen, *Wobbe Alkema en het constructivisme*, Groningen 2007, p. 142.

27 Johan Dijkstra 1965 (zie noot 9), p. 13.

28 J.G. Jordens, 'Jan Wiegers', *Blad voor Kunst* (1921), o-nummer, p. [9].

29 Zie: Anneke de Vries, 'Terug naar de Toverberg – Wiegers, Kirchner en de grafiek van De Ploeg', in *Ploeg Jaarboek 2015 - Een storm van kleur*, Groningen 2016, pp. 18-43.

30 Jos de Gruyter, 'Jan Altink Tachtig jaar', in: *Weerwoord nr. 1 Jan Altink 80*, Groningen 1965, p. 4.

LITERATUURLIJST

Bartelink, Nicolette (red.), *De Ploeg verzameld in het Groninger Museum*, Groningen 1993.

Bos, Eric, *Portretten van De Ploeg*, Groningen 2011.

Bruggencate, Carolien ten, en Karin Buschman, *De Ploeg 75. Een kroniek van de Groninger kunstkring 1918-1993*, Groningen 1993.

Burema, Alma (red.), *Ekke Kleima, George G. Martens, Henk Melgers, Alida J. Pott, Jannes de Vries – 'Bezield met meer of minder moderne geest'*, Groningen 2003.

Burema, Alma e.a., *Jan Jordens – 'Geen kunstenaar der voleinding, maar des wordens'*, Groningen 2006.

Buschman, Karen, *De Ploeg in oplage: expressionistische grafiek in Groningen in de jaren twintig*, Groningen 1992.

Couvée, D.H. en Dr. W.J. de Gruyter, *Jan Altink 21 october 1885 - 6 december 1971*, Heemskerk 1978

Dekkers, Dieuwertje, Jikke van der Spek en Anneke de Vries, *H.N. Werkman. Het complete oeuvre*, Rotterdam / Amsterdam 2008.

Dijkstra, Johan, 'Kaleidoscoop van de nieuwe Groninger kunst', in Hendrik de Vries en Johan Dijkstra, *De Ploeg 20 jaar*, De Haag 1938 (*De Vrije Bladen* 15 (1938) nr. 3, speciaal nummer), pp. 7-20.

Dijkstra, Johan, 'Een halve eeuw Ploeg', *Groningen. Cultureel maandblad* 10 (1968) nrs. 8-9, pp. 169-197.

Dijkstra, Johan, 'Jan Altink en De Ploeg', in *Weerwoord nr. 1 Jan Altink 80*, Groningen 1965.

Gruyter, W. Jos de, tent.cat. *35 jaar moderne kunst in Groningen*, Groningen (Groninger Museum) 1956.

Hofsteenge, C., *De Ploeg 1918-1941 – De hoogtijdagen*, Groningen 1993.

Hofsteenge, Cees, e.a., *George Martens en Alida Pott – Leven en werken*, Groningen 1993.

Jansen, Mariëtta e.a., *Jan Altink – 'Iconen van het Groningerland'*, Groningen 2011.

Jansen, Mariëtta, 'Een nieuw model met een deftigen franschen naam', in *Bulletin van de Vereniging Rembrandt*, najaar 2014, pp. 32-35.

Os, H.W. van, *Wobbe Alkema en de Groninger schilderkunst*, Groningen 1978.

Os, Henk van, *Job Hansen – Avantgardistisch schilder, architect en pamflettist in Groningen*, Groningen 1989.

Petersen, Ad, *De Ploeg. Gegevens omtrent de Groningse schilderkunst in de jaren '20*, 's Gravenhage 1982.

Ploeg, Kees van der, 'Expressionistische thema's in de grafiek van De Ploeg', in *Ploeg Jaarboek 2006*, Groningen 2007, pp. 83-97.

Ploeg Jaarboek, Groninger Museum/ Stichting De Ploeg, Groningen, vanaf 2003 - heden.

Sijens, Doeke, Han Steenbruggen, 'Handschrift, teekenschrift, runeneschrift, hieroglyphenschrift', in *Ploeg Jaarboek 2005*, Groningen 2006, pp. 94-103.

Sijens, Doeke e.a., *Wobbe Alkema – 'Het absolute, het heldere'*, Groningen 2009.

Steenbruggen, Han e.a., *Hendrik N. Werkman – 'Uit innerlijke noodzaak geboren'*, Groningen 1995.

Steenbruggen, Han e.a., *Hendrik de Vries – ''t Geheimste is geheim gebleven'*, Groningen 1996.

Steenbruggen, Han e.a., *Job G. Hansen – 'Door de wind getekend, door het licht gekleurd'*, Groningen 1997.

Steenbruggen, Han e.a., *Jan van der Zee – 'Geschilderd, gesneden, ontworpen'*, Groningen 1999.

Steenbruggen, Han e.a., *Jan Wiegers – 'De ceremoniemeester heeft het spel laten beginnen'*, Groningen 2002.

Steenbruggen, Han, *De Ploeg – Schilderijen van de aarde*, 1928-1933, Groningen 2002.

Steenbruggen, Han, 'Het kunstenaarsportret en de traditie tot duelleren', in *Ploeg Jaarboek 2001/02*, Groningen 2003, pp. 22-30.

Steenbruggen, Han, *Schilders van de velden. Hoogtepunten van het Groninger Expressionisme*, Groningen 2007.

Steenbruggen, Han, *Techniek om expressie. Het Groninger expressionisme en het schilderen met washoudende olieverven*, Groningen 2007.

Steenbruggen, Han, *Wobbe Alkema en het constructivisme* (diss. Universiteit van Amsterdam), Groningen 2007.

Steenbruggen, Han, *Grachtstraat 42. Het klein schildersobservatorium van Job Hansen*, Heerenveen-Oranjewoud 2008.

Tent.cat. *Groninger grafiek. Vernieuwing in de jaren 20*, 's-Gravenhage (Haags Gemeentemuseum) 1960, ['s Gravenhage 1960].

Tent.cat. *Groningen 1918-1928*, Groningen (Pictura)/Slochteren (Fraeylemaborg) 1976, [Groningen/Slochteren 1976].

Venema, Adriaan, *De Ploeg1918-1930*, Baarn 1978.

Vries, Anneke de, e.a. (red.), *H.N. Werkman 1882-1945. Leven & Werk*, Zwolle 2014.

Vries, Anneke de, 'Het clubideaal van De Ploeg', in Ploeg Jaarboek 2012, Groningen 2013, pp. 6-32.

Vries, Anneke de, 'Terug naar de Toverberg – Wiegers, Kirchner en de grafiek van De Ploeg', in *Ploeg Jaarboek 2015 - Een storm van kleur*, Groningen 2016, pp. 18-43.

Vries, Hendrik de en Johan Dijkstra, *De Ploeg 20 jaar*, De Haag 1938 (*De Vrije Bladen* 15 (1938) nr. 3, speciaal nummer), pp. 3-6.

Wal, Mieke van der e.a., *Johan Dijkstra 1986-1978*, Zwolle 1996.

Werkman, Hendrik Nicolaas, *Brieven rond De Blauwe Schuit (1940-1945)*, ed. Frans R.E. Blom, Willem van Koppen en Mieke van der Wal, Amsterdam 2008.

index

INDEX VAN KUNSTENAARS